Le droit des personnes et de la famille au Congo

Collection « Études africaines »
dirigée par : Denis Pryen

Forte de plus de mille titres publiés à ce jour, la collection Études africaines fait peau neuve. Elle présentera toujours les essais généraux qui ont fait son succès mais se déclinera désormais également par séries thématiques : droit, économie, politique, sociologie, etc.

Claude Iguma Wakenge, *Stade coltan. Extraction minière artisanale, réformes et changement social- à l'est de la République démocratique du Congo*, 2019.
Albert Ze Ebanga, *La syntaxe de la négation du boulou*, 2019.
Olivier Fandjip, *Le temps dans le contentieux administratif en droit français et des États d'Afrique francophon*e, 2019.
Nestor Kobenan Tan, *L'église au défi des identités. Pastorale de l'interculturalité en Côte d'Ivoire*, 2019.
Germain Joseph Muanza Kambulu Waz'Andza Kudi, *Les massacres à huis clos dans le grand Kasaï (RDC). 365 jours de carnage et l'émergence de héros*, 2019.
Moussa Boureima, *Panorama du développement rural au Niger*, 2019.
Mamadou Bakaye Dembele, *Le procès équitable au Mali*, 2019.
Gervais Muberankiko, *La protection du locataire-gérant en droit Ohada. Nouvelle édition*, 2019.
Sylvain Sorel Kuate Tameghe, *La justice, ses métiers, ses procédures. 3è édition. Ohada, Union africaine, CEEAC - CEMAC, CEDEAO-UEMOA, Nations Unies, Cameroun*, 2019.
Mamadou Diarafa Diallo, *L'hygiène en milieu de soins au mali. Entre représentations, normes et pratiques*, 2019.
Eddy Mwanzo idin' Aminye, *Que dit le code de la famille de la République Démocratique du Congo ? Commentaire article par article*, 2019.

Hygin Didace AMBOULOU

Le droit des personnes et de la famille au Congo

Préface Maître Marcel Roger GNALI-GOMEZ

L'Harmattan

5-7, rue de l'École-Polytechnique ; 75005 Paris

http://www.librairieharmattan.com

ISBN : 978-2-343-19073-0
EAN : 9782343190730

« Un chercheur n'est jamais assis dans un fauteuil ni couché dans un lit. Son confort est plutôt enfoui dans une librairie ou dans une bibliothèque, loin des regards et des applaudissements dont il ne brûle nullement d'envie. Et il n'offre pas non plus du spectacle, la différence avec une star ».

Hygin Didace AMBOULOU

TABLE DES ABREVIATIONS

Act. proc. coll.	Actualités des procédures collectives
adde	Ajouter
AJ fam.	Actualité juridique familiale
AJ	Actualité jurisprudentielle (Recueil Dalloz)
Al	Alinéa
Anc.C.pr.civ.	Ancien code de procédure
Arr.	Arrêté
Art.	Article
Ass.plèn.	Arrêt de l'assemblée plénière de la cour de cassation
Ass.	Assemblée
Bull.civ.	Bulletin des arrêts des chambres civiles de la cour de cassation
Bull.crim.	Bulletin des arrêts de la chambre criminelle de la cour de cassation
Bull.joly	Bulletin mensuel Joly d'information des sociétés
C.	Code
c/	Contre
C.assur.	Code des assurances
C.civ	Code civil
C.com.	Code de commerce
C.mon.fin.	Code monétaire et financier
C.pén.	Code pénal
C.pr.civ.	Code de procédure civile
C.pr.exéc	Code des procédures civiles d'exécution
C.rur.	Code rural
C.transp	Code des transports
C.trav.	Code du travail
Cass.	Cour de cassation
Cass., ch mixte	Arrêt d'une chambre mixte de la Cour de cassation
Cass., ch.réun.	Arrêt des chambres réunies de la Cour de cassation
Cass., req.	Arrêt de la chambre des requêtes de la Cour de cassation
CCC	Contrats, Concurrences, Consommation
CCH	Code de la construction et de l'habitant

CGI	Code général des impôts
Ch.	chambre
Chap.	Chapitre
Chron.	Chronique
Civ.	Arrêt d'une chambre civile de la Cour de cassation
Com.	Arrêt de la chambre commerciale de la Cour de cassation
Comm.	Commentaire
Comp.	Comparez
Concl.	conclusion
Conf.	Solution conforme
Contra	Solution contraire
Crim.	Arrêt de la chambre criminelle de la Cour de cassation
CSS	Code de la sécurité sociale
D.	Recueil Dalloz
D.Affaires	Dalloz affaires
Décis.	Décision
Décr.	Décret
Décr-L.	Décret-loi
Defrénois	Répertoire du notariat Defrénois
DH	Recueil hebdomadaire de jurisprudence Dalloz (années antérieurs à 1941)
DIP	Droit international privé
DIR.	Directives
Doctr.	Doctrine
DP	Recueil périodique et critique mensuel Dalloz (années antérieurs 1941)
Dr.et patr.	Droit et patrimoine
Dr.fam.	Droit de la famille
Dr.soc.	Droit social
Dr.sociétés	Droit des sociétés
EIRL	Entrepreneur individuel à responsabilité limitée
GAJC	Grands arrêts de la jurisprudence civile, par F. Terré et Y. Lequette, 12é ed .., 2007(Dalloz)
Gaz.Pal.	La gazette du palais
Ibid.	Au même endroit
infra	Ci-dessous

IR	Informations rapides du recueil Dalloz
Jurispr.	Jurisprudence
JCP	Juris-Classeur périodique (semaine juridique)
JCP E	Juris – Casseur périodique, édition entreprise
JCP N	Juris-Classeur périodique, édition notariale
JO	Journal officiel
L.	Lois
Mod	modifié
N	numéro
nouv.	Nouveau
Obs.	observation
Op.cit.	Opere citato
Ord.	Ordonnance
P.	Page
Pan.	Panorama
Préc.	Préccité
PU	Presse universitaire
QPC	Question prioritaire de constitutionnalité
Quot. Jur.	Quotidien juridique
R.	Rapport de la cour de cassation
Rappr.	Rapprocher
RDC	Revue des contrats
RDI	Revue des droits immobiliers
Règl.	Règlement
Rèp.min	Réponse ministérielle
Rev.crit.DIP	Revue critique de droit international privé
Rev.proc.coll.	Revue des procédures collectives
Rev.sociétés	Revue des sociétés
RIDC	Revue international de droit comparé
RJ com.	Revue de jurisprudence commerciale
RJDA	Revue de jurisprudence de droit des affaires
RJPF	Revue juridique personne et famille
RLDC	Revue Lamy droit civil
RRJ	Revue de la recherche juridique
RTD civ.	Revue trimestrielle de droit civil
RTD com.	Revue trimestrielle de droit commercial

S.	Recueil Sirey
s.	Et suivants
Soc	Arrêt de la chambre social de la cour de cassation
Somm.	Sommaires
ss	sous
supra	Ci-dessus
t.	Tome
T.civ.	Jugement d'un tribunal, chambre civile
T.com	Jugement d'un tribunal de commerce
TGI	Jugement d'un tribunal de grande instance
TI	Jugement d'un tribunal d'instance
v.	Voyez

PREFACE

Voici un ouvrage qui convainc, tant sur le plan professionnel que sur le plan scientifique. Son auteur est un jeune confrère. Juriste avéré, il est conseiller des familles et l'artisan des actes comportant des libéralités et des contrats de toutes sortes. Depuis longtemps, en effet, il travaille pour la promotion et la vulgarisation de la profession de notaire qui, il y a quelques années, était encore très peu connue. Et dans cette optique, il a déjà publié trois ouvrages de grande importance : *Le notariat congolais de 1960 à nos jours ; La légalisation et l'authentification des actes ; Pratique et déontologie notariales en droit positif.* C'est donc au respect de la nature de ses qualités intellectuelles que l'Etat lui a confié la charge de la haute fonction de Secrétaire général au sein d'une grande mairie de la place : l'arrondissement Emery Patrice Lumumba de Pointe-Noire. En cette dernière qualité, il concourt également au rendement des Officiers de l'Etat civil lors de la rédaction des actes et la célébration des mariages, la loi leur faisant obligation de rappeler les dispositions du Code de la famille.

Le droit des personnes et de la famille est un ouvrage d'une importance capitale pour les étudiants, chercheurs et enseignants. Et, ma préface n'apporte qu'une faible lueur car, au déclin de ma vie, et en ma qualité de fondateur de la Chambre nationale des notaires du Congo et Notaire honoraire, l'idée me hante fortement de m'inspirer de cette citation de Chateaubriand : « Je vois les reflets d'une aurore dont je ne verrai pas se lever le soleil. Il ne me reste plus qu'à m'asseoir au bord de ma fosse, après quoi, je descendrai hardiment, le crucifix à la main, dans l'éternité. »

Au nom de tous les lecteurs, toutes générations confondues, et du plus profond de mon cœur, je dis « Merci. » Car je sais que ce livre sera consulté avec fruits.

Maître Marcel Roger GNALI-GOMEZ
Président fondateur de la Chambre nationale des notaires
Notaire honoraire

Pointe-Noire, le 11 septembre 2019

INTRODUCTION

Le droit des personnes et de la famille est le domaine de définition du statut civil de toute personne, de celui des époux et du type de relations qui les unit. Il s'occupe aussi de l'organisation des différents patrimoines des individus et de la façon de les gérer. Son étude est donc nécessaire à quiconque désire saisir la place qu'occupent les mœurs et la loi dans la vie d'une personne, le mariage, les rapports entre les parents et leurs enfants, l'autorité parentale, l'assistance éducative, l'obligation alimentaire et les conditions requises pour faire une libéralité ou appréhender une succession. En cette époque moderne, et à partir des préoccupations variables, le *Droit des personnes et de la famille* est essentiellement une discipline qui s'insère dans un ensemble de règles et de pratiques qui encadrent, chaque jour, l'essor de la société, le développement et l'émancipation des individus.

Mais, matière parmi d'autres de l'ensemble du droit civil, il doit en être distingué, ne saurait-ce que sommairement, chaque fois qu'on devrait le détacher de la partie qui s'occupe de l'étude des biens, de celle des contrats et des quasi-contrats, celle des obligations et de la responsabilité civile, celle des sûretés, du droit de propriété, …

Au Congo, en effet, les raisons qui, en 1984, avaient justifié l'adoption de la Loi n° 073/84 du 17 octobre 1984 portant Code de la famille sont bien connues. Et les archives qui retracent les débats qui y avaient cours en Commission sont encore disponibles. Il fallait, dans la mesure du possible, se départir du droit français qui était jusque-là applicable comme règle de référence, malgré l'indépendance obtenue le 15 août 1960. Ce droit s'appliquait, en réalité, dans un contraste équivoque avec les mœurs et les coutumes. Le travail de la Commission consistait donc à formuler un nouveau corps de règles plus adaptées, qui tiendraient désormais compte des réalités congolaises, afin d'affirmer l'unité administrative du Congo et assurer à tous les citoyens l'égalité devant la loi. En outre, la nouvelle loi devrait, entre autres, supprimer les classes sociales, reconnaître la laïcité de l'état civil et du mariage, promouvoir le partage égalitaire des successions, garantir et protéger les droits de l'enfant et les libertés individuelles. La loi devrait, enfin, assurer le respect du corps, de l'intimité, du domicile et du nom, en défendant la condition de la femme et celle de bien d'autres questions qui assurent à la personne une existence digne[1]. Certes, l'œuvre était d'une admirable et remarquable productivité.

D'une part, en tant que Notaire, nous avons eu, durant environs dix-neuf ans, l'avantage de conseiller au quotidien, des familles dans des affaires relatives aux personnes, aux incapacités, à la filiation, aux mariages et aux régimes matrimoniaux, aux divorces et à la séparation de corps, aux libéralités et aux successions.

D'autre part, en tant qu'Ancien Secrétaire général du premier arrondissement de la commune de Pointe-Noire, nous avons pendant environs douze ans (de 2003 à 2015), reçu délégation permanente pour assurer la conservation et la tenue des registres de l'état civil à côté de l'Administrateur-maire. Là aussi, le Code de la famille joue le rôle d'épine dorsale de l'état civil. Et on peut aussi, à juste titre, déplorer certaines pratiques administratives qui sont souvent dues à l'ignorance des textes par les citoyens et au déficit culturel et en formation de qualité qui manque à ces personnels, à différents niveaux. Ce livre met donc à la portée du lecteur la connaissance de cette matière qui est à la base de toute programmation des politiques utilitaires : l'état civil. En tout cas, l'état civil, dans son état actuel, mérite d'être assaini.

Or, 35 après, depuis l'adoption du Code de la famille, que reste-t-il ? Quel bilan peut-on ressortir ? Quelles pesanteurs a-t-on rencontrées ? Aucune société, en effet, n'est restée statique en soi. Pourtant le Code de la famille n'a subi aucune modification fondamentale, alors que la famille dont il est chargé d'assurer l'organisation et de garantir l'équilibre et la stabilité se transforme, sans cesse, dans la mentalité des personnes qui la composent, et du fait, d'une part, de l'affaiblissement de l'autorité parentale, et d'autre part, d'une modification des rapports patrimoniaux entre époux et la primauté accordée à l'intérêt de l'enfant sur des considérations morales et sociales. Et, beaucoup de règles édictées par ce Code sont aujourd'hui, de plus en plus, déconnectées et distantes de la pratique et de la réalité. Face aux critiques qui fusent de partout, on a ressenti vivement la nécessité d'un livre à jour des grandes applications pratiques de cette loi, de l'impératif et de l'urgence des amendements qui, chaque jour, interpellent les juristes,

[1] Voir en ce sens, H.D. Amboulou, *Les personne, les incapacités et la filiation en droit congolais*, L'Harmattan, p. 9

politologues, sociologues, enseignants, chercheurs, étudiants et le grand public.

Pour toutes ces raisons, ce livre est un manuel de pratique et non de théorie. C'est un outil de formation et d'entraînement qui s'impose comme réponse aux préoccupations soulevées dans les matières suivantes :

- Les personnes
- Les incapacités
- La filiation
- Le mariage et les régimes matrimoniaux
- Le divorce et la séparation de corps
- Les libéralités et les successions

Certes, il est le prolongement de nos précédents ouvrages parus dans la même collection, notamment *Les personnes, les incapacités et la filiation en droit congolais, Le mariage et les régimes matrimoniaux, Le divorce et la séparation de corps, Les libéralités et les successions,* pour l'essentiel, un bref rappel de l'histoire de cette matière au Congo est présenté, ainsi que quelques-uns des problèmes que son étude pose. Le *Droit des personnes et de la famille*, enfin, est une matière qui se construit à partir des règles juridiques et administratives. Car l'on ne saurait, ici, méconnaître l'influence qu'exercent les différentes administrations d'Etat sur son évolution (l'état civil, l'Administration fiscale…).

L'objectif poursuivi est de répondre, d'une part, aux exigences des nouveaux programmes Licence-Master-Doctorat (LMD), mais d'autre part, d'harmoniser et de polir le niveau de compréhension des étudiants, pour le cas des carrières judiciaires à l'ENAM. Ces formations étant souvent ouvertes à des étudiants qui sortent de multiples départements.

CHAPITRE PRELIMINAIRE. L'EVOLUTION DU DROIT DE LA FAMILLE AU CONGO

Section 1. La loi française du 11 juillet 1975

a). Le contexte et le parcours.

Jusqu'ici, les bouleversements de la législation issue de l'époque précoloniale pouvaient s'expliquer par des raisons d'ordre politique. La loi de 1975, au contraire, puise sa source aussi bien dans les imperfections du système établi par la loi de 1884 que dans les métamorphoses de la société française imposée comme loi de l'État dans les colonies française d'Afrique.

Paragraphe1. La pratique judiciaire

La conception de la famille, seule admise par la loi du 27 juillet 1884, s'est révélée dans la pratique judiciaire africaine par une double faiblesse. D'un côté, elle conduisait à envenimer les rapports qu'entretenaient les époux puisque le gain du procès en divorce présentait des avantages indéniables : bénéfice d'une pension alimentaire, l'octroi de dommages et intérêts, maintien des donations et avantages matrimoniaux, attribution de la garde des enfants mineurs. De telle sorte que les époux se livraient à une bataille acharnée au cours du procès. A ces imperfections s'ajoute le statut de la femme qui, sur le plan de la dignité et des droits, était loin d'être l'égal de l'homme.

D'un autre côté, les époux qui souhaitaient divorcer d'un commun accord simulaient un procès en divorce pour faute en s'adressant des lettres d'injures rédigées pour les raisons de la cause, les juges se prêtant, bon gré mal gré, à cette comédie judiciaire qui ne pouvait que de ternir l'image la magistrature et affaiblir l'autorité de la loi. La femme n'avait aucun droit à la part successorale de son défunt époux, même pas à l'usufruit. Quant au traitement réservé aux enfants, la considération due à leur état d' « *enfants naturels* » ou d' « *enfants légitimes* » laissait à désirer. Les règles qui gouvernaient la protection des incapables mineurs ou majeurs étaient obsolètes et leur application variait avec la considération et le statut social de la personne.

La réforme de 1975 est aussi le résultat de l'évolution des données sociales. Un changement considérable des comportements et des mentalités s'est fait jour dans les années soixante : une grande permissivité des mœurs est tolérée, le bonheur individuel devient la valeur suprême[2]. Dans ce contexte, le mariage, en tant que élément fondateur de la famille, peut apparaître comme un frein à la liberté personnelle et un obstacle à l'épanouissement de chacun. Parallèlement, le mouvement d'émancipation des femmes a conduit celles-ci, poussées aussi par la société de consommation, à exercer une activité professionnelle hors du foyer. La conception traditionnelle de la famille est ébranlée. Dans ces conditions, la loi de 1884 a semblé dépassée et l'inadaptation du droit à la réalité sociologique a justifié la réforme.

C'est ce qu'a révélé, notamment, une importante enquête d'opinion réalisée en 1970[3]. Les couches sociales les plus évoluées, les intellectuels et beaucoup d'autres personnalités étaient d'accord pour admettre le principe de la redéfinition de la famille et de sa recomposition.

Paragraphe 2. L'avant- projet du Code de la famille

Dès 1982, un *avant-projet de loi* fut rédigé par une commission[4], à la demande du ministre de la justice[5]. Le texte s'inspirait des résultats de l'enquête d'opinion ainsi que des progrès réalisées au cours des années précédentes dans plusieurs régions du Congo, et qui tendaient à faciliter le redéfinir la famille. Des consultations de praticiens du droit (magistrats, avocats, notaires) confirmèrent le bien fondé des orientations fixées. La Cour suprême et le gouvernement approuvèrent le projet qui allait être soumis au Parlement pour devenir la loi du 17 octobre 1984, dont le contenu restait proche pour l'essentiel de l'avant-projet. Promulguée le 17 octobre 1984, la

---

[2] Archives officielles, Ministère de la Justice 1983

[3] Rapport d'enquête d'opinion sur l'impact du droit français au Congo, Archives officielles, Ministère de la Justice, 1981

[4] La Commission de rédaction du Code de la famille était composée, entre autres, de Dieudonné Kimbembé, Charles Assernekang, Placide Lenga, Aimé Emmanuel Yoka, Gaston Mambouana, Zacharie Samba, Jean Mongo-Antchouin, Jean Ganga-Zanzou, Agath Pembelo, Me Marcel Roger Gnali-Gomez, Samuel Ngatabantou, Innocent Odiki, François Tchibinda-Kouangou, Denis Ibara, Pierre Ngaka, Mathieu Ombandza, Yvonne Kimbembé, Me Jacques Okoko, Jean Marie Olandzobo, Antoine Séraphin Douta-Mackosso, Me Martin Mberi, Me Jean Martin Mbemba, Lambert Adouki, Georges Ngokouba-Moke, Me Julienne Ondziel, Côme Monkassa, le Doyen Jean Carbonnier, Me Deviller, Me Pucci, Ekaba-Okoko, François Bigemi, Me Joseph Brudet.

[5] Arrêté n° 7-33 du 15 avril 1981 portant nomination des membres de la Commission, Archives officielles, Ministère de la Justice 1981

loi n° 07 portant Code de la famille n'a jamais arrêté de susciter des discussions qui sans doute déboucheront sur des amendements certains.

Paragraphe 3. Le domaine d'application

Cette loi est entrée en vigueur le 17 octobre 1984. Elle s'applique aux personnes, à la famille proprement dite, aux régimes matrimoniaux, aux libéralités et aux successions. C'est ce que prévoit le principe des *dispositions transitoires* de toute loi nouvelle. Et de ce fait, toutes les fois que dans une affaire quelconque, une requête initiale était présentée avant l'entrée en vigueur de la loi, celle-ci produisait les effets prévus par la loi ancienne[6].

Section 2. La Commission « Amendement » du Code de la famille.

Cette commission toute aussi moins fonctionnelle qu'elle puisse paraître, a été mise en place depuis 2005 par le Parlement en vue de procéder à la révision du Code de la famille. En 2008, le Sénat et le gouvernement ont profité du changement de législature pour établir une politique réformant l'ensemble de la législation, articulée autour de trois axes. D'une part, il était proposé de maintenir le *pluralisme* des cas de divorces qui caractérise la législation congolaise, qui permet une réelle adaptation des procédures à la diversité des situations familiales. D'autre part, le projet cherchera à rendre des procédures plus efficaces et moins conflictuelles, en apaisant les relations conjugales pendant le cours de la procédure et en favorisant le règlement complet de toutes les conséquences du divorce au moment de son prononcé. Enfin, le projet cherchera à responsabiliser l'époux défaillant, à protéger le *conjoint victime* et à aménager le dispositif relatif à la prestation compensatoire.

Si le législateur n'a pas voulu rompre avec la loi de 1975, mais seulement développer les potentialités de celle-ci, les traits marquants de la réforme révèlent que c'est bien une *rupture* qui a été réalisée. D'un côté, en effet, la loi consacre un véritable *droit au divorce.* Ainsi, le divorce pourra être désormais prononcé pour altération définitive du lien conjugal, résultant de la cessation de la communauté de vie durant les deux années précédant l'assignation. La clause de dureté, qui permettait au juge de rejeter la

[6] Plumitif des débats de la Commission de 1983, Archives officielles, Ministère de la Justice, 1982

demande en divorce pour rupture de la vie commune si celle-ci devait avoir pour le conjoint des conséquences matérielles ou morale d'une exceptionnelle dureté, est supprimée.

D'un autre côté, la loi du 17 octobre 1984 dissocie les *conséquences financières* de l'attribution des *torts*. Désormais, il n'est plus interdit à l'époux aux torts exclusifs duquel le divorce pour faute est prononcé d'obtenir une prestation compensatoire. De même, cet époux pourra demander le report de la date des effets du divorce au jour où les époux ont cessé de cohabiter et de collaborer. Enfin, les torts n'auront plus d'incidence sur le régime des donations et avantages matrimoniaux. Si le divorce pour faute est maintenu par la loi, celle-ci réduit considérablement son intérêt, l'objectif étant d'en faire un cas marginal de prononcé du divorce.

Par ailleurs, la loi institue un tronc commun de la procédure pour tous les divorces contentieux. La requête initiale sera commune, elle n'indiquera pas les motifs de la demande à venir, le choix de la procédure ne se faisant qu'après l'échec de la tentative de conciliation, dans l'assignation. De plus, les passerelles sont multipliées entre les procédures, et elles pourront intervenir à tout moment de l'instance.

Enfin, le régime de la prestation compensatoire est encore une fois modifié. En premier lieu parce que les époux sont incités, dans les divorces contentieux, à recourir à des conventions pour fixer la prestation compensatoire. Il sera alors possible d'attribuer des rentes temporaires et de prévoir que le versement de la prestation cessera à compter de la réalisation d'un événement déterminé. Les prestations mixtes sont à nouveau possibles, et les différentes formes de capital pourront être panachées. Si le principe de transmissibilité de la prestation compensatoire à la succession du débiteur est maintenu, le paiement de la prestation sera prélevé sur la succession et dans la limite de *l'actif successoral*. En cas d'insuffisance de cet actif, les héritiers ne seront donc plus tenus sur leurs biens personnels, contrairement au droit commun des successions. Au décès du débiteur, les prestations versées sous forme de rente seront automatiquement transformées en un capital immédiatement exigible, dont le montant prendra en compte les sommes déjà versées. La substitution s'effectuera selon des modalités fixées par décret[7]. Il est permis d'espérer que ces simplifications auront un effet

[7] Rapport de la Commission de 1983, Archives officielles, Ministères de la Justice, 1984

bénéfique sur la compréhension du dispositif. Toutefois, les possibilités de révision ne pourront faire disparaître le contentieux de l'après-divorce. Mais l'objectif poursuivi est plutôt la responsabilisation et la faveur aux pactes amiables. Par cet aspect de la législation, est aussi accentuée la *contractualisation* du divorce.

La loi du 17 octobre 1984, entrée en vigueur le 1re janvier 1985, s'applique aux procédures introduites avant son entrée en vigueur. Toutefois, un certain nombre d'exceptions, classiques en la matière, sont admissibles en pratiques. En cas de consentement mutuel, (divorce jurisprudence) l'action en divorce ou en séparation de corps est poursuivie et jugée conformément à la loi ancienne, lorsque la convention temporaire a été homologuée. Pour les séparations de corps et divorces contentieux, la loi ancienne s'applique lorsque l'assignation a été délivrée avant le 1re janvier 1985. Mais des passerelles sont prévues avec les procédures par consentement mutuel ou pour altération définitive du lien conjugal, lorsque les conditions prévues par les nouveaux textes sont remplies. L'appel et le pourvoi en cassation sont régis par les règles applicables lors du prononcé de la décision de première instance.

Des dispositions transitoires particulières ont été édictées pour l'application des dispositions nouvelles aux prestations compensatoires en cours. De ce dispositif très technique, on retiendra la possibilité de révision des rentes viagère fixées avant l'entrée en vigueur de la loi, lorsque leur maintien en l'état procurerait au créancier un avantage manifestement excessif[8]. Il faut rappeler que la loi prévoit que la révision de ces rentes peut être demandée en cas de changement important dans les ressources ou les besoins des parties. Leur révision ne peut conduire à proroger leur durée initiale, ni à porter la rente à un moment supérieur à la loi et des rentes temporaires antérieures au 1re janvier 1985 sont applicables aux instances en cours qui n'ont pas donné lieu à une décision passée en force de chose jugée. Quant à la transmissibilité passive des prestations compensatoires, les dispositions nouvelles sont applicables aux prestations allouées avant l'entrée en vigueur de la loi. Sauf lorsque la succession du débiteur a donné lieu à un partage définitif à cette date. C'est dire que les débiteurs ne seront plus tenus au paiement de la prestation que sur la succession, et qu'il est substitué à la

[8] Rapport de la Commission de 1983, Archives officielles, Ministères de la Justice, 1984

rente un capital immédiatement exigible dont le montant prend en compte les sommes déjà versées et dont les héritiers peuvent demander la révision.

Mais si ce travail met le plus d'accent sur le droit du divorce, c'est à cause notamment de la primauté que nous accordant au mariage dans l'édification d'une famille. En réalité, les amendements que nous réclamons ne devraient pas concerner uniquement le droit du divorce ou les régimes matrimoniaux. Les questions du pré mariage, de la dot, du régime juridique des fiançailles y seront aussi très essentielles. Dans une telle démarche, les conflits de paternité, les procédures de l'adoption simple ou plénière doivent être clarifiées, et notamment le sort des actes accomplis dans le cadre d'une tutelle en cas de déchéance ou de retrait.

PREMIERE PARTIE. LES PERSONNES PHYSIQUES

CHAPITRE 1. LES GENERALITES

Section 1. La personnalité juridique

Selon le préambule du Code de la famille, tout être humain a la personnalité, à condition qu'il soit né viable[9]. Dans la société traditionnelle, au contraire, un nombre considérable d'hommes, les esclaves, n'avaient pas la personnalité ; et, parmi les hommes libres, tous ceux qui vivaient sous l'autorité du chef de famille, ne jouissaient sur le plan patrimonial d'aucune personnalité ou seulement d'une personnalité réduite, mais qui est allée en s'élargissant au cours de l'évolution. Les étrangers étaient également, dans les droits anciens, dépourvus de personnalité ; mais les nécessités du commerce obligèrent le législateur à leur accorder une certaine protection.

Ancienne colonie française, le Congo a vu s'appliquer sur les droits de la personnalité plusieurs lois à cet égard. Par exemple, l'esclavage a été aboli dans les colonies françaises en 1848, la loi du 31 mai 1854 a supprimé la mort civile, qui frappait les condamnés aux peines perpétuelles. Le mort civil perdait toute personnalité ; sa succession s'ouvrait ; son mariage était dissout comme par le décès. Mais cette même loi n'a pas reconnu la peine personnalité à ces condamnés : elle établit à leur encontre une double incapacité de disposer et de recevoir par le testament ou donation. Toutes ces lois ont eu un écho favorable pendant la rédaction du Code de la famille.

Section 2. La capacité de jouissance et la capacité d'exercice de la personnalité juridique

Selon la philosophie du Code de la famille, l'être humain, doté de la personnalité, *est apte* à être sujet de droits et d'obligations ; il est capable d'acquérir des droits ; il a ce que l'on appelle la *capacité de jouissance*[10]. En principe, toute personne physique a la pleine capacité de jouissance. Exceptionnellement, toutefois, quelques personnes se voient retirer certains droits par le législateur ; elles n'ont plus la pleine capacité de jouissance ; elles sont frappées d'une incapacité partielle de jouissance. On vient d'indiquer que les condamnés à des peines perpétuelles ne peuvent disposer ni recevoir par donation ou testament. On rencontrera d'autres incapacités de jouissance en étudiant le droit civil. Par exemple, le médecin qui a soigné

[9] Articles 1er et s. du Code de la famille
[10] Préambule du Code de la famille

une personne au cours de sa dernière maladie, ne peut recevoir les libéralités qu'elle lui a faites pendant cette maladie[11].

Dire que toute personne physique a, en principe, la pleine capacité de jouissance, signifie qu'elle peut acquérir des droits, les conserver ou en disposer, mais non qu'elle peut les exercer elle-même. De nombreuses personnes sont atteintes d'une *incapacité d'exercice :* elles sont aptes à acquérir des droits, mais elles ne peuvent pas elles-mêmes les exercer ; une personne que la loi désigne doit intervenir dans cet exercice. L'incapacité d'exercice a pour but de protéger certaines personnes contre leur inexpérience ou leur état mental. Les mineurs et les aliénés protégés par la loi n'exercent pas eux-mêmes tous leurs droits ; le père, la mère ou le tuteur du mineur, le tuteur de l'aliéné, agissent à leur place, les représentent. Parfois, l'incapacité d'exercice est moins complète : l'incapable agit lui-même, mais avec l'assistance d'une autre personne qui l'autorise à agir ; ainsi, le majeur en curatelle. Si les incapacités de jouissance (et il ne s'agit que d'incapacités partielles) sont très rares en droit congolais, les incapacités d'exercice sont, au contraire, nombreuses.

Section 3. Les conditions de la personnalité

Paragraphe 1. Le point de départ

Selon l'article 2 du code de la famille, l'enfant reçoit la personnalité dès sa naissance, ou même dès sa conception, à condition qu'il naisse vivant et viable. Pour naître viable, l'enfant doit être constitué de telle manière qu'il puisse vivre ; il doit avoir les organes essentiels à l'existence. Ce point peut donner lieu à des difficultés et à des expertises délicates. Il serait préférable de présumer que l'enfant qui a vécu était viable, sauf à permettre la preuve contraire.

Ces conditions ont un intérêt pratique considérable sur le plan successoral. Lorsque le père décède pendant la grossesse de la mère, l'enfant recueille la succession s'il naît vivant et viable, même s'il décède quelques instant après sa naissance ; en ce cas, ses propres héritiers recueilleront à leur tour cette

[11] Voir en ce sens, H.D. Amboulou, *Les libéralités et les successions en droit congolais*, L'Harmattan 2008

succession. Si au contraire, l'enfant ne naît pas vivant et viable, il ne peut recueillir la succession, qui bénéficiera alors aux autres héritiers du père[12].

Dès sa naissance, et à ces conditions, l'enfant à la personnalité. Il a, même, aptitude à recueillir des droits dès sa conception par application de l'adage : « *Infans conceptus pro nato habetur, quoties de commodis ejus agitur* (l'enfant simplement conçu est réputé né chaque fois qu'il y va de son intérêt). C'est cette règle qui permet à l'enfant, à condition de naître ensuite vivant et viable, de recueillir toute succession, notamment celle de son père, qui lui échoit entre sa conception et sa naissance. Si l'adage n'existait pas, la succession ne serait pas dévolue à l'enfant, car pour recueillir une succession, il faut exister au moment du décès. L'adage joue donc en faveur de l'enfant. Mais il ne pourrait pas jouer à l'encontre de ses intérêts. La règle infans conceptus ne fait pas l'objet d'une disposition générale dans le Code de la famille. Les rédacteurs ont seulement indiqué que l'enfant simplement conçu peut recueillir une succession[13]. L'enfant a donc, dès sa conception, une personnalité conditionnelle. Conditionnelle, puisqu'elle n'existe que si l'enfant naît vivant et viable.

Paragraphe 2. La grossesse

Puisque l'enfant est susceptible d'acquérir des droits dès le jour de sa conception, la fixation de ce jour présente pour le législateur de 1984 un grand intérêt pratique. Mais il n'est pas possible de prouver avec exactitude que la conception a eue lieu à telle date. Il faudrait, en effet, pour y parvenir, connaître la durée exacte de la grossesse. Or, d'une part, quand un enfant naît à terme, la durée de la grossesse n'est pas toujours absolument la même ; d'autre part, et surtout, beaucoup d'enfant naissent avant terme. On

---

[12] Voir en ce sens, H.D. Amboulou, *Les libéralités et les successions en droit congolais.* op.cit.

[13] Aussi la question s'est-elle posée à la jurisprudence de savoir s'il convenait d'appliquer l'adage en dehors de ces deux domaines. La Cour suprême l'a résolue affirmativement, à propos de la rente à laquelle a droit l'enfant d'un ouvrier victime d'un accident du travail : « Attendu que… l'enfant conçu est considéré comme étant déjà né en tant que son intérêt l'exige ». La formule employée par la Cour suprême montre quelle portée générale la jurisprudence attribue au principe ; elle a été reprise dans la loi du 3 janvier 1972 : « la conception est présumée avoir eu lieu à un moment quelconque de cette période (qui s'étend du trois centième au cent quatre-vingtième jour, inclusivement, avant la date de la naissance), suivant ce qui est demandé dans l'intérêt de l'enfant. »

pourrait sans doute, pour savoir si l'enfant est né à terme ou avant terme, tenir compte du degré de développement de l'enfant à sa naissance et de certaines indications médicales ; mais, en raison de l'incertitude de ces indications, les contestations seraient nombreuses. Aussi est-il nécessaire de s'en remettre à une présomption, mais le mari pourra désavouer l'enfant en justice s'il justifie des faits propres à démontrer qu'il ne peut pas en être le père ; par-là, le législateur congolais, en élargissant le domaine du désaveu, a voulu éliminer le plus possible la part de fiction que contient les règles posées par les articles 249 à 261 du Code de la famille.

Les rédacteurs du Code de la famille ont établi cette présomption à propos de la preuve de la paternité légitime : ils ont admis que la grossesse pouvait durer au minimum 180 jours et au maximum 300 jours ; la durée légale de la grossesse est donc de 180 à 300 jours. Par suite, la conception se situe, selon la loi, entre le 300ème et le 180ème jour qui précédent la naissance, soit au cours d'une période de 121 jours. Les délais ainsi fixés sont larges : il est rare qu'un enfant naisse vivant et viable dès le 180° jour qui suit la conception ; il est exceptionnel qu'une grossesse atteigne 300 jours.

Cette présomption s'étend-elle en dehors de la preuve de la paternité légitime ? Ne doit-on pas refuser de la faire jouer dans les domaines où le législateur ne l'a pas édictée, s'agissant d'enfants qui ne sont pas légitimes[14] ? Puisque la présomption peut désormais être combattue à l'aide de tout fait propre à démontrer que le mari n'est pas le père, elle pourra tomber devant la preuve contraire tirée de la constitution de l'enfant à sa naissance.

[14] L'hésitation n'était plus permise en France depuis la loi du 16 novembre 1912 (art. 340 du Code civil) ce texte se réfère, en effet, à « la période légale de conception » comme à une règle générale de notre droit. Cette règle est aujourd'hui inscrite dans l'article 311 du Code civil (Loi du 3 janvier 1972). La jurisprudence permettait d'ailleurs déjà, on l'a vu, à tout enfant de placer, selon son intérêt, la date de sa conception dans la période comprise entre le 300e et le 180e jour qui précédant sa naissance et, par suite, se prévaloir de la personnalité à partir de ce jour, par exemple pour recueillir la succession de son père mort à cette date.

Paragraphe 3. La durée de la personnalité

La personnalité. L'être humain est donc une personne juridique depuis sa naissance, et, chaque fois qu'il y va de son intérêt, depuis sa conception, jusqu'à son décès ou « mort naturelle.[15] » L'acte de décès établit cet évènement avec une grande certitude, car il ne peut être dressé que si des constatations préalables ont été faites sur le cadavre. Mais pareilles constatations ne sont pas toujours possibles. Il est des personnes pour lesquelles aucun acte de décès n'a pu être dressé : les absents et les disparus.

Section 4. L'absence et la disparition[16]

Les définitions. L'individu dont on ne sait pas s'il est vivant ou mort est un « absent ». L'individu dont on a la certitude qu'il est mort, sans que son cadavre ait pu être retrouvé, est un « disparu ». En France lors de la rédaction du Code civil, l'absence fut la seule situation règlementée ; ce qui était fâcheux, car, si les règles de l'absence sont très protectrices des intérêts de l'absent, elles compromettent ceux de sa famille[17]. Il convient, par conséquent, de distinguer les deux situations : l'absence et la disparition.

L'absence et la non-présence. On a défini l'absent : l'individu dont on ne peut dire s'il est vivant ou mort. Il ne faut donc pas confondre l'absent avec celui qui est seulement non-présent, tel le militaire fait prisonnier et que l'on sait vivant[18].

---

[15] Expression dont se servaient les rédacteurs de l'article 23 du Code civil pour l'opposer à la « mort civile » aujourd'hui supprimée

[16] Articles 108 à 120 du Code de la famille

[17] Aussi, le décret du 3 janvier 1813 visant les accidents qui se produisent dans les mines, puis la loi du 8 juin 1893 sur les disparitions en mer, permirent de faire constater judiciairement le décès du mineur ou du marin. Ces dispositions ont été reprises et élargies par l'ordonnance du 30 novembre 1945 (incorporée dans le Code civil, où elle a pris la place des articles 87 à 91 du Code civil) : une procédure de déclaration de décès est organisée chaque fois que la personne dont on est sans nouvelles a disparu dans des circonstances de nature à mettre sa vie en danger ou telles que le décès est certain.

[18] La règlementation du Code civil. En raison de la Révolution et des guerres qui précédèrent la rédaction du Code civil, le nombre des absents était grand en 1804. Aussi devrait-on songer à régler leur situation. Les rédacteurs des articles 112 à 143 du Code civil; éprouvèrent quelques difficultés, parce qu'ils ne trouvèrent le précédent ni dans le droit romain, ni dans l'ancien droit. L'idée essentielle qui les a guidés, est la suivante ; quelle que soit la durée de l'absent n'est jamais considéré comme décédé ; sa situation familiale est réservée ; s'il est marié, son conjoint ne pourra pas se remarier. Cependant, relativement aux biens, les effets de

Paragraphe 1. La première période. La période de présomption d'absence

L'absence ne produira véritablement des effets qu'une fois constatée par le tribunal. Mais, jusque-là, il est nécessaire de prendre les dispositions urgentes qui s'imposent pour protéger la famille et les biens de l'absent. Sur le plan familial, la femme exerce toutes les prérogatives de l'autorité parentale. Si la mère est décédée, la surveillance des enfants sera déférée, par le conseil de famille, aux ascendants les plus proches, et, à leur défaut, à un tuteur provisoire. Sur le plan patrimonial, les rédacteurs du Code de la famille ont prévu des mesures de protection. Lorsque le présumé absent a constitué avant son départ un mandataire général, aucune mesure n'est nécessaire. Sinon, ou lorsque le mandataire décède, toute personne intéressée pourra demander au tribunal de grande instance de désigner un administrateur. A défaut de précisions dans le Code de la famille, les tribunaux ont dû fixer des règles de prudence et ne confier à l'administrateur qu'une mission limitée.

Si le présumé absent devait participer au partage d'une succession ouverte avant son départ le tribunal désignera un notaire pour le représenter. Pendant cette période les droits du présumé absent sont entièrement réservés ; les mesures prises ne sont que provisoires ; c'est une période d'attente. On espère le retour de l'absent. Mais comme l'existence du présumé absent ne peut pas être établie, il ne pourra pas acquérir les droits qui supposent cette existence : il ne participera pas à une succession ouverte après son départ ; dans cette mesure, sa personnalité a déjà pris fin dès que son existence est devenue incertaine. Cette dernière règle n'est pas sans inconvénient : elle protège très mal les intérêts de l'absent, puisque ses cohéritiers se présentent ; sans doute, s'il revient, devront-ils lui restituer sa part, mais cette part pourra être dilapidée ; alors, s'ils sont insolvables, l'absent ne pourra rien contre eux, car la loi ne les oblige à fournir aucune garantie au moment où ils reçoivent les biens.

---

l'absence se rapprocheront, avec le temps, de ceux du décès, sans les atteindre jamais ; les rédacteurs ont, en effet, distingué trois périodes dans l'absence, au cours desquelles les mesures prises sur les biens aboutissent à conférer de plus en plus de droits aux héritiers présomptifs.

Paragraphe 2. La deuxième période : la période d'absence déclarée

Après un certain temps, le retour de l'absent apparaît de moins en moins probable. Il devient nécessaire de prendre, relativement aux biens de l'absent, des mesures d'ordre général ; la simple nomination d'un administrateur avec des pouvoirs plus ou moins limités devient insuffisante pour protéger les intéressés. Aussi les rédacteurs du Code de la famille ont-ils prévu que, quatre ans après la réception des dernières nouvelles, si l'absent n'a pas laissé de mandataire général, dix ans s'il en a constitué un ; tout intéressé peut saisir le tribunal pour faire déclarer l'absence. La procédure doit durer au minimum un an, ce qui porte à cinq ou onze ans après la réception des dernières nouvelles, le délai à l'expiration duquel le jugement peut être rendu. Un premier jugement ordonne une enquête ; il est publié au journal officiel, dont la diffusion est assurée chez tous les agents diplomatiques et consulaires. Par un second jugement, le tribunal pourra déclarer l'absence ; ce jugement sera également publié.

Presque toujours, les héritiers, en même temps qu'ils font déclarer l'absence, demandent au tribunal de les envoyer en possession provisoire des biens de l'absent. Quelle est alors leur situation ? Ils ne sont pas propriétaires de ces biens, comme le seraient les héritiers d'une personne décédée, mais seulement administrateurs. La possession provisoire n'est qu'un dépôt, ont affirmé les rédacteurs du Code de la famille. Les héritiers envoyés en possession provisoire doivent donc faire l'inventaire des biens qu'ils reçoivent, et fournir des cautions qui garantissent la restitution de ces biens au cas où l'absent reparaîtrait. Ils ne peuvent ni aliéner les immeubles, ni les hypothéquer. Quant aux meubles, les héritiers sont tenus, en cas d'aliénation, de faire emploi du prix, et en sont comptables envers l'absent. La loi les traite toutefois mieux que de simples administrateurs : elle leur accorde une part importante des fruits et revenus (les quatre cinquièmes ou les neuf dixièmes, selon que l'absent reparaît avant ou après la quinzième année qui suit sa disparition) ; ils conservent, après trente ans d'absence, la totalité des revenus.

Paragraphe 3. La troisième période : l'envoi en possession définitif

Législateur de 1984 a prévu que trente ans après le jugement qui a ordonné l'envoi en possession provisoire, ou, s'il survient plus tôt, au centième anniversaire de la naissance de l'absent, la situation des détenteurs des biens de l'absent se modifie. Le retour de l'absent est devenu très improbable. Aussi les envoyés en possession conservent-ils l'intégralité des revenus, qui leur est, d'ailleurs, acquise, on l'a vu, dès l'expiration de la trentième année d'absence, et les cautions sont déchargées. Les envoyés en possession peuvent enfin demander au tribunal l'envoi en possession définitif des biens de l'absent. A partir du jugement, les envoyés en possession peuvent se comporter comme des héritiers ; il leur est possible même d'aliéner et d'hypothéquer les immeubles ; mais l'absence ne prend pas fin pour cela.

Paragraphe 4. La cessation de l'absence

Selon le Code de la famille, l'absence prend fin par la certitude soit de l'existence, soit de la mort de l'absent.

Le sort du mariage. L'absent, lorsqu'il reparaît et que son conjoint s'est remarié en dépit de la prohibition légale, peut évidemment demander la nullité de ce mariage qui avant tout lui est opposable[19]. Mais le législateur a voulu que l'absent soit seul juge de l'attitude à prendre : lui seul peut demander la nullité.

Le sort du patrimoine. Quelle est la situation quant à ses biens ? S'il reparaît pendant l'envoi en possession provisoire, il a le droit de se faire restituer ses biens et une part des revenus ; les cautions en répondront au cas où les envoyés en possession seraient solvables. S'il reparaît après l'envoi en possession définitif, « il recouvre ses biens dans l'état où ils se trouveront[20] ». Quand, au contraire, on a la preuve du décès de l'absent, sa succession sera ouverte au profit de ses héritiers au jour du décès. Ces héritiers ne seront pas toujours ceux qui auront été envoyés en possession. En effet, sont envoyés en possession les héritiers ou légataires présomptifs à l'époque des dernières nouvelles ; or, entre les dernières nouvelles et la date du décès, l'absent a pu avoir d'autres héritiers ou désigner d'autres légataires.

Observations. Le système du Code de la famille protège très fortement l'absent. Mais il risque de nuire aux intérêts des héritiers, qui, pendant trente ans, devront fournir des garanties, et ne pourront pas disposer des biens de l'absent. Il compromet surtout la situation du conjoint, puisque jamais son

---

[19] Art.120 du Code de la famille
[20] Art.118 du Code de la famille

mariage ne sera considéré comme dissout, quel que soit l'âge de l'absent[21]. Les inconvénients d'un tel régime sont graves pour deux raisons :

D'une part, faute de pouvoir dresser l'acte de décès, il faut appliquer les règles du Code à toute personne disparue, même lorsque la mort était presque certaine. Or, l'absence ne se conçoit que s'il y a incertitude véritable sur l'existence ou le décès. Ce premier inconvénient n'existe plus depuis que le législateur a organisé « la disparition » à côté de « l'absence », retirant par-là, d'ailleurs, à celle-ci la plus grande partie de son intérêt pratique. D'autre part, les délais prévus sont beaucoup trop longs. Comment supposer qu'une personne, autrement que par négligence coupable, dont elle doit alors supporter seule les conséquences, puisse demeurer plus de trente ans sans donner de ses nouvelles ! Exagérés déjà au début du 20 siècle, ces délais ne sont plus en rapport avec la rapidité des moyens de communication, la diminution du nombre des illettrés, le développement des organismes et procédés de recherches.

Paragraphe 5. La disparition[22]

La notion de disparition. Les guerres civiles successives de 1993, 1977, et 1999 ainsi que le sinistre du Camp militaire de Mpila du 4 mars 2012 offrent en la cause une parfaite illustration. Tandis que l'absent est la personne dont on ne sait si elle est vivante ou morte, le disparu est la personne dont le corps n'a pas été retrouvé, mais dont le décès est soit certain, soit quasi certain, parce que sa disparition s'est produite dans des circonstances de nature à mettre sa vie en danger[23]. Aussi les situations faites à l'absent et au disparu sont-elles très différentes. Tandis qu'il est impossible de faire déclarer le décès d'un absent, on peut y parvenir pour un disparu.

La procédure de déclaration de décès. Le code de la famille prévoit une procédure extrêmement rapide. A la requête du procureur de la République ou de toute personne intéressée qui n'a pas besoin de constituer avocat, le tribunal de grande instance est saisi. Le tribunal examine l'affaire en chambre du conseil ; il ordonne, s'il le juge utile, toute mesure d'information complémentaire. Lorsqu'il accueille la requête, il rend *un jugement déclaratif de décès.* En cas de disparitions simultanées (naufrages, accidents

[21] Art. 115 du Code de la famille
[22] Art. 108 du Code de la famille

d'aviation, incendies, inondations, sinistres etc.), une requête collective peut être présentée et un jugement collectif peut être rendu[24]. Le jugement fixe la date du décès d'après les éléments dont dispose le tribunal. Si les juges ne sont pas suffisamment informés sur ce point, ils fixent le décès au jour de la disparition.

Les caractères et les effets du jugement. L'article 118 du code de la famille confère à ce jugement autorité à l'égard de tous, parce qu'il tient lieu d'acte de décès. Il est transcrit sur les registres de l'état civil à la date de la transcription et mentionné dans la marge à la date du décès; la mention figure ainsi en face d'un acte qu'elle ne concerne pas. Le disparu est tenu pour décédé à compter du jour fixé par le tribunal. Il n'a plus de personnalité. Sa succession s'ouvre. Son conjoint peut se remarier.

La conséquence du retour du disparu. Quelles que soient les précautions prises par les tribunaux lors de la déclaration de décès, il est des exemples de personnes dont le décès avait été judiciairement déclaré et qui ont reparu. Il pourra poursuivre l'annulation du jugement. Il recouvrera ses biens, mais seulement, comme l'absent qui revient après l'envoi en possession définitif, dans l'état où ils se trouvent. S'il était marié, il le demeure. Si son conjoint s'est remarié, cette seconde union doit être déclarée nulle ; mais, comme elle a été contractée de bonne foi, la nullité ne rétroagit pas : on dit que ce mariage nul est putatif. On sait que, si le conjoint de l'absent s'est remarié en dépit de la prohibition, et si l'absent reparaît, seul ce dernier peut demander la nullité. Il serait raisonnable de faire jouer la même règle pour le disparu qui retrouve son conjoint remarié. Le problème qui se pose à lui peut être déchirant ; il doit rester maître de la décision à prendre[25].

---

[24] Art.117 al 1er du Code de la famille
[25] Art.119 et 120 du Code de la famille

CHAPITRE 2. L'ETAT DES PERSONNES

Section 1. Les signes révélateurs de la personnalité

Pour législateur de 1984, il est nécessaire de distinguer, tant sur le plan des droits de la personnalité que sur le plan patrimonial, chaque personne juridique des autres personnes juridiques. Puisque chaque personne est sujet de droits et d'obligations, c'est-à-dire jouit de certaines prérogatives, ou se trouve contrainte à exécuter certaines prestations, la vie juridique serait impossible sans l'individualisation de chaque personne, physique ou morale. A partir du moment où elle reçoit la personnalité, ses contours juridiques doivent être fixés, précisés, elle doit pouvoir être individualisée, être reconnaissable[26]. L'état de la personne fixe son identité juridique ; le nom permet de la reconnaître et de la désigner ; le domicile permet de la trouver. L'état, le nom et le domicile sont les signes révélateurs de la personnalité en droit congolais. On les qualifie souvent : attributs ou éléments d'individualisation de la personnalité.

La définition. L'état d'une personne, c'est sa situation juridique, son statut juridique. Déterminer l'état d'une personne, c'est préciser ses contours juridiques, sa situation à l'égard du droit[27].

---

[26] Voir en ce sens, H.D Amboulou, *La légalisation et l'authentification des actes*, Les éditions Hemar 2008.

[27] En droit romain, la situation de la personne s'appréciait à trois points de vue : le *status libertatis* (état d'homme libre, d'affranchi, d'esclave) ; le *status civitatis* (état de citoyens romain, de latin, de pérégrin) ; le *status familiae* (situation de paterfamilias, de sui juris ou d'alieni juris au sein de la famille). Plus tard, le droit romain du Bas Empire distinguera les *honestiores* et les *humiliores*, partant de cette constatation que les gens de situation modeste, les « économiquement faibles », doivent être protégés contre les plus forts.

Le *« status civitatis »*. Aujourd'hui l'esclavage a disparu ; on n'a donc pas à s'occuper du *status libertalis* : tout être physique a la situation d'homme libre

Au contraire, quant au *status civitatis,* des différences profondes subsistent : le national n'a pas la même situation juridique que l'étranger. Sur le plan des droits politiques, il est évident que l'étranger, ne faisant pas partie de la même communauté que le national, ne peut avoir ni le droit d'éligibilité, ni le droit de vote.

Même sur la plan du droit privé, certains droits sont réservés aux Français : ce sont les droits que l'article 11 du Code civil qualifie de « droit civils », dans le sens romain de *jus civium,* par opposition aux droits naturels, au *jus gentium,* qui appartiennent à tous, étrangers comme Français. Il n'est pas possible de tenter de dresser ici une liste des « droits civils » : c'est l'objet de la partie du cours de droit international privé consacrée à la condition des étrangers. On indiquera seulement que la, jurisprudence tend de plus en plus à minimiser l'article 11 du

La conséquence de l'état des personnes sur le plan familial. La situation de l'individu dans la famille, son *status familiae*, présente un intérêt primordial ; ses droits et ses obligations sont fixés d'après l'alliance (état de père, d'enfant, d'oncle, etc.). Parmi les personnes mariées, il faut distinguer celles entre qui la séparation de corps a été prononcée, car leur situation juridique se trouve, de ce fait, modifiée. Le régime matrimonial adopté par les époux (régime de communauté, régime de séparation de biens, etc.) a également une incidence sur leur état puisque leur situation juridique est fixée pendant le mariage par les règles de ce régime.

La conséquence de l'état des personnes sur le plan social. Il semble qu'il n'existe plus aujourd'hui, dans la situation juridique des personnes, de différences qui soient fondées sur la classe sociale à laquelle elles appartiennent[28]. L'article 4 du Code de la famille dispose : « Toute personne

---

Code civil, en ne considérant comme « droit civils » que ceux qui sont expressément refusés aux étrangers par des textes spéciaux ; par exemple, l'article 869 du Code rural (modifié et complété par la loi n° 1129 du principe, aux fermiers étrangers le bénéfice des dispositions législatives qui protègent les fermiers contre leurs bailleurs, et la loi du 1er septembre 1948, relative aux baux d'habitation, réserve aux propriétaires Français le droit dit de reprise.

Sans doute serait-il souhaitable que toute différence disparaisse entre l'étranger et le national sur le plan du droit privé : les étrangers doivent jouir en France, à partir du moment où ils y sont admis, des mêmes droits que les nationaux. Cependant, deux considérations conduisent à une certaine réserve. Tout d'abord, des prérogatives concédées à certaines catégories d'individus nuisent à d'autres ; les droits accordés aux fermiers ont comme contrepartie une atteinte profonde aux droits de leurs propriétaires ; il n'est pas souhaitable de sacrifier les propriétaires français aux dépens d'étrangers et de remettre en définitive la terre française entre les mains de ces derniers. D'autre part, et surtout, les rédacteurs du Code civil avaient très bien compris l'intérêt qu'il peut y avoir à refuser des droits importants aux étrangers se trouvent ainsi contraints de conclure avec la France des traités de réciprocité. En accordant sans aucune réserve des droits aux étrangers, on perd cette monnaie d'échange prévue par l'article 11 du Code civil.

[28] Depuis la Révolution, la noblesse n'est plus un état, et le rétablissement des titres de noblesse n'a pas eu pour effet de conférer des privilèges, c'est-à-dire une situation juridique particulière, à ceux qui portent ces titres. Cependant, un droit de classe n'a pas tardé à reparaître sous le couvert de la profession. Dès 1807, le Code de commerce contenait des règles applicables aux seuls commerçants, c'est-à-dire aux seules personnes qui font habituellement des actes de commerce. Au cours du XIXe siècle, des règles de plus en plus nombreuses durent organiser les rapports entre employeurs et ouvriers. En dehors du commerce et des relations de travail, le législateur est souvent intervenu, comme il l'avait fait au Bas Empire, pour tenter de rétablir l'équilibre contractuel rompu par suite des circonstances économiques ; il a alors protégé le faible contre celui qu'il estimait être le fort : par exemple, le locataire ou le fermier contre le propriétaire. M. Ripert, dans son ouvrage sur *Le régime démocratique et le droit civil moderne,* a souligné l'importance de ce courant, plus souvent démagogique que démocratique. Ici encore, un droit de classe a tendance à renaître.

humaine est sacrée. Elle possède des droits et jouit de libertés garanties par la Constitution. Ces droits et libertés trouvent leurs limites dans le respect des droits d'autrui et de l'ordre public. La loi, à cet égard, ne prend en considération ni la race, ni la religion, ni le sexe, ni les conceptions philosophiques des personnes ». La religion et la race qui dans les civilisations primitives étaient confondues, chaque clan ayant son totem, ont cependant longtemps conféré des privilèges. Aujourd'hui ni la religion, ni la race ne font partie de l'état des personnes.

Section 2. La détermination de la capacité d'exercice

L'état de la personne permet de déterminer sa capacité de jouissance. C'est en raison de son *status civitatis* qu'un Congolais jouira des droits « civils »; en raison de son *status familiae* qu'un fils (légitime ou naturel) sera l'héritier de son père, qu'une femme pourra réclamer des aliments à son mari ; en raison de son état sur le plan social qu'un commerçant sera mis en liquidation des biens ou en règlement judiciaire, qu'un ouvrier plaidera devant le tribunal du travail. Pour déterminer la *capacité d'exercice d'une personne*, il faut faire intervenir des éléments qui n'entrent pas en ligne de compte pour fixer son état. Selon son âge, une personne peut ou non exercer elle-même ses droits. Le sexe fut longtemps un élément essentiel : la femme (mariée ou non) était une incapable *propter imbecillitatem sexus* (à cause de la faiblesse de sexe) ; cette incapacité n'a disparu au Congo qu'avec la loi de 1984. *Les facultés intellectuelles ou physiques* influent également sur la capacité d'exercice : l'aliéné ou le handicapé physique peut être placé sous le régime de la tutelle ou de la curatelle.

Le principe légal. C'est la loi qui fixe notre état à notre naissance, et nous ne pouvons à notre gré changer d'état, pas plus que nous ne pouvons changer de personnalité. Cependant, si nous ne pouvons, par notre volonté, modifier directement notre état, nous avons la faculté d'accomplir des actes qui, par voie de conséquence, entraîneront des modifications de notre état ; ainsi, le mariage, la séparation de corps, le divorce, l'adoption, la naturalisation.

Pour étudier l'état des personnes, il faut : 1° en préciser les caractères ; 2° examiner les actions d'état, c'est-à-dire les actions en justice dont l'exercice assure la protection de l'état ; 3° indiquer comment le législateur, en règlementant les actes de l'état civil, a organisé la constatation et la preuve de l'état des personnes.

Paragraphe 1. Le caractère de l'état

Pour le législateur de 1984, si l'état d'une personne, c'est sa situation juridique, l'état est donc lié à la personne, comme l'ombre au corps. Plus étroitement même, il est l'image juridique de la personne. Notre image n'est –elle pas plus proche de nous que notre ombre ? C'est ce rapport étroit qui explique deux caractères très particuliers de l'état : indivisibilité, indisponibilité. L'état est enfin susceptible de possession.

L'indivisibilité de l'état. Si l'état a des aspects multiples : un aspect national, un aspect familial et, dans une certaine mesure, un aspect social, il forme cependant un ensemble ; cet ensemble est le reflet de notre personnalité, de même que nous ne pouvons avoir qu'une personnalité, de même nous ne pouvons avoir qu'un état : on n'est pas, à la fois Congolais et étranger ; un enfant n'est pas à la fois légitime et naturel. C'est l'indivisibilité de l'état

L'indisponibilité de l'état. L'article 5 du Code de la famille dispose : « Les droits de la personnalité et les libertés garanties par la loi sont hors du commerce. Est nulle toute limitation volontaire apportée à l'exercice de ces droits et libertés, à moins que cette limitation soit justifiée par un intérêt légitime et ne porte atteinte à autrui », et l'article 6 : « Toute atteinte illicite à la personne humaine justifie celui qui la subit de demander qu'il y soit mis fin, sans préjudice de la responsabilité qui peut en résulter pour son auteur ». Une personne peut, en principe, disposer de tous ses biens : les vendre, les donner, les échanger, les louer, en acquérir de nouveaux. Au contraire, il n'est pas possible de disposer de notre état ; reflet de notre personnalité, il ne peut en être détaché. Toute convention par laquelle nous voudrions disposer de notre état ou acquérir un état nouveau, serait donc nulle. De même, on ne peut renoncer d'avance à se prévaloir de son état : un enfant naturel ne pourrait pas renoncer d'avance à se prévaloir contre son père de sa filiation ; cette renonciation serait nulle. Il en résulte que toute transaction sur l'état est interdite. Transiger c'est renoncer au droit de recourir aux tribunaux et, en même temps, abandonner une partie de ses droits ; transiger, c'est donc disposer ; voilà pourquoi on ne peut transiger sur son état[29].

[29] Art. 237 et s du code de la famille

La prescriptibilité de l'état.[30]**La perte de l'état.** *On peut perdre son état par l'écoulement d'un laps de temps.* Comme un droit ordinaire, l'état d'enfant légitime ou naturel se perd par la prescription extinctive : un individu qui resterait plus de trente ans sans réclamer depuis le jour où il aurait été privé de l'état qu'il réclame ne pourrait plus exiger cet état. De même, une personne qui demeurerait plus de trente ans sans réclamer l'état d'enfant légitime ou naturel depuis le moment où elle a commencé à en jouir, ne pourrait plus agir.

L'acquisition de l'état. *On peut acquérir un état par l'écoulement d'un laps de temps.* Le fait par une personne de s'attribuer une filiation à laquelle elle n'a pas droit, rend donc titulaire de cet état la personne qui la possède après une possession prolongée de trente ans. Il s'agit, pour les rédacteurs du code de 1984 d'un délai de prescription, auquel seront donc appliquées les règles du droit commun (en particulier, la suspension pendant la minorité de l'enfant pour l'action en réclamation).

Mais la prescription trentenaire est écartée pour un certain nombre d'actions d'état : action en désaveu trois mois[31], en contestation de paternité trois mois[32], en recherche de la paternité maternelle (cinq années)[33], à fins de subsides., renvoyant à l'article 270 du code de la famille), en contestation de la reconnaissance en présence d'une possession d'état conforme[34]. D'autre part, selon l'article 15 de la loi du 3 janvier 1972, la prescription trentenaire n'a commencé à courir, pour les actions déjà ouvertes, qu'à partir de l'entrée en vigueur de la loi (c'est-à-dire, à partir du premier jour du septième mois qui a suivi sa publication au Journal officiel du 5 janvier 1972, donc du 1er août 1972).

---

30 Sous l'empire du Code civil, il était admis que l'état, étant indissolublement lié à la personne, ne pouvait naître et disparaître qu'avec elle. Par conséquent, il n'était pas possible de perdre son état ou d'acquérir un autre état par l'écoulement d'un laps de temps, par ce mode d'extinction ou d'acquisition des droits qu'on appelle la prescription ; l'état était imprescriptible. La loi du 3 janvier 1972 a rompu avec cette règle, en matière de filiation.

31 Art. 256 du Code de la famille

32 Art.256 du Code de la famille, avec l'exception prévue par l'article 18 de la loi du 3 janvier 1972

33 Art. 270 du Code de la famille

34 Cinq ans : art. 236 du Code de la famille

Paragraphe 2. La possession d'état

En droit positif, la possession d'un état peut donc faire acquérir cet état. Mais elle joue également un rôle important sur le terrain de la preuve. Dans le domaine du droit de propriété, la possession n'a pas pour seul effet de faire acquérir la propriété au possesseur qui n'était pas propriétaire. Il ne faut pas perdre de vue que, dans la situation normale, le possesseur d'un bien en est propriétaire. Puisque telle est la preuve du droit de propriété, la loi présume que le possesseur est propriétaire ; il appartiendra donc à la personne qui se prétend propriétaire d'une chose, alors que celle-ci est aux mains d'un possesseur, de faire tomber la présomption. Ce rôle de présomption légale, la possession le joue aussi vis-à-vis de l'état, surtout depuis la loi du 3 janvier 1972 sur la filiation. Parce que presque toujours, la personne qui possède un état, c'est-à-dire qui en a les apparences, en est réellement titulaire, la loi présume qu'il en est ainsi : la possession d'état constitue une présomption de la réalité de l'état. Mais, sur ce même terrain de la preuve, l'effet de la possession est moins grand dans le domaine de l'état que dans celui de la propriété. Les conséquences de l'acquisition par une personne d'un état qui n'est pas le sien sont plus graves que les conséquences de l'acquisition de la propriété d'une chose par une personne qui n'y aurait pas droit.

Or faire de la possession d'un état une présomption de l'existence réelle de cet état, c'est permettre à certains de prouver qu'ils ont un état qui n'est pas le leur ; sans doute, la preuve contraire reste possible, mais elle sera souvent très difficile à apporter. Voilà pourquoi le législateur congolais ne fait pas de la possession d'état une preuve normale de l'état ; il organise d'autres modes de preuve ; il n'admet en principe la possession d'état que comme preuve subsidiaire, jouant à défaut des preuves normales. Parfois même, il prohibe presque complètement la preuve par la possession d'état ; il le fait dans les cas où cette preuve serait particulièrement dangereuse. Il en est ainsi lorsque la personne qui possède un état, a pu se donner à elle-même cette possession d'état. C'est le cas de la possession d'état d'époux : des concubins peuvent se faire passer pour mariés ; on conçoit, dans ces conditions, que la possession d'état d'époux ne soit pas en principe, admise comme preuve du mariage. Au contraire, un individu ne peut pas se créer à lui-même la possession d'état d'enfant de telle personne ; la prohibition édictée en matière de preuve du mariage n'a donc plus de raison d'être dans le domaine de la preuve de la filiation.

Paragraphe 3. La consistance de la possession d'état

La possession d'état s'établit par une réunion suffisante de faits qui indiquent le rapport de filiation et de parenté entre un individu et la famille à laquelle il prétend appartenir. La possession d'état doit être continue, autrefois on disait « constante ». Les principaux de ces faits sont :
- que l'individu a toujours porté le nom de ceux dont on le dit issu ;
- que ceux-ci l'ont traité comme leur enfant, et qu'il les a traités comme père et mère ; qu'ils ont, en cette qualité, pourvu à son éducation, à son entretien et à son établissement ;
- qu'il est reconnu pour tel dans la société et par la famille ;
- que l'autorité publique le considère comme tel. »

On résume ainsi le principe du droit positif : *nomen, tractatus, fama. Nomen,* c'est le fait de porter le nom qui correspond à l'état que l'on prétend avoir ; tractatus (le traitement), c'est le fait d'avoir été traité par les proches comme étant celui dont on prétend avoir l'état ; *fama* (la renommée), c'est le fait d'être connu de la famille et du public comme ayant l'état dont on se prévaut. La personne qui réunit ces trois éléments a l'apparence d'un état déterminé, la possession de cet état. Et les parents ou l'enfant peuvent demander au juge des tutelles que leur soit délivré, dans les conditions prévues par la loi, un acte de notoriété faisant foi de la possession d'état jusqu'à preuve contraire, sans préjudice de tous autres moyens de preuve en cas de contestation.

Paragraphe 4. La différence entre l'état des personnes et la propriété

Parce que le droit de propriété était considéré comme le droit conférant à son titulaire les prérogatives les plus complètes, on a tenté de comparer l'état au droit de propriété. L'état et la propriété ont ceci de commun qu'ils sont l'un et l'autre fortement protégés contre tout empiètement. On peut défendre son état, comme sa propriété, contre les troubles qui y seraient apportés, sans même avoir à établir un préjudice. Il est permis au propriétaire de clore et d'interdire de passer sur son terrain, même si le passage ne lui nuit pas ; le titulaire d'un état a la possibilité de le défendre, même s'il ne subit pas de préjudice. On vient, d'autre part, d'indiquer que la possession d'état, comme la possession de la propriété, peut servir de preuve.

Cependant, l'assimilation ne doit pas être poussée plus loin. Même sur le terrain de la preuve, on a signalé les différences entre le rôle assigné à la possession d'état et celui assigné à la possession de la propriété. Mais il y a plus ; des différences fondamentales existent entre l'état, qui, étant un reflet de la personnalité, n'a pas de valeur en argent, et le droit de propriété, qui a un caractère pécuniaire très marqué. Tandis que chacun peut disposer à son gré de son droit de propriété, le vendre, l'échanger, le donner, etc., on sait que l'état est indisponible. Désormais, cependant, de même que la possession d'un bien peut, au bout d'un certain temps, conduire à la propriété, de même l'état d'enfant légitime ou naturel peut s'acquérir, ou se perdre par une possession d'état prolongée. Malgré tout, parce qu'il est le reflet de notre personnalité et intéresse au plus haut point la famille, l'état revêt une importance singulière que ne présente même pas le droit qui a été considéré comme le plus intangible : le droit de propriété.

Paragraphe 5. La protection juridique de l'état

Les actions d'état. Il faut que le titulaire d'un droit puisse le défendre contre les atteintes qui lui seraient portées. A cet égard, le Code de la famille étend aux débats de tous les procès de filiation l'interdiction de reproduction par voie de presse qui ne concernait jusqu'ici que les procès en déclaration de paternité. Mais la protection de l'état est assurée d'une autre façon. En effet, le procédé par lequel on défend, on fait reconnaître, proclamer son droit, est l'action en justice. L'état est donc protégé, comme toute situation juridique, par des actions en justice : les actions d'état.

Les différentes actions d'état. La plupart des actions d'état ont pour objet de faire établir, reconnaître l'existence d'un état antérieur ; le jugement rendu sur ces actions est un jugement qui constate, qui déclare un état antérieur. C'est le cas des actions en réclamation d'état, actions qui permettent au titulaire d'un état de faire reconnaître cet état et des actions en contestations d'état, actions par lesquelles on conteste l'état d'une personne, que l'on prétend purement apparent[35].

[35] Voir en ce sens, H. D. Amboulou, *La légalisation et l'authentification des actes*. op. cit.

A ces actions en constatation d'état, il faut opposer les actions en modification d'état. Ici le but de l'action d'état n'est pas la constatation d'un état existant ; le jugement rendu sur une telle action est créateur, constitutif d'un état. Ainsi, l'action en divorce ou en séparation de corps tend à modifier l'état antérieur, à créer un nouvel état : celui d'époux divorcé ou séparé de corps. Les différentes actions en constatation et en modification d'état seront étudiées à propos du mariage, du divorce et de la filiation ; certaines présentent des caractères particuliers. On ne retiendra ici que les caractères généraux communs à toutes les actions d'état[36].

Les caractères des actions d'état. Les caractères d'une situation juridique réfléchissent nécessairement sur l'action qui la protège. Aussi les actions ayant trait à l'état (à sa protection, à sa constatation, comme à sa modification) subissent-elles profondément l'influence des caractères de l'état. Parce que l'état est indisponible, les actions d'état sont incessibles. Parce que l'état n'a pas de valeur en argent et se trouve indissolublement lié à la personne, n'importe quel intéressé ne peut pas intenter une action d'état. De l'indivisibilité de l'état, on a parfois prétendu tirer cette conséquence que le jugement rendu sur une action d'état a une autorité absolue, c'est-à-dire est opposable à tous comme l'admet le Code de la famille en matière de filiation. Il est nécessaire de reprendre ces différents points.

L'incessibilité des actions d'état. L'état est indisponible ; en principe, aucun contrat relatif à l'état d'une personne ne peut être régulièrement conclu. Il en résulte que les actions d'état sont incessibles. On ne peut même pas renoncer à une action d'état : toute renonciation serait nulle. Il est cependant une espèce où l'état d'une personne dépend de la volonté d'une autre : la filiation d'un enfant naturel résulte, en droit congolais, soit d'une déclaration de volonté du père ou de la mère (reconnaissance volontaire), soit d'une action en justice par laquelle l'enfant réclame son état –on dit aussi « reconnaissance forcée » ou judicaire). Dans ce dernier cas, le père ou la mère assignée par l'enfant est libre de renoncer à se défendre ; par cette renonciation, il reconnaît l'enfant comme le sien, ce qui est son droit. De même si un jugement rendu par le tribunal de première instance déclare que le défendeur est bien le père ou la mère de l'enfant, sa renonciation à

[36]Voir en ce sens, H.D. Amboulou, *Le divorce et la séparation de corps en droit congolais*, op.cit.

interjeter appel sera valable. La renonciation à une action d'état n'étant pas possible, sauf l'exception précisée, toute transaction sera, par là même, interdite dans ce domaine.

La prescription. Puisque l'état est prescriptible en matière de filiation depuis la loi du 17 Octobre 1984, les actions d'état s'y rapportant (qu'il s'agisse d'une réclamation ou d'une contestation) peuvent se prescrire : elles s'éteignent par la prescription de trente ans. Le principe de l'imprescriptibilité des actions d'état, tel qu'il était admis par le droit positif avant la loi du 3 janvier 1972, comportait, il est vrai, des exceptions réelles ou apparentes qui ont été maintenues par le législateur congolais. C'est ainsi que les actions en nullité de mariage, qui sont de véritables actions d'état, puisqu'elles font perdre aux époux leur état de mari et femme, se prescrivent par un certain délai.

D'autre part, le législateur dans le Code de la famille, soit pour éviter le dépérissement des preuves, soit surtout par crainte du chantage et du scandale, exige que certaines actions soient exercées dans un délai très bref. Ainsi, l'action en désaveu, par laquelle le mari fait juger qu'il n'est pas le père de l'enfant né de sa femme, doit être intentée, en principe, dans le délai de six mois ; l'action en recherche de paternité naturelle doit être exercée dans le délai de deux ans à compter de la naissance, ou dans l'année qui suit la majorité de l'enfant. Ces délais très brefs, fondés sur l'ordre public et la paix des familles, ne présentent, en effet, pas toujours les caractères des délais de prescription ; notamment, on ne peut pas renoncer à s'en prévaloir, et le juge doit les relever d'office comme tout moyen tiré de l'ordre public.

L'exercice des actions d'état. Toute personne y trouvant un intérêt légitime peut, en général, agir en justice, que cet intérêt soit moral ou pécuniaire. En outre, les héritiers trouveront dans sa succession les actions de leur auteur décédé. Bien plus, les créanciers, lorsqu'ils y ont un intérêt, peuvent agir à la place de leur débiteur lorsque celui-ci ne le fait pas ; on suppose qu'une personne néglige de poursuivre ses propres débiteurs, alors qu'elle a elle-même un créancier ; celui-ci pourra agir, au nom de son débiteur, contre les débiteurs de ce dernier ; il agit alors par voie indirecte, oblique ; on dit qu'il exerce l'action oblique.

Dans le domaine des actions d'état, le champ des personnes ayant le droit d'agir est beaucoup plus limité. Ces actions sont, en principe, intransmissibles[37]. En principe, peuvent agir les seules personnes dont l'état est directement intéressé à l'exercice de l'action d'état, que leur intérêt soit, d'ailleurs, pécuniaire ou moral. Sauf dans des situations exceptionnelles, les héritiers ne peuvent pas, en cette qualité, exercer les actions d'état dont disposait leur auteur. Il est possible, cependant, que la loi leur donne une action pour revendiquer leurs droits successoraux, action qui, indirectement, mettra en jeu l'état de l'auteur et aura uniquement des conséquences pécuniaires, d'ordre successoral[38]. Surtout, les créanciers ne peuvent agir à la place de leur débiteur, même si tel est leur intérêt. Par exemple, un créancier ne peut pas, au nom de son débiteur, intenter une action en divorce ou en séparation de corps, exercer un désaveu ou une recherche de paternité. Les actions d'état sont susceptibles de conséquences très graves ; elles supposent une décision toute personnelle de ceux dont l'état est directement intéressé ; il serait inadmissible que les créanciers puissent agir, alors que les intéressés ont jugé opportun de s'abstenir[39].

L'enfant doit être né viable. Selon la loi du 17 octobre 1984, aucune action n'est reçue quant à la filiation d'un enfant qui n'est pas né viable. Avant la réforme du 3 janvier 1972, cette règle ne concernait expressément que l'action en désaveu.

---

[37] Art. 86 et s du Code de la famille en matière de filiation.

[38] La loi du 3 janvier 1972 (art. 311-8 du Code civil) indique également que toute action qui appartenait à un individu quant à sa filiation peut être exercée par ses héritiers s'il est décédé mineur ou dans les cinq années après sa majorité ou son émancipation ; les héritiers peuvent aussi poursuivre l'action que leur auteur avait engagée, à moins qu'il n'y ait eu désistement ou péremption d'instance.

[39] C'est ce que précise l'article 1166 du Code civil. « ... Les créanciers puissent exercer tous les droits et actions de leur débiteur, à l'exception de ceux qui sont exclusivement attachés à la personne. « Seules, les actions en nullité de mariage s'écartent sur ce que soit constatée la nullité absolue du mariage de leur débiteur, s'il y a intérêt ; les créanciers du mari, par exemple, ont intérêt à ce que soit prononcée la nullité du mariage, pour que disparaisse l'hypothèque légale de la femme mariée qui grève les immeubles de leur débiteur. L'exercice des actions d'état était jadis, en principe, refusé au ministère public. Certes, l'intervention du ministère public était moins à redouter que celles des créanciers, qui n'ont en vue que leurs intérêts pécuniaires ; il apparaissait cependant nécessaire de la prohiber dans un domaine où les intérêts familiaux doivent l'emporter sur les considérations d'ordre public. Les nullités de mariage faisaient ici encore exception : l'article 184 C. civ. permet, en effet, au ministère public d'agir en nullité et de faire condamner les faux époux à se séparer pour mettre fin au scandale ; mais son droit cesse dès que le scandale a disparu par la suite du décès de l'un des époux. De même on a toujours admis le ministère public à faire opposition à la demande de célébration d'un mariage ; mais il s'agit ici d'empêcher une union qui ne remplirait pas les conditions exigée par la loi. Introduit donc une réforme importante : il autorise le ministère public à contester une reconnaissance d'enfant naturel, si des indices tirés des actes eux-mêmes rendent invraisemblable la filiation déclarée.

Le rôle du ministère public. Dans toute affaire concernant l'état des personnes, la demande doit être communiquée au ministère public, qui la vise et donne son avis. Le défaut de ces formalités entrainerait la nullité de la procédure. L'obligation de communiquer au ministère public les demandes relatives aux actions d'état ne contredit-elle pas le principe qui interdit en cette matière l'action du ministère public ? Nullement. Si l'initiative de l'action doit appartenir aux personnes intéressées et échapper au ministère public, il est normal que celui-ci intervienne pour donner son avis dans toute action intentée à la requête d'une partie privée, car les actions d'état, bien qu'intéressant en premier lieu les familles, mettent en jeu l'ordre public.

La preuve de l'état des personnes. D'une façon générale, la preuve est soumise dans les actions d'état à certaines restrictions, qui résultent du fait que l'établissement de l'état échappe, en principe, à la volonté des intéressés ; aussi, le serment judiciaire n'est pas admis, et l'aveu, s'il peut conserver la valeur d'une présomption, n'est pas un procédé de preuve parfait, et ne lie pas le juge. Certaines actions d'état, l'action en réclamation d'état d'enfant légitime, par exemple, obéissent à des règles particulières qui témoignent de la défiance du législateur pour le témoignage et les simples présomptions ; ces règles seront étudiées avec chacune de ces actions.

Les juridictions compétentes. Le législateur congolais a voulu que les tribunaux de grande instance soient, à l'exclusion de tous autres (tribunaux d'instance, tribunaux de commerce, tribunaux administratifs, juridictions pénales), compétents en premier ressort pour juger les actions d'état. Il a donc dérogé à la règle « le criminel tient le civil en état » : c'est ici le civil qui tient le criminel en état. Cela signifie que, si la décision d'une juridiction pénale dépend de la solution à donner à une question d'état, cette juridiction doit surseoir à « statuer » jusqu'à ce que la question d'état ait été tranchée par un tribunal civil de grande instance, notamment en ce qui concerne *tout délit* portant atteinte à la filiation. Mais la règle ne joue pas dans tous les cas où se trouve soulevée une question d'état. On le précisera en étudiant les actions en matière de filiation, car c'est à leur sujet que le principe reçoit application.

Les effets des jugements. On connait le principe de l'autorité de la chose jugée : *resjudicata pro veritable habetur* ; ce qui a été jugé ne doit plus pouvoir être remis en discussion lorsque toutes les voies de recours contre la décision sont épuisées. Mais à l'égard de qui existe cette autorité de la chose jugée ? Qui doit s'incliner devant le jugement ? Tantôt le jugement est opposable à tous ; on dit qu'il a autorité *absolue*. Tantôt il ne s'oppose qu'aux personnes qui ont été parties au procès, et à leurs successeurs ; on dit qu'il n'a qu'une autorité relative. En droit commun, les jugements constitutifs ont une autorité absolue, les jugements déclaratifs une autorité relative[40].

En ce qui concerne les jugements rendus en matière d'état tout le monde s'accorde pour admettre l'autorité absolue des jugements constitutifs : ils modifient l'état d'une personne, créant un état nouveau opposable aux tiers, qui ne pourraient prétendre l'ignorer. Ainsi, un jugement d'adoption, de divorce ou de séparation de corps, apporte à l'état des modifications opposables à tous ; l'autorité du divorce, par exemple, ne saurait être différente de celle du mariage. Mais, pour que les tiers ne puissent pas être surpris par ces modifications, le législateur de 1984 a organisé une publicité des jugements constitutifs rendus en matière d'état : la publicité des jugements de divorce, de séparation de corps et d'adoption consiste en une transcription et des mentions opérées dans les registres de l'état civil, leur opposabilité *erga omnes* étant retardée jusqu'à cette transcription. D'autre part, la jurisprudence donne une voie de recours contre les jugements : la tierce opposition[41].

On a soutenu, en effet, que ces jugements avaient, contrairement au droit commun, une autorité absolue. Cette opinion repose sur des arguments d'ordre théorique et d'ordre pratique. On affirme que l'indivisibilité de l'état s'oppose à la relativité de la chose jugée en matière d'état : si on appliquait le principe de la relativité de la chose jugée une même personne pourrait avoir un état à l'égard de ses adversaires au procès, et un autre état à l'égard des tiers ; elle aurait donc plusieurs états, ce qui est contraire à l'indivisibilité de l'état. D'autre part, dit-on, l'autorité relative de la chose jugée risque d'avoir pour conséquence que plusieurs tribunaux saisis d'une même question d'état rendent des décisions contradictoires : si, par exemple un enfant, soutenant qu'il est l'enfant légitime d'époux décédés, assigne ses prétendus frères devant des tribunaux différents, certains jugements pourraient admettre sa réclamation, d'autres la rejeter. On ajoute que les

[40] Voir en ce sens, H.D. Amboulou, *La légalisation et l'authentification des actes*, Op. cit.

[41] L'autorité des jugements déclaratifs en matière d'état a fait, au contraire, l'objet d'une vive controverse, à laquelle les arrêts rendus par la Cour de cassation en France n'avaient pas mis fin

difficultés résultant de la relativité de la chose jugée en matière d'état étaient apparues si grandes avant la loi du 17 octobre 1984 qu'on avait admis la thèse dite du contradicteur légitime : dans ce domaine, une seule personne représentait tous les membres de la famille, de telle sorte que ce qui était jugé à son égard l'était à l'égard de toute la famille. Les partisans de l'autorité absolue du jugement d'état prétendent encore que l'autorité relative de la chose jugée n'a pas été consacrée par les rédacteurs du Code de la famille comme un principe général, mais seulement comme une règle exceptionnelle, édictée par l'article 238 de Code de la famille, uniquement pour les jugements rendus en matière de contrats et d'obligations, donc sans portée dans le domaine de l'état des personnes.

Ils se prévalaient enfin de la modification apportée par la loi du 3 janvier 1972. Ce texte disposait que les jugements déclaratifs d'état n'avaient qu'une autorité relative. Le Code de la famille leur reconnaît une autorité absolue, et il précise que la règle s'applique non seulement aux décisions rectifiant un acte d'état civil, mais aussi à celles modifiant un jugement « relatif à l'état civil ». Ne faut-il pas en conclure que tout jugement d'état a une autorité absolue ? Ces arguments ont été retenus par les auteurs de la loi du17 octobre 1984. Les jugements rendus en matière de filiation sont opposables même aux personnes qui n'y ont point été parties. Celles-ci ont cependant le droit d'y former tierce opposition ; mais les juges peuvent d'office ordonner que soient mis en cause tous les intéressés auxquels ils estiment que le jugement doit être rendu commun[42].

L'autorité absolue des jugements déclaratifs d'état en dehors de la filiation. La loi n°35-61 du 20 juin 1961 portant Code congolais de la nationalité dispose en son article 84 que tous les jugements rendus en matière de nationalité, auront une autorité absolue : « Toutes les décisions judiciaires rendues en matière de nationalité par les juridictions de droit commun dans les conditions visées aux articles précédents ont, à l'égard de tous, par dérogation à l'article 91 du Code de la famille, l'autorité de la chose jugée. » Cette disposition s'explique par la raison suivante : dans toute instance mettant en jeu soit à titre principal , soit même à titre incident, une question de nationalité, non seulement le ministère public doit intervenir, mais la demande est obligatoirement communiquée au ministre de la justice, qui a trente jours pour étudier le dossier, rechercher les preuves de la

[42] Art. 238 du Code de la famille

nationalité et donner ses instructions au magistrat du ministre public. Les questions de nationalité intéressent d'ailleurs plus encore l'Etat que les particuliers.

Ont également une autorité absolue *les jugements déclaratifs de décès*. Il s'agit d'un véritable acte de décès dressé par un tribunal aux lieu et place d'un officier de l'état civil. C'est bien ce qu'exprime l'acte de décès et sont opposables aux tiers qui peuvent seulement en obtenir la rectification, conformément à l'article 43 du Code de la famille. « Or, les actes de l'état civil bénéficient d'une autorité absolue. Le Code de la famille confère l'autorité absolue à « toute rectification judiciaire ou administrative d'un acte ou jugements rectifiant un acte de l'état civil : il est normal qu'ils aient la même autorité que l'acte qu'ils rectifient ». Elle était plus difficile à expliquer avant la loi du 3 janvier 1972 quant aux décisions modifiant un jugement d'état, jugement qui, à l'époque, était, en général, considéré comme ayant seulement une autorité relative[43].

Observations. L'étude générale de l'état des personnes fait apparaître l'importance des questions d'état, spécialement sur le plan familial. Si on laisse de côté les problèmes de nationalité et de condition des étrangers, dont l'étude relève du droit internationale privé, tous les procès relatifs à l'état ont trait au status familiae : filiation ou mariage. C'est la place d'une personne dans une famille qui est débattue : des époux demeureront-ils mariés ? Quel est le père ou la mère de tel enfant ? Cet enfant est-il légitime ou naturel ? Aussi est-ce en précisant les règles qui gouvernent la famille, qu'on rencontrera les applications des principes qui viennent d'être dégagés.

---

[43] Accorder ainsi autorité absolue à des jugements d'état, n'est pas sans danger pour les tiers. Aussi les tribunaux ont-ils dû admettre la possibilité de la tierce opposition, la Cour de cassation s'est prononcée dans le même sens, la loi du 3 janvier 1972 également (art. 311-10, al. 1, nouveau du Code civil) mais avec cette précision que toute personne intéressée peut être appelée en cause par le juge (art. 311-10, al. 2, nouveau du Code civil). La tierce opposition est la voie de recours formée par un tiers dont les intérêts sont compromis par une décision judiciaire ; il demande que cette décision ne lui soit pas opposable ; il peut le faire pendant trente ans. L'autorité absolue des jugements rendus en matière de nationalité, des jugements déclaratifs de décès et des jugements rectificatifs se ramène donc, en définitive, comme en matière de filiation, à ceci : la décision rendue a autorité absolue jusqu'à ce qu'un tiers l'attaque par la tierce opposition ; si le tiers-opposant doit-il faire la preuve contraire, car le jugement, ayant autorité absolue, est présumé à l'égard de tous être l'expression de la vérité. C'est donc d'une autorité très particulière qu'il s'agit : *à l'égard des tiers, ces jugements ont bien autorité, mais seulement jusqu'à preuve contraire*.

L'intérêt de ses règles explique l'importance de la matière de l'état des personnes.

Cette importance s'explique encore par le lien indissoluble qui existe entre la personne et son état. Toucher à l'état d'une personne, c'est toucher à cette personne même. On comprend donc que le législateur de 1984 se soit montré soucieux de soumettre l'état des personnes à un régime renforcé de protection. D'où les caractères de l'état, notamment son indisponibilité. D'où la compétence exclusive des tribunaux civils. L'importance accordée par le législateur aux questions d'état devait nécessairement l'amener à se préoccuper d'organiser un système de preuve de l'état qui soit susceptible de donner toutes garanties. Il s'y est efforcé, d'une part, en règlementant les actes de l'état civil, dont l'étude fera l'objet des deux chapitres suivants ; d'autres part, en règlementant strictement la preuve dans les actions d'état.

CHAPITRE 3 LES ACTES DE L'ETAT CIVIL

En vertu d'une pratique judiciaire presque générale, les jugements déclaratifs d'état sont transcrits dans les registres de l'état civil, et mention en est faite à l'acte de naissance. Le livret de famille est, au même titre que les actes de l'état civil, un mode de preuve des évènements concernant l'état, qui y sont relatés ; mais les livrets établis antérieurement au décret du 17 mai 1954 ne peuvent servir de preuve que pour l'accomplissement de certaines formalités administratives. La fiche d'état civil, créée par le décret du 26 septembre 1953, peut, dans certains cas, faciliter la preuve de l'état auprès de l'administration.

La tenue de registres. Avant l'informatisation de l'état civil, notamment à Brazzaville et à Pointe-Noire depuis 2006, les registres sont tenus en double, afin d'éviter leur perte ou destruction : un registre est conservé à la mairie, l'autre au greffe du tribunal de grande instance. Les particuliers ne consultent pas eux-mêmes les registres ; il leur est délivré des copies, extraits ou bulletins. Interviennent à la rédaction des actes : l'officier de l'état civil ou le fonctionnaire municipal qu'il délègue, le déclarant et, pour l'acte deEmariage, les témoins. Les règles particulières à l'acte de mariage seront étudiées avec le mariage.

Les règles particulières à l'acte de naissance. La naissance doit être déclarée dans les trente jours. Passé ce délai, un jugement est nécessaire[44]. Pour éviter les indiscrétions et les chantages, le législateur a voulu que les copies d'actes de naissance délivrées au public ne révèlent pas la filiation ; dans ce but, il a décidé que les copies ou extraits contenant les noms des parents ne seraient délivrés qu'à certaines personnes.

Les règles particulières à l'acte de décès. Le décès doit être constaté par un médecin auquel l'officier de l'état civil confie cette mission. L'acte de décès fait objet d'une transcription sur les registres de la commune du domicile du défunt, lorsque le décès s'est produit hors du lieu de cette commune, et, dans tous les cas, d'une mention en marge de l'acte de naissance.

---

[44] Art. 45 du Code de la famille

Section 1. Les sanctions de l'inobservation des règles de rédaction

L'officier de l'état civil encourt une responsabilité pénale et une responsabilité civile (dommages-intérêts). Pour ne pas nuire aux intéressés, qui ne sont pas responsables des négligences de l'officier de l'état civil, la jurisprudence ne frappe de nullité les actes de l'état civil que dans les cas d'inobservation des formalités dites essentielles ou substantielles.
Ces formalités substantielles sont :
1° la rédaction de l'acte par l'officier de l'état civil ou son délégué. On ajoute généralement que l'officier de l'état civil doit être compétent pour rédiger l'acte ; mais la jurisprudence se montre très souple, qu'il s'agisse d'une incompétence territoriale, ou d'une incompétence résultant du fait que la délégation n'a pas été régulière.
2° la rédaction de l'acte sur les registres. La rédaction sur une feuille volante, en l'absence de conditions particulières, n'offrirait, en effet, aucune garantie quant à la date.
3° la rédaction de l'acte au moment même de la déclaration. Aucune autre condition n'est exigée à peine de nullité.

Paragraphe 1. Les actes de l'état civil

La constatation de l'état. Toute personne, dans les circonstances les plus diverses, est tenue de faire la preuve de son état. Par exemple, sur le plan du droit civil, un enfant qui veut réclamer des aliments à ses parents ou recueillir leur succession doit prouver sa filiation, son état de fils ; un époux qui prétend aux droits successoraux conférés au conjoint par la loi doit faire la preuve de son mariage. Sur le plan administratif, pour être fonctionnaire, entrer dans certaines écoles, se présenter à des examens ou concours, chacun doit justifier de son état au point de vue national et familial. Sur le plan fiscal, il faut, pour bénéficier des prestations de la Sécurité Sociale, il est nécessaire d'établir son état, et les exigences de cette administration sont telles qu'elles déroutent nombre d'assurés sociaux, et ont mis en péril dans les grandes villes (Brazzaville, Pointe-Noire, Dolisie, Ouesso, Owando, Nkayi) les registres de l'état civil, si souvent consultés qu'ils devenaient illisibles[45].

[45] Il serait extrêmement difficile de prouver son état si la loi n'avait organisé un procédé officiel de constatation de l'état des personnes : chacun se trouverait dans l'obligation de faire appel à des témoignages d'autant plus imprécis que l'évènement à prouver serait plus lointain,

Les inconvénients du système actuel. L'origine des actes de l'état civil explique un premier vice du système Congolais. Seules les naissances, les mariages et décès ont été d'abord obligatoirement consignés dans les registres de l'état civil ; aussi les actes constatant les naissances, mariages et décès sont-ils les seuls actes de l'état civil « stricto sensu ». Le système Congolais présente un autre inconvénient : les actes relatifs à l'état civil d'une même personne ne sont pas centralisés ; par conséquent, si on ne connaît pas la date et le lieu d'un évènement intéressant l'état d'une personne, il est à peu près impossible de retrouver l'acte qui le relate.

En matière pénale, chaque condamnation est relevée sur une fiche adressée au greffe du tribunal de grande instance du lieu de naissance ; ainsi, toutes les condamnations prononcées contre un individu sont centralisées dans les fichiers tenus au nom des individus ; c'est le *casier judiciaire*. Il serait souhaitable que la même centralisation existât en matière d'état civil ; un

---

d'invoquer sa possession d'état. Cependant, la constatation officielle de l'état n'est pas très ancienne ; c'est que, à l'époque où les familles vivaient groupées, où les personnes changeaient rarement de domicile, où les villes étaient peu importantes, la preuve de l'état des personnes était beaucoup plus facile qu'aujourd'hui.

1. L'histoire et le point de vue législatif

Les origines historiques. Les débuts du système de constatation des évènements intéressant l'état des personnes furent modestes. Au moyen âge, dans chaque paroisse le curé tenait un livre de compte, sur lequel il inscrivait les dons de ses paroissiens ; parmi les dons les plus nombreux figuraient ceux faits à l'occasion des baptêmes, des mariages et des enterrements. Ces dons devinrent obligatoires, ce qui conféra un caractère semi-officiel aux registres qui les constataient. En tout cas, la consultation de ces registres s'avéra tellement commode pour établir les naissances, mariages et décès que l'ordonnance de Villiers-Cotterêts de 1539 règlementa les registres de baptêmes, que le Concile de Trente ordonna en 1563 la tenue des registres de baptêmes et de mariages, et que l'ordonnance de Blois de mai 1579 prescrivit la tenue des registres d'enterrements à côté des registres de baptêmes et de mariages.
Ce système présenta des inconvénients à partir du moment où la religion catholique ne fut plus la seule pratiquée en France. Les pasteurs protestants tinrent, d'abord, des registres qui furent admis en preuve ; mais, à partir de la révocation de l'Edit de Nantes, en 1685, les protestants éprouvèrent des difficultés considérables pour établir leur état, puisque seul le clergé catholique avait désormais qualité pour adresser les actes. En novembre 1787, Louis XVI remédia à cette situation : en même temps qu'il rendait aux protestants le libre exercice de leur culte, il décidait que les officiers de la justice royale seraient chargés de la constatation des naissances, mariages et décès catholique. C'était un premier pas dans la voie de la sécularisation des actes de l'état civil, sécularisation qui fut achevée pendant la Révolution par la loi du 20 septembre 1792.

casier civil devrait être institué. Il est regrettable que la Commission de réforme du Code de la famille qui d'ailleurs, à la publication de cet ouvrage n'est pas très visible n'ait pas osé adopter le casier civil, par crainte de se heurter au refus du ministre des finances, vice fondamental d'une commission, dénuée de pouvoirs suffisants et craignant, pour l'avenir de son projet, l'opposition de l'Administration des finances autant que celle du Parlement.

Paragraphe 2. Les remèdes : transcription et mentions

On a tenté de remédier à ces deux inconvénients majeurs. D'une part, certains actes intéressant l'état, qui ne sont pas dressés par les officiers de l'état civil, mais par d'autres officiers publics, font l'objet d'une transcription, c'est-à-dire d'une copie effectuée sur les registres de l'état civil par l'officier de l'état civil. C'est ainsi que doit être transcrit le jugement qui prononce un divorce ou une séparation de corps, lorsque le mariage a été célébré à l'étranger, également le jugement qui admet une adoption lorsque l'adopté est né à l'étranger ou lorsque le lieu de sa naissance n'est pas connu.

D'autre part, pour pallier les inconvénients résultant du défaut de centralisation, on a institué un système de mentions marginales. On inscrit en marge de certains actes, notamment de l'acte de naissance, des évènements qui modifient l'état de la personne ; il faut que ces actes renseignent sur les modifications de l'état, qui surviennent postérieurement à la rédaction de l'acte : l'acte de naissance prouve la naissance d'une personne, mais non son existence, tant que la loi n'exige pas que la mention du décès figure en marge de l'acte de naissance. De même, l'acte de mariage prouve que le mariage a été célébré, non que ce mariage subsiste, si mentions du décès et du divorce ne doivent pas y figurer. Il serait donc nécessaire qu'à défaut de casier civil, toutes les modifications de l'état d'une personne se trouvent aussi mentionnées en marge des actes de l'état civil les plus importants concernant cette personne, notamment en marge de l'acte de naissance.

C'est dans cette voie que s'est engagé le législateur. Les rédacteurs du Code de la famille ont ordonné la mention des jugements de rectification d'actes de l'état civil en marge de l'acte rectifié, et la mention de la reconnaissance de l'enfant naturel faite devant un officier de l'état civil, en marge de l'acte de naissance. Le législateur a ordonné la mention du mariage, avec indication du nom du conjoint, en marge de l'acte de naissance ; la mention en marge de l'acte de naissance et de l'acte de mariage, du dispositif du jugement prononçant le divorce ou la séparation de corps. On peut encore signaler les mentions, en marge de l'acte de naissance : de la légitimation, en marge de l'acte de mariage : de la reprise de la vie commune entre époux qui avaient été séparés de corps ; en marge de tous les actes de l'état civil de l'intéressé, de son conjoint et de ses enfants mineurs : de l'adoption, des décrets de changement de nom[46].

Le grand nombre de mentions prescrites a pour résultat que les marges des registres sont aujourd'hui trop étroites pour les contenir toutes ; et il faudrait exiger d'autres mentions, certains actes très importants n'étant ni transcrits, ni mentionnés : la séparation de corps, l'émancipation, l'interdiction. D'autres figurent au registre du commerce : l'état de commerçant, la faillite, qu'il serait utile également de mentionner à l'état civil. Aussi le décret du 15 février 1968 (modifiant l'art. 3 décret du 3 août 1962) a-t-il prescrit de laisser entre chacun des actes inscrits dans le registre un « espace suffisant pour l'apposition ultérieure des mentions ».

---

[46] Mais il faut surtout retenir l'ordonnance du 29 mars 1945 (art.79, al. 3, du Code civil), qui prévoit la *mention du décès en marge de l'acte de naissance.* Jusque-là, il était souvent impossible de savoir si une personne était décédée. Il en résultait de grands inconvénients pour la famille, certaines personnes considérées comme absentes ayant en réalité fait l'objet d'un acte de décès inconnu des proches. D'autre part, des fraudes étaient possibles : des repris de justice utilisaient l'état civil d'un mort ; pendant la guerre, les cartes d'alimentation des décédés étaient largement utilisées ; on prétend même que certaines municipalités ont fait voter les morts ! Au cours des hostilités, cette lacune fut souvent utilisée par les ou les personnes pourchassées par les occupants ; il leur suffisait de se faire établir une fausse carte d'identité au nom d'une personne qu'ils savaient décédée ; la vérification effectuée au registre des naissances ne pouvait pas révéler la substitution, puisque le décès n'y était pas mentionné. Depuis la guerre, il n'y a plus aucune raison de faciliter pareille fraude. Aussi le législateur est-il intervenu. Malheureusement, lors de la déclaration du décès, le déclarant n'a pas toujours des renseignements exacts sur le défunt, dont il peut ignorer la date et le lieu de naissance ; il n'est pas alors possible de porter la mention du décès sur l'acte de naissance ; ou encore des erreurs sont commises, de telle sorte que des personnes bien vivantes ont la désagréable surprise d'apprendre leur décès par une mention portée à leur acte de naissance, ce qui les oblige à demander une rectification.

Paragraphe 3. La transcription et les mentions des jugements déclaratifs d'état

Si le législateur congolais a ordonné de nombreuses transcriptions et mentions, une pratique judiciaire, qui n'est d'ailleurs pas suivie par tous les tribunaux, s'est également instaurée, en vertu de laquelle les jugements déclaratifs d'état sont transcrits dans les registres de l'état civil et mentionnés en marge de l'acte de naissance. Sans doute de tels jugements ne modifient-ils pas un état, se bornant à constater l'état civil ; mais les tiers ont intérêt à connaître cette réalité. Ainsi, les jugements de nullité de mariage, de désaveu, de déclaration de paternité ou de maternité, de nullité de reconnaissance ou de légitimation, font l'objet de transcriptions et de mentions marginales[47].

Paragraphe 4. Le livret de famille et la fiche d'état civil

La pratique administrative avait également paré, dans une certaine mesure, aux lacunes du système du Code civil par la création du livret de famille délivré aux époux, au moment de leur mariage. Sur ce livret, on mentionne, outre le mariage des époux, leur décès, la naissance et le décès des enfants issus du mariage[48].

---

[47] On se demandait avant la loi du 3 janvier 1972 comment les transcriptions et mentions de ces jugements se conciliaient avec la relativité de la chose jugée. En effet, à cette époque, les jugements déclaratifs d'état n'avaient qu'une autorité relative ; seuls, les jugements constitutifs d'état avaient autorité *erga omnes ;* d'autre part, les actes de l'état civil avaient (et ont toujours), comme les jugements constitutifs, une autorité absolue. Comment alors pouvait-on concilier l'autorité relative des jugements déclaratifs d'état et l'autorité absolue de l'acte constatant l'état précisé par le jugement ? La difficulté, disait-on, n'était pas insurmontable. Sans doute, l'article 857 du Code de procédure civile dispose-t-il que l'acte ne sera plus délivré « qu'avec les rectifications ordonnées ». Mais la copie intégrale, de distinguer entre ce qui leur était ou non opposable : leur étaient opposables les indications portées à l'acte originaire par l'officier de l'état civil lui-même, et celle résultant de la transcription et mention d'un jugement déclaratif d'état, à moins qu'il s'agisse d'un jugement rectificatif. La réforme de 1972 a éliminé ce problème, en conférant une autorité absolue à tous les jugements déclaratifs d'état en matière de filiation.

[48] Le décret du 26 septembre 1953 autorise la production du livret de famille, au lieu et place des actes de l'état civil, pour certaines formalités administratives. On a signalé que les exigences de quelques Administrations avaient eu pour conséquence de rendre inutilisables les registres des grandes villes ! L'arrêté du 31 octobre 1953 a précisé quelles sont les formalités administratives pour lesquelles il suffit de produire le livret de famille.

C'est le chef de famille qui a la charge de la conservation du livret. Il est tenu de le présenter à l'officier de l'état civil, lorsque ce dernier lui en fait la demande pour y inscrire des extraits ou les mentions qui doivent figurer dans les marges. En cas de perte, il peut se faire établir un nouveau livret[49]. Ainsi, les époux ont une preuve commode de leur état d'époux et de l'état de leurs enfants, mais seulement s'ils se sont mariés après la mise en application de la loi de 1984. En pratique, les personnes mariées ne sont plus les seules à recevoir ce livret de famille. Celui-ci est également remis, sur leur demande, aux femmes non mariées qui reconnaissent ou adoptent un enfant. Il comporte alors les extraits des actes de naissance de la mère et de naissance des autres enfants naturels ou adoptifs, l'extrait de l'acte de décès de la mère et les extraits des actes de décès des enfants mineurs. L'accomplissement de certaines formalités administratives nécessite la justification que l'on est en vie (ancien « certificat de vie »), que l'on n'est pas marié ou pas divorcé. Il est dressé au vu soit du livret de famille, soit d'un extrait de l'acte de naissance, par la mairie ou par l'administration en cause, sur la simple déclaration de l'intéressé, qui, sur l'honneur, en certifie l'exactitude.

Sachant comment est assurée la constatation des évènements, ou du moins de certains des évènements qui intéressent l'état, il est nécessaire de préciser *comment sont rédigés, puis comment sont rectifiés* les actes de l'état civil, enfin quelle est leur force probante, et de rechercher si l'on peut suppléer au défaut d'acte de l'état civil pour prouver certains évènements.

Le décret du 17 mai 1954, modifié par le décret n°393 du 9 avril 1960, va beaucoup plus loin. Il attribue au livret de famille une valeur probante égale à celle des actes de l'état civil mentionnés dans ce livret. Mais ce décret n'est pas rétroactif, il ne concerne donc que les livrets établis après la mise en application du décret.

Les titulaires des nouveaux livrets n'ont pas à demander la délivrance d'extraits des actes de l'état civil pour prouver les évènements consignés dans leur livret ; il leur suffit de produire ce livret

Le livret doit comporter : un extrait de l'acte de mariage des époux, les extraits des actes de décès des époux, les extraits des actes de naissance des enfants, les extraits des actes de décès des enfants morts en état de minorité, la mention des décisions judiciaires ayant une incidence sur tous ces actes.

Il faut, d'ailleurs, sur ce dernier point, signaler une inadvertance du législateur. On sait que, d'après la pratique judiciaire, notamment celle du tribunal de grande instance de la Seine, les jugements déclaratifs d'état sont transcrits et mentionnés sur l'ordre du tribunal. Mais cette pratique n'est pas suivie par tous les tribunaux. Comment alors mentionnera-t-on dans le livret des décisions qui n'auront pas été portées dans les registres de l'état civil, l'officier de l'état civil n'en ayant pas été tenu informé ?

[49] Art. 73 à 78 du Code de la famille

NOTA. A la demande de l'intéressé, il peut être établi soit une fiche séparée pour chaque membre de la famille (fiche individuelle), soit une fiche collective (fiche familiale). Pour valoir certificat de vie, de célibat, de non-remariage, de non divorce, la ou les mentions : ''non décédé, non marié, non remarié, non divorcé'' devront, selon le cas, figurer expressément dans la marge en face des prénoms de la personne intéressée.

Section 2. La rédaction des actes de l'état civil

Sous-section 1. Les règles de rédaction et sanctions

L'étude de la rédaction des actes de l'état civil comporte celle des règles mêmes fixées par le législateur pour la rédaction de ces actes, et celle des sanctions qui jouent lorsque ces règles n'ont pas été respectées.

Paragraphe 1. Les règles de rédaction des actes de l'état civil

Les règles communes à tous les actes de l'état civil. Certaines règles sont communes à tous les actes de l'état civil ; d'autres particulières à chacun de ces actes. On étudiera d'abord les règles communes, ensuite celles particulières aux actes de naissance et de décès, réservant l'étude des actes de mariage qui sera faite en même temps que celle du mariage, dans un ouvrage dont la parution est ultérieure. Parmi les règles communes, les unes concernent la tenue et la consultation des registres, les autres les personnes qui interviennent à la rédaction des actes.

La tenue des registres de l'état civil. Les faits qui intéressent les actes de l'état civil stricto sensu, c'est-à-dire les naissances, mariages et décès, sont inscrits sur des registres spéciaux tenus en double exemplaire à la mairie de chaque commune[50] : les registres de l'état civil. Ils sont transcrits sur les registres à la suite les uns des autres, dans leur ordre chronologique, sans blanc ; les ratures et les renvois doivent être approuvés ; les feuillets du registre doivent, en outre, être revêtus d'un timbre spécial ou paraphés par le juge du tribunal d'instance. On ne peut ainsi ni modifier après coup les écritures, ni intercaler des actes entre ceux déjà rédigés. Il peut y avoir séries de registres : registre des naissances, registre des mariages, registre des décès ; mais ce n'est pas obligatoire.

[50] Art. 27 du Code de la famille

L'obligation de tenir les registres en double exemplaire ne signifie pas qu'il y a un registre original et une copie ; il s'agit de *deux registres originaux*, tenus selon les mêmes règles et comportant les mêmes indications[51]. Le ministre de la Justice (ou des Affaires étrangères) peut autoriser un officier de l'état civil à transcrire les actes, au lieu de registres, sur des feuilles mobiles, qui, préalablement cotées et paraphées par le juge du tribunal d'instance, devront être reliées en registres au plus tard à la fin de l'année.

Paragraphe 2. La consultation des registres : la délivrance de copies

Il n'est pas possible au public de consulter directement les registres datant de moins de cent ans. D'une part, les risques de lacération, de détérioration et de perte seraient considérables. D'autre part, il faut permettre aux intéressés de se renseigner sur les évènements concernant l'état, et d'en faire la preuve, sans être contraints de se déplacer, de manipuler et de transporter les registres.

Comment alors assurer la publicité nécessaire des actes de l'état civil, nécessaire, car tout le monde, en principe, doit pouvoir les connaître puisqu'ils relatent des évènements, des faits juridiques, opposables à tous ? Cette publicité des actes de l'état civil a été organisée par la délivrance de copies des registres[52]. Délivrance automatique, lorsque l'évènement est de ceux qui doivent figurer au nouveau livret de famille : l'officier de l'état civil réclame le livret au chef de famille pour y inscrire l'extrait de l'acte. En dehors de ce cas, il est nécessaire de demander une copie. On doit s'adresser : quant à l'année en cours, à l'officier de l'état civil ou son délégué ; quant aux autres années : soit à l'officier de l'état civil ou son délégué, soit au greffier du tribunal de grande instance puisque l'un des doubles est déposé au greffe du tribunal de grande instance. Pour faciliter les

---

[51] Cette obligation de tenir les registres en double a pour but d'éviter, autant que possible, la disparition des actes, qui résulterait de la destruction des registres. A la fin de chaque année, en effet, l'un des registres est remis au greffe du tribunal de grande instance, tandis que l'autre est conservé à la mairie ; il est rare que le greffe du tribunal et la mairie soient détruits en même temps. Cela s'est pourtant produit à Paris au cours des évènements de la Commune en 1871 : l'Hôtel de Ville et une partie du Palais de Justice ont été incendiés ; également dans certaines communes au cours des deux dernières guerres. Pour parer à ce risque de destruction, on a proposé de reproduire par le procédé microfilm les actes contenus dans les registres de l'état civil. Les microfilms pourraient être facilement conservés dans des chambres fortes mises à l'abri des incendies et bombardements, même atomiques.

[52] Art. 41 du Code de la famille

recherches, les mairies doivent tenir des tables alphabétiques annuelles, réunies en tables décennales, dont le double doit être envoyé au greffe du tribunal.

Les copies délivrées comportent, en principe, toutes les énonciations de l'acte tel qu'il figure aux registres, au moins les énonciations essentielles ; mais il existe deux exceptions importantes, l'une pour les actes de naissance, l'autre pour les actes de mariage. On distingue : 1° *La copie, qui est la reproduction intégrale de l'acte ;* elle doit comprendre toutes les énonciations de l'actes, ainsi que les mentions marginales. 2° L'extrait, qui contient toutes les indications essentielles ; celles de peu d'intérêt, comme celles relatives aux témoins, sont omises (pour les actes de naissance et les actes de mariage, il existe différents extraits). 3° Les bulletins, qui n'ont pas de valeur légale ; les administrations s'en contentent souvent ; mais, lorsque la production d'un acte est nécessaire devant un tribunal, un simple bulletin n'est jamais admis. Copies, extraits et bulletins sont tous aujourd'hui délivrés sur papier libre. Cette délivrance a lieu, sauf pour certaines formalités, à la perception de droits d'expédition.

Paragraphe 3. Les personnes intervenant à la rédaction : l'officier de l'état civil ou son délégué

Trois catégories de personnes interviennent à la rédaction des actes de l'état civil : *l'officier de l'état civil ou son délégué, les déclarants et les témoins.* Au Congo, en principe, c'est le maire ou le sous-préfet qui, chargé des fonctions d'officier remplit cette fonction. Le maire ou le sous-préfet est, en principe, l'officier de l'état civil de la commune ou du district. S'il est absent, suspendu ou empêché, il est remplacé par l'adjoint, le premier dans l'ordre des nominations ; à défaut, par le conseiller municipal désigné par le conseil ou le premier dans « l'ordre du tableau », c'est-à-dire celui qui a obtenu le plus de suffrages lors de l'élection du conseil municipal ou le sous-préfet. Le maire peut également déléguer ses pouvoirs à un adjoint ou, à défaut, à un conseiller municipal sans être tenu de suivre un ordre. Dans les mairies d'arrondissements, dans les distincts et les communautés urbaines, les secrétaires généraux ont délégation permanente pour ce faire.

Depuis la loi n° 7-2003 du 06 février 2003 portant fonctionnement des circonscriptions administratives territoriales au Congo,[53] le maire est autorisé à déléguer ses fonctions d'officier de l'état civil en dehors du conseil municipal à un fonctionnaire municipal, le secrétaire général de mairie par exemple, sauf pour les actes de mariage, qui doivent être établis par l'officier de l'état civil qui célèbre le mariage. Le législateur de 1984, puis les rédacteurs du Décret n° 2003-20 du 06 février 2003 portant application de la loi n° 7-2003 du 6 février 2003 portant organisation et fonctionnement des circonscriptions administratives territoriales,[54] n'ont fait que régulariser une pratique constante. La compétence du maire, du sous-préfet ou de son délégué est purement locale ; il est sans pouvoir pour recevoir un acte de l'état civil dans une commune autre que celle dans laquelle il exerce ses fonctions. Il serait également, en principe, incompétent territorialement pour relater un évènement qui se serait produit ailleurs que dans sa circonscription ; mais, sur ce point, il y a des exceptions : naissances ou décès en avion ou en chemin de fer.
Les officiers de l'état civil sont placés sous le contrôle de l'autorité judiciaire : le juge du tribunal d'instance paraphe et cote les registres. Tout ceci tenait dans l'ancienne tradition où les registres étaient manuels (cas de Brazzaville et de Pointe-Noire où l'état civil est informatisé); d'autre part, la bonne tenue des registres est contrôlée par le procureur de la République au moment du dépôt au greffe ; ce contrôle, qui, en fait, est sommaire, avait cependant l'avantage d'empêcher les maires de commettre de trop graves négligences. L'officier de l'état civil remplit une fonction si importante qu'une surveillance judiciaire est indispensable.

Le déclarant. Le déclarant est la personne qui vient affirmer à l'officier de l'état civil la réalité de l'évènement créant ou modifiant l'état, évènement que l'acte à dresser doit constater. Il n'y a pas de déclarant dans les actes de mariage, l'officier de l'état civil célébrant lui-même le mariage. Le déclarant doit signer l'acte, après en avoir pris connaissance. C'est l'ordonnance du 23 avril 1958 qui prévoit que les parties lisent l'acte avant de le signer. Antérieurement, il suffisait que l'officier de l'état civil leur en donnât lecture, et la formalité était rarement observée : très souvent on faisait signer

---

[53] Loi n° 7-2003 du 06 février 2003 portant fonctionnement des circonscriptions administratives territoriales

[54] Décret n° 2003-20 du 06 février 2003 portant application de la loi n° 7-2003 du 6 février 2003 portant organisation et fonctionnement des circonscriptions administratives territoriales

l'acte en blanc au déclarant. Il faut souhaiter que la nouvelle formalité soit respectée, car elle est de nature dans bien des cas à empêcher des erreurs de rédaction devant l'éloignement dû à l'enclavement de certains centres d'état civil au Congo.

Les témoins. Pour éviter les déclarations inexactes, les rédacteurs du Code de la famille avaient exigé que le déclarant soit accompagné de témoins. Mais leur présence n'offrait, au moins dans les grandes villes, aucune garantie. Aussi le législateur a-t-il supprimé la nécessité des témoins, sauf pour le mariage. La présence de témoins au mariage donne plus d'éclat à la cérémonie, et les témoins pourraient plus tard, si les registres étaient détruits, attester le mariage. En outre l'on confie souvent aux témoins la mission de conseil et de médiation des époux, espérant qu'ils sont aptes à maintenir ceux-ci en harmonie conjugale, ce qui est rarement le cas. Beaucoup de témoins ne sont pas associés au règlement des litiges entre mariés et sont parfois surpris d'apprendre leur divorce ou leur séparation. Et souvent, aussi, le juge du divorce ne recourt pas à leur privilège. Comme les déclarants, les témoins doivent prendre connaissance de l'acte avant de le signer.

Paragraphe 4. Les règles particulières aux actes de naissance. La déclaration de la naissance

La naissance doit être déclarée à l'officier de l'état civil par le père, à défaut par le médecin ou la sage-femme qui a procédé à l'accouchement, à défaut par une personne ayant assisté à l'accouchement, ou chez qui l'accouchement a eu lieu[55]. Cette déclaration doit être faite dans les trente jours de l'accouchement ; le jour de l'accouchement n'est pas compté dans le délai ; si le dernier jour est un jour férié, le délai est prorogé jusqu'au premier jour ouvrable qui suit. Passé ce délai, un jugement sera nécessaire pour constater la naissance, jugement qui sera transcrit dans les registres de l'état civil[56]. La personne qui trouve un nouveau-né, que l'enfant ait ou non plus de trente jours, doit le déclarer à l'officier de l'état civil. Celui-ci dressera un procès-verbal indiquant les circonstances de la découverte, l'âge apparent de l'enfant, son sexe, etc. Ce procès-verbal est transcrit à sa date dans les registres de l'état civil. Il tenait lieu d'acte de naissance avant loi du 17 octobre 1984; mais, aujourd'hui[57], un acte de naissance séparé doit être

[55] Art.45 du Code de la famille
[56] Art. 45 du Code de la famille
[57] Art. 49 du Code de la famille

rédigé, afin que la communication de l'acte ne révèle pas immédiatement qu'il s'agit d'un enfant trouvé. Dans cet acte, l'officier de l'état civil fixera une date à la naissance et portera le lieu de la découverte comme lieu de naissance. En somme, le législateur ordonne à l'officier de l'état civil de faire un faux. L'intention est sans doute louable, mais la voie sur laquelle s'engage le législateur est dangereuse. L'officier de l'état civil donne un nom et un prénom à l'enfant.

Les rédacteurs du Code de la famille n'avaient pas exigé que l'enfant fût présenté à l'officier de l'état civil, sans doute parce que. Cette pratique, qui n'avait même pas l'avantage de prouver la réalité de l'accouchement par la femme désignée comme mère de l'enfant, était souvent dangereuse pour la santé de l'enfant, en raison du bref délai de trente jours dans lequel la naissance doit être déclarée et de l'éloignement ou l'enclavement de certaines localités. Aujourd'hui, par conséquent, l'officier de l'état civil reçoit la déclaration de naissance sans procéder à aucune vérification.

Paragraphe 5. Les énonciations de l'acte de naissance

L'acte de naissance contient l'indication du jour, de l'heure et du lieu de la naissance, l'indication du sexe et des prénoms de l'enfant, les noms, prénoms, professions, âges, domiciles de ses père et mère, et du déclarant[58]. Lorsque l'enfant est légitime, il est évident qu'il n'y a guère de difficulté ; le déclarant indique les noms des parents et leur qualité d'époux. Si l'enfant est naturel, et si ses parents le reconnaissent, les noms des parents, leurs noms devraient figurer à l'acte ; mais une pratique contraire s'est instaurée, qui est sanctionnée par la jurisprudence : très souvent, le déclarant indique le nom de la mère, sauf si elle s'y est rendue seule, preuve de la maternité naturelle ; l'acte de naissance vaut reconnaissance, lorsqu'il est corroboré par la possession d'état[59] . Si le déclarant ne peut ou ne veut déclarer les noms des parents, l'enfant n'est plus porté comme « né de père et mère inconnus » ; mais on cherche ainsi à éviter que l'illégitimité de l'enfant n'apparaisse de façon trop directe.

---

[58] Art. 46 du Code de la famille

[59] Art. 86 et s. du Code de la famille

Paragraphe 6. La publicité de l'acte de naissance

Dans le même esprit, afin d'éviter des curiosités malsaines et des chantages, le législateur est intervenu pour règlementer la délivrance des actes de naissance. En principe, les registres de l'état civil ont pour but d'assurer la publicité des actes, et toute personne doit pouvoir se faire délivrer copie de n'importe quel acte. Cependant la délivrance de copies d'actes de naissance n'était pas sans inconvénient, sauf pour les enfants légitimes, car la copie fait apparaitre le caractère légitime de la naissance par les indications concernant les parents[60].

Avant le Code de la famille de 1984, la réforme qu'avait apportée à l'article 57 du Code civil le décret-loi du 29 juillet 1939, dit Code de la famille (en France), et qui résulte maintenant des articles 9 à 12 du décret du 3 août 1962, modifiés par le décret du 15 février 1968 ; ces textes l'ont complétée et l'ont étendue à l'acte de mariage. On distingue aujourd'hui trois sortes de copies : 1° La copie intégrale. Elle ne peut être délivrée qu'au procureur de la République, à la personne visée par l'acte, à ses ascendants, à son conjoint, son tuteur ou représentant légal, aux personnes ou associations autorisées à placer des enfants en vue de leur adoption[61], ainsi qu'à toute personne qui en aura obtenu l'autorisation du procureur de la République, lequel exercera un contrôle sérieux et peut opposer un refus (auquel cas le président du tribunal de grande instance sera appelé à statuer). 2° L'extrait contenant les noms des parents. Il peut être délivré aux mêmes personnes que la copie intégrale et, en outre, aux héritiers et aux administrations publiques. Lorsqu'un enfant bénéficie d'une adoption plénière ou d'une adoption simple si ses parents par le sang sont inconnus, l'extrait d'acte de naissance doit indiquer comme père et mère les adoptants ou l'adoptant et son conjoint (la règle est étendue aux enfants qui, avant la création de l'adoption plénière, ont bénéficié d'une légitimation adoptive ou d'une adoption simple comportant rupture des liens avec la famille par le sang). Du

[60] En France une première loi (30 novembre 1906) est intervenue pour limiter le droit d'obtenir copie intégrale des actes de naissance. Mais elle manqua son but, parce que les extraits délivrés à tout requérant contenaient l'indication du nom des parents. Sans doute, ces extraits ne précisaient pas si les parents étaient mariés, ce qui ne permettait pas de distinguer entre les enfants naturels reconnus par leurs deux parents et les enfants légitimes ; mais ils faisaient apparaître l'illégitimité des enfants qui n'étaient reconnus que par un parent, ou qui ne l'étaient pas du tout.

[61] Art. 14 du décret du 12 janvier 1967

moins faut-il supposer soit une adoption par deux époux, soit que l'adoptant est marié[62]. La loi ordonne ainsi aux officiers de l'état civil de commettre un faux ; il en est de même pour les extraits de l'article 10 du décret du 3 août 1962 avec celui dont il a été question et qui comprend toutes les énonciations essentielles[63] ; La précaution prise par le législateur ne paraît pas, d'ailleurs, très efficace ; en pratique, n'importe quelle personne peut obtenir la copie intégrale d'un acte de naissance : il lui suffit d'écrire au dépositaire des registres, en se faisant faussement passer pour l'enfant dont elle désire l'acte, et en demandant qu'une copie intégrale lui soit adressée.

La publicité de l'acte de reconnaissance. Aucun extrait n'en peut être établi ; la loi autorise seulement la copie intégrale et ce, au profit des personnes qui peuvent obtenir la copie intégrale d'un acte de naissance, des héritiers et des administrations publiques[64].

Les règles particulières aux actes de décès. La déclaration du décès. La déclaration doit être faite dans les vingt-quatre heures qui suivent le décès[65]. Mais parce que cette règle ne peut toujours être respectée par exemple on découvre le cadavre plusieurs jours après le décès), l'officier de l'état civil doit dresser l'acte de décès, même si la déclaration du décès intervient aussitôt que possible, car le permis d'inhumer ne peut être délivré que sur cette déclaration[66].

Les énonciations de l'acte de décès. L'article 61 du Code de la famille, prévoit que l'acte de décès énoncera : le jour, l'heure et le lieu du décès ; le nom, les prénoms, la date et le lieu de naissance, la profession et le domicile de la personne décédée ; le nom et les prénoms de son conjoint ; enfin, le nom, les prénoms, l'âge, la profession et le domicile du déclarant.

---

62 Art.12 du décret du 3 août 1962, modifié par le décret 15 février 1968

63 L'extrait de l'article 57 du Code civil omet, dans les actes de naissance, une énonciation essentielle : celle des noms des parents.

64 Art. 9, al. 2 du décret du 3 août 1962, modifié par le décret du 15 février 1968.

65 Art. 8 du décret 25 avril 1919

66 Dans l'article 77 du Code civil, le législateur exigeait que l'officier de l'état civil constatât lui-même le décès. Un usage contraire s'était, ici encore, établi : l'officier de l'état civil déléguait ses pouvoirs à un médecin pour procéder aux constatations. C'est cette pratique qu'à consacrée le décret n° 285 du 28 mars 1960, qui, abrogeant l'article 77 du Code civil, subordonne la délivrance, par l'officier de l'état civil, du permis d'inhumer, à la production d'un certificat établi par le médecin chargé de s'assurer du décès.

La transcription et mention. Il est à craindre que le décès d'une personne demeure inconnu des intéressés parce qu'il s'est produit hors de son domicile. Aussi une copie de l'acte de décès des personnes décédées hors de leur domicile doit-elle être adressée à l'officier de l'état civil du domicile, où elle sera transcrite sur les registres[67]. Cette publicité était insuffisante, et n'empêchait pas l' « emprunt » de l'état civil d'une personne décédée. C'est pour cela, on l'a précisé que le législateur a prescrit la mention du décès en marge de l'acte de naissance[68]. Toute personne peut se faire délivrer copie intégrale d'un acte de décès[69].

Paragraphe 7. Les règles particulières aux actes de mariage

La rédaction des actes de mariage sera décrite en exposant les formalités du mariage[70]. La délivrance des extraits pourrait présenter les mêmes inconvénients, quant à la révélation de la filiation, que celles des copies et des extraits d'actes de naissance. Aussi, la délivrance des copies et des extraits d'actes de mariage est-elle règlementée comme celle des extraits d'actes de naissance.

Section 3. Les sanctions de la violation des règles de rédaction des actes de l'état civil

Paragraphe 1. La responsabilité pénale et responsabilité civile de l'officier de l'état civil

Les sanctions pénales et civiles sont prévues dans le Code de la famille, l'officier de l'état civil négligent (ou son délégué) est passible de peines d'amende et même d'emprisonnements. Lorsque sa faute est intentionnelle, tout au moins en cas de faux, la peine est celle de la réclusion criminelle à perpétuité. Que sa faute soit intentionnelle ou involontaire, l'officier de l'état civil doit des dommages et intérêts aux personnes lésées ; il doit notamment rembourser les frais engagés pour obtenir une rectification judiciaire des erreurs par lui commises.[71]

---

[67] Art. 80 du Code civil modifié par la Loi du 20 novembre 1919 et complété par l'article 4 de l'ordonnance du 23 août 1958

[68] Art. 79 du Code civil, complété par l'ordonnance du 29 mars 1945

[69] Art. 9, dernier al. du décret du 3 août 1962

[70] Voir en ce sens, H. D. Amboulou, *Le mariage et les régimes matrimoniaux en droit congolais*, L'Harmattan

[71] Art. 44 du Code de la famille

Paragraphe 2. La nullité de l'acte

Le législateur de 1984 à prévu que lorsqu'un acte est accompli sans observation des formalités légales, cet acte, en principe, est nul. Cependant, il importe de remarquer que la violation de la loi est, en général, le fait des parties à l'acte, dont la nullité vient ainsi sanctionner l'attitude ; cette nullité a alors, en même temps qu'un effet répressif, un effet d'intimidation obligeant les parties à se conformer à la loi. Ici, au contraire, la violation des formalités légales n'est pas le fait des intéressés, mais de l'officier de l'état civil. De plus, le législateur n'a nulle part posé en principe que les actes de l'état civil non conformes aux dispositions légales seraient nuls, et, lors des travaux préparatoires du Code de la famille, les rédacteurs, parce que beaucoup de maires en 1983, ont indiqué qu'ils s'en remettaient sur ce point à la prudence des tribunaux. Aussi la jurisprudence distingue-t-elle parmi les formalités légales, réservant la sanction de la nullité à l'inobservation des seules formalités essentielles, substantielles : celles en l'absence desquelles l'acte n'offrirait plus aucune garantie.

Paragraphe 3. Les formalités substantielles

Les formalités retenues comme essentielles par la jurisprudence, celles, par suite, dont la violation entraîne nullité de l'acte de l'état civil, sont les suivantes :

a) La rédaction par un officier de l'état civil ou par un fonctionnaire municipal délégué

Avant la loi du 17 octobre 1984, seul un officier de l'état civil pouvait recevoir les déclarations et dresser les actes. En fait, il n'en était jamais ainsi ; les secrétaires de mairie dressaient les actes que l'officier de l'état civil signait en fin de journée. Cette pratique constante ne fut cependant pas admise par les tribunaux.

b) La compétence de l'officier de l'état civil

On dit généralement que l'officier de l'état civil doit être compétent sous peine de nullité. Mais il semble que, sauf peut-être pour le mariage, la jurisprudence a complètement écarté cette condition. Certes, si l'officier de l'état civil dressait l'acte hors de sa circonscription, l'acte serait nul ; mais c'est que, en dehors des limites territoriales de sa circonscription, il n'a aucune qualité, aucun pouvoir, il n'est pas officier d'état civil, mais un simple particulier. Le problème continue à se poser aujourd'hui pour les intérims qui sont organisées entre administrateurs-maires des arrondissements de Brazzaville, de Pointe-Noire et d'autres mairies du Congo. En réalité les actes reçus à l'occasion de ces intérims sont nuls en raison de l'incompétence territoriale de leurs auteurs.

Plus délicate serait l'hypothèse dans laquelle l'officier de l'état civil dresserait acte, dans sa circonscription, d'un évènement qui s'est produit dans une circonscription voisine. Il y aurait bien là une incompétence territoriale. Mais il semble que, dans ce cas, la nullité ne pourrait pas être prononcée : il arrive parfois qu'un acte de décès soit dressé dans la circonscription où le corps a été découvert, qui n'est pas toujours celle où a eu lieu le décès ; cependant, ces actes sont valables[72]; de même, au cas de naissance ou de décès survenus en avion ou en chemin de fer.

La jurisprudence considère, il est vrai, comme nul le mariage célébré devant un officier de l'état civil qui ne serait pas celui du domicile ou de la résidence des époux. Mais, comme il s'agit seulement d'une nullité facultative, que les tribunaux sont libres de prononcer ou non, elle n'est jamais admise qu'en cas de *fraude à la loi,* c'est-à-dire lorsque les époux ont voulu par-là cacher leur mariage, par conséquent, l'incompétence territoriale de l'officier de l'état civil n'entraîne qu'exceptionnellement la nullité[73].

---

[72] Art. 64 et 65 du Code de la famille

[73] En France l'incompétence peut provenir encore du fait que l'ordre des nominations ou du tableau n'a pas été suivi. La question s'est posée devant la Cour de cassation dans la célèbre affaire des mariages de Montrouge. Avant la loi de 1884, le maire devait, dans la désignation de son suppléant, tenir compte de l'ordre du tableau, aussi bien pour la rédaction des actes de l'état civil que pour la célébration des mariages. Le maire de Montrouge ne s'était pas conformé à la règle ; un conseiller municipal irrégulièrement délégué avait ainsi célébré un grand nombre de mariages, et dressé les actes relatant ces mariages. Bien que la question qui a été posée aux tribunaux, fût celle de la validité des mariages et non des actes de l'état civil, la raison pour laquelle la Chambre civile de la Cour de cassation a refusé de prononcer la nullité, est intéressante à rapporter, car elle a toute sa valeur aussi bien quant à la rédaction des actes de l'état civil que quant à la célébration du mariage : « Attendu que la loi du 18 juillet 1837 ni aucune autre disposition législative n'a attaché à ces prescriptions la sanction de la nullité et que les nullités ne se suppléent pas ; qu'il en résulte qu'une irrégularité dans la délégation ne saurait avoir pour effet d'enlever aux membres de la municipalité, désignés par le maire pour le remplacer, la capacité nécessaire pour remplir les fonctions d'officier de l'état civil et qu'elle ne saurait entraîner la nullité des actes auxquels il a concouru en cette qualité. »

c) La rédaction de l'acte sur les registres de l'état civil et non sur une feuille volante

Il est essentiel que l'acte soit dressé sur un registre ou, lorsque l'officier de l'état civil y est autorisé, sur une feuille préalablement cotée et paraphée. En effet, la date de l'acte est souvent d'une importance primordiale ; la nécessité d'écrire les actes à la suite les uns des autres empêche, dans une très large mesure, les fraudes sur les dates, et constitue une garantie très importante. Aussi la rédaction sur une feuille volante en l'absence des conditions exigées, est-elle frappée de nullité ; l'acte ne pourra servir que de commencement de preuve par écrit.[74]

d) La rédaction de l'acte au moment même de la déclaration

L'acte rédigé tardivement pourrait présenter de nombreuses erreurs et omissions ; il n'offrirait plus de garanties sérieuses. Cette règle, d'ailleurs, n'est pas exactement respectée : les secrétaires de mairie, pour éviter de commettre des erreurs dans la rédaction de l'acte, ou parce qu'ils sont pressés, commencent par noter succinctement, sous la dictée du déclarant, les renseignements qui leur sont donnés ; ils font signer le registre en blanc par le déclarant au bas de l'endroit où l'acte sera écrit ; ce n'est qu'ensuite qu'ils rédigent l'acte sur les registres, en s'aidant du projet qu'ils ont établi sur une feuille volante. Depuis que la loi du 17 octobre 1984 prescrit que les parties comparantes, avant de signer l'acte, en prennent communication et que mention en soit portée dans l'acte, les règles légales devraient être mieux respectées. L'inobservation des autres formalités (signatures des témoins quand leur présence est exigée, signature du déclarant) n'est pas, en principe, sanctionnée par la nullité. Elle ne le serait que si elle était frauduleuse. Même le défaut de signature de l'officier de l'état civil ou de son délégué ne serait pas une cause de nullité.

Il suffit ainsi à la validité de l'acte, qu'un officier de l'état civil ou son délégué ait dressé l'acte dans sa commune.

[74] Voir en ce sens, H.D. Amboulou, *La légalisation et l'authentification des actes*, Op. cit.

Section 4. La sanction de l'inobservation des règles de rédaction des actes de l'état civil

La tenue des registres par l'officier de l'état civil est strictement règlementée par le législateur ; on devrait en conclure que tout acte de l'état civil irrégulièrement dressé est nul. Cette solution trop rigoureuse n'est pas celle de la jurisprudence. A juste titre. Il est des raisons pratiques qui, en l'absence de dispositions expresses contraires, sont déterminantes. La rédaction des actes de l'état civil souffre d'un double mal. Dans les grandes villes, à certaines heures, les fonctionnaires sont débordés, et prennent hâtivement les renseignements qui leur sont donnés, font signer en blanc sur le registre le déclarant, et mettent plus tard l'acte au propre. Dans les campagnes, lorsque le secrétaire de mairie est en vacances-période qui coïncidait avec celle des travaux des champs ou de pêche, le maire, qui a d'autres soucis, n'apporte pas toujours un soin extrême à la tenue des registres. Se montrer rigoureux dans ces conditions, serait frappé de nullité un grand nombre d'actes.

Le maintien de l'acte irrégulier. Sans doute, parfois, cette nullité pourrait être réparée par d'autres moyens de preuve ; mais, dans certains cas, ainsi lorsqu'il s'agit de reconnaissances d'enfants naturels, le mal risquerait d'être irréparable. D'où la distinction faite par la jurisprudence : certaines formalités seulement sont substantielles ; seule leur inobservation entraîne la nullité. Dans un domaine voisin, qui touche également à l'état des personnes, et où intervient aussi l'officier de l'état civil, la jurisprudence fait la même distinction : tous les empêchements au mariage n'entrainent pas la nullité, mais seulement quelques-uns, ceux sans lesquels le but même de l'institution ne serait pas atteint : les empêchements dirimants.

La nullité des actes de l'état civil est particulièrement lourde de conséquences quand l'acte ne se borne pas à constater un évènement, mais est la condition de forme exigée pour la validité d'une manifestation de volonté. La reconnaissance d'un enfant naturel est un acte de volonté de l'auteur de la reconnaissance, volonté qui est sans force si elle n'est pas exprimée dans la forme authentique. Dire que l'acte dressé par l'officier de l'état civil est nul, c'est donc annuler, par voie de conséquence, la déclaration de volonté elle-même, la reconnaissance avec tous ses effets. Bien souvent, l'enfant ne pourra même pas, à défaut de reconnaissance valable, intenter une action en recherche de paternité, ou de maternité naturelle, car cette action est enfermée dans des délais très brefs, de telle

sorte qu'elle risque d'être irrecevable le jour où l'enfant s'apercevra de l'irrégularité de l'acte de naissance.
« En annulant l'acte constatant la reconnaissance des enfants R..., et en le remplaçant par un jugement déclaratif de reconnaissance et de légitimation[75] », la loi a posé un principe important : la compétence absolument générale de l'autorité judiciaire pour suppléer aux actes de l'état civil qui n'ont pas été dressés ou qui l'ont été dans des conditions irrégulières. L'intérêt de l'intervention de l'autorité judiciaire en ce domaine apparait clairement. Mais, cette intervention se heurtait à une difficulté propre aux jugements déclaratifs de reconnaissance. D'abord. Le principe des jugements déclaratifs ou supplétifs d'actes de l'état civil est consacré par la loi dans certains cas. Il en est ainsi des jugements déclaratifs de naissance et de décès.

Observations. Pourtant l'intervention judiciaire ne doit pas se limiter aux seuls cas expressément prévus par la loi. Prenons le cas des reconnaissances d'enfants naturels. Un officier de l'état civil omet ou refuse, parce qu'il juge la formalité inutile, de dresser un acte de reconnaissance. Va-t-on faire subir aux intéressés les conséquences d'une faute qui ne leur est en rien imputable ? Admettre que cette faute ne puisse pas être réparée par l'autorité judiciaire, reviendrait très exactement à faire dépendre la légitimation des enfants, du savoir juridique ou du bon vouloir de l'officier de l'état civil. Ensuite, le prononcé d'un jugement déclaratif de reconnaissance se heurte pourtant à une difficulté qui n'existe pas lorsqu'il s'agit, par exemple, de déclarer judiciairement une naissance ou un décès. Dans ces deux cas, l'autorité judiciaire n'a qu'à constater que la naissance ou le décès se sont produits en un lieu et à une date déterminés. Elle constate un fait. Il en va tout autrement pour une reconnaissance d'enfants naturels. Il ne s'agit plus d'un fait, mais d'une manifestation de volonté qui doit s'exprimer dans un

---

[75] Le tribunal civil de Dinan, dans le jugement ci-dessous rapporté, a validé une reconnaissance qui ne répondait guère aux conditions exigées par le législateur : au lieu de rédiger l'acte dans le registre à sa date (art. 62 du Code civil) et à la suite des autres actes, puis de porter une mention en marge de l'acte de naissance, l'officier de l'état civil s'était contenté de la mention marginale. Il pouvait paraître douteux qu'une mention ait, par elle-même, une valeur quelconque : elle se borne à signaler un acte inscrit ou transcrit ailleurs, auquel elle invite à se reporter. Cependant, tenant compte de ce qu'elle contenait des indications suffisantes et était signée, le tribunal de Dinan a considéré la mention comme constituant à elle seule un acte valable de reconnaissance.

acte juridique solennel. Un jugement déclaratif n'est, en principe, possible qu'à condition qu'un acte de reconnaissance ait été, à un moment donné dressé en la forme authentique, c'est pourquoi il a été parfois décidé en jurisprudence qu'un jugement déclaratif était impossible quand, une reconnaissance ayant été passée devant un officier de l'état civil, celui-ci avait omis ou refusé d'en dresser acte. Les parties intéressées subiront les conséquences de la légèreté ou d'une erreur de l'officier de l'état civil. Il y a là un résultat qui paraît choquant. Mais serait-il juridiquement plus « raisonnable » de refuser à l'autorité judiciaire le droit d'intervenir dans un cas semblable, ce qui reviendrait en définitive, répétons-le, à faire dépendre la reconnaissance et la légitimation des enfants adultérins du savoir juridique de l'officier de l'état civil.

Section 5. La rectification des actes de l'état civil[76]

L'importance pratique des rectifications. Quel que soit le soin apporté à la tenue des registres, des erreurs matérielles sont commises dans la rédaction des actes. Elles sont de plus en plus fréquentes en raison du grand nombre des étrangers, dont les noms sont très souvent mal orthographiés sans oublier l'usage des noms fantaisistes fait en violation de la circulaire n°098/MATPP/SGAT/DINEC du 7 Septembre 1988 relative au choix des noms et prénoms des nouveau-nés au moment de la déclaration à l'état civil[77]. On peut espérer que l'invitation qui doit être faite aujourd'hui aux signataires par l'officier de l'état civil, de lire l'acte, aura pour effet de diminuer ces erreurs ; également l'obligation faite aux officiers de l'état civil d'écrire en lettres majuscules d'imprimerie les noms patronymiques[78]. Quand elles existent, il est nécessaire de les réparer. Les rédacteurs du Code de la famille ont consacré à la rectification des actes de l'état civil les articles 83 à 84.

---

[76] Art. 83 à 84 du Code de la famille

[77] Circulaire n°098/MATPP/SGAT/DINEC du 7 Septembre 1988 relative au choix des noms et prénoms des nouveau-nés au moment de la déclaration à l'état civil

[78] Instruction Générale du 30 juillet 1957

Sous-section 1. La rectification judiciaire et administrative

Tant que l'acte n'est pas définitivement dressé, c'est-à-dire tant qu'il n'est pas signé, les erreurs de rédaction peuvent être rectifiées par des ratures et des renvois à conditions qu'ils soient approuvés par les signatures des intéressés. Mais une fois les signatures apposées, l'officier de l'état civil ne peut apporter à l'acte la moindre modification, si légère soit-elle et si évidente que soit l'erreur à rectifier ; il est sans qualité pour le faire, s'agirait-il d'une erreur dans l'orthographe d'un prénom, sauf dans les cas exceptionnels où un texte lui enjoint de procéder à une rectification, mais alors il ne s'agit pas de redresser des erreurs de rédaction. Qui donc a le pouvoir d'ordonner la rectification ?
a). En principe, le président du tribunal de grande instance ; *la rectification est judiciaire*. Exceptionnellement, le procureur de la République ; la rectification est alors administrative.

Paragraphe 1. La rectification judiciaire

Dans le système d'avant le Code de la famille de 1984, le tribunal tout entier devait intervenir. Cette intervention était très coûteuse. Aussi la loi française de 1919 permit-elle de saisir par simple requête le président du tribunal, lequel statuera par ordonnance ; du moins, si la question lui paraissait délicate, le président pouvait-il renvoyer l'affaire devant le tribunal. Le président doit statuer par ordonnance ; sauf dans un cas : lorsqu'il s'agit de rectifier, non pas un acte de l'état civil, mais une décision judiciaire qui en tient lieu ; dans ce cas, le tribunal statuera en chambre du conseil, et sera saisi par simple requête. Les rectifications se font ainsi à peu de frais. Les intéressés qui ne pourraient pas ou ne voudraient pas les supporter, peuvent d'ailleurs s'adresser au procureur de la République, qui ne refusera pas de présenter lui-même la requête. Il est, au surplus, tenu de le faire, et même d'agir d'office, quand l'omission ou l'erreur porte sur une indication essentielle de l'acte. Mais, le Président de la République a ordonné la gratuité de tous ces actes portant rectification pour compter de l'année 2012 ;

Paragraphe 2. La rectification administrative

Avant une décision judiciaire était indispensable pour emporter rectification. Aujourd'hui, afin de simplifier encore les formalités, le législateur permet au

procureur de la République d'ordonner lui-même la rectification. Mais cette procédure administrative n'est possible qu'à une double condition : il faut qu'une erreur ou l'omission à réparer soit « purement matérielle » (par exemple une erreur dans l'orthographe d'un prénom) ; il faut, d'autre part, qu'il s'agisse de la rectification d'un acte de l'état civil, non de la rectification d'une décision judiciaire qui en tient lieu : cette rectification est de la compétence de la seule juridiction qui a rendu la décision.
Le président ou le procureur compétent sont ceux qui exercent leurs fonctions dans le ressort du tribunal de grande instance où a été soit rédigé, soit transcrit l'acte à rectifier. Parfois, la rectification d'un acte entraine la rectification d'autres actes (le rétablissement de l'orthographe du nom du père dans son acte de naissance comportera rectification de son acte de mariage, des actes de naissance de ses enfants, etc.) ; le président du tribunal, compétent pour rectifier la première erreur, ordonne alors toutes les rectifications qui sont la conséquence de la première. En dehors de ce cas, l'autorité administrative n'a aucune qualité pour ordonner la rectification ; elle ne peut se substituer à l'autorité judiciaire : celle-ci a compétence exclusive pour surveiller la tenue et la conservation des registres ; toute intervention de l'Administration constituerait donc un empiètement sur les attributions du pouvoir judiciaire.

L'intérêt moral. Il faut avoir un intérêt pour demander une rectification, mais un simple intérêt moral suffit. Le ministère public, intéressé à la bonne tenue des registres, peut agir d'office ; il y est même parfois tenu.

La prescriptibilité de l'action en rectification. Avant la loi du 3 janvier 1972, il était admis que, l'état étant imprescriptible, les actions d'état étaient elles-mêmes, en principe, imprescriptibles. Mais cette interprétation doit être aujourd'hui, on l'a vu, abandonnée.

La rectification principale et par voie de conséquence. Il n'est ici question que des seules rectifications demandées directement aux juges ou au procureur de la République à la suite d'erreurs ou d'omissions. Les plus fréquentes sont relatives à des erreurs d'orthographe. Mais les rectifications sont quelquefois ordonnées par voie de conséquence. Ainsi, les jugements rendus sur une question d'état ont souvent pour effet d'entraîner un changement de nom (par exemple, le jugement admettant une action en désaveu de paternité ordonne que l'enfant ne portera plus le nom du mari de sa mère) ou une autre rectification de l'acte de naissance (par exemple, le jugement rendu sur une réclamation d'état d'enfant légitime, une contestation d'état, une recherche de paternité naturelle, une contestation ou nullité de reconnaissance). D'autre part, la « *Congolisation* » d'un nom et de prénom, un changement de nom obtenu par le décret, nécessitent une modification des actes de l'état civil. Ces modifications peuvent être opérées d'office par l'officier de l'état civil.

Paragraphe 3. L'autorité absolue des rectifications

Que la rectification soit judiciaire ou administrative, elle a autorité *erga omnes*, et les rectifications qui y sont opérées doivent avoir la même autorité. En tout cas, l'autorité absolue des rectifications ne risque pas de nuire gravement aux tiers, car une rectification d'acte de l'état civil ne modifie pas à proprement parler l'état des personnes ; les personnes lésées peuvent d'ailleurs user de la tierce-opposition ; mais l'état étant désormais prescriptible[79], il n'est plus exact de dire, comme on l'admettait avant la réforme du 3 janvier 1972, que le droit de rectification des actes probatoires qui constatent cet état est imprescriptible ; aussi, pour justifier le recours exercé en dehors de tout délai par les tiers à l'encontre d'une rectification, n'existe-t-il aujourd'hui qu'un seul argument : l'absence de délai de péremption pour cette « voie de recours » (la loi ne vise, rappelons-le, que les « actions ») que constitue la tierce opposition.

Paragraphe 4. Les procédés de rectification

Jamais la rectification n'est matériellement opérée, sur l'acte rectifié, par voie de grattage, rature ou addition ; l'acte demeure tel qu'il était rédigé au moment où il a été signé. Le dispositif de la décision judiciaire ou les instructions du procureur de la République sont communiqués à l'officier de l'état civil qui les transcrit sur les registres dès réception, et porte une mention en marge de l'acte rectifié. A partir de ce moment il est interdit à l'officier de l'état civil de délivrer copie de l'acte sans tenir compte de la rectification. Pourquoi procède-t-on ainsi ? Pour deux raisons. D'abord, on ne veut permettre, sous aucun prétexte, des grattages, ratures ou aditions, qui rendraient vite les registres illisibles. Ensuite, seul le procédé employé

[79] Art. 86 et s. du Code de la famille

permet de comprendre exactement la portée de la rectification par comparaison avec l'acte originaire.

Paragraphe 5. Le domaine de l'action en rectification

L'objet de la procédure de rectification des actes de l'état civil est la réparation d'une erreur qui, tout en concernant l'état, ne l'affecte pas directement en tant que tel ; la demande de rectification ne doit pas avoir pour conséquence une modification de l'état, ni poser une question qui touche au fond du droit. Pareille modification ne pourrait être obtenue que par une « action d'état », et la rectification ne serait que la conséquence du jugement rendu sur cette action[80]. Mais, très souvent, afin d'éluder les règles restrictives de certaines actions d'état (délais préfix, limitation des personnes pouvant agir, restrictions quant aux procédés de preuve), et de bénéficier de décisions rectificatives rendues, la plupart du temps, sans contradicteur, on tente de faire trancher une question d'état en la dissimulant derrière une simple demande en rectification.

Exemple n°1

Dzapio est un enfant, déclaré à l'état civil sans lien de filiation. Il essaie, en formant une demande en rectification de son acte de naissance, de faire indiquer dans cet acte les noms de deux époux, Ipopfo et Ikobo, comme étant ses parents ; il ne pourra y parvenir, car la rectification demandée a pour effet de modifier son état ; il devra donc intenter une « action » en réclamation d'état.

Exemple n°2

Les héritiers de Dzongo l'Ossala, un enfant déclaré comme enfant légitime de deux époux veulent faire rectifier l'acte de naissance de cet enfant, de façon que le nom du premier mari de la mère soit substitué à celui du second ; cette rectification masque encore une question d'état. Le principe est donc simple. Mais son application donne souvent lieu à difficulté, notamment lorsque l'enfant demande que l'on ajoute, dans son acte de naissance, au nom de sa mère celui de son père, qui n'y a pas été indiqué.

[80] Art. 86 et s. du Code de la famille

Paragraphe 6. L'exécution de la décision de rectification

Deux hypothèses doivent être distinguées. Supposons, tout d'abord, que la rectification ait été obtenue par une personne dont le nom était mal orthographié ou ne comportait pas la particule qui devait l'accompagner ; c'est le Ministère public qui est chargé de l'exécution de la décision rendue. Mais s'il s'agit d'une action en contestation intentée par le propriétaire d'un nom à l'encontre d'une autre personne qui a usurpé ce nom, c'est à cette dernière qu'incombe l'obligation de faire procéder à la rectification ordonnée par le juge.

Paragraphe 7. Le jugement suppléant un acte de l'état civil

Il ne faut pas confondre avec les jugements de rectification ceux qui remplacent un acte faisant entièrement défaut. On sait que, si la naissance n'est pas déclarée dans les trente jours, un jugement est nécessaire[81], jugement qui sera transcrit dans les registres de l'état civil ; de même, en cas de disparition, le tribunal rend un jugement déclaratif de décès[82]. Ces jugements ne sont pas de simples décisions de rectification ; ils ne peuvent être rendus que par le tribunal tout entier, non par le président selon la procédure rapide. Ils ont autorité absolue.

Section 7. L'autorité et la force probante des actes de l'état civil

Paragraphe 1. L'autorité absolue des actes de l'état civil

Les actes de l'état civil ont nécessairement une autorité absolue : ils sont opposables à tous. En effet, quel intérêt présenterait un acte de l'état civil qui ne serait opposable à personne, sauf à celui qui est l'objet de cet acte ? A quoi servirait, par exemple un acte de naissance que l'enfant ne pourrait opposer à personne? Pourquoi, d'ailleurs, l'acte serait-il opposable même à celui qui en est l'objet ? N'a-t-il pas été dressé en dehors de lui, sans qu'il puisse faire valoir ses preuves ? Ainsi, l'acte, inopposable à quiconque, serait sans utilité.

D'autre part, au moins avant le Code de la famille, on ne se contentait jamais des affirmations du déclarant. L'enfant devrait être présenté dès sa naissance à l'officier de l'état civil, et si cette obligation avait depuis longtemps cessé

[81] Art. 80 du Code de la famille
[82] Art. 115 du Code de la famille

d'être respectée avant d'être supprimée, en revanche, le décès est encore vérifié par un médecin, délégué de l'officier de l'état civil. L'officier de l'état civil célèbre lui-même le mariage qu'il constate immédiatement dans l'acte. Il y a donc, au moins, en matière de mariage et de décès, un contrôle de la véracité de l'évènement consigné dans l'acte de l'état civil. Cet acte apparaît ainsi très différent d'un jugement où l'autorité n'intervient pas dans la preuve des faits dont l'existence est affirmée par les juges. La raison qui justifie la relativité de la chose jugée ne peut donc pas être invoquée quant aux actes de l'état civil. L'autorité absolue des actes de l'état civil doit être étendue aux *jugements qui suppléent un acte de l'état civil*. Les décisions de *rectifications* de tels jugements ou d'actes de l'état civil ont également l'autorité de la chose jugée. Il ne faut pas confondre l'autorité absolue d'un acte de l'état civil ou d'un jugement rectificatif ou d'un jugement suppléant un acte de l'état civil avec l'autorité absolue de la chose jugée. Car, s'il n'est pas possible de faire décider le contraire de ce qui a été définitivement jugé (autorité de la chose jugée), il est toujours possible de demander à un tribunal de rectifier un acte de l'état civil ou un jugement rectificatif ou un jugement tenant lieu d'acte de l'état civil. *Ces actes ont une autorité absolue, mais n'ont pas l'autorité de la chose jugée.*

Paragraphe 2. La preuve par les actes de l'état civil

La question de la preuve de l'état par les actes de l'état civil se subdivise. D'une part, il faut préciser la force probante des actes de l'état civil, ensuite rechercher si et comment on peut, en l'absence d'un acte de l'état civil, établir l'évènement que devrait relater l'acte qui fait défaut.

Paragraphe 3. La force probante est attachée aux copies et extraits

C'est aux copies et aux extraits délivrés par le dépositaire des registres que se réfère l'article 13 du décret du 3 août 1962, lorsqu'il définit la force probante des actes de l'état civil. On ne connaît la raison : il n'est pas permis de se servir des registres eux-mêmes où sont consignés les originaux.
Les mentions portées sur le livret de famille en application du décret du 17 mai 1954 ont la même force probante que les extraits qu'elles relatent. Pour avoir force probante, les copies ou les extraits doivent remplir deux conditions[83] : 1° Ils doivent être délivrés par le dépositaire légal du registre, c'est-à-dire pour l'année courante : le maire ou son délégué ; pour les années

[83] Art.13 du décret du 3 août 1962

antérieures : soit le maire ou son délégué, soit le greffier du tribunal de grande instance (l'un des exemplaires des registres, sauf pour l'année en cours, est déposé au greffe).

2° Ils doivent porter en toutes lettres la date de leur délivrance et être revêtus de la signature et du sceau de l'autorité qui les a délivrés. Si on a quelque doute sur la conformité de la copie avec l'original, il suffit de demander une vérification à l'autorité qui a délivré cette copie, ou mieux de s'adresser au dépositaire du double des registres pour obtenir une nouvelle copie.

Paragraphe 4. Le degré de la force probante des actes de l'état civil

Les énonciations des actes de l'état civil sont opposables à tous, mais avec quelle force ? La crédibilité de l'acte cède-t-elle devant la simple preuve contraire, ou seulement devant la procédure longue, coûteuse et périlleuse d'inscription de faux. Les actes de l'état civil et les copies qui en sont délivrées, sont des actes authentiques ; ils sont dressées par des officiers publics ; ceux-ci présentent des garanties d'honorabilité, ne sont pas directement intéressés aux actes qu'ils dressent, sont placés sous le contrôle du ministère public, et sont passibles de la réclusion criminelle à perpétuité s'ils commettent une inexactitude volontaire (crime de faux en écriture publique). Voilà pourquoi, selon l'article 13 du décret du 3 Août 1962 : « les copies et les extraits des actes de l'état civil portant en toutes lettres la date de leur délivrance et revêtus de la signature et du sceau de l'autorité qui les aura délivrés, feront foi jusqu'à inscription de faux. » La personne qui voudra contester ce qu'a affirmé l'officier de l'état civil devra donc suivre la procédure de l'inscription de faux. C'est dire qu'il lui sera très difficile de réussir dans sa contestation.

Paragraphe 5. La distinction entre les énonciations de l'acte

Toutefois, les énonciations de l'acte sont de deux sortes. Les unes sont l'affirmation par l'officier de l'état civil des constatations qu'il a faites personnellement ; les autres émanent du déclarant, l'officier de l'état civil s'étant contenté de consigner ce qui lui était rapporté. Bien que l'article 46 du Code de la famille ne le précise pas, seules les affirmations personnelles de l'officier de l'état civil sont crues jusqu'à inscription de faux (une personne qui a dit s'appeler X s'est présentée tel jour à telle heure, et a déclaré que…), Au contraire, la déclaration elle-même n'est crue que jusqu'à preuve contraire ; en effet, le déclarant est un simple particulier, dont les propos ne présentent aucune garantie spéciale de véracité, et qui peut être intéressé à l'évènement qu'il rapporte. Il ne serait pas admissible, dans ces conditions, que le législateur attache à sa déclaration la même force qu'aux affirmations d'un officier public. On est ainsi conduit à distinguer, parmi les énonciations relatives aux constatations que l'officier de l'état civil a faites lui-même. Si pareille énonciation est inexacte, l'officier de l'état civil a commis un faux.

Font foi seulement jusqu'à preuve contraire les énonciations qui se réfèrent aux faits que l'officier de l'état civil n'a pas pu constater par lui-même. IL en est ainsi des déclarations qu'il s'est borné à transcrire, ou des indications qu'il n'a pu contrôler personnellement, telle l'identité des parties ou du déclarant, la réalité d'une naissance, le jour et l'heure d'une naissance ou d'un décès.

Exemple n°3

Deux époux qui s'étaient fait une donation mutuelle au dernier vivant furent tués lors d'un même accident en 2008 ; l'acte de décès de la femme, portait « veuve de… ». Forts de cette indication, les héritiers de la femme prétendaient recueillir, avec la succession de la femme, les biens du mari, au motif que, d'après l'acte de décès, la femme, portée comme veuve, avait donc survécu à son mari et par suite en avait hérité, ils affirmaient que cette énonciation devait être crue jusqu'à inscription de faux. La Cour de cassation écarta cette prétention : « Attendu, en effet, que si les actes de l'état civil font foi jusqu'à inscription de faux des faits que l'officier de l'état civil a reconnus ou constatés personnellement, ils ne font foi que jusqu'à preuve contraire quant aux déclarations des témoins à l'acte. » Il était évident, dans les circonstances de l'espèce, que l'officier de l'état civil n'avait pu, par lui-même, constater l'antériorité du décès du mari[84].

Enfin, n'ont aucune force probante les énonciations qui ne devraient pas figurer à l'acte ; par exemple, l'indication que la personne décédée a été exécutée, ou est morte dans un asile d'aliénés, ou dans une prison, ou en état d'aliénation mentale. Ces énonciations, qui pourraient être supprimées par voie de rectification, n'ont aucune valeur probante.

[84] Voir en ce sens, Civ. 9 décembre 1924. D.H.1925.p. 46; Gaz. Pal.1925.1.207.

Section 8. La preuve des événements intéressant l'état civil en dehors des actes de l'état civil

Les évènements relatés aux registres de l'état civil sont ou des faits juridiques : naissances, décès ou des actes juridiques : mariages, reconnaissances d'enfants naturels. Si on appliquait les règles de preuve du droit commun, on permettrait donc à chacun de prouver les faits juridiques par tous moyens ; les actes juridiques, au contraire, ne peuvent être, en principe, prouvés par les intéressés que par la production de l'acte, les tiers seuls ayant toutes facilités de preuve. Le législateur de 1984 n'a pas voulu appliquer ici les règles générales de la preuve. Mettant à la disposition de tout un excellent système de preuves, il exige qu'en principe chacun fasse la preuve des évènements relatés aux registres, par la production de copies des actes de l'état civil. Cependant, il a permis de se servir de tous modes de preuve dans des cas où, en raison de circonstances exceptionnelles, il est impossible de produire l'acte de l'état civil qui devrait constater l'évènement à établir. Devant d'évidentes nécessités pratiques, la jurisprudence a libéralement étendu les exceptions prévues par le législateur. Le législateur et les tribunaux n'ont pas voulu que la personne qui doit établir un évènement intéressant l'acte, souffre de circonstances dont elle n'est pas responsable, et qui l'empêchent de se servir du procédé normal de preuve : l'acte de l'état civil. Quelles sont ces circonstances ? Les registres ont été détruits ou lacérés. Ou bien, ils n'ont pas été tenus ou ont été irrégulièrement tenus. Ou encore, une copie ne peut pas être obtenue par le fait d'un cas de force majeure ou parce qu'on ignore le lieu de l'évènement que l'on veut prouver.

Section 9. La perte, destruction ou détérioration des registres

L'article 46 du Code civil dispose qu'en cas de disparition des registres, la preuve de l'évènement pourra se faire par tous moyens, même par témoins. Et l'article 82 du Code de la famille dispose qu'en cas d'inexistence des registres ou lorsque les deux exemplaires d'un même registre ont disparu, un décret du Président de la République pourra décider de leur constitution ou de leur reconstitution en fixant la procédure qui pourra être suivie à cet effet.

Malgré le double dépôt des registres à la mairie et au greffe, il arrive, en effet, que les deux registres soient détruits à la suite d'incendies ou de guerre ; il en fut ainsi pour les registres de Brazzaville et de certains centres d'état civil de l'intérieur du pays en 1997. On a bien tenté de reconstituer les actes détruits, mais sans terminer ce travail considérable. Les juridictions sont également intervenues pour ordonner la reconstitution des registres détruits pendant la guerre de 1997. Lorsque les registres ont ainsi disparu sans être reconstitués, la preuve est libre.

A la destruction complète, la jurisprudence assimile la détérioration des registres, car il s'agit d'une destruction partielle. Cette détérioration sera facile à établir, non seulement lorsque manque le morceau d'une page, mais lorsqu'une page entière a été enlevée ; les registres sont, en effet, cotés par le tribunal avant d'être remis aux officiers d'état civil.

Section 10. L'absence de registre, omission de l'acte dans le registre

En cas d'absence de registre ou d'omission dans le registre, la preuve peut encore être faite par tous moyens « lorsqu'il n'aura pas existé de registres ». Cette hypothèse est peu vraisemblable en raison du contrôle exercé par le procureur de la République. Le Code de la famille n'a pas spécifiquement prévu une disposition pour de cas d'omission. Chaque centre de l'état civil a un ou plusieurs registres tenus en double. Faut-il étendre l'article 82 du Code de la famille au cas fréquent d'omission prétendue d'un acte dans le registre ? Il serait extrêmement dangereux de l'admettre sans aucune condition, car chacun pourrait soutenir que l'officier de l'état civil a omis de dresser l'acte. Cependant, il semble bien que la démonstration de la tenue très irrégulière des registres (elle était saisonnière » dans certaines communes, les conseillers municipaux étant requis par les travaux des champs, de pêche au moment où l'instituteur, qui était souvent secrétaire de mairie, est en vacances). Équivaudrait à la preuve de l'inexistence. Ne pas tenir les registres pendant plusieurs semaines ou plusieurs mois équivaut à ne pas les tenir du tout.

Section 11. L'impossibilité résultant de la force majeur

Dans plusieurs situations, l'impossibilité de se procurer l'acte de l'état civil est due aux registres eux-mêmes. Or, il est parfois impossible d'obtenir une copie, bien que les registres existent, et qu'ils aient été tenus régulièrement. Cette impossibilité résulte soit de la date de rédaction de l'acte. La tension des relations internationales ou leur rupture peuvent empêcher d'obtenir la copie d'actes de l'état civil dressés à l'étranger.

Exemple n°4

Monsieur Jean Otongui et son épouse née Celine Wamba, des époux congolais, dont le mariage avait été célébré à Moscou conformément à la loi russe et enregistré au consulat du Congo, devaient établir, au lendemain de la Perestroïka, la réalité de leur mariage ; ils étaient dans l'impossibilité de produire copie de leur acte de mariage.

Section 12. L'ignorance du lieu où l'acte a été dressée

Malgré les tables alphabétiques qui facilitent les recherches, et l'aide qui peut être apportée par des spécialistes, il est parfois impossible de se procurer la copie d'un acte, parce qu'on ignore le lieu où il a été dressé. Par exemple, un enfant ignore le lieu du mariage de ses parents décédés, ou le lieu de leur décès. Il y aurait un danger très grave à l'admettre, car il suffirait alors d'invoquer son ignorance pour être admis à prouver par tous moyens. Cependant, les tribunaux se trouvent parfois en présence de situations telles qu'ils ont tendance à se montrer très libéraux. Mais on comprend leur hésitation et celle de la doctrine.

Paragraphe 1. Les deux preuves exigées par le Code de la famille

La loi du 17 octobre 1984, dans tous les cas où elle est appliquée, subordonne le succès de la demande à une double preuve. D'abord la preuve de la destruction, détérioration, inexistence ou mauvaise tenue des registres, du cas de force majeure qui rend impossible l'obtention de la copie, ou de l'ignorance du lieu où l'acte a été dressé. On mesure par là le danger d'étendre cette disposition à une simple ignorance : quand on offre de faire en justice la preuve d'un fait, ce fait doit être tel que la preuve contraire en puisse être, le cas échéant, rapportée ; or, s'il est possible de prouver que les registres n'ont pas été détruits, détériorés, etc., comment le défendeur pourra-t-il prouver que le demandeur n'ignore pas le lieu où l'acte a été dressé ? Cette première preuve à fournir par le demandeur est celle d'un fait juridique ; elle pourra donc se faire par tous moyens. Il restera au demandeur à prouver l'évènement qui concerne l'état, par exemple sa naissance à telle date. Alors, mais alors seulement, la loi l'autorise à faire cette preuve par tous moyens.

Paragraphe 2. Les autres cas où la preuve de l'état peut être faite en l'absence d'un acte de l'état civil

Les règles qui viennent d'être tracées, paraissent relativement simples. Un principe : les évènements intéressant l'état (naissance, mariage, décès) ne se prouvent que par les actes de naissance, mariage, décès. Une exception : lorsque des circonstances exceptionnelles ont empêché que l'acte figure dans les registres ou empêchent qu'on l'y retrouve, la preuve est libre. En réalité, le système de preuve des évènements intéressant l'état est plus complexe. D'une part, en ce qui concerne le décès, on sait que le législateur de 1984 a dû, permettre, en cas de « disparition », la preuve du décès par témoignage ou présomptions, afin que le tribunal puisse rendre un jugement déclaratif de décès[85]. D'autre part, en ce qui concerne le mariage, et surtout la filiation, on précisera que, quand le législateur a règlementé par des dispositions particulières très complètes la preuve de ces évènements, il a admis, au moins à titre subsidiaire et avec plus ou moins de restrictions, des modes de preuves autres que l'acte de mariage et l'acte de naissance : possession d'état, témoignage, présomptions.

Est-on en présence de règles qui se suffisent à elles-mêmes, de telle sorte que, là où elles font une place à l'acte de l'état civil pour se dispenser de produire cet acte ou de recourir à l'un des seuls procédés de preuve subsidiaires qui sont autorisés, et pour prétendre ainsi prouver par tous moyens ? Faut-il, au contraire, admettre que, partout où le législateur prévoit qu'une preuve peut être faite par un acte de l'état civil, il est permis de prouver par tous moyens lorsqu'on se trouve dans l'une des circonstances d'absence de registre, ou d'omission de l'acte dans le registre ? La question est discutable. Elle sera envisagée quand on examinera les modes de preuve du mariage et de la filiation. Du moins convient-il d'observer que les cas d'absence de registres ou d'omission ne sont pas les seuls où la preuve de l'état peut se faire autrement que par un acte de l'état civil. La tendance actuelle est, il faut bien le reconnaitre, de généraliser ce recours au juge dans l'établissement de l'état civil. Il a été admis ainsi qu'il était possible de suppléer par jugement un acte de reconnaissance qui n'avait pas été dressé régulièrement par suite d'une faute de l'officier de l'état civil, lorsque la volonté de reconnaître a bien été exprimée devant ce dernier. D'autre part, avec l'article 295 du Code de la famille, la transcription du jugement tient lieu désormais d'acte de naissance à l'adopté dans l'adoption plénière.

---

[85] Art. 115 du Code de la famille

Paragraphe 3. Les actions en rectification des actes de l'état civil et les actions d'état

Les demandes en rectification d'actes de l'état civil sont extrêmement nombreuses, et, si la plupart se bornent à solliciter une modification d'orthographe ou le rétablissement d'une particule, certaines présentent des difficultés, car elles masquent une question d'état que les intéressés, soit parce qu'ils ne figurent pas parmi les personnes auxquelles la loi ouvre les actions d'état, soit parce qu'ils ont laissé passer les délais dans lesquels ces actions peuvent être intentées, essaient de soumettre au président du tribunal par le biais de la rectification. L'étude de la rectification des actes de l'état civil nécessite, pour une parfaite compréhension, la connaissance des questions de filiation. Aussi ne saurait-on trop recommander aux étudiants de reprendre cette étude après celle de la filiation[86].

Observations. « On sait l'intérêt de la distinction entre les actions d'état et les actions en rectification d'acte de l'état civil. Ces dernières peuvent être introduites par simple requête devant le président du tribunal civil et n'exigent pas de contradicteur, sauf si le magistrat estime nécessaire un débat- contentieux. La procédure en est donc extrêmement rapide et peu coûteuse. Surtout, elle n'est soumise ni aux conditions de preuve, ni, le cas

---

[86] En France, une ordonnance a été rendue par le président du tribunal civil de la Seine, le 6 février 1948, dans les circonstances suivantes : Un enfant était né d'une femme mariée ; néanmoins le nom seul de sa mère figurait dans son l'acte de naissance ; le nom de son père n'y était pas. L'enfant demandait, par voie de simple rectification, que ce nom fût ajouté, afin que son acte de naissance le fasse apparaître comme légitime et non comme naturel. En lisant les observations qui sont reproduites sous la décision, on verra que la Cour de cassation a rendu sur cette question deux arrêts contradictoires, l'un exigeant qu'une action d'état soit intentée, l'autre, plus récent, admettant la possibilité d'agir par simple rectification d'acte de l'état civil. Dans l'espèce ci-dessous rapportée, la situation se compliquait du fait que l'enfant avait été l'objet d'une reconnaissance d'enfant naturel, dont l'auteur avait sans doute été l'amant de sa mère. Pouvait-on, par voie de simple rectification, supprimer la mention de cette reconnaissance qui figurait en marge de l'acte de naissance de l'enfant, ou fallait-il intenter une action d'état (action en contestation de reconnaissance) ?
La question a été, dans son ensemble, rénovée par la loi du 3 janvier 1972 sur la filiation. En effet, selon l'article 313-7 nouveau du Code civil, la présomption de paternité légitime est écartée quand l'enfant, inscrit ainsi sans indication du nom du mari, n'a de possession d'état qu'à l'égard de la mère ; la filiation de l'enfant est alors établie à l'égard de la mère seulement, exactement comme s'il y avait eu désaveu de la part du mari (art.313-2, al. 1 nouveau du Code civil) La décision rapportée demeure cependant intéressante à plusieurs titres : Trib. civ. Seine 6 fév. 1948 (Sem. jur. 1948.II.4241.2e espèce)

échéant, aux conditions de délai des actions d'état ; elle est ouverte à tout intéressé. Il est d'autres intérêts secondaires ; le tribunal compétent n'est pas celui du domicile du défendeur, mais de la circonscription dans laquelle a été dressé l'acte dont on demande la rectification. « Mais, si l'intérêt de la distinction n'échappe pas au praticien, il éprouve souvent de difficulté à établir la ligne de démarcation entre les deux compétences. En matière de filiation, la frontière paraît cependant bien tracée par les « décisions-clefs » de la Cour Suprême, faute d'avoir compris toute la portée de la règle *''pater is est''*..., a d'abord minimisé le rôle de la rectification. Mais une observation s'impose, à la suite d'un examen plus attentif des preuves en matière de filiation légitime ; d'abord les juridictions ont montré que pour prouver sa légitimité l'enfant avait à démontrer sa filiation vis-à-vis d'une femme mariée ; le reste ne se prouve pas, se présume automatiquement. Le motif essentiel doit être relevé

Exemple n°5

L'action de la demanderesse ne présente pas « l'enfant légitime des époux Makosso par les effets combinés de son titre de naissance et de la présomption légale. Elle se borne à se prévaloir de cet état dont, seule, une action en désaveu aurait pu « la dépouiller, pour obtenir une rectification conforme dans la rédaction de l'acte de l'état civil la concernant. Le raisonnement est si juste, la formule heureuse qu'on retrouve depuis 1972 reproduite dans toutes les décisions. En effet, l'acte de naissance fait pleine preuve de l'accouchement d'une femme mariée, la filiation paternelle résulte automatiquement sauf désaveu des articles 229 et suivants du Code de la famille. Il n'est pas possible de diviser les preuves, de diviser la filiation. C'est la double filiation légitime, maternelle et paternelle, qui se trouve établie par l'accouchement d'une femme mariée. Mais, jusqu'à désaveu, il suffira à l'enfant, pour démontrer sa double filiation légitime, de produire un acte de naissance indiquant qu'il est né d'une femme qui, il l'établira par l'acte de mariage, était mariée à cette époque. Peu importe même que la mère ait été indiquée sous son patronyme de jeune fille.

Paragraphe 4. La rectification et ses limites

Les mentions des actes de l'état civil relativement à la filiation ne peuvent pas « être modifiées par voie d'action en rectification lorsque l'état des parties en dépend réellement, mais cette voie est recevable lorsque les mentions ne sont « pas légalement probantes, ou lorsqu'une filiation contraire est déjà légalement établie. M. R. Savatier précise le rôle positif et négatif de la rectification : Il est possible de faire inscrire dans un acte, par voie de simple rectification, une filiation dont la preuve est déjà acquise indépendamment de cet acte. De même et inversement, il y a seulement demande en rectification, et non action en contestation d'état, lorsque l'on tend à faire effacer d'un acte la mention d'une filiation qui n'y doit pas figurer

L'enfant déclaré également comme né d'une femme dont le mariage est établi n'est reconnu souvent que postérieurement par un tiers, par acte séparé. Aucune difficulté à rétablir le nom du mari et primer la reconnaissance. Mais est-ce possible de supprimer la mention de la reconnaissance, *distincte de l'acte de naissance ?* « On répond que la reconnaissance, établissant une filiation naturelle, donc un état, ne peut être supprimée par une simple rectification, mais par une action en contestation ou en nullité de reconnaissance. » Mais cet argument prouve trop. Il vaudrait, dans tous les cas, aussi bien quand la reconnaissance est concomitante à la déclaration de naissance ; on ne voit pas pourquoi on réserverait un traitement différent aux reconnaissances selon leurs dates.

Observations. « Supprimer la reconnaissance n'est pas, modifier l'état. Lorsque la preuve de la filiation légitime résulte de l'acte de naissance (dès que le nom de la mère, mariée, est indiqué), l'acte a autorité absolue, la filiation est établie *erga omnes*

. C'est à celui qui voudrait prouver une autre filiation qu'il appartiendrait, non pas seulement de reconnaître, mais d'intenter une action d'état. M. Holleaux. L'éminent auteur, dont les notes font autorité en matière de filiation, écrit : « … sera également réputée non avenue la reconnaissance faite par un homme célibataire, lorsque l'enfant a déjà un acte de naissance désignant (fût-ce sous le nom de fille) sa mère mariée… » La preuve de la filiation légitime étant établie à l'encontre de l'auteur de la reconnaissance comme de toute personne, il ne pouvait, en vertu du principe de l'indivisibilité de l'état, prétendre que cet enfant avait à son égard l'état d'enfant naturel reconnu. Sa reconnaissance n'a aucune efficacité, l'enfant conservant vis-à-vis de tous, même de l'auteur de cette reconnaissance, un état et un seul, celui d'enfant légitime. En supprimant cette reconnaissance, on ne modifie donc en rien l'état. Supprimer n'est pas annuler. La nullité de la reconnaissance résultant de l'article 335 du Code civil pose peut-être une question d'état. Constater qu'un acte est inutile, donc qu'il est superflu de le faire figurer au registre, est du domaine du juge des rectifications…

CHAPITRE 4. LE NOM

Définition. Le nom est l'appellation par laquelle on désigne une personne. Pris dans ce sens large, le nom est un ensemble qui se compose de plusieurs éléments. Il faut déterminer ces éléments, puis analyser les caractères et la nature juridique du nom.

Section1. Les éléments constitutifs du nom[87]

Le nom se compose de deux, parfois de trois éléments : le nom patronymique, ou nom de famille ; le ou les prénoms ; le pseudonyme et le surnom. Après avoir examiné ces éléments, on recherchera si les qualifications nobiliaires constituent, elles aussi, un élément du nom.

Paragraphe 1. Le nom patronymique

Définition. Le nom patronymique est l'appellation par laquelle on désigne tous les membres d'une même famille. En son absence, il serait très difficile de distinguer les personnes, la liste des appellations individuelles étant limitée[88].

---

[87] Art. 92 du Code de la famille

[88] Dans les peuples archaïques, le besoin s'est rapidement fait sentir d'ajouter à l'appellation personnelle le nom du père au génitif, pour faciliter l'individualisation par la marque de la filiation directe ; il en était ainsi chez les Hébreux (Josué fils de Nûn) ; Il en est ainsi chez les Musulmans (Mohamed ben Mahmoud) et cette désignation est fréquente en Russie (Fedor Ivanowitch).

A Rome, l'usage s'était instauré de donner à chaque individu un nom compliqué, mais qui avait l'avantage de l'identifier parfaitement. On cite toujours en exemple les noms se Sciption (Lucius Cornelius Cnaei filius Scipio) et de Cicéron (Marcus Tullius Marci filius Cicero). Chaque citoyen portait : 1° Un *proenomen* (Lucius, Marcus, etc.) 2° Un *nomen gentilicum* (Cornelius, Tullius, etc.), ou nom de la gens à laquelle appartenait l'individu. 3° Le *proenomen du pater au génitif (Cnaei filius, Marci filius, etc.),* qui indiquait la filiation. 4° Un cognomen (*Scipio, Cicera, etc.*), qui était le nom des membres de la *Domus*, de la famille au sens étroit par opposition à la gens. 5° En outre, il recevait parfois un *agnomen*, qui était un sobriquet personnel. Ainsi, le nom indiquait à quelle *gens* et à quelle famille appartenait la personne qui portait, comme appellation individuelle, le *proenomen.*

L'usage du nom romain s'introduisit en Gaule, ainsi qu'en témoignent les inscriptions, mais disparut complètement avec les invasions barbares, les Germains ayant un nom individuel auquel ils ajoutaient tout au plus, comme patronyme, le nom du père précédé du suffixe *ing* (fils de).

Cependant, bientôt se manifestent certaines tendances à marquer son origine, au moins dans les grandes familles ; si les noms patronymiques n'apparaissent pas encore, l'usage est de

Les modes d'acquisition. Le nom patronymique ou son usage s'acquièrent : 1° par la filiation ; 2° par le mariage ; 3° par une décision de l'autorité administrative ou judiciaire.

a). L'acquisition du nom par la filiation

Le nom de l'enfant légitime. Il faut distinguer entre la filiation légitime, la filiation naturelle et la filiation adoptive. Il n'existe aucune difficulté dans la filiation légitime. L'enfant prend le nom de son père. Il ne peut ajouter au nom de son père le nom de sa mère, même lorsque le père, comme il en a la faculté, ajoute à son propre nom le nom de sa femme.

Le nom de l'enfant naturel et de l'enfant trouvé. Pour la filiation naturelle, au contraire, des difficultés se sont produites, auxquelles a mis fin la loi du 3 janvier 1972. Lorsque la filiation de l'enfant (qu'il soit naturel simple, adultérin ou incestueux, à l'exclusion pour ce dernier du cas dit d'inceste « absolu » où le lien de filiation ne peut exister qu'à l'égard d'un seul des parents) a été simultanément établie à l'égard de ses deux parents, qui l'ont, par exemple, reconnu dans un même acte, il prend le nom de son père. Lorsque la filiation de l'enfant a été établie successivement à l'égard de ses deux parents, il prend le nom de celui à l'égard duquel sa filiation s'est trouvée établie en premier lieu[89]. On a toutefois hésité dans le cas où la filiation est établie à l'égard de la mère avant de l'être à l'égard du père : l'enfant ne doit-il pas alors quitter le nom de sa mère pour prendre le nom de son père ? L'on pense que l'enfant devrait toujours prendre le nom de son

rappeler ses ancêtres, et cet usage constitue un véritable droit, dont la protection est assurée. Ainsi, chez les Mérovingiens, Clovis (Chlodo-vechus) épouse Clotilde (Chlothildis) ; leur second fils s'appelle Clodomir (Chlodo-mirus), son cadet Clotaire (Chlot-harius). A la suite du mariage de Pépin de Bref avec la Mérovingienne Berthe, les Carolingiens tiendront à remarquer leur descendance et prendront souvent le nom de Louis, qui est celui même de Clovis : (Ch) Lodovechus devient Ludovicus. Louis se retrouvera avec Charles chez les Capétiens, après leur union avec les Carolingiennes.

Peu à peu, en dehors des familles nobles, l'usage s'établit parallèlement de donner, à côté du nom reçu au baptême celui-ci fut d'abord d'origine germanique, puis devint un nom de saint ou de personnage de la Bible, un surnom, qui rappelle la profession ou une habitude, une attitude, une marque physique, une malformation ; et ce surnom, à partir du XIIe siècle, se conserve dans la famille ; il devient le nom de famille ou nom patronymique.

[89] La loi du 3 janvier 1972

père, quel que fût l'ordre des reconnaissances[90]. C'est une position trop absolue. Sans doute l'enfant a-t-il souvent intérêt à prendre le nom de son père ; mais parfois, surtout s'il est âgé, cette modification serait pour lui une source de gêne, et révèlerait le caractère illégitime de sa filiation.

La loi du 3 janvier 1972 a donné une solution nouvelle, que confirme dans ses grandes lignes celle du 17 octobre 1984 ; Ainsi est maintenu un certain particularisme dans ce domaine, ce qui constitue une exception notable au rapprochement entre la filiation naturelle et la filiation légitime. Est, en effet, posé le principe que l'enfant dont la filiation est d'abord établie à l'égard de sa mère, conserve le nom de celle-ci ; cependant, lorsque la filiation se trouve par la suite établie à l'égard de son père, il peut prendre le nom de ce dernier par substitution au nom de sa mère ; il suffira que, pendant la minorité de l'enfant et avec le consentement de celui-ci s'il a plus de quinze ans, les deux parents en fassent la déclaration conjointe devant le juge des tutelles. Cette substitution s'étend de plein droit aux enfants mineurs de l'intéressé et aux enfants majeurs si ces derniers sont d'accord.

En l'absence de filiation paternelle établie, le mari de la mère peut conférer, par substitution, son propre nom à l'enfant naturel par une déclaration qu'il fera conjointement avec la mère devant le juge des tutelles. Par-là est assurée *l'unité du nom* dans la famille. En dehors des cas qui viennent d'être envisagés, le changement de nom de l'enfant naturel doit être demandé au tribunal de grande instance ; ainsi lorsque l'enfant demande à reprendre le nom qu'il portait antérieurement. L'action doit être exercée : pendant la minorité, par la mère ou le tuteur ; après la majorité, par l'enfant lui-même. L'action se prescrit par un délai de deux ans après la majorité, ou de deux ans à partir du moment où intervient une modification dans l'état. Les règles d'attribution du nom, telles qu'elles viennent d'être décrites, ne préjudicient point aux effets de la possession d'état. Lorsqu'un seul de ses parents a reconnu l'enfant, ou qu'une seule recherche a abouti, l'enfant prend le nom du seul parent à l'égard duquel sa filiation est établie. Bien que l'enfant naturel n'ait été reconnu par aucun de ses deux parents, le nom de la mère est souvent indiqué dans l'acte de naissance. L'usage est, alors, que l'enfant porte ce nom. Sa filiation peut d'ailleurs être, dans ce cas, régulièrement établie à l'égard de la mère lorsque l'acte de naissance est corroboré par la

---

[90] Voir en ce sens, François Terré et Dominique Fenouillet, *Droit civil, les personnes, la famille, les incapacités*, 6e édition

possession d'état. La jurisprudence autorisait déjà un enfant naturel à faire rectifier l'orthographe du nom de la femme indiqué comme sa mère à l'acte de naissance. Mais il est possible que le déclarant ne révèle pas à l'officier de l'état civil le nom de la mère naturelle ; ainsi en est-il, notamment, lorsque la mère s'oppose à cette révélation. Il peut s'agir, d'autre part, d'un enfant trouvé. L'officier de l'état civil doit alors donner à l'enfant un nom. Il choisit souvent le dernier des prénoms indiqués par le déclarant. C'est pourquoi les circulaires recommandent d'indiquer comme dernier prénom un prénom peu courant.

Le nom de l'enfant adoptif. Le Code de la famille ne distingue pas entre l'adoption simple et l'adoption plénière. C'est la jurisprudence qui opère cette distinction. *Adoption simple*[91]. L'adopté ajoute à son nom patronymique celui de l'adoptant, à moins que l'adoptant et l'adopté aient le même nom ou que le tribunal décide de donner à l'adopté le nom de l'adoptant. *Adoption plénière*[92]. Dans l'adoption plénière, l'enfant adopté prend toujours le nom de l'adoptant et, en cas d'adoption par deux époux, le nom du mari ; lorsqu'une adoption plénière est faite par la seule femme mariée, le tribunal peut décider que l'adopté prendra le nom du mari, si celui-ci y consent.

b) L'acquisition de l'usage du nom par le mariage

Le nom des époux. L'usage du nom patronymique s'acquiert par le mariage. Mais il faut souligner que le mariage ne fait pas perdre son nom à l'un quelconque des époux et ne lui fait pas non plus acquérir le nom de son conjoint au mari. La femme mariée conserve le droit à son nom de jeune fille. L'exercice de ce droit n'est même pas paralysé pendant le mariage : la femme peut user à son gré de son nom de jeune fille, par exemple pour signer des actes, et on peut lui faire régulièrement toutes significations à ce nom. Mais, en outre, la femme acquiert l'usage du nom du mari[93]. C'est également une obligation : les tiers pourront lui signifier les actes sous le nom de son mari.

---

[91] Art. 363 du Code civil, Loi du 11 juillet 1966

[92] Art.357 du Code civil, Loi du 11 juillet 1966

[93] Une coutume remarquable, qui n'était écrite dans aucun texte jusqu'à la loi du 6 février 1893 (modifiant les articles 299 et 311 du Code civil, devenu l'article 301-1 du Code civil), lui donne le *droit à cet usage* : elle peut, par conséquent, user valablement du nom de son mari.

Exemple n°6

« ...Comme la loi les y oblige, des héritiers, au nombre desquels figure la veuve du défunt, effectuent auprès des services fiscaux une déclaration de succession, comportant la valeur estimative des biens laissés par le défunt. La valeur déclarée de certains biens paraissant insuffisante à l'administration des impôts, celle-ci notifie à l'épouse du *de cujus* un avis de redressement, suivi d'un avis de mise en recouvrement. Estimant cette procédure irrégulière, la contribuable en réclame l'annulation, demande dont elle est déboutée par les juges de fond. Le pourvoi formé par la demanderesse est rejeté par la Cour de cassation... »[94].

Le droit soviétique, pour affirmer l'indépendance absolue du mari, et de la femme, décide que si la femme peut user du nom du mari, il n'y a pas là pour elle une obligation. Dans la pratique française, les femmes mariées signent les actes de la vie courante du nom de leur mari et les actes plus importants de leur nom patronymique suivi du nom de leur mari, par exemple: Lekoumou née Issongo Albertine ; mais elles ne sont pas obligées de procéder ainsi[95].

La séparation de corps est, en principe, sans effet sur le nom, puisqu'elle laisse subsister le mariage, mettant fin seulement à l'obligation de cohabitation. Cependant, la séparation provoque un tel relâchement des liens du mariage que, la loi permet à la femme de demander au tribunal l'autorisation de ne plus user du nom du mari, et au mari de demander que cet usage soit interdit à sa femme. La femme peut demander également au tribunal d'interdire l'adjonction de son nom de jeune fille au nom du mari[96].

---

[94] Cass. Com. 17 mars 2004 (N°02.19.276). Bull. civ. N° 57 ; D. 2004, 2252, note F. Douet, Nom. Femme mariée. Nom de famille et d'usage ; Gilles Goubeaux, Philippe Bihr ; *100 Commentaires d'arrêts en droit civil, Méthodologie*, 2e édition, LGDJ, p. 83.

[95] Dans certaines régions, le Nord par exemple, il existe une coutume parallèle, qui permet au mari d'ajouter à son nom celui de sa femme ; le mari acquiert ainsi l'usage du nom de sa femme ajouté au sien propre ; mais, s'il y a là un droit pour le mari, ce n'est jamais pour lui une obligation ; et le nom de la femme, bien que le mari l'ajoute au sien, ne passe pas aux enfants. La loi du 6 février 1893 a également reconnu cet usage (art.310-1 nouveau C. civ. Loi du 3 janv. 1972 art. 2).

[96] Voir en ce sens, H. D. Amboulou, *Le divorce et la séparation de corps en droit congolais*, Op. cit.

Paragraphe 2. L'effet produit sur le nom par la rupture du mariage résultant du divorce ou du décès

Le divorce mettant fin au mariage, brisant l'union des époux, la femme perd l'usage du nom du mari[97]. Cette règle présente pour la femme des inconvénients certains. Une femme artiste, écrivain, commerçante, est souvent connue du public uniquement sous le nom de son mari ; elle risque alors, en cas de divorce, de subir un préjudice considérable pendant plusieurs années. Dans la pratique, on a tenté de remédier à cette situation très rigoureuse ; une actrice de la Comédie-Française, Huguette Duflos, se fit appeler, après son divorce, Huguette ex Duflos ; mais son ex-mari aurait pu le lui interdire. En France, la Cour de cassation admet la validité de conventions sur le nom passées entre époux divorcés. Difficilement justifiable en droit, car le nom est inaliénable, cette solution répond à la nécessité de protéger les intérêts de la femme, gravement lésés, dans certains cas, par la perte de l'usage du nom de son mari. Au Congo, la Cour suprême décide-t-elle que les autorisations qui ont été données sont révocables ad nutum. Lorsque le mariage se dissout par la mort de l'un des époux, le décès, en vertu d'une coutume certaine, reste sans effet sur le nom. La veuve continue donc à porter le nom de son mari. Ces droits prennent fin par le remariage.

L'immutabilité du nom. En principe, le nom est immuable, plus exactement un changement de nom ne peut résulter que d'une modification ou d'une constatation de l'état, dont il ne sera que la conséquence[98]. Par conséquent, le nom est immuable. On le comprend, puisqu'il est la marque de l'état. Cependant, il y a trois cas exceptionnels dans lesquels, à la suite d'une décision administrative ou judiciaire, le changement de nom est possible[99].

---

[97] De même, le mari perd l'usage du nom de sa femme dans le cas où ce nom a été ajouté au sien (art. 299, al. 2, du Code civil)

[98] L'immutabilité du nom n'était pas respectée dans l'ancien droit : les changements de nom y étaient fréquents, dans le but surtout de faire oublier la roture. Le législateur dut intervenir : une première ordonnance d'Henri II, rendue à Amboise le 22 mars 1555, interdit tout changement de nom sans lettres patentes du roi. Cette interdiction fut sans doute si mal respectée qu'elle dut être renouvelée. Le décret du 6 fructidor an II interdit, lui aussi, tout changement de nom sous des pénalités très sévères et sans admettre aucune dérogation.

[99] Art. 97 du Code de la famille

Le changement du nom patronymique. Selon le Code de la famille, le changement du nom patronymique ne peut être autorisé que par arrêté du Garde des Sceaux, Ministre de la Justice. La demande est publiée dans un quotidien ordinaire et pendant le délai de trois mois à compter de cette publication, toute personne justifiant d'un intérêt légitime, pourra faire opposition au changement de nom[100]. L'arrêté autorisant le changement de nom est publié au journal officiel et dans le même quotidien. Généralement, les motifs qui sont évoqués pour justifier le changement de nom doivent être graves et sérieux[101].

Paragraphe 3. Les prénoms

Le but. Puisque les personnes d'une même famille portent le même nom, il est indispensable de les distinguer entre elles. Historiquement, du reste, cette appellation a précédé la formation du nom patronymique ; à l'origine, elle existait seule ; plus tard, on y a parfois ajouté l'appellation personnelle du père au génitif.

Le choix des prénoms. Les prénoms choisis pour l'enfant sont indiqués par le déclarant à l'officier de l'état civil. Mais, en principe, le choix n'en est pas libre. En effet, aux termes de l'article 1er de la loi du 11 germinal an XI, « les noms en usage dans les différents calendriers, et ceux des personnages connus dans l'histoire ancienne pourront seuls être reçus comme prénoms... ». L'interprétation du texte est délicate : où finit l'histoire ancienne ? Quels sont les différents calendriers ? Il en existe de très nombreux, notamment le calendrier révolutionnaire établi en l'an II, dans lequel on relève des prénoms extravagants. Pour éviter les difficultés, une

---

[100] Art. 99 du Code de la famille

[101] **Changement de nom par la procédure de la loi du 11 germinal an XI.** La loi du 11 germinal an XI a prévu une procédure de changement de nom : « Toute personne qui aura quelque raison de changer de nom en adressera la demande motivée au Gouvernement. » Un nom peut être difficile à porter, soit parce qu'il est ridicule ou grossier, soit parce qu'il a été rendu tristement célèbre. Il faudra suivre alors une procédure coûteuse, décrite dans la loi de germinal an XI ; le changement de nom résultera d'un décret publié au Journal officiel. Ce décret n'aura, d'ailleurs, d'effet qu'après le délai d'un an si aucune opposition n'a été adressée, car on précisera que les titulaires d'un nom peuvent le défendre contre les personnes qui voudraient le porter. En France le conseil d'Etat se montre peu favorable aux changements de nom ; il rejette notamment toute demande qui n'aurait d'autre but que de satisfaire la vanité de son auteur.

circulaire ministérielle de 1949 a énuméré les prénoms qui peuvent seuls être choisis. Mais la circulaire n'était pas respectée ; les officiers de l'état civil préféraient laisser les parents ou le déclarant donner libre cours à leur imagination, ce qui ne sera pas toujours sans inconvénient pour l'enfant ! Aussi une instruction ministérielle du 12 avril 1966, modifiant celle du 21 septembre 1955, relative à l'état civil, donne-t-elle aux officiers de l'état civil des directives empreintes de « libéralisme », en vue de tenir compte de l' « évolution des mœurs », des « particularismes locaux vivace » et des « traditions familiales ». Depuis lors c'est la Circulaire n°098/MATPP/SGAT/DINEC du 7 Septembre 1988 du Ministre Benoît Moundelé-Ngollo qui limite le choix des prénoms à deux.

L'intransmissibilité du prénom. Le prénom est individuel, et ne se transmet pas aux enfants. Dans certaines familles dont le nom patronymique est courant, les enfants portent, en même temps que le nom, le prénom d'un père ou grand-père célèbre ; mais cet usage n'est pas sanctionné par le droit.

Exemple n°7

« ....Comme beaucoup d'autres villes, la commune de Lovagny édite un bulletin municipal. Une des livraisons de ce périodique comporte un article destiné aux habitants qui s'intéressent à l'histoire locale, intitulé « Histoire des veilles familles de Lovagny ». Une partie de cette étude s'attache au cas des membres d'une même famille ayant vécu entre 1725 et 1850, dont elle trace un portrait peu flatteur. Des descendants plus ou moins lointains de ces personnages s'offusquent des appréciations ainsi portées sur la vie de ces ancêtres et agissent contre la commune, son maire et l'auteur de l'article afin d'être indemnisés du préjudice moral causé à leur famille. Les juges du fond refusent d'accorder l'indemnité demandée. Le pourvoi formé contre cette décision est rejeté... »[102].

Le changement de prénom. Selon le Code de la famille, les prénoms figurant dans un acte de naissance peuvent, en cas d'intérêt légitime, être modifiés à la requête de l'intéressé, par jugement du tribunal de son domicile. Pareillement les prénoms de l'enfant figurant dans son acte de

[102] Cass. civ. 2e. 8 juillet 2004 (N°03.13.260). Bull. civ. II.N° 390 ; Droits de la personnalité. Protection de la vie privée. Personne décédée. Non transmissibilité aux héritiers ; Gilles Goubeaux, Philippe Bihr ; *100 Commentaires d'arrêts en droit civil, Méthodologie,* 2e édition, LGDJ, p.75.

naissance peuvent en cas d'intérêt légitime, être modifiés par jugement du même tribunal prononcé à la requête de l'enfant ou, pendant la minorité de l'enfant, à la requête de son représentant légal. L'adjonction de prénom pourra être aussi décidée.

Le tribunal prononce l'homologation de la déclaration après avoir vérifié qu'elle n'est pas faite pour dissimuler une identité et ordonne la rectification des actes de l'état civil et, le cas échéant, les bulletins n°1 du casier judiciaire[103]. En 1804, le prénom était aussi immuable que le nom. La loi du 8 fructidor an II avait proclamé cette immutabilité et édicté en cas d'infraction les mêmes pénalités que pour le changement de nom. On pouvait seulement supprimer un prénom ne correspondant pas aux conditions de l'article 1er de la loi du 11 germinal an XI[104]. Dans des domaines particuliers, deux exceptions ont été apportées au principe de l'immutabilité du prénom.

En cas d'adoption plénière, les adoptants désiraient souvent, au moment de l'adoption, donner des prénoms nouveaux, soit pour faire perdre le souvenir de la situation originaire, soit parce que ces prénoms avaient été ceux d'être disparus qui leur étaient chers. La jurisprudence hésitait en raison de l'interdiction formelle de la loi du 6 fructidor an II. Une intervention du législateur était nécessaire ; ce fut l'objet de la loi du 23 avril 1949, puis de l'ordonnance du 23 décembre 1958 et enfin de la loi du 11 juillet 1966 ; Le tribunal a la faculté, à la demande de l'adoptant ou des adoptants, de modifier les prénoms de l'adopté, mais dans l'adoption plénière seulement.

Paragraphe 4. Le pseudonyme[105]

Définition. Le pseudonyme ne doit pas, dans le langage juridique, être confondu avec le surnom. Le surnom, ou sobriquet, est le nom d'emprunt qui est donné à une personne par les autres. Le pseudonyme est un nom d'emprunt qu'une personne se donne à elle-même.

La valeur juridique. Le surnom n'a aucune valeur juridique : la loi du 6 fructidor an II interdit de joindre le surnom au nom. Toutefois, le sobriquet figure dans les pièces administratives, et il est précieux à la police pour la recherche des malfaiteurs, presque toujours désignés dans leur « milieu » par

---

103 Art. 98 du Code de la famille

104 Aujourd'hui, c'est l'article 98 du Code de la famille qui organise le changement de prénoms

105 Art. 92 du code de la famille

un surnom. L'usage du pseudonyme est ancien et très fréquent ; Molière, Voltaire, Stendhal sont des pseudonymes. C'est un usage licite, à la condition toutefois que le pseudonyme soit utilisé par un Congolais[106] et dans l'exercice d'une activité particulière, par exemple artistique ou littéraire. En pareil cas, le pseudonyme bénéficie de la protection légale accordée au nom contre toute usurpation. Comme le prénom, le pseudonyme est intransmissible par la filiation[107].

---

[106] Art. 10 de la loi du 10 février 1942

[107] Les qualifications nobiliaires

La particule. La particule fait partie du nom patronymique ; elle est protégée en même temps que lui. Une rectification des actes de l'état civil est possible pour rétablir une particule, la disjoindre du nom. Nombreuses sont les requêtes en rectification qui poursuivent ce but ; les intéressés recherchent, ou font rechercher, des actes parfois très anciens de leurs aïeux, et il arrive qu'une particule y figure à un moment ou à un autre. Le juge de la rectification doit faire preuve d'une certaine prudence. Mais la particule ne constitue ni un titre de noblesse, ni même une marque de noblesse. Elle est, très souvent, d'origine rurale : pour distinguer plusieurs personnes portant le même prénom ou le même patronyme on disait : un tel de tel endroit ; cet usage était aussi fréquent chez les roturiers que chez les nobles.

Les titres nobiliaires. Historique. Sous l'Ancien Régime on n'attachait pas une importance particulière aux titres, exception faite pour celui de duc. La noblesse de race était celle qui se distinguait par son nom, son ancienneté, sa participation aux honneurs de la Cour. Ses représentants se donnaient eux-mêmes des titres dits de « courtoisie », consacrés par l'usage et la tradition, sans qu'il y ait nécessairement des lettres patentes.

Les titres sont : prince, duc, marquis, comte, vicomte, baron et chevalier ; le titre d'écuyer, qui s'est conservé en Angleterre, a disparu en France.

Les titres ont été abolis, avec les privilèges, par la Révolution. Napoléon créa une noblesse d'Empire, que la Charte de 1814 laissa subsister, en même temps qu'elle rétablissait les anciens titres qui furent à nouveau supprimés en 1848, puis rétablis par Napoléon III en 1852. Ils existent encore. Il n'en est plus conféré de nouveaux depuis 1870, mais rien ne s'y oppose, théoriquement.

La nature juridique des titres nobiliaires. Les titres ne créent plus de privilèges ; la noblesse ne modifie plus la condition juridique de la personne ; il n'y a plus d' « état » de noble. Le titre n'est pas un élément du nom ; simple adjonction au nom, il s'en distingue : Tout d'abord, le titre n'est pas conféré selon les mêmes règles que le nom. Il a été l'objet d'une collation royale ou impériale contre laquelle, semble-t-il, aucun recours n'était possible. A l'exception du titre « de courtoisie », qui consacrait une noblesse que son ancienneté rendait indiscutable, le titre ne s'est jamais acquis par un usage, aussi long fût-il.

Les titres ne se transmettent pas comme le nom, mais selon les règles de l'ancien droit, règles très variables, et qui étaient, le plus souvent, précisée lors de la collation. Le décret du 27 janvier 1852 dispose (art. 71) : « La noblesse ancienne reprend ses titres » ; c'est dire que l'ancien mode de transmission s'applique. En règle générale, les titres se transmettent de mâle en mâle par ordre de primogéniture. Mais l'acte de collation peut en avoir décidé autrement : certains titres bénéficient à tous les descendants mâles, et même n'est ni un élément du nom,

Section 2. Le droit au nom

Les caractères et la nature juridique du nom. L'existence même d'un droit au nom est controversée ; par là même la nature juridique du nom. Les auteurs qui admettent l'existence d'un droit au nom, ne sont d'ailleurs pas d'accord sur sa nature. Mais on ne peut aborder cette controverse avant d'avoir dégagé les caractères du nom, car ils déterminent et conditionnent la nature du nom et du droit au nom.

Section 3. Les caractères du nom

Les rapports du nom et de l'état. Le nom a des rapports étroits avec l'état. Facilitant l'individualisation de la personne, il est la marque de l'état et de la personnalité. Les caractères du nom sont commandés par cette dépendance : ainsi que l'état, le nom est inaliénable et immuable.

Paragraphe 1. Le nom est inaliénable

On ne peut céder ni acquérir un état ; on ne peut, de même, céder ni acquérir un nom. Le nom, parce qu'il touche à la personnalité, est hors du commence. Tout contrat portant sur le nom serait nul. On a cependant signalé qu'exceptionnellement la juridiction, désireuse de protéger les intérêts de la femme, a autorisé des conventions sur le nom conclues entre époux en instance de divorce ; du moins faut-il limiter strictement la validité de ces

---

ni une qualité de la personne, il est une *distinction honorifique attachée au nom, qui peut être défendue contre tout empiètement*. Le Code pénal (art. 259) fait même de l'usurpation de titre un délit correctionnel.

Le contentieux. Les tribunaux judiciaires sont, en principe, compétents pour trancher les contestations qui s'élèvent à propos de la propriété du titre. Cependant, comme les titres étaient souvent conférés par l'autorité royale ou impériale, c'est une juridiction administrative spéciale qui connaît des conflits portant sur l'existence même du titre, la validité, la portée ou l'interprétation de l'acte de collation : un conseil d'administration siégeant au ministère de la Justice ; l'appel est porté devant le Conseil d'Etat. Il est parfois difficile de distinguer les cas où il s'agit d'appliquer purement et simplement l'acte de collation qui relèvent de la compétence judiciaire des cas où est nécessaire de l'interpréter et qui sont réservés au conseil d'administration.

Les armoiries. On s'accorde pour reconnaître que les armoiries doivent être protégées. Par exemple, un fabricant de champagne ne pourrait mettre sur ces bouteilles des armoiries appartenant à une famille qui n'est pas la sienne. Mais il est difficile de déterminer la nature juridique des armoiries. La cour de Paris considère qu'elles ne sont pas attachées aux titres de noblesse (des familles non nobles ont des armoiries). Elle en conclut qu'elles ne sont pas protégées par les règles des titres nobiliaires, mais par celles du nom patronymique

conventions aux rapports entre époux et reconnaître qu'elles sont révocables ad nutum.

Le nom est inaliénable ; mais l'inaliénabilité ne joue que dans la mesure où le nom individualise la personne dans la cité et la famille, signe distinctif de son état civil. Le nom commercial désigne, au contraire, la personne dans l'exercice d'un commerce ; il est bien attaché à la personne, mais également au commerce ; étant l'un des éléments du fonds de commerce, il est aliénable comme chacun d'eux. La plupart des fonds de commerce perdraient une grande partie de leur valeur s'ils étaient cédés sans le nom. Mais l'aliénabilité du nom commercial se trouve limitée par le lien qui le rattache à la personne même du commerçant. Aussi l'acquéreur ne peut-il en user qu'en évitant toute confusion entre sa personne et celle du cédant ; il devra, par exemple, dans ce but, utiliser les mentions « successeur » ou « ancienne maison », il ne peut, en tout cas, signer un acte civil ni même commercial du seul nom de son prédécesseur[108].

Paragraphe 2. Le nom est-il imprescriptible ?

Le nom ne se perd pas par son usage. Mais peut-il s'acquérir par un usage plus ou moins prolongé ? De même, les tribunaux, pour justifier un pseudonyme, ont tenu compte de son usage public et prolongé. Il a été admis encore que le porteur de ce nom qui a connu l'usurpation qui en est faite dans le commerce et l'a tolérée, doit être considéré comme ayant abandonné tacitement son droit ; mais la solution n'aurait pas été la même si les circonstances de l'espèce n'avaient pas été aussi favorable au défendeur.

Le nom est immuable[109]. On ne peut changer d'état, ni, par conséquent, de nom. Mais certaines modifications de l'état auront une incidence sur le nom ; le mariage donnera à la femme l'usage du nom de son mari, le divorce le lui fera perdre ; l'adoption plénière modifie le nom ; le succès d'une action en réclamation ou en contestation d'état entraînera la modification rétroactive du nom ; ainsi, l'enfant désavoué perd rétroactivement le nom du mari de sa mère. Il s'agit là de changements de nom qui sont les conséquences soit d'un

[108] Voir en ce sens, François Terré et Dominique Fenouillet, *Droit civil, les personnes, la famille, les incapacités*, Op. cit.
[109] Art. 97 du Code de la famille

changement d'état, soit de la disparition d'un état apparent contraire à l'état véritable[110].

Paragraphe 3. La nature juridique du nom

La nécessité d'assurer la protection du nom. Chacun s'accorde sur la nécessité de protéger les personnes contre l'usurpation de leur nom[111]. Dans certains domaines la loi pénale réprime le fait de prendre un nom qui n'est pas le sien. On vient de signaler que le fait d'user d'un tel nom dans certains actes ou documents constitue un délit pénal. D'autre part, l'article 259 du Code pénal punit toute personne qui prend un titre ou modifie son nom « en vue de s'attribuer une distinction honorifique ». Ces délits existent, d'ailleurs, même lorsque le nom que l'on prend n'appartient à personne. Mais le droit pénal ne réprime pas d'une manière générale et en elle-même l'usurpation de nom[112]. Le droit civil sanctionne-t-il cette usurpation ? La protection du nom contre les usurpations sera assurée par le droit civil d'une manière plus ou moins forte selon la nature juridique que l'on attribuera au nom. Plusieurs théories ont été émises à ce sujet : les unes ne voient dans le nom qu'une institution de police ; d'autres le considèrent comme objet de propriété ; enfin, on présente le nom comme l'un des droits de la personnalité.

Paragraphe 4. Le nom, institution de police

Dans cette théorie, défendue par Planiol, le nom serait attribué aux individus par le législateur dans un but de bonne administration, de bonne police – le mot étant pris dans son sens large. Il est de bonne police que chaque individu ait un nom, pour que l'administration puisse lui faire accomplir son devoir militaire, fiscal, ses obligations à l'égard de ses concitoyens. Ainsi, le nom ne serait qu'un *nu*méro matricule donné à la naissance. Il en résulte qu'il n'existe pas de droit au nom. Sans doute une personne peut-elle se plaindre

110 L'immutabilité du nom est affirmée par les lois du 6 fructidor an II (« ceux qui les auraient quittés seront tenus de les reprendre «) et du 11 germinal an XI. Elle est sanctionnée pénalement dans certains cas : l'article 261 du Code pénal (modifié par la loi 31 mars 1955) frappe d'une lourde amende (750 à 15.000fr.) celui qui « dans un acte public ou authentique, ou dans un document administratif destiné à l'autorité publique, … n'aura pas pris le nom patronymique qui est légalement le sien ».

111 Art. 100 du Code de la famille

112 On a précisé les cas exceptionnels dans lesquels un changement de nom est autorisé par voie principale, en dehors de toute modification de l'état.

d'une usurpation ; mais, pour réussir dans son action, il faudra qu'elle se prévale des règles générales de la responsabilité civile ; elle devra donc démontrer que cette usurpation lui cause un préjudice[113]. Que faut-il penser de cette théorie qui ne voit dans le nom qu'un numéro matricule et nie l'existence d'un droit au nom ?

Il est certain qu'elle ne correspond pas à la réalité. Il nous serait, en effet, indifférent que notre numéro matricule militaire ou de Sécurité sociale soit attribué à un autre. Nous n'aurons en rien conscience d'un droit quelconque sur ce numéro pas plus que sur un numéro que nous attribuerait une fiche de police[114]. Chacun a conscience d'un droit au nom, remplacé par un numéro. Chacun a conscience d'un droit au nom, parce qu'il a conscience du lien étroit qui unit le nom et la personnalité.

Paragraphe 5. Le nom, objet de propriété

En France, le droit que les rédacteurs du Code civil ont le plus fortement protégé, est le droit de propriété ; l'article 544 du Code civil le présente comme « le droit de jouir et disposer des choses de la manière la plus absolue ». Aussi les tenants de la thèse opposée à celle de Planiol et du Conseil d'Etat se sont-ils efforcés, pour donner au nom la plus forte protection possible, d'assimiler au droit de propriété le droit au nom. C'est à cette théorie que se rallie la presque totalité des tribunaux de l'ordre judiciaire. La jurisprudence en conclut généralement que chaque membre de la famille peut s'opposer à l'usurpation du nom ; et surtout que, le propriétaire pouvant interdire à quiconque d'user de sa chose, même s'il ne subit de ce fait aucun préjudice, le titulaire du nom peut interdire toute usurpation[115].

Cette seconde théorie, bien que plus exacte que la précédente, cadre mal avec les caractères du nom, qui s'opposent trait pour trait à ceux du droit de propriété, droit aliénable et susceptible de prescription acquisitive. Certaines décision, il est vrai, soutiennent que le nom s'acquiert par la prescription ; du moins s'accorde-t-on sur le caractère essentiel du nom : son inaliénabilité.

[113] Voir en ce sens, François Terré et Dominique Fenouillet, *Droit civil, les personnes, la famille, les incapacités*, Op. cit.
[114] Dans les camps de concentration, où l'on cherchait à enlever aux déportés le sentiment de leur personnalité pour les réduire à l'état animal, on les dépouillait de leur nom, remplacé par un numéro.
[115] Art. 544 du Code civil

D'autre part, tandis que le droit de propriété est, en principe, individuel, exclusif, le droit au nom a un caractère familial ; bien mieux, le même nom peut appartenir à plusieurs familles ; il s'agirait alors d'une propriété collective.

La jurisprudence et les noms imaginaires. Si, pour la majorité de la jurisprudence, le nom mérite protection à l'égal de la propriété, et sans qu'il y ait justifié d'un préjudice, la preuve de l'existence d'un préjudice et d'une faute est nécessaire lorsqu'on ne prétend plus défendre son nom contre l'usurpation par un tiers, mais contre l'usage qu'en fait un romancier, un auteur de théâtre, un scénariste. Il serait en effet, impossible d'écrire un roman ou une pièce de théâtre, de créer un film, si les titulaires des noms donnés par les auteurs à leurs personnages pouvaient s'opposer à cette situation. Les décisions de jurisprudence sont très nombreuses ; jamais les tribunaux n'ont interdit l'attribution d'un nom à un personnage. De plus, les tribunaux recherchent s'il n'existe pas de faute, volontaire ou d'imprudence, montrant bien qu'ils fondent leur décision, non plus sur les principes relatifs au nom, mais sur les principes de la responsabilité civile, tels que définis aux articles 1382 et 1383 du Code civil, qui exigent une faute et un préjudice. Non seulement le nom patronymique, mais le pseudonyme est protégé, dans les limites qui viennent d'être précisées, contre l'usage qu'en pourrait faire un romancier. Encore faut-il que le pseudonyme présente un caractère d'originalité et de nouveauté.

Paragraphe 6. L'usage d'un nom comme pseudonyme

Il arrive qu'une personne prenne comme pseudonyme un nom qui est celui d'autres personnes. Ici encore, la jurisprudence semble exiger l'existence d'un préjudice. Dès que la ressemblance n'est pas absolue, les tribunaux affirment qu'aucune confusion n'est à redouter. Ils considèrent, d'autre part, on l'a précisé, que le titulaire du nom patronymique, lorsque cet usage remonte à un certain temps sans qu'il ait soulevé de protestation; mais lorsque les tenants du nom patronymique s'opposent à cette pratique et invoquent un préjudice, l'intéressé ne peut plus prétendre continuer à user de ce nom à titre de pseudonyme. Cette doctrine doit être approuvée. Le danger est beaucoup moins grand pour le titulaire du nom patronymique, lorsque ce nom est utilisé comme pseudonyme, qu'au cas où il est usurpé. Le public n'ignore généralement pas que le pseudonyme n'est pas le nom véritable ; d'autre part, le pseudonyme n'est pas transmissible.

Le droit au nom, droit de la personnalité. Pour protéger très efficacement le droit au nom, il est parfaitement inutile de l'assimiler faussement au droit de propriété, comme le fait la jurisprudence. Il suffit de constater que le droit au nom est l'un des droits de la personnalité. Les caractères du nom, bien différents de ceux du droit de propriété, accusent, au contraire, le rapport étroit du nom et de la personnalité ; comme la personnalité et comme l'état, le nom est hors du commerce, inaliénable, en principe imprescriptible et immuable, opposable à tous[116].

Le nom doit être protégé, comme la personnalité elle-même, contre toute atteinte, et cette protection doit être assurée en dehors de tout préjudice. Si l'usurpation cause un préjudice, la réparation en sera demandée en intentant une action en responsabilité civile, distincte de l'action en usurpation de nom. Celle-ci étant une infraction à la loi pénale[117]. Droit de la personnalité, le droit au nom ne sera protégé qu'en cas d'atteinte à la personnalité. Pareille atteinte existe toujours en matière d'usurpation de nom patronymique. Au contraire, l'emploi d'un nom, pour désigner un personnage imaginaire ou comme pseudonyme, n'atteint pas la personnalité ; elle est seulement susceptible, si la confusion est possible, de causer un préjudice. Quant à l'utilisation d'un nom à des fins commerciales, elle ne permet au titulaire du nom d'agir que s'il éprouve un préjudice moral. Ainsi, les décisions de la jurisprudence ne se trouvaient pas modifiées si elles étaient fondées sur la véritable nature du droit au nom.

Paragraphe 7. Le nom des personnes morales

Le législateur congolais n'a pas prévu dans Code de la famille de disposition sur les personnes morales. Cela n'est que normale, car celles-ci ne font pas partie de la famille au sens humain du terme. Et elles ne vivent pas les liens de parenté ni d'affection selon l'appartenance au groupe par le sang d'une descendance commune ou par un même ancêtre. Dans cette matière, c'est le droit français qui s'applique, lorsqu'il s'agit notamment des associations civiles, des groupements sans but lucratif. L'on sait que les sociétés commerciales et le groupement d'intérêt économique, en ce qui les concerne, leur statut est régi par l'Acte Uniforme relatif au droit des sociétés

---

[116] Voir en ce sens, François Terré et Dominique Fenouillet, *Droit civil, les personnes, la famille, les incapacités*, Op.cit.

[117] Voir en ce sens, H.D.Amboulou, *Traité congolais de droit pénal et procédure pénale*, L'Harmattan

commercial et du groupement d'intérêt économique de l'Organisation pour l'harmonisation en Afrique du droit des affaires (OHADA).[118]

Les personnes morales, parce qu'elles sont dotées de la personnalité juridique, ont un nom, qui est le signe extérieur de leur personnalité. Le nom est donné au groupement par les fondateurs au moment de la constitution. Il est protégé contre toute usurpation, comme le nom d'une personne physique. Mais le nom de la personne morale s'oppose à celui de la personne physique par deux caractères. Il n'est pas familial, collectif : la personne morale est seule titulaire de son nom. D'autre part, le nom des sociétés commerciales constitue un nom commercial ; élément du fonds de commerce, il a une nature pécuniaire, et peut être aliéné comme les autres éléments du fonds, mais à la condition que l'acquéreur du nom évite toute confusion soit avec la société cédante, soif avec les associés de celle-ci lorsque leurs noms forment sa raison sociale.

[118] Sur le domicile des personnes morales, voir l'Acte Uniforme relatif au droit des sociétés commercial et du groupement d'intérêt économique de l'Organisation pour l'harmonisation en Afrique du droit des affaires (OHADA).

CHAPITRE 5. LE DOMICILE

La terminologie. Le Code de la famille traite du domicile en ses articles 102 à 107. Dans le langage courant, le mot domicile est employé comme synonyme de résidence ou de demeure. Pour les rédacteurs du Code de la famille, la notion juridique de domicile est différente de celle de résidence. Le domicile est le siège légal d'une personne, le lieu où elle est située en droit. La résidence est le lieu où elle vit de façon normale. La demeure, l'endroit où elle se trouve même momentanément.

Exemple n°8

Ainsi, Théogène Ossengue, un commerçant Ollombois qui habite Oyo où il se rend chaque jour après son travail, et qui passe ses vacances à Mossaka, est domicilié à Brazzaville, réside à Ollombo et demeure la saison sèche à Mossaka.

Section 1. Les intérêts du domicile

Il est nécessaire qu'une personne ait un domicile, comme il est nécessaire qu'elle ait un nom. Le domicile facilite l'individualisation de la personne. La meilleure preuve en est dans le fait que, souvent, le nom patronymique n'a été à l'origine que la mention du domicile : X..., de tel endroit. Aujourd'hui encore, le domicile est toujours mentionné sur les pièces d'identité. A ce point de vue, le domicile présente des intérêts de premier plan sur le terrain du droit public. Comment exigerait-on d'un individu qu'il accomplisse ses obligations fiscales, politiques, sociales et militaires, et comment fonctionnerait la police, s'il n'était pas possible de le « toucher » à un endroit déterminé ? Mais parfois l'Administration, pour ce domicile sans lequel elle ne pourrait pas fonctionner, se réfère à des règles qui lui sont propres. Il s'agit ici seulement de tracer les principes qui gouvernent le domicile en droit privé. Sur ce terrain du droit privé, les intérêts de la détermination du domicile sont nombreux :

1° On organise au domicile la publicité de certains actes concernant l'état, dont les tiers auraient difficilement connaissance s'il n'existait une sorte de port d'attache de la personne. C'est au domicile de chacun des futurs époux que sont faites les publications de leur mariage. C'est au domicile que sont transcrits les actes de l'état civil reçus aux armées ou en mer, au cours d'opérations militaires, l'acte de décès. La publicité, d'ailleurs très peu efficace, qui est faite à la suite du jugement d'interdiction ou de dation de conseil judiciaire, se fait au domicile de l'incapable. Le jugement de séparation de biens reçoit la même publicité au domicile du mari. Cet intérêt n'est pas considérable. Une publicité beaucoup plus efficace résulte des mentions, inscrites en marge de l'acte de naissance, et il n'y aurait qu'avantage à développer ces mentions plutôt qu'à effectuer au domicile une publicité des actes importants. C'est également la nécessité d'une publicité qui a conduit le législateur à fixer au domicile de l'un des intéressés le lieu où doivent être accomplis certains actes emportant modification de l'état : mariage, adoption, émancipation.

2° Il est parfois nécessaire de centraliser certaines institutions pour éviter une gestion fragmentaire qui pourrait être gravement préjudiciable : la tutelle est exercée au domicile du tuteur ; les opérations de la liquidation des biens d'un commerçant se déroulent à son domicile, même s'il a des intérêts en plusieurs lieux ; les opérations concernant le règlement d'une succession se font au domicile du défunt[119].

3° Pour les tiers qui sont tenus à des paiements, à des réclamations, ou à des significations, par exemple afin d'arrêter le cours d'une prescription, il peut être important qu'un centre soit fixé où tous les actes concernant la personne seront valablement effectués. Il n'est pas, en effet, indispensable de signifier tous les actes à la personne même, c'est-à-dire de les lui remettre en mains propres ; il serait à craindre que, chaque fois qu'elle y a intérêt, elle ne se dérobe ; il faut donc décider qu'une notification faite au domicile sera considérée comme valable ; il appartient à la personne qui quitte momentanément son domicile, de se tenir informée des actes qu'elle y reçoit.

4° Afin de ne pas occasionner au défendeur des frais considérables, on décide que c'est, en principe, devant le tribunal de son domicile qu'il doit être assigné. Les tiers qui voudraient le poursuivre en justice, auront donc intérêt à connaître son domicile, faute de quoi il ne manquerait pas de soulever l'incompétence du tribunal[120].

5° Sur le plan du droit international privé, le domicile n'a plus la même importance qu'autrefois. Il joue cependant encore un rôle ; ainsi, la loi qui

---

[119] Art. 452 du Code de la famille

[120] Voir en ce sens, H.D.Amboulou, *Traité congolais de procédure civile, commerciale, administrative, financière et des voies d'exécution*, L'Harmattan, 2012

régit la succession mobilière est celle du dernier domicile du de cujus. La tendance est, d'ailleurs, d'augmenter le rôle du domicile dans la détermination de la loi applicable.

Section 2. Les différentes conceptions du domicile

Le législateur peut hésiter entre plusieurs conceptions du domicile. Dans un premier système, le domicile sera fixé en considération des intérêts, des affaires de la personne, et sans se préoccuper de sa résidence véritable. Le domicile sera au lieu de son principal établissement. C'est le système adopté dans le Code de la famille. Il présente des avantages. D'une part, le centre des affaires, le principal établissement est stable. On ne peut pas le changer continuellement comme on peut changer de résidence. D'autre part, c'est là que les tiers sont en contact avec la personne ; il sera donc commode pour tous ceux qui traitent avec elle que son domicile se trouve à cet endroit.

Mais, en raison de la multiplicité actuelle des activités d'une personne, le système n'est pas sans inconvénient : lorsqu'une personne a plusieurs activités en des lieux différents, comment les tiers détermineront-ils l'activité principale ? A l'inverse, un individu, un rentier, par exemple, peut n'avoir aucune activité ; il sera donc difficile, là encore, de déterminer le centre des affaires. Aussi certains préfèrent-ils pour fixer le domicile, s'attacher à la résidence. C'est le système adopté dans l'avant-projet de Code de la famille. Les tiers peuvent alors se fier à ce qu'ils voient : si un individu réside en un lieu, il y est domicilié. Mais la résidence peut être modifiée à tout instant et très facilement par la personne qui veut échapper à des poursuites.

On peut enfin imaginer un système dans lequel chaque personne serait tenue de fixer son domicile, mais pourrait le faire à son gré, à condition que, son choix arrêté, elle ne puisse le modifier sans certaines formalités. Les tiers y trouveraient l'avantage d'une grande sécurité. Le système du domicile élu est autorisé par le législateur : lorsque les parties passent un contrat, elles peuvent faire élection de domicile dans un lieu donné[121]. On recherchera

[121] **L'évolution.** Dans l'ancien droit, le domicile avait une importance considérable, puisqu'il permettait de déterminer l'autorité dont dépendait la personne. Celle-ci se trouvait soumise au souverain du lieu où elle était domiciliée, et pouvait se réclamer de la juridiction de ce dernier. Il en résultait que le domicile était impérativement fixé par des règles qui touchaient au droit public, que le domicile avait une grande stabilité, enfin que, pas plus qu'on ne

d'abord comment est déterminé le domicile des personnes physiques. On précisera ensuite les règles qui gouvernent le changement de ce domicile. On examinera enfin le domicile des personnes morales.

Section 3. La détermination du domicile des personnes physiques

Le principe et les exceptions. La règle de principe est énoncée dans l'article 102 du Code de la famille : « Le domicile de toute personne, quant à l'exercice de ses droits civils, est au lieu de son principal établissement. » Mais ce principe souffre de trois séries de dérogations :

1° dans certains cas, la loi fixe elle-même le domicile de la personne. Le domicile est dit « légal ».
2° dans d'autres cas, la résidence intervient pour déterminer le domicile.
3° enfin, certaines personnes peuvent avoir, outre leur domicile principal, un ou plusieurs domiciles secondaires, exceptions au principe de l'unité de domicile.

---

pouvait dépendre de plusieurs souverains, on ne pouvait, en principe, avoir plusieurs domiciles.
Ces idées ont guidé les rédacteurs du Code civil, encore que d'autres thèses aient été soutenues lors des travaux préparatoires, notamment celle de la pluralité des domiciles, défendue par Maleville. Les rédacteurs du Code civil affirment implicitement, mais nettement, la nécessité d'un domicile. Le domicile de tout français, quant à l'exercice de ses droits civils, est au lieu où il a son principe établissement.
On ne tarda pas à s'apercevoir des inconvénients du système. Déterminer le domicile sans tenir compte de la résidence, c'était contraindre les tiers à des recherches délicates. D'autre part, l'unité de domicile présentait des inconvénients sérieux lorsqu'une personne avait des intérêts divers en plusieurs lieux. Aussi le droit positif français devait-il tendre à tenir compte de plus en plus de la résidence, tant pour lui faire produire directement certains effets, que comme élément dans la détermination du domicile, en contact plus étroit avec la réalité, et il devait, d'autre part, écarter dans une large mesure le principe de l'unité de domicile en admettant l'existence de domiciles secondaires.
C'est cette évolution que consacre l'avant-projet de Code civil. L'article 224 s'attache à la notion de résidence : « le domicile de toute personne physique est au lieu où elle a, en fait, sa résidence principale », tandis que l'article 225 ne fait appel qu'à titre subsidiaire au principal établissement : « Lorsque la résidence principale ne peut être établie avec certitude, le domicile est au lieu où s'exerce l'activité professionnelle principale. » Toute personne qui exerce une profession a, en ce qui concerne cet exercice, un domicile professionnel. Ce domicile est au lieu où elle exerce sa profession principale. »

Paragraphe 1. Le principal établissement

Le principe. Le domicile est au lieu du principal établissement. Les rédacteurs de l'article 102 du Code de la famille ont rejeté la résidence comme critère du domicile ; ils ont fixé le domicile au lieu du principal établissement. Il faut entendre par là le centre des affaires, de l'activité, des intérêts de la personne. Si elle en a plusieurs, on s'arrêtera au « principal ». En posant cette règle, les rédacteurs de l'article 102 du Code de la famille ont affirmé la règle de l'unité de domicile : la personne qui exerce son activité ou des activités diverses en plusieurs endroits n'a pas, pour autant, plusieurs domiciles ; elle n'en a qu'un. Ils ont également affirmé la nécessité du domicile : si toute personne n'a qu'un domicile, du moins toute personne a-t-elle un domicile. Il est possible cependant qu'une personne n'exerce aucune activité, qu'elle n'ait pas de centre de ses affaires, parce qu'elle ne fait pas d'affaires, ni de centre de ses intérêts, parce qu'elle n'a pas d'intérêts. Elle n'en possède pas moins un domicile, car, en naissant, chacun de nous acquiert un domicile : le domicile d'origine, qui est fixé par la loi au domicile des parents ou du tuteur ; elle le conserve, si elle n'a pas de principal établissement ; plus exactement, on présume que c'est là qu'elle a son principal établissement. La conception du domicile qu'ont adoptée les rédacteurs du Code de la famille traduit le lien étroit qu'ils ont voulu établir entre le domicile et le patrimoine. Chaque personne doit avoir un domicile, comme elle a nécessairement un patrimoine. Chaque personne n'a qu'un domicile, comme elle ne peut avoir qu'un patrimoine. Enfin son domicile est au centre de ses affaires, lieu géométrique de son patrimoine.

Paragraphe 2. Les domiciles légaux

La fixation des domiciles dits légaux. Le législateur a fixé lui-même le domicile légal.[122] Il n'y a pas là de véritables dérogations au principe général, car, le plus souvent, le domicile légal se trouve au lieu du principal établissement ; il s'agit, en réalité, de présomptions irréfragables en vertu desquelles certaines personnes ont leur principal établissement en un lieu déterminé. Le législateur congolais s'attache à deux ordres de considérations pour poser pareilles présomptions : il fixe le domicile d'une personne tantôt en raison de sa profession, tantôt en raison du lien de subordination dans lequel elle se trouve à l'égard d'autrui.

---

[122] Art. 106 du Code de la famille

Paragraphe 3. Les domiciles légaux professionnels

Certaines personnes sont domiciliées dans un lieu donné en raison de leur profession, même si elles n'y résident pas, et même si, en fait, elles ont ailleurs le centre de leurs intérêts, quoique, le plus souvent, c'est là que ce centre se trouve situé.[123]

1° fonctionnaires nommés « à vie.[124]» Les fonctionnaires dits nommés « à vie » sont ceux qui occupent des fonctions publiques irrévocables ; ils sont inamovibles : ce sont les magistrats du siège (par opposition à ceux du ministère public) : juges d'instance et de grande instance, conseillers des Cours d'appel et de la Cour suprême, présidents et premiers présidents, magistrats de la Cour des comptes. La situation est la même pour les notaires, les avocats, les huissiers[125]. Ces fonctionnaires ou officiers ministériels se trouvent domiciliés, dès leur prestation de serment ou dès leur installation, dans le lieu où ils doivent exercer leurs fonctions, même si ces fonctions ne constituent pas leur activité principale. La distinction entre les fonctionnaires inamovibles et amovibles ne correspond plus à la réalité : d'une part, les magistrats du siège et de la Cour des comptes sont mis à la retraite à un certain âge ; d'autre part, bien qu'inamovibles, ils peuvent être révoqués pour fautes graves, tandis que les fonctionnaires révocables ont, sauf les préfets, obtenu un statut qui rend très difficile leur révocation par le Gouvernement. Aussi l'avant-projet du Code de la famille supprime-t-il l'attribution d'un domicile légal aux fonctionnaires nommés « à vie ».

2° bateliers, forains et nomades n'ont souvent aucune habitation stable, et surtout leur seule activité s'exerce en voyageant ; le centre de leurs affaires est leur bateau. Sans doute, lorsqu'il n'est pas possible de déterminer le principal établissement d'une personne son domicile est son premier domicile, celui de ses parents ou de son tuteur, son domicile d'origine. Mais souvent le batelier, fils de bateliers, est né sur une péniche. Aussi était-il parfois difficile aux bateliers d'accomplir certains actes de la vie civile, également de leur faire des notifications régulières ; enfin, sur le plan du

---

[123] Art. 103 du Code de la famille

[124] Art. 107 du Code civil

[125] Voir en ce sens, H.D. Amboulou, *Le notariat congolais de 1960 à nos jours*, Les éditions Hemar

droit public (obligations militaires et droit fiscal), l'absence de domicile était très gênante pour l'Administration[126].

Paragraphe 4. Les domiciles légaux de dépendance

Parce que certaines personnes ou leurs biens se trouvent sous la dépendance d'autrui, le Code de la famille fixe leur domicile au lieu où est exercée l'autorité.

1° « Le mineur non émancipé aura son domicile chez ses père et mère ou tuteur. »[127] N'ayant la liberté d'exercer par lui-même aucun de ses droits, il est naturel que son domicile se trouve là où ses droits sont exercés, c'est-à-dire au domicile de celui qui les exerce (parents ou tuteur).La question est plus délicate pour les enfants naturels reconnus et non reconnus. L'enfant naturel aura pour domicile celui de son père ou de sa mère qui a l'administration légale sous contrôle judiciaire. Mais les délégations d'autorité parentale[128] consenties par les parents ou par l'Aide à l'enfance compliquent le problème. Si, au temps de sa conception, son père ou sa mère était engagé dans les liens du mariage avec une autre personne, l'enfant naturel ne pourra être élevé au domicile conjugal qu'avec le consentement du conjoint de son auteur.[129]

2° les majeurs incapables qu'il s'agisse des majeurs en tutelle, ou des interdits légaux qui sont les condamnés à des peines graves ont pour domicile celui de leur tuteur[130]

---

[126] Les mêmes difficultés se présentaient pour les forains et les nomades. Afin de les résoudre, l'ordonnance n°923 du 7 octobre 1958 oblige les bateliers à choisir un domicile dans l'une des communes dont le nom figure sur une liste établie par l'Administration ; même obligation pour les forains et nomades, qui peuvent élire domicile dans l'une des communes du territoire où ils circulent. La loi n°3 du 3 janvier 1969, relative au régime applicable aux « personnes circulant en France, sans domicile ni résidence fixe », réitère pour les forains et nomades, l'obligation édictée par l'ordonnance de 1958, mais qu'ils ne respectaient pas, de choisir une « commune de rattachement ». Elle précise que ce choix ne constitue pas une élection de domicile ; mais la « commune de rattachement » produit certains effets du domicile. La loi de 1969 ne s'applique pas aux bateliers.

[127] Art. 318 et s. du Code de la famille

[128] Art. 342 du Code de la famille

[129] Art. 334-7 nouveau Code civil, Loi du 3 janvier 1972

[130] Art. 419 et s. du Code de la famille

3° La femme mariée n'a point d'autre domicile que celui de son mari ». Cette disposition correspond à l'état de subordination dans laquelle se trouve la femme mariée ayant retrouvé sa pleine capacité juridique par les lois françaises de 1938 et 1942. On a pu se demander s'il n'était pas opportun de supprimer le domicile légal de la femme mariée ; on peut d'autant plus se le demander aujourd'hui, qu'après la loi du 17 octobre 1984 sur l'autorité parentale. Le mari a en plus la qualité de chef de la famille, alors que d'autre part les époux « s'obligent mutuellement à une communauté de vie[131] ». En réalité, seul est concerné par la loi nouvelle le domicile conjugal : ce domicile est fixé par les deux époux, d'un commun accord ; et ce n'est qu'à défaut de cet accord que le choix incombe au mari. Cependant, les articles 419 et suivants du Code de la famille n'ayant pas été modifiés, le mari demeure libre de choisir son propre domicile ; et ce choix entraîne la domiciliation légale de la femme, d'où résulte une présomption légale de compétence à l'égard des tiers aussi longtemps que le divorce ou la séparation de corps n'ont pas fait l'objet d'une décision judiciaire définitive. Précisons, en effet, que la loi du 17 octobre 1984, dispose que la femme séparée de corps cesse d'avoir pour domicile légal le domicile de son mari. Cette solution est logique puisque la femme séparée de corps ne réside plus chez son mari, et que la séparation de biens, conséquence nécessaire de la séparation de corps, rend à la femme l'administration pleine et entière de son patrimoine. Mais pendant la procédure de divorce ou de séparation de corps, bien qu'une résidence soit assignée à la femme, celle-ci n'en demeure pas moins domiciliée chez son mari. Elle est, d'ailleurs, domiciliée chez le mari dans tous les cas de séparation de fait, au moins lorsque cette séparation n'est pas imputable à la femme. La Cour Suprême a décidé que l'autorisation donnée par le juge à la femme d'avoir une résidence séparée n'emporte pas changement de son domicile. Pour trancher ces difficultés, l'avant-projet de Code de la famille prévoyait la possibilité pour la femme d'avoir un domicile séparé de celui du mari.

4° les domestiques et employés majeurs qui travaillent et habitent chez autrui, y sont domiciliés. Cependant, on admet que la femme mariée est domiciliée chez son mari, non chez son maître. Peu importe que les fonctions exercées soient d'un ordre subalterne ou d'un ordre plus élevé (secrétaire, précepteur, etc.) ; du moins un lien suffisant de dépendance est-il nécessaire, ce qui exclut les fermiers et même les métayers.

---

[131] Art. 166 du Code de la famille

Le rôle supplétif de la résidence. Le droit ne peut méconnaître la réalité qui s'impose à lui ; tôt ou tard il doit nécessairement en tenir compte. Aussi la résidence ne pouvait-elle rester indifférente dans la fixation du domicile.

Paragraphe 5. Le domicile-résidence

Le domicile apparent et la jurisprudence. Les conditions de la vie moderne obligent, de plus en plus souvent, une personne à exercer des activités multiples. Il incombe alors aux tiers, de déceler quelle est, parmi ces activités la « principale ». Choix souvent difficile. En tout cas, ici, comme en bien d'autres espèces, les tiers sont contraints de s'en tenir aux apparences. Aussi la jurisprudence a-t-elle fait produire effet à l'apparence dans le domaine du domicile. Or, le domicile apparent sera fréquemment le lieu de la résidence ; de telle sorte que, là où la jurisprudence s'arrête au domicile apparent, elle donne souvent le pas à la résidence sur le domicile véritable.

C'est ainsi que l'on valide les actes signifiés au domicile apparent, c'est-à-dire à celui qui s'est révélé par la résidence de l'intéressé et de sa famille, par les manifestations extérieures de son activité. C'est ainsi également que les tribunaux permettent d'assigner à sa résidence la femme qui vit séparée de fait de son mari ; elle s'est donnée l'apparence d'une femme célibataire et, par conséquent, l'apparence d'un domicile séparé ; les tiers, trompés par l'apparence, ont ignoré qu'elle avait un domicile légal ; on applique l'adage « error communis facitjus ».

Les militaires et étudiants. Les militaires et étudiants, au moins lorsqu'ils sont mineurs, ont un domicile légal, celui de leurs parents. Toutefois, dans la ville où ils se trouvent en garnison ou en cours d'études, ils concluent des contrats nécessaires à leur subsistance. On ne pouvait obliger leurs fournisseurs à s'adresser, en cas de difficultés, au tribunal du domicile des parents, et il était de l'intérêt même des militaires et étudiants de faciliter leurs rapports juridiques. Aussi les tribunaux accordèrent-ils la faculté de les assigner, pour les dépenses courantes, au lieu de leur résidence. Le législateur s'est inspiré de cette jurisprudence, comme de celle, très voisine, sur le domicile apparent, lorsque par la loi, il a donné compétence au tribunal du lieu où a été conclue la convention relative, à condition que l'une des parties y ait son domicile[132]. Cette loi a rendu pratiquement inutile la jurisprudence antérieure sur le domicile apparent et sur la résidence des militaires et étudiants.

La résidence, élément du domicile. Non seulement le législateur et les tribunaux font jouer un rôle à la résidence à côté du domicile, mais la conception même du domicile a été modifiée par la jurisprudence. Il est difficile de ne pas tenir compte, dans la recherche du principal établissement, d'un élément aussi important que la résidence, qui est toujours le centre d'une certaine activité, de certains intérêts. Aussi les tribunaux font-ils intervenir la résidence dans la détermination du domicile ; et leur liberté est d'autant plus grande sur ce point qu'ils considèrent cette question comme étant de pur fait et échappant à leur contrôle.

Section 4. Les domiciles secondaires

Paragraphe 1. Les atténuations et exceptions au principe de l'unité de domicile

Les nécessités pratiques, qui ont amené à donner une place de plus en large à la résidence à côté du domicile, ont conduit à faire céder un autre principe : celui de l'unité de domicile. Il est fréquent aujourd'hui qu'une personne ait, outre un domicile principal, un ou même plusieurs domiciles secondaires.

Paragraphe 2. L'élection de domicile

Au Congo, pour une affaire ou activité déterminée, les parties peuvent convenir d'un lieu qui produira les effets du domicile, ou seulement certains d'entre eux[133]. Déjà les rédacteurs du Code civil avaient admis que les parties à un acte juridique peuvent faire élection de domicile en un lieu autre que leur domicile réel[134] : « Lorsqu'un acte contiendra, de la part des parties ou de l'une d'elles, élection de domicile pour l'exécution de ce même acte un autre lieu que celui du domicile réel, les significations, demandes et poursuites relatives à cet acte pourront être faites au domicile convenu et devant le juge de ce domicile. Cette clause d'élection de domicile est très fréquente ; elle permet aux parties de convenir d'un lieu où l'une d'elles au

---

[132] Voir en ce sens, François Terré et Dominique Fenouillet, *Droit civil, les personnes, la famille, les incapacités*, Op. cit.
[133] Art. 107 du Code de la famille
[134] Art. 111 du Code civil

moins préfère que soient tranchées les difficultés susceptibles de s'élever dans l'avenir quant à l'exécution du contrat : le tribunal du domicile élu sera compétent. Les parties ne pourront modifier le domicile élu que par un nouvel accord. Ainsi, la volonté est susceptible d'intervenir directement pour la fixation du domicile. Mais l'élection de domicile n'a effet qu'entre les parties au contrat ou leurs ayants cause universels ou à titre universel, et relativement seulement à l'exécution du contrat. L'élection de domicile est une atténuation apportée par les rédacteurs du Code civil au principe de l'unité de domicile, atténuation qui surprit tellement les premiers commentateurs qu'ils voulurent réduire la portée de l'élection de domicile de l'article 111 du Code civil à une clause d'attribution de compétence. Sans doute l'élection de domicile a-t-elle comme conséquence l'attribution de compétence au tribunal du domicile élu ; mais il suffit de lire l'article 111 du Code civil pour s'apercevoir que ses rédacteurs ont attaché au domicile élu tous les effets d'un domicile véritable, limités, il est vrai, à l'exécution du contrat.

Section 5. Le double domicile de la femme commerçante

La femme mariée a pour domicile légal celui du mari en vertu de l'article 106 du Code de la famille. Cependant, l'article 4 du Code de commerce autorise la femme à exercer un commerce. Il est difficile de concevoir une entreprise commerciale, un fonds de commerce, sans un domicile commercial. Lorsque le mari est commerçant, il n'y a pas de difficulté, tout au moins dans le cas où il n'exerce qu'une seule activité commerciale ; cette activité commerciale détermine son domicile. Mais la femme peut exercer son commerce ailleurs qu'au domicile du mari. La fixation du domicile légal de la femme mariée, d'une part, le principe de l'unité de domicile, d'autre part, paraissaient devoir s'opposer à l'admission d'un second domicile : le domicile commercial de la femme mariée. Cependant, répondant aux besoins de la pratique, les tribunaux n'ont pas hésité à écarter le principe de l'unité de domicile et à déclarer que la femme mariée « peut, en tant que commerçante acquérir un domicile distinct de celui de son mari ».

La jurisprudence dite des gares principales. La jurisprudence dite des gares principales a apporté une exception, d'une importance pratique considérable, au principe de l'unité de domicile. Mais, encore qu'une entreprise ayant des succursales multiples puisse appartenir à une ou plusieurs personnes physiques, on est le plus souvent en présence d'une société, donc d'une personne morale. Aussi la question sera-t-elle exposée avec le domicile des personnes morales.

Section 6. Le changement de domicile

Selon le Code de la famille[135], le changement de domicile ne s'opère que par le transfert en un autre lieu de la résidence principale ou, le cas échéant, de l'activité professionnelle principale.

Paragraphe 1. Les conditions

En droit français, La conception du domicile principal établissement, aurait dû faire décider que tout changement du principal établissement entraîne changement de domicile. Les rédacteurs du Code civil se sont aperçus ici de la faiblesse de leur système, et ils ont compris que le changement du centre des intérêts pouvait passer complètement inaperçu. Ils ont été ainsi amenés à recourir à la notion de résidence : ils ont décidé que le changement du principal établissement ne serait efficace que s'il se manifestait extérieurement par un changement de résidence[136] : « Le changement de domicile s'opèrera par le fait d'une habitation réelle dans un autre lieu, joint à l'intention d'y fixer son principal établissement. »

Paragraphe 2. Les preuves

Si la preuve de l'élément matériel (changement d'habitation) est facile, la preuve de l'intention sera beaucoup plus délicate à apporter. Aussi les rédacteurs du Code civil ont-ils posé une présomption dans l'article 104 : « La preuve de l'intention résultera d'une déclaration expresse faite tant à la municipalité du lieu que l'on quittera, qu'à celle du lieu où l'on aura transféré son domicile. » Cette double déclaration est obligatoire. Elle présente un grand intérêt pour l'Administration qui, pour des motifs fiscaux, militaires et de police, doit pouvoir suivre l'individu. Elle n'est cependant faite que rarement, parce qu'elle n'est pas pénalement sanctionnées. L'article 105 du Code civil prévoit que, « à défaut de déclaration expresse, la preuve de l'intention dépendra des circonstances ». On tiendra compte de la déclaration relative aux impôts, du transfert de la contribution mobilière, d'une déclaration insérée dans un acte, etc. Mais, faute de rapporter la

135 Art. 104 du Code de la famille
136 Art. 103 du Code civil

preuve de cette intention, la personne est considérée comme n'ayant pas changé de domicile : on présume qu'à défaut d'indications permettant d'établir une intention contraire, le changement de résidence n'a pas entraîné changement de domicile.

Section 7. Le domicile des personnes morales

Les personnes morales ont un domicile. La personne morale doit avoir, comme la personne physique, un domicile, qui permet de l'individualiser et de la rechercher. Toute personne juridique, participant au commerce juridique, doit avoir un port d'attache.

Paragraphe 1. Le siège social

En principe, le domicile de la personne morale est au lieu désigné dans les statuts comme celui du siège social. Mais le siège social ainsi désigné est parfois fictif. De nombreuses sociétés, désirant s'attribuer une nationalité étrangère dans le seul but d'éluder des obligations fiscales ou des règles de constitution, fixent leur siège à l'étranger. Certains Etats voient ainsi fixer sur leur territoire le siège d'un nombre considérable de sociétés qui ont leurs exploitations, leurs usines, leurs activités dans d'autres pays. A ce siège fictif se trouve seulement un dossier ouvert à leur nom chez un homme d'affaires, une boîte aux lettres, ou un secrétaire. La jurisprudence, qui a été confirmée par la loi du 24 juillet 1966 sur les sociétés commerciales, a refusé d'entériner pareille fraude : elle n'a tenu aucun compte du siège fictif et a décidé que le domicile doit être fixé au siège social réel, au « principal établissement » de la société ; c'est le lieu où se trouve réellement sa direction administrative et commerciale et qui est ainsi le centre réel de son existence juridique ; ce lieu ne concorde pas nécessairement avec le centre de l'exploitation industrielle.

Paragraphe 2. Les sièges secondaires

L'unité de domicile présentait pour les tiers un inconvénient très sérieux lorsqu'ils traitent avec des personnes morales qui ont de nombreuses succursales. La personne morale ayant son domicile au lieu de son principal établissement, c'est en ce lieu qu'en cas de contestation les tiers devaient agir, même s'ils avaient traité avec une succursale très éloignée du siège social. La jurisprudence est intervenue ; là encore, elle a écarté la règle de l'unité de domicile : on a permis aux tiers d'assigner les sociétés au lieu où elles ont un établissement important : une gare principale pour une compagnie de chemin de fer, une succursale pour une entreprise commerciale. On peut expliquer cette jurisprudence en recourant à la notion de résidence ; partout où elle a un siège secondaire, la personne morale a, en effet, une résidence.

DEUXIEME PARTIE. LES PERSONNES MORALES

CHAPITRE 1. LA NECESSITE DU CONCEPT DE PERSONNES MORALES

Dans cette partie, ce sont les dispositions du Code civil ou celles de l'Acte uniforme organisant le droit des sociétés commerciales et le groupement d'intérêt économique qui sont présentées. En effet, isolé l'homme est dans l'impossibilité de mener à bien les tâches gigantesques auxquelles l'invite la vie moderne. Fonder une entreprise de quelque importance suppose, dès l'origine, la coopération de forces diverses, qui devront être groupées en vue du but à atteindre. On conçoit que l'œuvre créée soit la propriété commune indivise des membres du groupe, le groupe n'existant que comme la réunion de fait de diverses personnes, sans avoir lui-même une personnalité juridique. Mais cette situation présente des inconvénients graves :

Tout acte juridique nécessaire à la réalisation du but commun devra obligatoirement être approuvé par chacun des membres du groupe ; à défaut de l'accord de tous, l'acte n'atteindra que ceux qui l'ont consenti ; pour que le groupe, en n'attachant à ce mot qu'une valeur de fait, soit engagé dans son ensemble, l'engagement personnel de chaque membre sera indispensable. Une telle nécessité rendra difficile la vie des groupements peu importants ; elle rendra impossible celle des groupements, tels que les syndicats, qui comprennent un grand nombre d'adhérents. Il est indispensable que le groupe puisse lui-même et pour son propre compte faire les actes de la vie juridique[137].

L'absence de personnalité du groupement conduira également à appliquer aux biens affectés à l'œuvre commune le régime de l'indivision ; ils seront la copropriété des membres. Une grande incertitude en sera la conséquence, car le législateur permet à chaque communiste de faire cesser l'indivision et de provoquer le partage [138]« Nul ne peut être contraint à demeurer dans l'indivision, et le partage peut être toujours provoqué, nonobstant prohibitions et conventions contraires. » La volonté d'un seul pourra donc mettre fin, à tout instant, à l'œuvre commune.

La personnalité morale présente un autre intérêt : grâce à elle, il est possible de parer aux inconvénients qui résultent de la règle de l'unité du patrimoine.

---

[137] Voir en ce sens, François Terré et Dominique Fenouillet, *Droit civil, les personnes, la famille, les incapacités*, Op. cit.

[138] Art. 815 du Code civil

Une personne ne peut avoir qu'un patrimoine tout entier à la garantie des dettes qu'elle contracte ; un commerçant entraine dans sa faillite tous ses biens, même ceux qu'en fait il ne destinait pas à son commerce. L'esprit d'initiative, nécessaire au commerce, s'accommode mal d'une telle emprise sur l'ensemble du patrimoine ; c'est seulement s'il est certain de pouvoir, quels que soient les risques et les aléas de sa profession, conserver intacte la partie de son patrimoine qu'il réserve à sa famille, que le commerçant ne craindra plus de développer ses affaires. Pour tourner la règle légale, il sera le seul membre effectif, les autres associés étant réduits à un rôle fictif ; il fera apport à cette société des seuls biens qu'il veut affecter à son entreprise. Ainsi, par la création d'une personne morale nouvelle, il aura détaché de son patrimoine un second patrimoine dont, en fait, il restera le maître, mais qui, en droit, sera celui de la société.

Section 1. La nature juridique de la personne morale

Paragraphe 1. Les différentes théories

La notion de personnalité morale a été quelque peu obscurcie par les discussions, d'ailleurs plus philosophiques que juridiques, qui se sont instaurées autour d'elle.

Les thèses de la fiction : Tout homme a des droits, donc la personnalité ; mais seul l'homme a des droits. Tels sont les postulats de base de ces théories.

Le grand juriste allemand Ihering, après avoir affirmé : « Le destinataire de tout droit, c'est l'homme », conclut : « La personne morale, comme telle, est incapable de droit ; elle n'a ni intérêts ni buts. Elle ne peut donc avoir des droits... » ; elle n'est qu'un « masque », « un mécanisme qui sert de véhicule aux relations de la communauté avec l'extérieur. » C'est à une conclusion voisine que parvient Planiol, pour qui la personne morale n'est qu'une fiction masquant une simple copropriété entre les membres du groupement. La plupart des auteurs qui nient la réalité de la personnalité morale, présentent alors cette personnalité comme une faveur du législateur, qui étend fictivement et arbitrairement la personnalité de l'être humain à certains groupements, qu'il veut bien appeler à la vie du droit. Le législateur, maître de cette extension, est ainsi libre d'accorder ou de refuser le bénéfice de la personnalité morale.

Les thèses de la réalité : Certains juristes, au contraire, considèrent la personnalité juridique comme une réalité. Les uns conçoivent le groupement comme fait à l'image de l'homme, ayant comme lui une volonté propre, distincte de celle de ses membres ; dans cette volonté réside le fondement de la personnalité, aussi bien des groupements que des êtres humains. D'autres, rejetant cet anthropomorphisme excessif, admettent que la personnalité morale est une réalité technique ; le but collectif, poursuivi par le groupement ou par l'œuvre, leur confère ipso facto la personnalité. L'homme lui-même, en reçoit la personnalité que pour la poursuite de ses fins ; il est normal que la recherche d'intérêts collectifs légitimes fasse également naître la personnalité. D'autant plus que la fin poursuivie reste une fin humaine.

Paragraphe 2. La capacité différente des personnes morales

En principe, toute personne physique est dotée par la loi d'une égale et pleine capacité de jouissance ; elle peut faire tous les actes de la vie juridique. Le législateur se montre plus prudent et adopte une position plus nuancée en ce qui concerne les personnes morales. Leur capacité se trouve plus ou moins réduite selon la catégorie à laquelle elles appartiennent. Il n'existe donc pas une personnalité morale, mais une gamme de personnalités morales, dont l'étendue varie avec l'approbation donnée par le législateur au but qu'elles poursuivent, ou avec la forme qu'elles adoptent.

Section 2. La classification des personnes morales

Paragraphe 1. Les personnes morales de droit public et de droit privé[139]

L'Etat est historiquement la première personne de droit public qui ait été reconnue par le droit. Les départements et les communes ont également la personnalité, mais non les districts ni même les arrondissements. A côté de l'Etat et de ses subdivisions, il est d'autres personnes morales qui aident l'état, le département ou la commune dans leurs tâches fondamentales (enseignement, charité, etc). Ce sont les établissements publics (Universités, Facultés, Hôpitaux). Ces personnes de droit public sont régies par le droit administratif ; leurs litiges sont, en principe, de la compétence des tribunaux administratifs ; leur comptabilité est soumise aux règles de la comptabilité

139 Sur la classification des personnes morales, voir Patrick Courbe, *Droit civil. Les personnes, la famille, les incapacités,* 2e édition, Dalloz, 1998, p. 31 et s.

publique ; aucune voie d'exécution (saisie, vente de biens) ne saurait être dirigée contre elles[140]. Les personnes morales de droit privé poursuivent des buts étrangers à ceux des collectivités publiques. La distinction est parfois difficile. Un hôpital privé, œuvre charitable, poursuit exactement le même but qu'un établissement public. Les œuvres ou établissements, sans doute privés, mais présentant une utilité publique, se trouvent ainsi placées à la frontière du droit public.

Paragraphe 2. Les « ordres »

Les ordres sont des personnes morales à la fois de droit public et de droit privé. On voit le législateur contemporain revenir aux procédés dont la Monarchie française avait usé pour assurer la police des professions. S'inspirant des résultants excellents obtenus par les barreaux, dont la discipline appartient au Conseil de l'ordre composé d'avocats élus par leurs confrères, le législateur a créé un certain nombre d'ordres dans diverses professions libérales (ordre des médecins, des pharmaciens, des vétérinaires, des architectes, des experts-comptables, etc.). L'ordre exerce une partie du pouvoir disciplinaire, « veille au maintien des principes de la moralité, de probité et de dévouement indispensables à l'exercice de la profession et à l'observation, par tous ses membres, des devoirs professionnels…Il assure la défense de l'honneur et de l'indépendance de la profession[141] ». Il diffère du syndicat professionnel en ce qu'il agit par une sorte de délégation de l'Etat, qui s'en remet en partie à lui de la police de la profession. Le syndicat est, au contraire, chargé par ses membres eux-mêmes, et dans leur seul intérêt matériel ou moral, de la défense de la profession. La ligne de démarcation est, d'ailleurs, parfois assez floue ; c'est dans la mission semi-publique conférée aux ordres que réside le véritable critère de la distinction ; c'est cette mission qui fait de l'ordre une personne morale à la fois de droit public et de droit privé. (Le législateur a, au contraire, expressément classé parmi les établissements d'utilité publique, et non parmi les établissements publics, les chambres disciplinaires de notaires, d'avocats, d'huissiers, de commissaires-priseurs et d'agréés.)

---

[140] Voir en ce sens, H. D. Amboulou, *Traité congolais de procédure civile, commerciale, administrative, financière et des voies d'exécution*. Op. cit.

[141] Décret du 5 oct. 1953, art. 382

Paragraphe 3. Les groupements et fondations

Les personnes morales sont soit des groupements de personnes (sociétés, associations, syndicats, congrégations), les personnes ainsi groupées pouvant être elles-mêmes de personnes morales (Unions de syndicats, telle la Confédération syndicale Congolaise, la Confédération syndicale des travailleurs du Congo, ou Fédérations d'associations, etc.), soit des œuvres, des fondations, c'est-à-dire des masses de biens affectées à un but déterminé. Sans doute la fondation poursuit-elle un but qui a trait aux intérêts d'une catégorie d'individus (le traitement de tels malades, l'aide à apporter à des pauvres, etc.) ; mais ces malades, ces pauvres, qui profiteront de l'œuvre, ne peuvent être considérés comme les membres de la fondation ; ils en sont les bénéficiaires indéterminés au moment de la naissance de l'œuvre. La fondation n'est donc pas un groupement de personnes, mais une masse de biens.

Paragraphe 4. Les groupements de personnes ayant ou non pour but la recherche de bénéfices

Les fondations poursuivent toujours un but désintéressé : charitable, religieux, artistique, littéraire, etc. Les personnes se groupent, au contraire, soit dans le but de réaliser des bénéfices, soit dans un but différent. Aux groupements qui poursuivent la recherche des bénéfices, on réserve, dans la langue juridique, le nom de société, aux groupements qui n'ont pas ce but, le nom d'association, ou de syndicats quand leur but est professionnel. Les définitions données de la société et de l'association par le législateur ne sont pas suffisamment précises pour permettre de dégager le critère exact de la distinction : « La société est un contrat par lequel deux ou plusieurs personnes conviennent de mettre quelque chose en commun, dans la vue de partager le bénéfice qui pourra en résulter[142]. « *L'association* est la convention par laquelle deux ou plusieurs personnes mettent en commun d'une façon permanente leurs connaissances ou leur activité dans un but autre que de partager des bénéfices[143]. »

---

142 Art. 1832 du Code civil ; Art. 1 er de l'Acte uniforme relatif aux sociétés commerciales et au groupement d'intérêt économique

143 Art. 1er de la Loi du 1er juillet 1901

Paragraphe 5. Les groupements sans personnalité.

Les groupements qui n'ont pas la personnalité morale, sont sans existence juridique ; ils peuvent exister en fait, créer une situation de fait qui entraînera quelques conséquences, par exemple la possibilité d'ailleurs discutable de les assigner en justice, et parfois une liquidation véritable ; on ne peut pas dire cependant qu'ils vivent la vie juridique. Les personnes morales ont, au contraire, une existence juridique ; elles naissent, vivent et disparaissent. Il convient donc d'étudier la création des personnes morales, leur fonctionnement, leur disparition.

Section 3. La création des personnes morales

Paragraphe 1. L'octroi de la personnalité

Il serait exagéré de tenter une assimilation quelconque entre la naissance de la personne morale et celle de l'être physique. La naissance de l'être physique implique la création de rapports de famille, de droits de la personnalité étrangers à la personne morale. Cependant la constitution des grandes sociétés de capitaux exige une longue période de préparation : il est indispensable de rechercher des capitaux, de contracter dans ce but avec des banques, de faire une certaine publicité ; on admet alors que tous les contrats conclus dans l'intérêt de la société future par les fondateurs l'ont été par la société elle-même ; certains auteurs voient dans cette rétroactivité une extension de la règle : « *infans conceptus pro nato habetur*... ».

Paragraphe 2.Les associations

La loi du 1er juillet 1901 a substitué un régime relativement libéral au régime napoléonien de l'autorisation préalable[144]. Elle envisage trois catégories d'associations :

1° les associations non déclarées. Elles sont licites : il n'est donc plus interdit de se grouper sans autorisation préalable, sauf dans quelques cas exceptionnels. Mais ce groupement licite n'est pas une personne morale ; il n'a donc pas d'existence juridique ; c'est ainsi qu'il ne peut acquérir de biens.

---

[144] Sur les associations, voir Patrick Courbe, *Droit civil. Les personnes, la famille, les incapacités,* 2e édition, Dalloz, 1998, p. 32

2° les associations déclarées. Il suffit aux fondations de se conformer à une formalité de publicité (une déclaration à la préfecture) pour que l'association reçoive une certaine personnalité) ; aucune autorisation n'est nécessaire. Cette personnalité est, à la vérité, restreinte, d'où le nom de « petite personnalité ». Ces associations déclarées peuvent percevoir les cotisations de leurs membres, ester en justice, acquérir et être propriétaires des immeubles nécessaires à leur fonctionnement[145]. Mais il leur est défendu de recevoir des dons et legs ; pour éviter que les dons ne se dissimulent sous forme de cotisations rachetées à un prix très élevé, l'article 6 de la loi de 1901, modifié en 1948, interdit que le rachat de la cotisation dépasse une certaine somme ; l'Administration fait preuve d'ailleurs d'une grande tolérance : elle va jusqu'à admettre que le texte ne vise que le rachat des cotisations et ne s'oppose donc pas à ce que les statuts prévoient des cotisations annuelles supérieures à un montant déterminé.

3° *les associations reconnues d'utilité publique*, qui ont obtenu un décret du gouvernement. Ce sont des établissements d'utilité publique qui ne sont pas des associations, par exemple les chambres disciplinaires d'officiers ministériels. Les associations reconnues d'utilité publique ont une personnalité plus complète, qu'on appelle grande personnalité. Elles peuvent recevoir des dons et legs, source très importante de richesses pour les associations. Néanmoins, l'acceptation de ces dons et legs est subordonnée à l'autorisation soit du préfet s'ils sont inférieurs ou égaux à 100.000Fr., soit du gouvernement pour les libéralités supérieurs à cette somme[146] et pour les libéralités, quel qu'en soit le chiffre, qui « donnent lieu à des réclamations des familles[147] ». Cette autorisation est exigée pour permettre à l'Administration de vérifier si le principe de la spécialité est respecté, et empêcher l'accumulation de richesses trop importantes, ou pour sauvegarder les droits des héritiers.

[145] Art. 1er de la Loi du 1er juillet 1901

[146] Décret n°388 du 13 juin 1966 modifié par décret n°222 du 17 mars 1970

[147] Art. 910 du Code civil, et Loi du 4 février 1901 : art. 5, modifié par le décret du 20 mai 1955, et art. 6

Paragraphe 3. Les syndicats professionnels

Les syndicats professionnels échappent au droit commun des associations. Certes ils n'ont, comme celles-ci, la personnalité qu'à la condition d'être déclarés, cette déclaration se faisant à la mairie et non à la préfecture[148]. Mais, à la différence des associations, ils obtiennent, dès cette déclaration et sans aucune autorisation, la pleine capacité. Ils peuvent notamment recevoir des libéralités sans autorisation, acquérir des meubles ou immeubles. Leur capacité se trouve cependant limitée, elle aussi, par le principe de la spécialité ; du moins ce principe est-il pour eux moins strict, car ils sont autorisés à poursuivre des buts annexes.

Paragraphe 4. Les sociétés

Les sociétés, par définition, poursuivent un but lucratif : la recherche de bénéfices, c'est-à-dire d'un gain pécuniaire ou matériel ajoutant à la fortune des associés. De même que les individus, elles exercent leurs activités intéressées soit dans le domaine civil, soit dans le domaine commerciales. Le critère de cette distinction est double. D'une part, le critère général, applicable à toute personne, physique ou morale, critère objectif tiré de l'activité de la personne ; est commerciale la société qui exerce habituellement des actes de commerce ; au contraire la société civile tire ses profits des opérations considérées par le droit comme non commerciales ; la loi répute actes de commerce… tout achat de biens immeubles en vue de les revendre ; toutes opérations d'intermédiaire pour l'achat, la souscription ou la vente d'immeubles, de fonds de commerce, d'actions ou parts des sociétés immobilières ». Les sociétés qui se livrent habituellement à ces actes sont donc nécessairement commerciales.

Exemple n°9

« …Une société civile immobilière est constituée avec pour associés une mère et son fils mineur ; la mère est gérante ; le mineur est titulaire de parts représentant 96% du capital social. La société souscrit un emprunt important auprès d'une banque, afin d'acquérir un immeuble et de le rénover. Faute, sans doute, de percevoir les loyers espérés, la société civile cesse de payer les annuités de remboursement du prêt. La banque déclenche une procédure de saisie de l'immeuble. La société forme opposition à cette saisie en

[148] Art. 3, Livre III du Code du travail

soutenant que le prêt est nul. Le mineur, devenu majeur, se joint à la société pour demander l'annulation du prêt. Cette demande ayant été rejetée, la société et son associé majoritaire, forment un pourvoi en cassation qui, à son tour, rejeté par la première Chambre civile[149]... »

D'autre part, un critère formel : toute société, même ne faisant aucun acte de commerce, est commerciale, si elle s'est constituée sous la forme d'une société commerciale[150]. Une société d'enseignement, une coopérative agricole, une société de construction, etc., qui aurait adopté l'une de ces formes, serait commerciale. Ce critère formel a réduit considérablement le nombre des sociétés civiles. Les sociétés commerciales sont règlementées par le Code de commerce et par de nombreuses lois postérieures notamment les Acte d'Uniformes du Traité de l'OHADA. On les divise en deux groupes : les sociétés de personnes et les sociétés de capitaux (toutes les sociétés civiles sont, au contraire, nécessairement des sociétés de personnes).

Dans les sociétés de personnes (sociétés en nom collectif et sociétés en commandite simple) en laissant de côté les contrats très particuliers dits d'association en participation, qui, parce qu'ils sont occultes, ne donnent pas naissance à une personne morale, les associés se réunissent en considération de leur personne (in tuitu persone). Ils sont, tous dans la société en nom collectif, certains d'entre eux, les commandités, dans la commandite, solidairement responsables sur leur propre patrimoine des dettes de la société ; les parts sociales ne sont pas, en principe, cessibles.

Dans les sociétés de capitaux (sociétés en commandite par actions et sociétés anonymes), le lien de la société avec la personne de ses membres est moins marqué ; le concept de personnalité morale est donc pour elles plus nécessaire. Les associés ne sont pas normalement responsables des dettes de la société ; l'actif social seul en répond. La durée de la société ne dépend pas de la vie des associés, qui ne se connaissent souvent pas, et ont réuni leurs capitaux, non leurs personnes ; les actions, qui représentent les parts sociales, sont, en principe, librement négociables et ainsi appelées à changer continuellement de mains.

---

[149] Cass. civ. 1e, 14 juin 2000 (N°98.13.660).Bull. civ.I, n°187 ; Personne morale. Emprunt. Membre mineur ; Gilles Goubeaux, Philippe Bihr, *100 Commentaires d'arrêts en droit civil, Méthodologie*, 2e édition, LGDJ, p. 100

[150] Loi du 24 juillet 1966, art. 1

La société à responsabilité limitée (S.A.R.L.) a été créée en Allemagne. Elle était très répandue en Alsace-Loraine lors de la libération de ces provinces en 1918. Aussi le législateur français a-t-il consacré cette forme de société par la loi du 7 mars 1925. Dans l'espace OHADA, la SARL est régie par l'Acte uniforme portant organisation des sociétés commerciales et du groupement économique. Elle occupe une place intermédiaire entre les sociétés de personnes et les sociétés de capitaux, bien qu'ayant tendance à se rapprocher des secondes depuis la réforme de 1966. Comme dans les premières, les associés se réunissent intuitu personae, aussi la cession de ses parts un associée à un non-associé doit-elle être approuvée par « la majorité des associés représentant au moins les trois quarts du capital social[151] ». Mais, comme dans les secondes, les associés ne sont pas personnellement tenus du passif de la société, et le décès d'un associé est, sauf clause contraire des statuts, sans influence sur la vie de la société.

Observations. La preuve d'une société commerciale ne peut être apportée que par l'écrit contenant le contrat, c'est-à-dire l'acte de constitution, ce qui est une exception aux règles du droit commercial, où la preuve est libre. Une seconde formalité est prévue : la publicité ; la sanction n'est plus ici la nullité depuis l'Acte Uniforme relatif au droit des sociétés commercial et du groupement d'intérêt économique qui adapte la loi, de 1966 aux réalités africaines. Sauf dans les sociétés constatées par écrit. Ces exigences ont pour but la protection des tiers, qui doivent être exactement renseignés sur la nature et le capital de la société avec laquelle ils traitent, le capital étant constitué par l'ensemble des apports des associés. Par la loi de 1966, et depuis cette loi, surtout avec le Traité OHADA, le législateur a accentué cette protection en ce qui concerne les sociétés de capitaux, qui, du fait de l'absence de responsabilité des associés, sont très dangereuses pour les tiers. Il leur impose des formalités particulières et un contrôle, notamment au moment de leur constitution et de toute augmentation de capital. Une lourde responsabilité pénale frappe les administrateurs qui refuseraient de se conformer aux prescriptions légales.

Les sociétés civiles qui n'ont pas revêtu la forme d'une société commerciale, et qui sont dites sociétés civiles particulières, sont soumises aux seules règles générales des articles 1832 à 1877 du Code civil. (à l'exception des articles 1836 à 1940 relatifs aux sociétés civiles universelles, dans lesquelles les

[151] Art. 45 de la Loi du 24 juillet 1966

associés mettent en commun tous leurs biens ou tous leurs revenus, mais qu'on ne rencontre jamais en pratique) ; les associés sont conjointement obligés au paiement des dettes sociales. Lorsque l'objet de la société dépasse une certaine somme, le contrat doit être prouvé par écrit. Aucune condition de publicité n'est imposée.

Section 4. Les actes juridiques des personnes morales

Les procédés de conclusion des actes juridiques diffèrent pour les personnes physiques et pour les personnes morales. Une personne physique peut passer elle-même les actes juridiques qui la concernent, à moins d'être frappée d'une incapacité d'exercice (mineurs, etc.) auquel cas elle a un représentant (administrateur légal ou tuteur, etc… qui agit en son nom. Une personne morale doit, au contraire, nécessairement être dotée d'organes », par l'intermédiaire desquels elle agira. C'est ainsi qu'une société anonyme agira par l'intermédiaire du président de son conseil d'administration.

Mais la vie juridique d'une personne morale ne diffère pas de celle d'une personne physique uniquement par le mécanisme de formation des actes juridiques. Elle en diffère aussi par l'étendue des actes qui peuvent être accomplis. Si toute personne physique bénéficie aujourd'hui, sauf très rares exceptions, de la pleine capacité de jouissance, aucune personne morale n'est dotée d'une telle capacité. Il existe, d'abord, des actes qui sont inconcevables pour une personne morale, en raison même de la nature de cette personne ; mariage, reconnaissance, adoption, etc.

D'autre part, la capacité, si large soit-elle, de toute personne morale se trouve limitée par le principe de la spécialité : une personne morale ne peut pas accomplir valablement les actes qui ne correspondent pas à son objet, tel qu'il est défini par les statuts ; l'organe qui les accomplirait agirait en effet sans pouvoir. Mais il faut observer, d'une part, que cet objet est souvent très vaste, notamment quand il s'agit de sociétés commerciales ; d'autre part, que les tiers qui ont traité avec la personne morale pourront dans bien des cas éviter la nullité de l'acte : lorsque la nature même de cet acte ne révélait pas qu'il dépassait l'objet de la société ou de l'association. Quant aux syndicats professionnels, le principe de la spécialité ne pourra jouer que rarement, car la loi leur confère la possibilité de passer certains actes qui ne répondent qu'indirectement à leur but : acquisition d'habitations à bon marché, de jardins ouvriers, terrains de jeux ou de sports, création d'offices de renseignements, de journaux, subventions à des sociétés coopératives, etc.

Exemple n°10

« ….Un entrepreneur, qui a exécuté des travaux commandés par une association syndicale libre, n'est pas payé du prix qui lui est dû ; l'association ayant été placée en liquidation judiciaire, le créancier impayé assigne alors en paiement les membres de l'association, chacun au prorata des tantièmes qu'il détient. Cette demande est jugée recevable par la Cour d'appel mais, sur le pourvoi formé contre cette décision, celle-ci est censurée par la Cour de cassation[152]… »

Enfin, la capacité des personnes morales comporte de degrés, différents pour chaque catégorie ; des actes plus ou moins nombreux leur sont interdits. La capacité des syndicats professionnels est toujours complète, sauf application du principe de la spécialité. Parmi les pouvoirs dont disposent les syndicats les plus représentatifs pour défendre les intérêts de la profession, il faut mentionner celui de conclure des conventions collectives de travail, qui s'imposent à tous les membres de la profession, même à ceux qui ne font partie d'aucun syndicat. Il s'agit là d'un véritable pouvoir règlementaire, qui rappelle celui des corporations. Les associations reconnues d'utilité publique ne peuvent accepter de libéralités que sous réserve d'une autorisation administrative. Les associations simplement déclarées sont incapables de recevoir des libéralités.

Toute personne morale peut ester en justice pour défendre ses intérêts. Mais le législateur, après la jurisprudence, reconnaît aux syndicats le droit d'agir pour la défense des « intérêts collectifs de la profession », bien qu'ils ne groupent pas tous les membres de celle-ci, et à certaines associations le droit de défendre des intérêts généraux qui dépassent les intérêts de leurs membres, notamment aux associations familiales le droit d'agir « relativement aux faits de nature à nuire aux intérêts moraux et matériels

[152] Cass. civ. 3e, 12 juin 2002 (N°00.19.207).Bull. civ.III, n°134 ; JCP 2003.II.10005, note M.-A.Rakotovahiny. Personne morale. Association Syndicale. Obligation aux dettes ; Gilles Goubeaux, Philippe Bihr, *100 Commentaires d'arrêts en droit civil, Méthodologie*, 2e édition, LGDJ, p. 96

des familles[153] ». La responsabilité civile des personnes morales est susceptible d'être engagée comme celle des personnes physiques. Une personne morale peut commettre une faute par l'intermédiaire de ses « organes » ; elle est alors tenue de réparer le préjudice qui résulte de cette faute, qui est la sienne.

Le législateur et la jurisprudence vont jusqu'à admettre, dans certains cas, la *responsabilité pénale* de la personne morale, ce qui suppose qu'elle peut commettre une infraction, qu'elle a une culpabilité. Ainsi, on infligera une amende à la personne morale, ou on la frappera de dissolution. L'ordonnance du 5 mai 1945 en est un exemple intéressant ; elle vise les entreprises de presse « coupables » de collaboration avec l'ennemi[154].

Section 5. Les nom, domicile, nationalité

Ce n'est point par imitation de la personne physique, mais pour la commodité du commerce juridique, que les personnes morales reçoivent un nom, et ont un domicile. Le *nom de la personne morale* est protégé contre les usurpations. Tout groupement et toute œuvre sont désignés par un nom qui permet de les reconnaître. Si certaines sociétés sont dites « anonymes », c'est parce que leurs noms ne sont pas formés des noms des associés ; du moins ont-elles un nom, une dénomination sociale. Le nom des sociétés à but lucratif a un caractère patrimonial beaucoup plus marqué que celui des personnes physiques ; il peut être cédé.

On a déjà précisé que le domicile de la personne morale est au lieu du siège social réel, qui est le lieu où se trouve effectivement la direction de la société ; lorsqu'un autre siège, qui est alors fictif, est indiqué dans les statuts, il n'en doit être tenu aucun compte. On a également indiqué pourquoi la jurisprudence n'applique pas le principe de l'unité de domicile aux établissements à succursales multiples[155]. L'attribution d'une nationalité aux groupements fait l'objet de controverses. Certains auteurs considèrent que, la nationalité comportant un certain nombre de liens, en partie affectifs, entre le

---

[153] Malgré la résistance de la Chambre criminelle de la Cour de cassation, une tendance se dessine actuellement, permettant aux associations d'obtenir la réparation du préjudice porté aux intérêts communs de leurs membres, précisément groupés pour en assurer la défense.

[154] Voir en ce sens, H. D. Amboulou, *Traité congolais de procédure civile, commerciale, administrative, financière et des voies d'exécution.* L'Harmattan. op. cit.

[155] Jurisprudence dite des gares principales

sujet et sa patrie, les personnes morales, sauf celles de droit public, ne sauraient avoir une nationalité. D'autres sont conduits à la même conclusion, en niant la « réalité » des personnes morales. Mais les règles posées pour la constitution et le fonctionnement des sociétés varient suivant les législations. Il est donc indispensable de déterminer la nationalité d'une personne morale pour savoir si sa constitution et son fonctionnement sont ou non conformes à la loi nationale, et partant si elle est valablement constituée et si ses actes sont réguliers. D'autre part, les nationaux bénéficient de certains droits qui sont refusés aux étrangers, sauf réciprocité[156]. Aussi ne peut-on se dispenser d'attribuer une nationalité aux personnes morales, et de déterminer les règles de cette attribution.

Section 6. La disparition des personnes morales

Paragraphe 1. Les causes de disparition

Une personne morale disparaît : Les personnes morales ne disparaissent pas dès que se réalisent les évènements qui vont être énumérés ; elles sont seulement dissoutes et survivent à leur dissolution pour les besoins de leur liquidation, qui entraîne leur véritable disparition.
Une personne morale est dissoute :
1° par décision judiciaire, soit lorsqu'une circonstance rend impossible son fonctionnement normal[157]: « dissolution pour justes motifs »), soit lorsque est rendu un jugement de « liquidation des biens » (ex-faillite). 2° de plein droit : Par l'arrivée du terme qu'ont fixé les statuts[158] ou le fondateur. Lorsque le but en vue duquel la personne morale a été constituée, se trouve définitivement réalisé[159] ; par exemple, l'extraction de tous les produits d'une carrière dont une société avait pour seul objet l'exploitation. Egalement, mais uniquement pour les groupements, lorsque l'un des associés décède, est mis en faillite personnelle, est frappé de l'interdiction d'exercer une profession commerciale ou est atteint d'une incapacité.[160].3° Par la volonté des associés lorsque ceux-ci décident de mettre fin à leur groupement. 4° Par la volonté de l'administration, lorsqu'il s'agit de groupements qui n'obtiennent la personnalité qu'à la suite d'une autorisation

[156] Art. 111 du Code civil
[157] Art. 1871 du Code civil
[158] Art. 1865 du Code civil
[159] Art. 1865 du Code civil
[160] Art. 1865 du Code civil

du gouvernement (congrégations, fondations) et lorsque cette autorisation leur est retirée.
5° Enfin, par la volonté du législateur, lorsqu'il estime l'ordre public menacé par l'activité de la personne morale. La loi du 10 janvier 1936 confère, d'autre part, au gouvernement, le droit de dissoudre par décret les groupements « qui auraient pour but de porter atteinte à l'intégrité du territoire national ou d'attenter par la force à la forme républicaine du gouvernement », une arme commode pour rejeter des adversaires politiques dans la clandestinité.

TROISIEME PARTIE. LES DROITS DE LA PERSONNALITE ET LES DROITS INTELLECTUELS

Section 1. Les droits pécuniaires et les droits moraux

En exposant la classification des droits patrimoniaux et droits extrapatrimoniaux ou de la personnalité, on a souligné que l'opposition des droits à valeur pécuniaire (droits patrimoniaux) aux droits à valeur morale (droits extrapatrimoniaux ou de la personnalité) doit être nuancée. Ce qui est vrai, c'est seulement que certains droits ont surtout une valeur pécuniaire, d'autres surtout une valeur morale ; mais la plupart ont l'une et l'autre. A tel point qu'il est parfois difficile de savoir dans quelle catégorie les classer. Ainsi, les droits intellectuels, dont chacun -on l'a précisé-constitue, en réalité, la réunion de deux droits différents : un droit pécuniaire (le droit aux produits de l'œuvre) et un droit moral. La difficulté est moindre pour les droits de famille et les prérogatives essentielles de l'homme : droit à la liberté, à l'intégrité corporelle, à l'honneur, etc. Mais, si leur valeur est surtout morale, ils n'en ont pas moins un aspect pécuniaire.

Section 2. Les droits de la personnalité et patrimoine

Cette constatation suffirait, à elle seule, pour condamner la théorie classique du patrimoine, dans laquelle les droits de la personnalité ne font pas partie du patrimoine. Il faut affirmer, au contraire, que le patrimoine est le contenant de tous les droits pécuniaires ou non pécuniaires, qui viennent se fondre en lui ; leur influence réciproque est trop grande pour qu'on puisse en dissocier certains éléments. Le droit congolais répare le dommage moral, et cette réparation, dans presque tous les cas, est ordonnée en argent ; comment concevrait-on qu'une valeur pécuniaire soit ainsi introduite, à titre de réparation, dans le patrimoine, si elle ne venait y remplacer une autre valeur, pécuniaire ou morale, qui a disparu ?

Section 3. Les caractères particuliers des droits de la personnalité

S'ils font partie du patrimoine, comme tous les droits de l'individu, les droits de la personnalité ont cependant, en raison de leurs rapports étroits avec leur titulaire, des caractères très particuliers. On dégagera ces caractères dans un premier chapitre. L'étude des droits intellectuels, à la fois droits pécuniaires et droits de la personnalité, fera l'objet d'un second chapitre.

CHAPITRE 1. LES DROITS DE LA PERSONNALITE

Section 1. Le lien entre les droits de la personnalité et leur titulaire

La plupart des droits sont détachables de la personne de leur titulaire. Parce que cette personne n'a d'autre lien avec eux que de les exercer. Ainsi, le droit de propriété sur une chose est extérieur à la personne de son titulaire ; il peut donc en être séparé. Au contraire ; les droits de la personnalité ne peuvent être détachés de la personne de leur titulaire ; ils font corps avec elle. Parce qu'ils constituent un élément de la personne elle-même. On peut concevoir une personne qui ne serait pas propriétaire ou créancière, mais non une personne qui n'aurait pas droit à la vie, à la liberté physique et intellectuelle, à l'honneur, aux liens de famille. Est-ce à dire que les droits de la personnalité ne sont autres que les droits dénommés « droits de l'homme » ?

Section 2. Les droits de l'homme

Dans les écoles idéalistes, on considère que certains droits sont essentiels à la dignité humaine, indispensables à l'homme pour qu'il remplisse sa mission ; ces droits, dits droits de l'homme, échappent à l'emprise du législateur, qui ne pourrait pas en priver une personne. L'existence de telles prérogatives est niée par les écoles matérialistes, notamment par l'école historique, cette dernière soulignant que le concept des droits de l'homme est soumis à l'évolution et, par suite, n'est pas susceptible d'être défini.

L'observation historique et sociologique démontre, au moins, l'existence d'une croyance profonde à certains droits dont la reconnaissance s'impose au législateur. Le droit à la vie est affirmé par la genèse comme une règle religieuse essentielle, supérieure à tous les décrets humains, et comme la conséquence de la création de l'homme à l'image de Dieu. Le Christianisme a précisé les droits primordiaux, intangibles de l'individu. L'école du droit naturel reprit ce thème, qui fut réaffirmé dans la Déclaration des droits de l'homme de 1789. « La liberté, la propriété, la sûreté et la résistance à l'oppression » sont présentées comme des droits « naturels et imprescriptibles ». Le bilan des droits de l'homme fut ainsi dressé par les Révolutionnaires, qui étaient des individualistes. Les écoles socialistes mirent davantage l'accent, au cours des XIXe et XXe siècles, sur les droits de la société, opposés aux prorogatives de l'individu. Mais la négation de ces prérogatives, au nom de la société ou de la race, par certaines philosophies, les brutales atteintes qui leur furent portées dans quelques Etats totalitaires, donnèrent toute son acuité au problème des droits de l'homme : « Il n'est pas surprenant que, frappée d'horreur par les indicibles atrocités dont certains régimes se sont récemment rendus coupables en utilisant tous les moyens de destruction de la science et de la technique moderne, l'humanité ait, à grands cris, réclamé une déclaration internationale des droits de l'homme ; de même, à d'autres époques, les peuples en révolte contre les tyrans demandaient la garantie de leurs droits à des chartes nationales ou locales. Une déclaration des droits est toujours, en même temps qu'un réquisitoire solennel contre les régimes du passé, une promesse de garantie contre le retour d'actes identiques ».

Observations. Quelle est, en droit positif, la valeur de telles affirmations ? Quatre textes essentiels reconnaissent l'existence des droits de l'homme : la Déclaration des droits de l'homme de 1789, à laquelle se réfère le Préambule de la Constitution congolaise du 20 février 2002 ; qui renvoie à la Déclaration universelle des droits de l'homme, votée le 10 décembre 1948 par l'Assemblée générale des Nations Unies et publiée au Journal officiel du 19 février 1949. On peut ajouter le décret n°91 du 2 novembre 1971 portant publication de la convention internationale de New-York du 7 mars 1966 sur l'élimination de toutes les formes de discrimination raciale. On peut y ajouter les Chartes congolaises de l'Unité nationale et des droits et libertés du 29 mai 1991.

Il ne paraît pas que les trois premiers textes s'imposent à l'égal des autres dispositions constitutionnelles, le Préambule ne constituant qu'une « proclamation solennelle » de l'attachement du peuple congolais aux Droits de l'homme ». D'ailleurs la Déclaration de 1789 prévoit que l'exercice des droits naturels sera limité par la loi. Quant à la Déclaration universelle des droits de l'homme, parce que publiée au Journal officiel, elle apparaît comme une loi de l'Etat ; on pourrait même soutenir qu'elle est un traité, puisqu'elle est le résultat d'un accord international ; elle aurait alors une « autorité supérieure à celle des lois internes[161] », et l'abrogation de ses dispositions nécessiterait une dénonciation régulière préalable. Mais elle invite seulement les Gouvernements à s'efforcer « de développer le respect

[161] Art. 55 de la Constitution du 20 janvier 2002

de ces droits et libertés et d'en assurer, par des mesures progressives..., la reconnaissance et l'application universelles et effectives ».

Section 3. Les différents droits de la personnalité

Paragraphe 1. L'homme dans la famille et la société

L'individu vit dans le groupement familial ; il a des droits dans ce groupement, les « droits de famille ». Certains assurent sa situation dans la famille, son *status famila ;* d'autres sont des prérogatives qui découlent du fonctionnement de la famille : les droits du chef de famille, la puissance paternelle, l'obligation alimentaire. Ces droits de famille seront étudiés dans la quatrième partie.

Les autres droits de la personnalité (ou « droits de la personnalité proprement dite ») permettent *la vie de l'homme en société.* On vient de préciser qu'on les examinera non sous leur aspect « droits publics », mais sous l'angle du droit privé. Il sera cependant parfois nécessaire de signaler des problèmes qui relèvent de la protection de l'individu contre l'Etat, parce qu'ils sont liés à la défense de l'individu contre ses semblables. Ainsi, les règles du droit pénal, qui, pour frapper les coupables, lèsent le droit à la vie, à la liberté physique, relèvent du droit public ; mais elles protègent du même coup le droit à la vie des particuliers contre les atteintes que d'autres pourraient lui porter[162]. Les droits de la personnalité dans le groupement social peuvent être répartis en trois grandes catégories : les droits à l'intégrité physique, les droits à l'intégrité morale, le droit au travail.

Section 4. Le droit à l'intégrité physique

Paragraphe 1. Le corps humain durant la vie

La protection du corps humain apparaît comme l'une des prérogatives essentielles de l'homme : droit à la vie, à la santé. Ce droit se prolonge même après la mort : droit de l'individu au respect de son cadavre. La Déclaration universelle des droits de l'homme affirme le droit à la vie et à la santé dans ses articles 3 et 5 en ces termes : « Tout individu a droit à la vie[163]... » ; « Nul ne sera soumis à la torture ni à des peines ou traitements

[162] Voir en ce sens, H. D. Amboulou, *Théorie et pratique des atteintes licites aux droits de la personnalité*, Les Editions Hemar, Brazzaville, Bruxelles,

[163] Art.3 de la Déclaration universelle des droits de l'homme

cruels, inhumains ou dégradants[164].» Ces textes impliquent le *droit pour l'individu de protéger son corps contre toute atteinte, et de ne le soumettre à un traitement, expertise ou investigation que s'il y consent.* Cependant, ce droit a des limites. La peine de mort mise à part, personne ne discute la nécessité et la légitimité de certains châtiments corporels, tels que l'emprisonnement, à condition qu'ils tendent principalement à l'amendement du coupable. D'autre part, la protection de la société exige que l'individu se soumette à des mesures de prophylaxie ; il est normal que ces mesures lui soient imposées, si elles ne présentent aucun risque sérieux et sont, au contraire, utiles à l'individu qui s'y trouve soumis. Certaines vaccinations sont obligatoires[165]. De même, afin que la liberté de l'individu ne compromette pas la sécurité de ses semblables, le législateur prévoit les internements arbitraires. Des mesures analogues peuvent être édictées à l'égard des alcooliques dangereux, traités d'abord dans des dispensaires, et, s'ils se montrent récalcitrants, placés dans un centre de rééducation pour une durée qui est, en principe, de six mois[166]. Il s'agit d'une atteinte grave à la liberté et aussi d'une atteinte légère à l'intégrité physique, puisque le traitement consiste en piqûres ; mais cette atteinte, contrôlée par le tribunal, est justifiée tant par la nécessité de protéger la société que par la réadaptation de l'alcoolique, même contre son gré. Les *intoxiqués* sont soumis à un régime identique. L'article 153 de l'avant-projet du Code civil confère le droit au législateur, ou même au pouvoir exécutif, de contraindre l'individu à un examen ou à un traitement médical ou chirurgical.

Du moins, l'atteinte portée à la volonté et à l'intégrité physique doit-elle résulter d'un texte[167]. Cette exigence soulève une grave question, celle de l'opération pratiquée sans le consentement du malade, ou, ce qui revient au même, sans qu'il soit informé de la gravité de son mal et du risque de l'intervention. L'intérêt de la société n'est pas ici en jeu ; l'opération présente un danger sérieux, et aucune règle législative ne l'impose au malade. Peut-on, dans ces conditions, pour sauver un malade, l'opérer de force[168] ? Mais une question du même ordre se pose pour les analyses de

---

[164] Art. 5 de la Déclaration universelle des droits de l'homme

[165] Art. 13 du Code de la famille

[166] Art. 351-1 et s. du Code de la santé publique et articles 1005 à 1007 du Décrets du 28 juil. 1955

[167] Art. 12 du Code de la famille

[168] Voir en ce sens, H. D. Amboulou, *Théorie et pratique des atteintes licites aux droits de la personnalité,* Op.cit.

sang prescrites à la suite de crimes ou d'*accidents de la circulation*[169] ; on impose à l'auteur présumé et éventuellement à la victime, un prélèvement de sang afin de déceler la présence d'alcool dans le sang. Cette investigation porte atteinte très légèrement, il est vrai à l'intégrité de la personne ; elle porte également atteinte à la volonté, dans des conditions voisines du sérum de vérité, puisqu'elle tend à utiliser le corps de l'individu pour obtenir une révélation que celui-ci se refuse à faire ; elle est, cependant, d'une utilité sociale incontestable. Le refus de s'y soumettre est sanctionné pénalement[170].

L'analyse comparative des sangs permet d'établir l'existence d'un lien de filiation ; elle est donc d'une importance considérable encore qu'elle n'ait qu'une portée négative dans les procès relatifs à la filiation[171] : peut-on contraindre son adversaire à se soumettre à cette analyse ? La question ne saurait être tranchée comme les précédentes : dans une procédure criminelle, l'intérêt de la société est en jeu, et le juge a des pouvoirs très larges pour rechercher les preuves.

Paragraphe 2. Les sanctions des atteintes à l'intégrité physique

Il est deux sortes de sanctions, pénales et civiles. Sur le plan pénal, de très graves sanctions frappent les personnes coupables de meurtre ou de coups et blessures. Même les atteintes involontaires, lorsqu'elles résultent d'imprudence, de maladresse ou d'inobservation des règlements, sont frappées de peines d'emprisonnement et d'amende[172].

Paragraphe 3. Le corps humain après la mort

Après la mort, le droit à l'intégrité du corps n'est plus, à proprement parler, un droit de la personnalité. Cependant, des sentiments infiniment respectables interdisent de traiter le cadavre comme un objet, comme une chose. Nous avons le sentiment que notre volonté doit nous survivre, en ce qui concerne notre dépouille. Libre de régler ses *funérailles*, l'individu a le droit d'interdire toute atteinte portée sur son cadavre, notamment une *autopsie*. A défaut de volonté exprimée par le défunt, la famille dispose de

---

169 Art. 11 et 13 de la Loi du 15 avril 1954 ; décret 18 juin 1955 ; arrêté 2 fév. 1957

170 Voir en ce sens, François Terré et Dominique Fenouillet, *Droit civil, les personnes, la famille, les incapacités*, Op.cit.

171 Art. 312, al. 2, art. 340-1, art. 342-4 nouveaux du Code civil, Loi du 3 janvier 1972

172 Voir en ce sens, H.D.Amboulou, *Traité congolais de droit pénal et procédure pénale*, Op. cit.

certains droits sur le cadavre. Elle a le droit de régler la sépulture, de s'opposer à une autopsie, etc. En cas de désaccord entre les membres d'une famille, la jurisprudence tient compte de l'ordre des affections présumées du défunt ; elle incline à donner la préférence au conjoint, sauf si les époux vivaient séparés ou en mauvaise intelligence. La loi du 16 octobre 1946, relative au transfert des corps des victimes de la guerre, donne, de façon absolue, primauté à la volonté du conjoint non séparé sur celle des parents ; il est regrettable que cette même loi accorde un droit subsidiaire au concubin.

Le décret du 20 octobre 1947 permet de pratiquer des autopsies et prélèvements dès le décès dans les hôpitaux, si « le médecin chef de service juge qu'un intérêt scientifique ou de thérapeutique le commande.... même en l'absence d'autorisation de la famille ». La validité de cet acte règlementaire est très discutable en présence des règles coutumières contraires affirmées par la jurisprudence. L'article 156 de l'avant-projet du Code civil n'autorise une autopsie contre la volonté du défunt ou de sa famille que sur l'ordre des autorités judiciaires, ou par règlement d'administration publique « en cas de péril imminent pour la salubrité publique ».

Paragraphe 4. Le droit à la liberté physique

Du droit à l'intégrité physique, il faut rapprocher le droit à la liberté physique, encore qu'il engage aussi notre intégrité morale. La séquestration, qui constitue l'atteinte à ce droit, est réprimée par le droit pénal. Seul l'Etat peut incarcérer les individus ; encore ne le peut-il que si les règles protectrices de la liberté individuelle sont respectées ; un mandat du juge d'instruction ou un jugement de condamnation est nécessaire pour retenir un inculpé ou un condamné. L'incarcération arbitraire donne lieu à dommages-intérêts[173]. La Déclaration universelle affirme le droit à la liberté[174] et l'article 4 précise[175] : « Nul ne peut être arbitrairement arrêté, détenu, ni exilé. » La loi n° 643 du 17 juillet 1970 « tendant à renforcer la garantie des droits individuels des citoyens » précise les règles qui doivent être respectées

---

[173] La prison pour dettes, ou « contrainte par corps », qui permettait au créancier de faire détenir son débiteur, ne subsiste plus, depuis l'ordonnance du 23 décembre 1958 (art. 749 du Code de procédure pénale, qu'au profil du Trésor public

[174] Art. 3 de la Déclaration universelle des droits de l'homme

[175] Art.4 de la Déclaration universelle des droits de l'homme

par l'Etat pour priver un individu de la liberté, et prévoit[176] une indemnisation des personnes incarcérées injustement.

Section 5. Le droit à l'intégrité morale

Paragraphe 1. La nécessité de défendre l'intégrité morale de la personne

Il ne suffit pas de protéger notre corps contre toute atteinte à son existence, à sa santé, à sa liberté. Notre pensée, nos sentiments, notre honneur, notre réputation doivent également être défendus.

Le droit à notre image. Bien qu'il s'agisse de notre personne physique, c'est notre intégrité morale que protège le droit à notre image. La reproduction de notre portrait ou de notre silhouette par dessin ou par photographie ne peut être faite sans notre autorisation[177].

Le droit à la liberté intellectuelle[178]. L'individu a droit à la liberté de pensée, de conscience, de religion[179], et il a le droit d'exprimer librement son opinion[180]. Cette dernière liberté se traduit par la liberté d'association, qui n'existe que depuis la loi de 1901, et qui a été affirmée, sur le plan syndical, par le Préambule de la Constitution du 20 janvier 2002 et sur le plan général, par la Déclaration universelle[181].

La liberté du mariage. Aucune atteinte ne peut être portée au droit de se marier et de fonder une famille. Le Code de la famille ne donne aux parents le droit d'interdire le mariage de leurs enfants que si ces derniers sont mineurs. Les différences de race ne doivent pas constituer un obstacle[182].

Le droit à l'honneur. Toute personne a droit à l'honneur, comme le souligne l'article 12 de la Déclaration universelle. L'atteinte à l'honneur constitue, sous certaines conditions, un délit correctionnel, la diffamation. En dehors de cette sanction pénale, la victime a droit à des dommages-intérêts ;

---

176 Art. 149 et s. du nouveau Code de procédure pénale
177 Articles 18 et suivants du Code de la famille
178 Articles 10 Code de la famille
179 Art. 18 Déclaration universelle
180 Art. 11 Déclaration de 1789 ; art .19 Déclaration universelle
181 Art. 20N Déclaration universelle des droits de l'homme
182 Art. 16 de la Déclaration universelle ; Trib. civ. Seine 22 janv. 1947,. La clause du contrat de travail conclu par la Compagnie Nationale Air-France avec ses hôtesses de l'Air, stipulant la résiliation du contrat en cas de mariage, a été « déclarée nulle comme attentatoire à un droit fondamental de la personnalité »

elle peut également, si elle a été mise en cause dans la presse, user du droit de réponse. La publication du jugement de condamnation ordonnée par le tribunal, constitue un des modes de réparation d'une atteinte à l'honneur.

Les sentiments d'affection. Nos sentiments d'affection sont susceptibles d'être lésés. La mort d'un être cher cause une douleur profonde, un très grave préjudice moral. La jurisprudence a dû cependant élever une barrière contre les actions en réparation du préjudice moral résultant d'une atteinte aux sentiments d'affection[183].

Paragraphe 2. Le droit au secret

Chacun de nous a le droit de garder secrète l'intimité de son existence, afin de ne pas être livré en pâture à la curiosité et à la malignité publiques. Personne ne peut donc s'immiscer dans ce domaine contre le gré de l'intéressé. La jurisprudence protège efficacement ce droit au secret. Le législateur oblige parfois une personne à révéler un secret, en la soumettant à une expertise ou à un examen : les élèves ou étudiants et les membres du personnel enseignant doivent subir des examens physiologiques[184]. Lorsqu'une personne est obligée, soit par la loi, soit pour les raisons qui lui sont personnelles, de révéler son secret, le dépositaire du secret est tenu d'une obligation corrélative au secret ; cette obligation est sanctionnée par la loi pénale, lorsque le dépositaire a reçu le secret en raison de sa profession : la violation du secret professionnel est un délit correctionnel[185].

Exemple n°11

« ...Une salariée est licenciée pour faute grave ; celle-ci conteste la régularité du licenciement, mais sans succès, les juges du second degré la déboutant de ses demandes d'indemnités de rupture et de dommages et intérêts. A l'appui du pourvoi en cassation qu'elle forme contre cette décision, elle fait valoir que la faute qui lui est reprochée n'avait pu être

---

[183] La Cour de cassation exige que le demandeur invoque « ce qui exclut les amis. En revanche, elle a, dans un arrêt surprenant, reconnu le droit à la réparation de la douleur causée par la mort d'un animal, le cheval Lunus ! Le chagrin éprouvé à la mort de la chienne Mirza a également été réparé par l'allocation de dommages-intérêts ! N'est-il pas, après tout, des cœurs plus sensibles à la mort d'une bête qu'à la mort d'un homme ?

[184] L'article 63 du Code civil, modifié par l'ordonnance du 2 novembre 1945, impose au futur époux un examen prénuptial dont le résultat n'est, d'ailleurs, révélé qu'à lui seul

[185] Voir en ce sens, H.D. Amboulou, *Pratique et déontologie notariale en droit positif*, L'Harmattan

établie qu'à partir du relevé des communications téléphoniques passées depuis l'entreprise, ce relevé faisant apparaître une utilisation de la ligne à des fins étrangères à la fonction qu'elle occupait. Suite au rejet du pourvoi, l'affaire se termine au détriment de la salariée dont le licenciement pour faute grave s'avère justifié[186]... »

Le droit au nom. Le droit au nom doit être classé parmi les droits de la personnalité. Cette nature juridique du droit au nom à déjà été précisée.

Section 6. Le droit au travail

Paragraphe 1. Le travail n'est pas une marchandise

Les rédacteurs du Code civil, qui ont règlementé le contrat de travail en deux articles, considéraient le travail de l'homme comme une valeur économique sujette, de la même façon que les autres valeurs, au jeu de l'offre et de la demande. Le travail humain est bien davantage ; il est « l'expression de la personne humaine » ; il en est le don ; il participe à sa dignité. Intimement lié à l'intégrité physique de la personne, il doit assurer la vie du travailleur et celle de sa famille. Succédané du droit à la vie, il a sa place parmi les droits de la personnalité. Il en résulte non seulement que le droit à la liberté du travail mérite d'être protégé (des sanctions pénales frappent le délit d'entrave à la liberté du travail), mais que le salaire doit être fixé en considération d'éléments qui ne sont pas uniquement le travail fourni : la situation de famille, notamment, doit entrer en ligne de compte. On retrouve l'affirmation dans la Déclaration universelle : article 23 : § 1 : la protection contre le chômage » ; § 3 : « Quiconque travaille a droit à une rémunération équitable et satisfaisante lui assurant, ainsi qu'à sa famille, une existence conforme à la dignité humaine. »

Section 7. Les caractères des droits de la personnalité

Les droits attachés à la personne. Les droits non pécuniaires. Les droits de la personnalité sont attachés à la personne ; ils ont, d'autres part, un caractère extra-pécuniaire très marqué.

---

[186] Cass. soc. 15 mai 2001 (N°99.42.937).Bull. civ.III, n°168 ; D.2002. 2292, note J.-C. Planque. Droit de la personnalité. Vie privée. Licenciement ; Gilles Goubeaux, Philippe Bihr, *100 Commentaires d'arrêts en droit civil, Méthodologie*, 2e édition, LGDJ, p. 80

Paragraphe 1. Les droits de la personnalité sont hors du commerce

Les droits de la personnalité ne peuvent être séparés, détachés de la personne, dont ils ne sont que le prolongement nécessaire ; plus exactement, ils ne sont pas susceptibles de changer de titulaire ; ils sont donc intransmissibles. Ils sont également insaisissables ; en effet, la saisie conduit à la vente ; il en résulte que les droits de la personnalité, qui constituent cependant une partie de l'actif du patrimoine, ne répondent pas du passif ; c'est pour cette raison que certains auteurs refusent de les ranger parmi les droits du patrimoine. Enfin, ils sont imprescriptibles.

Paragraphe 2. Les atténuations. Les conventions sur les droits de la personnalité

Si l'intransmissibilité apparaît comme le caractère essentiel des droits de la personnalité, elle n'en subit pas moins certaines *atténuations.* Tout d'abord, le conjoint ou les parents acquièrent des droits sur la dépouille du défunt. Les héritiers, ou certains d'entre eux, sont habilités à défendre l'honneur et la réputation de leur auteur contre les atteintes qui y seraient portées ; leur droit se heurte, d'ailleurs, parfois au droit de l'historien. Plus importantes sont les atténuations que subit l'intransmissibilité dans le domaine contractuel. Les conventions, en principe interdites, sont cependant parfois admises, notamment en matière d'intégrité corporelle. La validité du contrat d'assurance-vie, après avoir été longtemps discutée, a été admise par la jurisprudence, puis par le législateur français de 1930. Ce contrat, s'il s'analyse en une spéculation sur la durée de la vie humaine et met ainsi la vie dans le commerce, ne porte cependant pas atteinte à l'intégrité physique.

Paragraphe 3. Les conventions de non-responsabilité

Les contrats qui viennent d'être étudiés organisent une atteinte volontaire à l'intégrité physique. Une autre question très importante s'est posée devant les tribunaux : les conventions dites de non-responsabilité, par lesquelles une personne convient à l'avance qu'elle ne sera pas responsable des dommages qu'elle causera involontairement, sont-elles valables lorsque le dommage envisagé consiste dans une atteinte à l'intégrité physique du contractant ?

Le chirurgien avant de pratiquer une opération, l'automobiliste avant de prendre un passager, peuvent-ils valablement convenir qu'ils n'encourront aucune responsabilité pour les dommages qu'ils sont susceptibles de causer ?

On ne saurait admettre la validité de ces conventions de non responsabilité, parce que le corps humain est hors du commerce. Telle est encore qu'il n'y ait pas unanimité, l'opinion de la jurisprudence ; mais elle s'est prononcée en sens contraire en matière de transport maritime, avant que la loi du 18 juin 1966, en limitant la responsabilité, ait interdit toute convention de non-responsabilité. En matière de transport aériens, la loi du 2 mars 1957 avait déjà limité la responsabilité et interdit les clauses de non-responsabilité. Quand elle reconnaît la validité de la clause de non-responsabilité, la Cour de cassation a d'ailleurs trouvé le moyen de la rendre inopposable aux parents des victimes. En matière de transports aériens, c'est la loi qui limite la responsabilité[187] et elle rend cette limitation opposable aux parents ; en matière de transport maritime, il en va de même depuis la loi du 18 juin 1966.

Paragraphe 4. Le caractère extra-pécuniaire

L'intérêt moral prédominant. Tous les droits de la personnes mettent en jeu un intérêt d'ordre moral, non évaluable en argent. Mais il a déjà été précisé que des intérêts pécuniaires accessoires viennent se greffer sur cet intérêt moral prédominant : d'une part, certains droits de la responsabilité emportent des droits pécuniaires ; d'autre part, la violation de tous les droits de la personnalité peut comporter une sanction pécuniaire.

Les conséquences pécuniaires. L'état de la personne, son *statuts familae*, confère à cette personne des droits successoraux, des droits et des obligations alimentaires. Le droit de jouissance légale, droit de percevoir les revenus des enfants mineurs de 18 ans est attaché au droit de puissance paternelle. Le droit au travail se traduit par le gain du salaire. La liberté, l'intégrité physique, la santé permettent d'effectuer un travail rémunérateur. Une atteinte à l'honneur apporte un trouble d'ordre pécuniaire à un commerçant, à un fonctionnaire, à un employé.

La réparation pécuniaire. Le titulaire d'un droit peut obtenir réparation du dommage que lui cause la lésion d'un droit de la personnalité ou d'un autre droit. Parfois, la réparation consistera dans la publication d'une réponse à un article diffamatoire, ou d'un jugement de condamnation. Mais, le plus souvent, c'est par l'allocation d'une somme d'argent que le préjudice sera réparé.

---

[187] Voir en ce sens la Loi du 2 mars 1957

Ce mode de réparation est admis même en cas d'atteinte aux sentiments d'affection : le responsable de la mort d'un jeune enfant sera condamné à verser aux parents des dommages-intérêts en argent, pour réparer la douleur qu'il leur a causé. D'aucuns s'étonnent. Ils oublient que réparer n'est pas effacer ; on ne prétend pas effacer la douleur d'un père ; on met seulement dans son patrimoine une valeur d'actif qui prendra la place de la valeur morale disparue, et dont il pourra, d'ailleurs, disposer pour satisfaire des intérêts élevés : par exemple, il créera, à l'aide de la somme qui lui est allouée, une œuvre en mémoire de son fils disparu.

L'intransmissibilité et imprescriptibilité. L'intransmissibilité des droits de la personnalité, qui vient d'être étudiée, est le trait caractéristique de leur régime. Par ce trait, ils s'opposent aux autres droits qui, étant dans le commerce, peuvent être transmis ; donnés, légués, vendus, échangés, également, par leur imprescriptibilité.

Les droits mobiliers. Tous les biens, donc tous les droits, sont meubles ou immeubles. Il faut alors nécessairement ranger les droits de la personnalité dans l'une ou l'autre catégorie. Dans laquelle ? Sont meubles tous les biens qui ne présentent pas les caractères des immeubles. C'est incontestablement le cas des droits de la personnalité. Ces droits sont donc mobiliers.

Les droits de la personnalité. Ils obéissent aux règles des droits personnels. S'il est possible de reconnaître à certains droits de la personnalité (tel le droit d'autorité parentale) les caractères spécifiques des droits personnels (droit de créance), il faut convenir que la plupart ne répondent à la définition ni des droits réels, ni des droits personnels. Comment alors résoudre les questions que le législateur n'a pas tranchées: en se référant au statut des droits personnels ou à celui des droits réels ?

CHAPITRE 2. LES DROITS INTELLECTUELS

Section 1. Les droits intellectuels et le droit de propriété

On rapproche souvent les droits intellectuels du droit de propriété. A tel point que l'usage s'est établi de se servir, pour les désigner, du terme « propriété » (propriété littéraire, propriété industrielle, etc.). Le rapprochement n'est possible qu'en ce qui concerne l'aspect pécuniaire des droits intellectuels ; or, ils présentent souvent un aspect moral, irréductible au droit de propriété. Même envisagés sous leur aspect pécuniaire, une assimilation serait inexacte. Sans doute, comme le droit de propriété et les autres droits réels, les droits intellectuels ne s'exercent pas contre une personne déterminée, en quoi ils diffèrent des droits personnels ; mais ils portent sur un objet incorporel, alors que le droit de propriété ne peut avoir pour objet que des choses matérielles. D'autre part, les prérogatives qu'ils confèrent, ne coïncident pas exactement avec celles qui découlent du droit de propriété (*jus utendi, fruendi, abutendi*) ; elles n'en ont pas non plus la perpétuité. Ce n'est donc pas du côté du droit de propriété qu'il convient de se tourner pour découvrir la nature des droits intellectuels. Ni droits réels, ni droits personnels, à la fois bien souvent droits pécuniaires et extra pécuniaires, il faut y voir des droits particuliers, ayant des caractères originaux, dégagés par le législateur et la jurisprudence. Ils tirent ces caractères de leur objet.

Section 2. L'objet des droits intellectuels

L'objet des droits intellectuels est toujours *incorporel*. Cet objet présente un autre trait spécifique : il s'agit du travail de l'homme ; tous les droits intellectuels consistent dans la possibilité que la loi reconnaît à l'individu d'exploiter ses facultés de travail. Ce qui justifie leur classement parmi les droits de la personnalité. On pourrait donc considérer le droit au travail comme l'un des droits intellectuels ; plus exactement il se confondrait avec chacun d'eux. Mais on ne range parmi les droits intellectuels que certains aspects seulement du droit au travail, certaines exploitations de nos facultés. On peut classer les droits intellectuels en deux grandes catégories :

D'une part, les droits qui portent sur les œuvres de l'esprit. On leur réserve souvent le nom de « droits intellectuels » (stricto sensu). Il s'agit du « droit d'auteur » (droit de propriété littéraire, droit de propriété artistique) ; des droits sur les inventions et sur les dessins et modèles qui, avec les droits au nom commercial, aux marques de fabrique et aux appellations d'origine, constituent les droits dits de propriété industrielle. D'autre part, les droits « de clientèle » qui donnent à leurs titulaires la possibilité d'exploiter (au sens juridique, mais non nécessairement péjoratif) une clientèle soit commerciale (droit sur un fonds de commerce), soit non commerciale (droit sur un office ministériel, droit sur une clientèle médicale, etc.). On examinera successivement ces deux catégories de droits intellectuels.

Section 3. Les droits sur les œuvres de l'esprit

Paragraphe 1. La création intellectuelle

On divise les travailleurs en manuels et intellectuels. Parmi ceux qui travaillent avec leur esprit et non avec leurs bras, les uns exploitant leur facultés intellectuelles sans faire pour autant *œuvre originale*, tandis que d'autres réalisent une *création*. Il fallait permettre à ces derniers de vivre de cette œuvre de leur esprit et aussi de la défendre. Ainsi ont été reconnus le « droit d'auteur » et les droits de propriété industrielle.

Les droits de la propriété industrielle. L'étude de la propriété industrielle relevant du droit commercial, non du droit civil, on se contentera d'indiquer qu'il s'agit d'un monopole d'exploitation soit de créations originales (brevets d'invention, droits sur les dessins et modèles), soit de noms, de signes ou autres indications permettant d'identifier un établissement commercial ou un produit (non commercial, enseignes, marque de fabrique, appellation d'origine). La deuxième catégorie doit, d'ailleurs, être rangée parmi les droits « de clientèle » elle permet de s'attacher une clientèle plutôt que parmi les œuvres de l'esprit.

Le droit d'auteur. Dans un sens large, « le droit d'auteur » est le droit conféré à tout créateur sur son œuvre intellectuelle. Dans un sens plus restreint, souvent usité dans le langage courant, on désigne par « droit d'auteur » le droit sur les œuvres littéraires, par opposition aux œuvres artistiques. On distingue alors le droit de propriété littéraire et musicale (ou droit d'auteur stricto sensu) et le droit de propriété artistique, l'un et l'autre règlementés par la loi du 11 mars 1957. On désigne, d'autre part, sous le nom de « droits d'auteur » les produits pécuniaires que l'auteur retire de la publication de son œuvre littéraire ou musicale en la cédant à un éditeur. La différence entre le droit de propriété littéraire et musicale et le droit de propriété présente certains aspects qui sont étrangers à l'œuvre littéraire.

Paragraphe 2. Le double aspect pécuniaire et moral du droit d'auteur

Les Révolutionnaires et les rédacteurs des lois postérieures ne s'étaient préoccupés que de l'aspect pécuniaire du droit d'auteur et des atteintes portées à ce droit. Cet aspect n'est pas le seul ; à côté de son droit pécuniaire, l'auteur bénéficie de prérogatives d'ordre extra pécuniaire, qui s'analysent en un véritable droit de la personne, et, comme telle, lui demeure intimement liée, indépendamment du droit pécuniaire. C'est le mérite de la jurisprudence d'avoir affirmé l'existence de ce droit moral, dont elle a peu à peu précisé les contours. La loi de 1957 n'a fait que reprendre l'œuvre des tribunaux ; elle affirme que le droit de propriété incorporelle dont l'auteur est titulaire « comporte des attributs d'ordre intellectuel et moral, ainsi que des attributs d'ordre patrimonial[188] », et elle énumère ces différents attributs.

Section 4. Les prérogatives pécuniaires de l'auteur

Elles consistent dans la possibilité de tirer des « produits pécuniaires » de son droit incorporel. Cette possibilité se réalise par « l'exploitation « de l'œuvre. L'article 26 de la loi de 1957 décompose le droit d'exploitation : droit de représentation et droit de reproduction. Le droit de représentation est celui de communiquer directement l'œuvre au public (représentation, théâtre, concert, radio, etc.). Plus important est le droit de reproduction ; c'est le droit de fixer l'œuvre (par l'imprimerie, le disque, le film, etc.) afin de la communiquer indirectement au public.

Ces deux droits doivent être distingués : la cession de l'un n'emporte pas celle de l'autre[189]. Il sera parfois difficile de savoir si les parties ont eu l'intention en cédant l'un, de céder l'autre ; dans le doute, il faudra décider qu'un seul a été cédé. C'est ainsi qu'un musicien peut céder son droit d'édition à un éditeur de musique sans pour cela céder son droit d'exécution dans les salles de concert. La jurisprudence a même admis que la cession du droit d'incorporer une œuvre musicale à un film n'entraîne pas l'abandon du droit d'exécution dans les salles de cinéma. Solution contestable : le film n'est créé qu'en vue de la représentation publique ; il est probable que,

---

[188] Art. 1er de la Loi de 1957
[189] Art. 29 de la Loi de 1957

lorsque le compositeur cède son droit au producteur, il entend abandonner par là même le droit de faire entendre la bande sonore aux spectateurs. D'ailleurs, si elle était exacte, la solution de la Cour de cassation devrait être étendue à tous les coauteurs du film, ce qui mettrait les exploitants dans l'obligation de payer, outre la location du film, des droits à de nombreuses personnes. Ces différentes prérogatives ont un aspect pécuniaire très marqué. L'auteur peut céder son droit de représentation et son droit de reproduction entièrement ou pour partie, définitivement ou pour un temps limité.

Observations. Les contrats d'édition, par lesquels est cédé le droit de reproduction, sont règlementés par les articles 48 s, souvent d'une manière impérative. Le consentement écrit de l'auteur est requis sous peine de nullité[190]. En principe, la rémunération de l'auteur, dite « droits d'auteur », doit être proportionnelle aux produits d'exploitation ; le paiement d'une somme forfaitaire n'est qu'exceptionnellement autorisé[191]. Le « contrat de représentation » est celui par lequel l'auteur cède son droit de représentation. Les articles 43 et s. précisent l'étendue des droits concédés, notamment en cas de représentation radiophoniques. Les auteurs, particulièrement les auteurs dramatiques et les compositeurs de musique, se trouvant dans l'impossibilité de percevoir eux-mêmes les redevances afférentes à leurs œuvres, exécutées ou captées dans les multiples salles de spectacles, cafés, etc., se sont groupés en associations puissantes, notamment la Société des auteurs et compositeurs dramatiques (S.A.C.D.) et la Société des auteurs, compositeurs et éditeurs de musique (S.A.C.E.M.), qui se chargent de la perception des droits ou concluent des contrats à forfait. La Société des Gens de Lettres rend les mêmes services aux écrivains dont les œuvres sont reproduites par de nombreuses publications.

[190] Art. 53 de la Loi de 1957
[191] Art. 35 et 52 de la Loi de 1957

QUATRIEME PARTIE. LA FILIATION

CHAPITRE 1. LA FILIATION LEGITIME

Un enfant est légitime lorsqu'il naît pendant le mariage de sa mère avec son père (même si la conception est antérieure à ce mariage) ou lorsqu'il est conçu pendant ce mariage.

Section 1. La preuve de la filiation légitime

Dans les cas pratiquement assez rares où la légitimité d'une personne est contestée, cette personne doit successivement faire la preuve de sa filiation maternelle et de sa filiation paternelle.

Paragraphe 1. L'établissement de la filiation maternelle légitime

Il suppose que soient faites : 1°) la preuve du mariage des parents dont l'enfant se prétend issu ; elle résulte de la production d'un acte de mariage ; 2°) la preuve de l'accouchement de la mère prétendue de l'enfant. Cette preuve résulte normalement de la production d'un acte de naissance ; 3°) la preuve de l'identité entre l'enfant dont il a été accouché et celui dont la filiation est contestée ; en pratique, cette identité n'est qu'exceptionnellement discutée lorsqu'est produit un acte de naissance : dans le cas contraire, cette identité peut être établie par tous les moyens (présomption, indices, témoignages) ; l'article 244 du Code de la famille facilite d'ailleurs la preuve de cette identité par la notion de ''possession constante de l'état d'enfant légitime », résultant d'un nom de ses parents, d'avoir toujours été traité comme l'enfant légitime de sa prétendue mère et dans sa famille et dans la société.

Paragraphe 2. L'établissement de la filiation paternelle légitime

Il serait particulièrement difficile si l'article 241 du Code de la famille ne présumait que « l'enfant né pendant le mariage a pour père le mari ». Est réputé conçu pendant le mariage l'enfant né plus de trois cent jours après sa dissolution.

Section 2. Le désaveu de paternité[192]

Dans les cas exceptionnels suivants, le mari peut faire tomber cette présomption en engageant une procédure de « désaveu de paternité » ; 1°) impossibilité physique de cohabitation des époux à l'époque de la conception, par suite d'éloignement ou d'impuissance accidentelle du mari, résultant uniquement d'une atteinte matérielle aux organes, due à une blessure ou à une intervention chirurgicale ; 2°) recel de naissance ou recel de grossesse, à moins que le père ait assisté à la déclaration de naissance ou que l'enfant n'ait pas été déclaré viable. La procédure de désaveu est intentée contre un « tuteur ad 'hoc », et la mère est appelée à l'instance. S'il était absent, le mari de la femme devra agir dans le délai d'un mois après son retour ou après la découverte de la fraude. Les héritiers du mari ne peuvent agir (dans un délai de deux mois à compter de l'époque où l'enfant est mis en possession des biens du mari) que si ce dernier est mort avant les dates limites dans lesquelles il aurait pu désavouer l'enfant.

Le mari peut cependant, par simple dénégation, désavouer : 1°) l'enfant né dans les cent quatre-vingt premiers jours du mariage dont la légitimité ne se fonde pas sur la loi, mais seulement sur la jurisprudence), sauf si le mari a eu connaissance de la grossesse de sa femme avant le mariage ; 2°) l'enfant conçu pendant une période où les époux étaient dispensés du devoir de cohabitation, c'est-à-dire l'enfant né plus de trois cents jours après le jugement de séparation de corps ou de domicile séparé.

Section 3. La légitimation

La légitimation est une institution par l'effet de laquelle un enfant naturel acquiert les droits d'un enfant légitime, et cela grâce au mariage subséquent de ses parents[193]. Ou bien, ceux-ci reconnaissent tous deux l'enfant avant de se marier, ce qui le légitime d'office à la date du mariage, ou bien ils omettent de le faire, et, dans ce cas, ils peuvent le reconnaître après la célébration du mariage sous réserve d'une vérification judiciaire du fait que l'enfant a effectivement été élevé et traité comme un enfant commun depuis la célébration du mariage. Il faut noter que l'on ne peut légitimer ni l'enfant mort (faute d'intérêt pour l'enfant), ni l'enfant adultérin ou incestueux qui ne

[192] Art. 249 à 261 du Code de la famille

[193] Voir en ce sens, François Terré et Dominique Fenouillet, *Droit civil, les personnes, la famille, les incapacités*, Op. cit.

se trouve pas dans un des cas où les lois récentes l'ont autorisé. Un enfant légitimé a exactement la même situation qu'un enfant légitime, à ceci près que le légitimé n'est considéré comme légitime qu'à partir de la date du mariage.

Paragraphe 1. Le cas des enfants adultérins ou incestueux

Selon le Code de la famille, l'enfant né de relations incestueuses ne peut être déclaré que par sa mère lorsque ses auteurs sont parents en ligne directe ou frère et sœur. Mais les dispositions du Code de la famille, concernant la parenté sont applicables dans ce cas sans qu'il puisse laisser apparaître le caractère incestueux de la filiation paternelle[194].

La légitimation des enfants adultérins et incestueux est devenue possible dans les cas suivants : 1°) les parents incestueux ont reçu une dispense qui leur permet de se marier ; 2°) la mère adultère épouse son complice alors que l'enfant a été désavoué par le mari ou les héritiers ; 3°) les parents de l'enfant se marient alors que l'enfant a été conçu pendant une séparation légale de résidence de celui de ses auteurs adultères ; 4°) les parents de l'enfant se marient lorsque l'enfant est adultérin par son père. S'il n'y a pas légitimation, la filiation adultérine ou incestueuse ne peut être établie ni par la reconnaissance volontaire ni par autorité de justice. Cependant en 1984, le législateur a autorisé les enfants adultérins ou incestueux à réclamer en justice, en prouvant les liens de sang, une pension alimentaire à leur auteur qu'à la succession de celui-ci[195].

Section 4. Les effets de la filiation

1°) Les père, mère et ascendants doivent nourrir, entretenir et élever leurs enfants légitimes mineurs. 2°) Ils exercent sur leur personne la puissance paternelle, c'est-à-dire à la fois une autorité et un ensemble de devoirs, et sur leurs biens l'administration légale. Cependant, le juge peut prononcer la déchéance de la puissance paternelle (totale ou partielle) lorsque les parents ne s'en révèlent pas dignes ; de même, l'administration légale peut être transformée en tutelle. Lorsque les deux parents sont morts, l'enfant orphelin tombe en tutelle. 3°) la filiation légitime fait naître l'obligation alimentaire non seulement à la charge des parents envers leurs enfants, mais également à

[194] Art. 274 du Code de la famille
[195] Sur l'interdiction d'établir une filiation incestueuse, Art. 274 du Code de la famille

la charge des enfants envers leurs parents et envers les parents de ceux-ci. 4°) l'enfant légitime entre dans la famille de ses parents, envers la quelle il a des devoirs (obligation alimentaire notamment) et des droits notamment de vocation successorale. En cas de tutelle, du mineur, la famille peut être appelée à composer le conseil de famille[196].

[196] Sur les effets de la filiation, voir Patrick Courbe, *Droit civil. Les personnes, la famille, les incapacités,* 2e édition, Dalloz, 1998, p. 99

CHAPITRE 2. LA FILIATION NATURELLE[197]

Bien qu'évidemment toute filiation soit naturelle, les juristes réservent cette appellation aux enfants dont la légitimité n'est pas établie. Tout enfant né hors du mariage est sans lien de filiation avec ceux qui l'ont engendré tant qu'un lien de parenté n'a pas été juridiquement établi, soit par reconnaissance volontaire du père ou de la mère (ou des deux), soit par décision de justice. Autorisée en 1912 seulement, la recherche de paternité des enfants naturels simples a été facilitée en 1955, mais elle reste, tout comme la reconnaissance volontaire, impossible en ce qui concerne les enfants adultérins ou incestueux.

Section 1. La reconnaissance volontaire

Si l'enfant naturel est reconnu, c'est cette reconnaissance qui formera le titre de l'enfant. C'est pourquoi le législateur entoure la reconnaissance volontaire d'une certaine solennité ; elle ne peut être reçue que sous forme authentique : déclaration spéciale insérée dans l'acte de naissance (par l'un ou l'autre des parents ou par les deux simultanément), acte séparé inscrit sur les registres de l'état civil, acte notarié ou déclaration faite en justice ; cependant, depuis 1969, le fait que figure sur l'acte de naissance le nom de la mère peut être considéré comme établissant un lien de filiation entre celle-ci et l'enfant. La reconnaissance de l'enfant, qui établit la filiation de celui-ci depuis la date de la naissance et non depuis la date à laquelle elle a été faite (elle peut même précéder la naissance), est en principe irrévocable. Toutefois, elle peut être annulée si elle ne répond pas aux conditions légales ; en outre, tous ceux qui justifient d'un intérêt pécuniaire ou moral (notamment l'auteur de la reconnaissance lui-même) disposent d'une action en contestation de reconnaissance » qui ne peut être prescrite.

Section 2. La reconnaissance en justice

Hormis le cas de déclaration judiciaire de parenté dont les conditions sont déterminées par le Code de la famille[198], le législateur congolais a déterminé les parties[199] et le délai d'exercice de l'action en recherche de

---

[197] Art. 262 et s. du Code de la famille
[198] Art. 267 du Code de la famille
[199] Art. 269 du Code de la famille

paternité.[200]L'enfant naturel qui n'a pas été reconnu volontairement peut faire établir par décision de justice qu'il existe un lien de filiation entre lui-même et l'un ou l'autre (ou l'un et l'autre) de ses auteurs.[201]

Paragraphe 1. L'action en recherche de maternité naturelle

Selon le Code de la famille, l'action en recherche de paternité n'est pas recevable :

1). S'il est établi que, pendant la période légale de la conception, la mère était d'une inconduite notoire ou a eu commerce avec un autre individu, à moins qu'il ne résulte d'une méthode médicale certaine que cet individu ne peut être le père de l'enfant. 2). Si le père prétendu était, pendant la même période, soit pour cause d'éloignement, soit pour une cause médicalement établie de façon certaine, dans l'impossibilité physique de procréer ; 3). Si le père prétendu établit, par une méthode médicale certaine, qu'il ne peut être le père de l'enfant.[202]Cette action est ouverte sans limitation de cas ni de délais. Les modes de preuve sont seuls règlementés : la possession d'état constante d'enfant naturel est la preuve par excellence qui porte à la fois sur l'accouchement et l'identité, à défaut de possession d'état, l'enfant devra faire la preuve de l'accouchement soit par acte de naissance, soit, si celui-ci ne mentionne pas le nom de la mère, par tous moyens, la preuve de l'identité pouvant se faire par témoins, à condition que les témoignages s'appuient sur des adminicules (présomptions ou indices graves ou commencement de preuve par écrit).

Paragraphe 2. L'action en recherche de paternité naturelle

Cette action est autorisée dans les cinq cas suivants 1°) enlèvement ou viol ; 2°) Séduction à l'aide de manœuvres dolosives ; 3°) existence de lettres ou de tout autre écrit constituant un aveu non équivoque de paternité ; 4° concubinage notoire du père et de la mère ; 5° entretien et éducation de l'enfant en qualité de père par le père prétendu.

---

[200] Art. 270 du Code de la famille

[201] TI de Tié-Tié, Rôle civil n°722 Rép. n°848 du 8-11-2005, Reconnaissance d'enfant et homologation de la déclaration de paternité-Changement de nom-Annulation de l'acte de naissance. Sur cette décision, voir H.D. Amboulou, *Les personnes, les incapacités et la filiation en droit congolais,* Op. cit.

[202] Art. 268 du Code de la famille

Les tribunaux apprécient souverainement les faits, mais doivent cependant rejeter la demande s'il est établi qu'à la période de la conception ; a) la femme avait une inconduite notoire ou commerce avec un autre individu ; le père prétendu était dans l'impossibilité physique d'être le père de l'enfant. Le rejet est également de règle si la déclaration judiciaire de paternité devrait révéler le caractère adultérin ou incestueux de la filiation. Le prétendu père peut demander une expertise sérologique fondée sur une comparaison entre le groupe sanguin auquel il appartient et celui de l'enfant. L'action n'appartient qu'à l'enfant pendant l'année qui suit sa majorité ; mais elle peut être aussi intentée pendant sa minorité et en son nom par la mère, ou à défaut, par un tuteur spécialement désigné à cet effet par le juge des tutelles dans les délais de deux ans à compter de l'accouchement, de la cessation de concubinage entre la mère et le prétendu père, ou du jour où celui-ci n'a plus participé aux frais d'entretien et d'éducation de l'enfant[203].

Section 3. Les effets

Les effets de la filiation naturelle sont les suivants : 1°) les parents naturels sont tenus de nourrir, entretenir et élever les enfants naturels dont la filiation est établie ; 2°) la puissance paternelle sur la personne des enfants naturels mineurs appartient à celui des deux parents qui a reconnu l'enfant le premier (au père si la reconnaissance a été simultanée). En cas de prédécès de celui des parents qui possédait la puissance paternelle, l'autre en est investi de plein droit. Les biens des enfants naturels sont soumis à l'administration légale (sous le contrôle du Juge des tutelles) du parent qui les a reconnus le premier. Lorsque les parents ne les ont pas reconnus, ils sont placés sous le régime de la tutelle ; 3) l'enfant naturel n'entre ni dans la famille de son père, ni dans celle de sa mère, d'où il résulte, en cas de tutelle, qu'à défaut de frères, sœurs, grands-parents, oncles et cousins, le conseil de famille sera composé de parents, de voisins, de personnes susceptibles de s'intéresser à lui ; 4) la filiation naturelle établie emporte vocation successorale[204].

---

[203] Sur l'irrecevabilité de l'action en recherche de paternité : Art. 268 du Code de la famille

[204] Sur les effets de la filiation naturelle, voir Patrick Courbe, *Droit civil. Les personnes, la famille, les incapacités,* 2e édition, Dalloz, 1998, p. 122

CHAPITRE 3. LA FILIATION ADOPTIVE[205]

Le Code de la famille avait marqué une profonde méfiance pour l'adoption, qu'il avait entourée d'usage de précautions telles qu'elles étaient d'usage très difficile. En 1984, le législateur s'est efforcé, à de nombreuses reprises, d'encourager une institution constituant souvent un moyen efficace d'aide à l'enfance.[206]

En 1929, le législateur français avait distingué deux types d'adoption ; l'adoption proprement dite et la légitimation adoptive, qui accentuait l'assimilation entre l'enfant adopté et l'enfant légitime, mais ne pouvait, en principe, bénéficier qu'à l'enfant de moins de sept ans. La loi du 11 juillet 1966 a maintenu les deux types d'adoption, mais elle a modifié leur dénomination en adoption simple et en adoption plénière et les droits des enfants adoptés. Le Code de la famille de 1984 a repris cette institution suivant les mêmes considérations, mais distinguer entre l'adoption simple et l'adoption plénière. C'est plutôt les tribunaux qui s'emploient parfois à créer cette distinction.

Section 1. Les règles applicables aux deux types d'adoption

Paragraphe 1. Quels enfants peuvent être adoptés ?

1). Les enfants pour lesquels les père et mère ou le conseil de famille ont valablement consenti à l'adoption[207].

Lorsque la filiation d'un enfant est établie à l'égard de son père et de sa mère, ceux-ci doivent consentir l'un et l'autre à l'adoption. Si l'un des deux est mort ou dans l'impossibilité de manifester sa volonté, ou bien encore a perdu ses droits de puissance paternelle, le consentement de l'autre suffit[208].

Le consentement à l'adoption est donné par acte authentique devant le juge d'instance du domicile ou de la résidence de la personne qui consent, devant un notaire congolais ou étranger, ou devant les agents diplomatiques ou consulaires congolais (il peut également être reçu par le service d'aide social

[205] Art. 276 et s. du Code de la famille
[206] TGI de Pointe-Noire, Rôle civil n°1310 Année 2009 Rép. n°269 du 17-05-2010, Adoption-Garde des enfants. Sur cette décision, Voir en ce sens, H.D. Amboulou, *Les personnes, les incapacités et la filiation en droit congolais,* Op. cit.
[207] Art. 277 du Code de la famille
[208] Art. 284 du Code de la famille

à l'enfance lorsque l'enfant lui a été remis). Le consentement à l'adoption peut être rétracté pendant trois mois ; même si, à expiration ce de ce délai de trois mois, le consentement n'a pas été rétracté, les parents peuvent encore solliciter la restituions de l'enfant, s'il y a lieu d'en ordonner la restitution ; celle-ci rend caduc le consentement[209].

Les père et mère (ou le conseil de famille) peuvent consentir à l'adoption de l'enfant soit en faveur d'un adoptant déterminé, soit en laissant le choix de l'adoptant au service de l'aide sociale à l'enfance ou à l'œuvre d'adoption autorisée qui recueillerait provisoirement l'enfant. Pour les pupilles de l'Etat dont les parents n'ont pas consenti à l'adoption, le consentement est donné par le conseil de famille[210]. Le tribunal peut cependant passer outre au refus de consentement opposé : 1) par les parents ou par l'un d'eux lorsqu'ils se sont désintéressés de l'enfant au risque d'en compromettre la santé ou la moralité ; 2) par le conseil de famille si ce refus paraît abusif[209]

1. Le cas des enfants de moins de deux ans

Le consentement à adoption des enfants de moins de deux ans n'est valable que si l'enfant a été effectivement remis au service de l'aide sociale à l'enfance ou à une œuvre d'adoption autorisée, ou bien, s'il existe un lien de parenté ou d'alliance jusqu'au sixième degré entre l'adoptant et l'adopté.

Paragraphe 2. Les pupilles de l'Etat

Les pupilles de l'Etat sont placés sous la tutelle du service à l'aide sociale à l'enfance. Est ainsi immatriculé : 1) l'enfant dont la filiation n'est pas établie ou est inconnue, qui a été recueilli par le service depuis plus de trois mois ; 2) l'enfant dont la filiation est établie et connue et qui a été expressément abandonné au service soit depuis plus de trois mois par les personnes qui avaient qualité pour consentir à l'adoption, soit depuis plus d'un an par son père ou sa mère sans que l'autre parent se soit manifesté, soit, depuis le

---

209 Voir en ce sens, François Terré et Dominique Fenouillet, *Droit civil, les personnes, la famille, les incapacités*, 6e édition

209 TGI de Brazzaville, Rôle civil n°1042. Année 2010 Rép. n°42 du 28 janvier 2010, Adoption plénière-Changement de noms-Etablissement de nouveaux actes de naissance, Sur cette décision, voir aussi H.D. Amboulou, *Les personnes, les incapacités et la filiation en droit congolais,* Op. cit.

même délai, par une personne qui n'avait pas qualité pour consentir à l'adoption sans que les parents se soient manifestés ; 3) l'orphelin de père et de mère, qui, n'ayant pas d'ascendant auquel on puisse recourir, n'a aucun moyen d'existence ; 4) l'enfant dont les parents ont été déchus de la puissance paternelle et qui a été confié au service, l'enfant confié au service et déclaré abandonné par le tribunal.

Les pupilles de l'Etat dont l'âge et l'état de santé le permettent peuvent être placés chez un particulier en vue de l'adoption après autorisation du conseil de famille. Lorsque l'enfant n'est pas placé en vue de l'adoption, le service peut restituer l'enfant à sa famille soit à titre temporaire à l'essai, soit à titre définitif (sauf exonération par le préfet, la famille est tenue de rembourser la dépense faite pour l'entretien de l'enfant). Sauf décision judiciaire contraire, les pupilles de l'Etat qui ont été élevés par le service jusqu'à la fin de leur scolarité sont dispensés de l'obligation alimentaire vis-à-vis de leurs parents[211].

Paragraphe 3. Les enfants déclarés abandonnés par le tribunal[212]

Il peut s'agir soit d'un enfant recueilli par le service, par un particulier ou par une œuvre sociale, et dont les parents se sont manifestement désintéressés depuis plus d'un an (à moins qu'un membre de la famille n'ait demandé au cours de ce délai à en assurer la charge et que le tribunal ait jugé cette demande conforme à l'intérêt de l'enfant ; la simple rétractation du consentement à l'adoption ou la demande nouvelle n'est pas une marque d'intérêts suffisantes pour motiver de plein droit le rejet d'une demande en déclaration d'abandon), soit d'un enfant légitime pour lequel le secret de la naissance a été demandé lorsque sa mère a consenti à l'adoption et que, dans le délai d'un an à dater de ce consentement, son père ne l'a pas réclamé. En prononçant la déclaration d'abandon, le tribunal peut déléguer les droits de la puissance paternelle à l'œuvre privée ou au particulier qui a recueilli l'enfant ; en pareil cas, l'enfant n'est pas pupille de l'Etat puisque l'est seulement celui qui a été confié au service de l'aide sociale à l'enfance[213].

---

211 Voir en ce sens, François Terré et Dominique Fenouillet, *Droit civil, les personnes, la famille, les incapacités*, Op. cit.
212 Art. 288 du Code de la famille
213 Art. 285 du Code de la famille

Section 2. Les conditions à remplir par l'adoptant

Paragraphe 1. Les conditions d'âge[214]

Si l'adoption est demandée conjointement par deux époux non séparés de corps, le mariage doit avoir duré cinq ans et l'un des époux doit être âgé de plus de trente ans. Si l'adoption est demandée par une seule personne, elle doit être âgée d'au moins trente-cinq ans. Si l'adoptant est marié et non séparé de corps, le consentement du conjoint est nécessaire 'sauf s'il est dans l'impossibilité de manifester sa volonté. Tout adoptant doit avoir quinze ans de plus que l'adopté. Cette différence étant ramenée à dix ans s'il adopte l'enfant de son conjoint. Toutefois le président de la République peut réduire la différence d'âge légale.[215]

Paragraphe 2. La condition de la situation de famille

L'adoption n'est permise (sauf dispense du président de la République) qu'en l'absence de descendant légitime. Cependant ne font pas obstacle à l'adoption les enfants adoptés et les descendants légitimes nés postérieurement à l'accueil au foyer de l'adoptant de l'enfant ou des enfants à adopter.

Section 3. L'adoption simple

L'adoption simple est permise quel que soit l'âge de l'adopté, cependant l'adopté de plus de quinze ans doit consentir à son adoption.

Paragraphe 1. Les effets de l'adoption simple[216]

L'adopté continue d'appartenir à sa famille d'origine, où il conserve notamment tous ses droits héréditaires, bien qu'il ajoute à son nom celui de l'adoptant (le tribunal peut décider que l'adopté portera seulement le nom de l'adoptant) et que ce dernier soit seul investi de la puissance paternelle (s'il est le parent par le sang qui en conserve l'exercice). Le lien de parenté résultant de l'adoption s'étend aux enfants légitimes de l'adoptant : des prohibitions légales au mariage apparaissent dans la famille de l'adoptant (il

---

[214] Art. 280 et 281 du Code de la famille

[215] TGI de Pointe-Noire, Rôle civil n° 1048-Année 2004-Rep. n°1065 du 13 décembre 2004, Adoption plénière-Changement de noms. Sur cette décision, voir aussi H.D. Amboulou, *Les personnes, les incapacités et la filiation en droit congolais,* Op. cit.

[216] Art. 296 et s. du Code de la famille

ne peut y avoir dispense du président de la République pour cause grave contre les enfants adoptifs d'une même personne ou entre enfant adopté et enfant légitime de l'adoptant) bien que de telles prohibitions subsistent dans la famille d'origine. L'obligation alimentaire joue dans les deux familles, cependant les père et mère de l'adopté ne sont tenus de lui fournir d'aliments que s'il ne peut les obtenir de l'adoptant.

Exemple n°12

« ...L'arrêt ne fournit que des indications très sommaires sur la situation de fait. On peut toutefois déduire des informations données qu'une personne démunie de ressources et, sans doute, représentée par son tuteur (circonstance indirectement établie par le fait que l'UDAF – Union départementale des associations familiales- soit intervenue à la procédure en qualité de demandeur) agit contre ses enfants pour faire fixer le montant de la pension due au titre de l'obligation alimentaire dont ils sont tenus. La Cour d'appel, après avoir fixé le montant de la dette alimentaire de chacun des débiteurs à la somme de 750 francs par mois (114, 34 euros), les condamne solidairement à payer la somme mensuelle de 1500 francs (228, 76 euros). Critiquant la décision en ce qu'elle a fait application des règles de la solidarité, les défendeurs forment un pourvoi en cassation qui est accueilli[217]... ».

Exemple n°13

« ...Une femme a deux fils, dont l'adoption est sollicitée par son mari ; le tribunal fait droit à cette requête et prononce l'adoption simple des deux enfants. La demande précisait que les adoptés ne porteraient que leur seul nom d'origine, ce que le tribunal n'a pas admis, décidant au contraire qu'à leur nom d'origine s'ajouterait le nom de l'adoptant. Sur appel formé par l'aîné des enfants, la Cour, réformant sur ce point le jugement, fait droit à sa prétention de ne porter que son nom d'origine. Cet arrêt, frappé d'un pourvoi, fait l'objet d'une cassation sans renvoi[218]... ».

---

[217] Cass. civ. 1re, 29 janvier 2002 (N° 99. 16.519). Bull. civ. I. n° 28. Aliments. Pluralité de débiteurs. Obligation à la dette ; Gilles Goubeaux, Philippe Bihr, *100 Commentaires d'arrêts en droit civil, Méthodologie*, 2e édition, LGDJ, p. 72.
[218] Cass. civ. 22 février 2005 (N°03.14.332). Nom. Adoption simple. Nom de l'adopté. Gilles Goubeaux, Philippe Bihr, 100 Commentaires d'arrêts en droit civil, Méthodologie, 2e édition, LGDJ, p. 68.

L'adopté et ses descendants légitimes ont dans la famille de l'adoptant les mêmes droits successoraux qu'un enfant légitime, mais, toutefois, sa qualité d'héritier des ascendants de l'adoptant ne lui confère pas le droit à la réserve sur la succession de ceux-ci. Si l'adopté meurt sans descendant, les biens donnés par l'adoptant ou recueillis dans sa succession retournent à l'adoptant ou à ses descendants ; les biens que l'adopté avait reçus à titre gratuit de ses père et mère retournent à ces derniers ou à leurs ascendants ; le surplus des biens de l'adopté se divise par moitié entre la famille d'origine et la famille de l'adoptant sans préjudices des droits du conjoint sur l'ensemble de la succession.

L'enfant qui a fait l'objet d'une adoption simple par une personne de nationalité congolaise n'acquiert pas du fait de l'adoption, qualité de congolais (il peut toutefois à sa majorité demander à bénéficier de la nationalité congolaise s'il remplit les conditions légales de séjour au Congo.

Section 4. L'adoption plénière

L'adoption plénière n'est permise qu'en faveur des enfants âgés de moins de quinze ans et accueillis au foyer de l'adoptant depuis au moins six mois. Cependant l'enfant recueilli avant quinze ans au foyer de l'adopté peut être adopté pendant toute sa minorité, mais, s'il a plus de quinze ans au moment de l'adoption, il doit y consentir personnellement.[219]

Paragraphe 1. Les effets de l'adoption plénière

L'adoption plénière, qui produit ses effets à compter du jour du dépôt de la requête en adoption, confère à l'enfant une filiation naturelle qui se substitue à sa famille par le sang (les prohibitions au mariage subsistent néanmoins). L'adoption confère à l'enfant le nom de l'adoptant (en cas d'adoption par deux époux, le nom du père) ; sur la demande de l'adoptant, le tribunal peut même modifier les prénoms de l'enfant. L'adoption plénière, qui est irrévocable, confère à l'adopté les mêmes droits et les mêmes obligations qu'un enfant légitime[220]. L'enfant qui fait l'objet d'une adoption plénière acquiert la nationalité congolaise si l'adoptant est congolais ou, en cas

[219] TGI de Pointe-Noire, Répertoire n° 118 du 06 février 2006, Sur cette décision, voir aussi H.D. Amboulou, *Les personnes, les incapacités et la filiation en droit congolais,* Op. cit.

[220] Art. 297 du Code de la famille

d'adoption par deux époux, si le mari est congolais. L'ancienne légitimation adoptive est assimilée à une adoption plénière.[221]

Section 5. La procédure de l'adoption

Le législateur congolais a déterminé les conditions requises à l'adoption[222]. L'adoption est prononcée à la requête de l'adoptant par le tribunal de grande instance, qui vérifie si les conditions légales sont remplies et si l'adoption est conforme à l'intérêt de l'enfant. Dans les quinze jours de la date à laquelle la décision prononçant l'adoption est passée en force de chose jugée, elle est transcrite sur les registres de l'état civil ; s'il s'agit d'une adoption plénière, la transcription, qui tient lieu d'état civil à l'enfant adopté, ne contient aucune indication relative à la filiation réelle de l'enfant. L'adoption simple peut, s'il est justifié de motifs graves, être révoquée à la demande de l'adoptant ou de l'adopté. Le jugement révoquant l'adoption est motivé ; il est mentionné sur les registres de l'état civil.

---

[221] TGI de Brazzaville, Rôle civil n°219 Année 2005. Rép. n° 75 du 11 mars 2005, Adoption plénière-Consentement des parents-Prise en charge. Sur cette décision, voir aussi H.D. Amboulou, *Les personnes, les incapacités et la filiation en droit congolais,* Op. cit.

[222] Art. 277 et s. du Code de la famille

QUATRIEME PARTIE. LES INCAPACITES

Le droit congolais distingue les incapacités de protection, qui frappent le mineur ainsi que les personnes dont les facultés personnelles sont altérées en vue de les protéger contre leur inexpérience, leur faiblesse ou leur égarement, et les incapacités de suspicion, qui atteignent certains condamnés (mise en tutelle légale) en vue de défendre la collectivité sociale.

CHAPITRE 1. LA PROTECTION DU MINEUR ET L'AUTORITE PARENTALE

Pendant sa minorité, l'enfant est soumis soit au régime de la puissance paternelle (quant à sa personne) et de l'administration légale (quant à ses biens), soit au régime de la tutelle pure et simple ou sous contrôle[223]. En effet, selon l'article 320 du Code de la famille, les père et mère sont tenus d'entretenir et d'élever leurs enfants jusqu'à leur majorité ou leur émancipation par mariage. Toutefois, les sommes nécessaires à cet entretien et à cette éducation sont prélevées en premier lieu sur les revenus des biens personnels de l'enfant. Jusqu'à sa majorité ou son émancipation, l'enfant né dans le mariage ou hors mariage se trouve sous l'autorité de ses père et mère. Cette autorité comporte, notamment, les droits et les obligations suivant :

1). Assurer la garde de l'enfant, spécialement, fixer sa résidence, pourvoir à son instruction et à son éducation ;

2). Faire prendre à l'égard de l'enfant une mesure d'assistance éducative dans les conditions fixées aux articles 329 et suivants du Code de la famille ;

3). Administre les biens de l'enfant dans les conditions fixées par la loi, notamment conformément aux dispositions du chapitre du Code de la famille relatives à « L'administration légale et la tutelle » ;

4). Consentir au mariage de l'enfant dans les conditions prévues au chapitre du Code de la famille relatif au mariage ;

5). Consentir à l'adoption de l'enfant dans les conditions prévues au chapitre du Code de la famille relatif à l'adoption ;

6). L'émanciper dans les conditions prévues par le Code de la famille sur l'émancipation ;

7). Pour le survivant des père et mère, exercer la tutelle de l'enfant et lui choisir un tuteur pour le cas de son décès[224].

---

[223] Sur la protection du mineur, voir Patrick Courbe, *Droit civil. Les personnes, la famille, les incapacités,* 2e édition, Dalloz, 1998, p. 146

[224] Art. 320 du Code de la famille

Section 1. Les limites de l'incapacité du mineur

Paragraphe 1. L'incapacité du mineur n'est pas générale

a. passé l'âge de raison (cinq à huit ans selon. les tribunaux), il est tenu de réparer les dommages qu'il cause.
b. Lorsqu'il en est intellectuellement capable, il peut accomplir seul les actes d'administration courante ; s'il accomplit seul les actes d'administration susceptibles de lui faire subir un préjudice pécuniaire ou des actes de disposition, ces actes sont nuls de plein droit, mais, leur nullité étant relative, le mineur et son représentant légal peuvent seuls invoquer cette nullité.
c. dans les années qui précèdent sa majorité, le mineur peut accomplir seul certains actes : intenter une action en reconnaissance de paternité, reconnaître un enfant naturel, tester (à partir de 16 ans seulement et dans la limite de la moitié de son patrimoine), accepter ou répudier la nationalité congolaise (à partir de dix-huit ans), contracter un engagement volontaire aux armées (après vingt ans), consentir aux actes qui engagent son avenir, tels que se marier, se faire adopter.

Paragraphe 2. L'émancipation[225]

L'émancipation du mineur lui confère une pleine capacité civile sauf en ce qui concerne un mariage ou son adoption, pour lesquels il est soumis aux mêmes règles que le mineur non émancipé, ou l'exercice d'une profession commerciale, qui est subordonné à l'autorisation spéciale de ses père et mère ou du conseil de famille. L'émancipation est soit tacite (conséquence du mariage), soit expresse (acte de celui de ses parents qui a la puissance paternelle, ou du conseil de famille lorsque le mineur a dix-huit ans).

Section 2. La puissance paternelle et l'autorité parentale[226]

La *puissance paternelle* est l'ensemble des droits et devoirs conférés aux père et mère par la loi sur la personne des enfants mineurs non émancipés ; elle comporte également le droit de jouissance des biens de ces enfants[227]. Durant le mariage, la puissance paternelle est exercée par le père en sa qualité de chef de famille. Cependant, et sauf décision contraire du tribunal

---

[225] Art. 415 et s. du Code de la famille
[226] Art. 319 et s. du Code de la famille
[227] Sur l'exercice conjoint de l'autorité parentale, voir Patrick Courbe, *Droit civil. Les personnes, la famille, les incapacités,* 2e édition, Dalloz, 1998, p. 148

de grande instance de sa résidence, la mère exerce cette autorité dans les cas suivants :

a. déchéance totale ou partielle du père des droits de la puissance paternelle ;

b. le père est hors de l'état de manifester sa volonté en raison de son incapacité, de son absence, de son éloignement ou de toute autre cause ;

c. condamnation du père ou abandon de famille (même si la déchéance n'est pas prononcée) ;

d. abandon par le père de ses droits à la puissance paternelle. Les parents ont le droit et le devoir de garde ; l'enfant ne peut quitter la maison paternelle sans la permission de son père si ce n'est pour enrôlement volontaire après l'âge requis. La puissance paternelle, qui comporte le droit pour les parents de décider quelle éducation recevront leurs enfants, n'implique plus le droit de correction, mais seulement le droit de requérir du juge une mesure d'assistance éducative. La puissance paternelle des enfants naturels est régie comme celle des enfants légitimes ; elle est exercée par celui des parents naturels qui a reconnu volontairement le premier l'enfant ou, en cas de reconnaissance simultanée, par le père. Les tribunaux attribuent la puissance paternelle à la mère d'un enfant adultérin (non reconnu par le père) lorsque cet enfant est désavoué par le mari.[228]

Section 3. L'administration légale[229]

Paragraphe 1. L'administration légale pure et simple

Le législateur congolais a organisé l'exercice de l'autorité parentale et l'administration légale. Et, cet exercice peut leur être retiré[230]. Ils peuvent aussi l'exercer en commun[231]. Ensuite, il peut être dévolu à l'autre en cas de décès de l'un des parents[232]. Il peut être aussi dévolu à un tuteur en cas de décès des deux parents[233]. Le Code de la famille organise, enfin, l'exercice de l'autorité parentale en cas de divorce ou de séparation de corps[234], y

---

[228] TI. Tié-Tié, Rôle civil n°272 Rép. n°390 du 09 juin 2009, Déchéance de l'autorité parentale-Tutelle-Insuffisance de moyens de subsistance. Sur cette décision, voir aussi H.D. Amboulou, *Les personnes, les incapacités et la filiation en droit congolais,* Op. cit.

[229] Art. 350 et s. du Code de la famille

[230] Article 322 du Code de la famille

[231] Art. 321 du Code de la famille

[232] Art. 323 du Code de la famille

[233] Art. 324 du Code de la famille

[234] Art. 325 du Code de la famille

compris pour les enfants nés hors mariage[235]. Lorsque les père et mère d'un enfant légitime sont vivants, non divorcés ni séparés de biens, le père exerce la puissance paternelle et l'administration légale. Il en est de même pour l'enfant adopté par deux époux[236]. En tant qu'administrateur, le père accomplit, avec le consentement de son conjoint, les actes pour lesquels le tuteur aurait besoin de l'autorisation du conseil de famille (il en donne néanmoins avis au juge des tutelles quinze jours à l'avance, au moins sous peine d'amende) ; à défaut du consentement du conjoint, il lui faut obtenir l'autorisation du juge des tutelles. Cette même autorisation lui est nécessaire, qu'il ait ou non le consentement du conjoint, s'il s'agit de vendre de gré à gré ou d'apporter en société un immeuble ou un fonds de commerce du mineur, ou bien de contracter un emprunt en son nom, ou bien encore de renoncer à un droit ou d'opérer un partage amiable.

Exemple n°14

« ....Une transaction relative à des redevances dues par un débiteur est conclue au nom d'une mineure par sa mère, administratrice légale. Plusieurs années après avoir atteint la majorité, l'ex-mineur réclame la reprise de paiements de redevances, en invoquant la nullité de la transaction en vertu de laquelle les versements avaient cessé. Elle est déboutée, les juges du fond ayant considéré qu'il était trop tard pour soulever la nullité, la prescription ayant fait son œuvre. Le pourvoi formé par l'ex-mineur est rejeté par la Cour de cassation[237]... » La loi du 17 octobre 1984 permet l'exercice de la puissance paternelle et l'administration légale aux père et mère simultanément.[238]

Section 4. L'administration légale sous contrôle

Lorsque l'enfant légitime est orphelin de père ou de mère, la puissance paternelle est exercée par le survivant des père et mère ; lorsque le père et la mère d'un enfant légitime sont divorcés ou séparés de corps, la puissance paternelle est exercée par celui des parents qui a la garde de l'enfant ;

---

235 Art. 326 du Code de la famille

236 Art. 327 du Code de la famille

237 Cass. civ. 1re, 5 mars 2002 (N° 99. 19. 443). Bull. civ. I, n° 76 ; D. 2002. 1513. Note J.-Gridel ; Incapacités. Mineur. Sanction. Nullité. Prescription. Gilles Goubeaux, Philippe Bihr, *100 Commentaires d'arrêts en droit civil, Méthodologie*, 2e édition, LGDJ, p. 88.

238 TI. de Tié-Tié, Rôle civil n°538-année 2009-Rép n°874 du 20 Octobre 2009, Délégation de l'autorité parentale-Protection- Entretien et éducation des enfants. Sur cette décision, voir aussi H.D. Amboulou, *Les personnes, les incapacités et la filiation en droit congolais*, Op. cit.

lorsque l'enfant naturel a été volontairement reconnu, la puissance paternelle est exercée par celui des père et mère qui l'a reconnu en premier, ou par le père si les deux reconnaissances ont été simultanées. Dans tous ces cas, celui des père et mère qui exerce la puissance paternelle exerce également l'administration légale, mais sous contrôle judiciaire. L'administrateur doit se faire autoriser par le juge des tutelles pour tout acte qu'un tuteur ne pourrait faire qu'avec l'autorisation du conseil de famille.

Section 5. La tutelle

La tutelle s'ouvre lorsque les père et mère sont tous deux décédés ou déchus de la puissance paternelle, ou lorsqu'un enfant naturel n'a été reconnu ni par son père ni par sa mère, ou si la reconnaissance a été établie en justice[239]. Elle peut également être ouverte, à la demande du juge des tutelles (soit d'office, soit à la requête des parents ou alliés, ou du ministère public), dans certains cas d'administration légale sous contrôle judiciaire et même, parfois pour cause grave, l'administration légale sous contrôle judiciaire peut être substituée à la tutelle.[240]

Section 6. Les organes de la tutelle

Paragraphe 1. Le juge des tutelles

C'est un juge du tribunal d'instance dans le ressort duquel le mineur a son domicile. Il est chargé d'exercer une surveillance générale sur les administrations légales et sur les tutelles. A cet effet, il peut convoquer les administrateurs légaux, tuteurs et autres organes tutélaires pour leur réclamer des éclaircissements, leur adresser des observations et prononcer contre eux des injonctions, dont l'inexécution peut être sanctionnée par une amende. Il nomme un administrateur ad hoc, lorsqu'il y a opposition d'intérêts entre le mineur et l'administrateur légal[241].

---

[239] Sur la tutelle, voir Patrick Courbe, *Droit civil. Les personnes, la famille, les incapacités,* 2e édition, Dalloz, 1998, p.158 et s.

[240] TI de Tié-Tié, Rôle civil n°317 Rép. n° 501 du 21 Juillet 2009, Délégation de l'autorité parentale-Désignation d'un tuteur. Sur cette décision, voir aussi H.D. Amboulou, *Les personnes, les incapacités et la filiation en droit congolais,* Op. cit.

[241] Voir en ce sens, François Terré et Dominique Fenouillet, *Droit civil, les personnes, la famille, les incapacités*, Op. cit.

Paragraphe 2. Le tuteur[242]

Il est désigné, pour exercer la puissance paternelle et l'administration légale, soit par le dernier mourant des père et mère, si celui-ci a conservé au jour de sa mort l'exercice de l'administration légale ou de la tutelle (cette nomination est faite dans la forme d'un testament ou d'une déclaration spéciale devant le notaire), soit par le conseil de famille. Lorsqu'il n'a pas été choisi de tuteur par le dernier mourant des père et mère, ou lorsque le tuteur choisi n'a pas accepté cette charge, la tutelle de l'enfant légitime est déférée par le conseil de famille à des ascendants du degré le plus rapproché ou, à défaut d'ascendants, à un parent, allié ou ami de la famille, le tuteur est, en principe, désigné pour la durée de la tutelle ; il peut toutefois être remplacé si des circonstances graves le requièrent. Dans certains cas, le conseil de famille peut diviser la tutelle entre un tuteur à la personne et un tuteur aux biens. Il peut également désigner un tuteur adjoint pour la gestion de certains biens. La tutelle, protection due au mineur, est une charge publique personnelle. En principe, les parents et alliés du mineur ne peuvent la refuser que pour des justes motifs. Diverses personnes sont considérées comme incapables d'exercer la tutelle (mineur, sauf pour ses propres enfants), interdit, allié, personne pourvue d'un conseil judiciaire) ; d'autres sont exclues ou déchues (parents déchus de la puissance paternelle ; condamnés à une peine afflictive ou infamante ; condamnés privés à titre accessoire du droit d'être tuteur) ; d'autres encore peuvent être exclues ou destituées des différentes charges de la tutelle (personnes d'inconduite notoire ou d'improbité, négligence ou inaptitude aux affaires constatées). Celui qui n'est ni parent ni allié du mineur ne peut être forcé d'accepter la tutelle. Si la tutelle reste vacante, le juge des tutelles la défère à l'Etat.[243]

[242] Art. 371 et s. du Code de la famille

[243] TI de Tié-Tié, Rôle civil n°938 Rép n°1289 du 20 déc. 2010, Délégation de l'autorité parentale. Sur cette décision, voir aussi H.D. Amboulou, *Les personnes, les incapacités et la filiation en droit congolais,* Op. cit.

Paragraphe 3. Le subrogé tuteur[244]

Choisi parmi les membres du conseil de famille et appartenant si possible à la ligne de parenté ou d'alliance à laquelle n'appartient pas le tuteur, le subrogé tuteur a pour fonction de surveiller la gestion tutélaire.

Paragraphe 4. Le conseil de famille[245]

Les membres du conseil de famille (de 4 à 6) sont choisis par le juge des tutelles parmi les parents, alliés, amis ou voisins des père et mère. Ce conseil joue un rôle très important dans l'organisation de la tutelle. Il est convoqué par le juge des tutelles (soit à l'initiative de celui-ci, soit sur demande de deux membres du conseil, ou du tuteur, ou du subrogé tuteur, ou encore du mineur lui-même) ; il peut, parfois, être consulté par correspondance par le juge des tutelles. Le tuteur ne fait pas partie du conseil, présidé par le juge des tutelles, mais participe à ses délibérations. Le conseil de famille peut décider l'émancipation d'un mineur orphelin de père et de mère, âgé de dix-huit ans.[246]

Section 7. Le fonctionnement de la tutelle

Le conseil de famille règle les conditions générales de l'entretien et de l'éducation de l'enfant eu égard à la volonté que les père et mère avaient pu exprimer. Le tuteur prend soin de la personne de l'enfant et le représente dans tous les actes civils, sauf ceux dans lesquels la loi ou l'usage autorisent les mineurs à agir par eux-mêmes. Il administre les biens du mineur en bon père de la famille ; il ne peut ni les acheter ni les prendre à bail ou à ferme (à moins que le Conseil de famille n'ait expressément autorisé le subrogé tuteur à lui en passer bail). Le tuteur accomplit seuls tous les actes d'administration : vente des meubles d'usage courant, acceptation des donations et des legs non grevés de charge, action en justice relative aux droits patrimoniaux ; il ne peut accepter de succession autrement qu'avec bénéfice d'inventaire ou accomplir d'acte de disposition au nom du mineur qu'avec l'autorisation du conseil de famille, lequel peut décider de passer

---

244 Art. 382 et s. du Code de la famille

245 Art. 361 et s. du Code de la famille

246 TI de Tié-Tié, Rôle civil n°703 Rép n°727 du 09 Août 2011, Délégation de l'autorité parentale- Insuffisance des moyens financiers-Education et entretien des enfants. Sur cette décision, voir aussi H.D. Amboulou, *Les personnes, les incapacités et la filiation en droit congolais,* Op. cit.

outre à la règle selon laquelle la vente d'un immeuble ou d'un fonds de commerce du mineur se fait publiquement. Dans la limite d'une certaine somme, l'autorisation du juge des tutelles peut être subrogée à celle du conseil de famille.[247]

Section 8. La fin de la tutelle

Tout tuteur est responsable de sa gestion. Chaque année, il remet au subrogé tuteur un compte de gestion dont le juge des tutelles peut décider qu'il sera communiqué au mineur de dix-huit ans. Dans les trois mois qui suivent la fin de la tutelle, le tuteur remet un compte définitif soit au mineur lui-même devenu majeur ou émancipé, soit à ses héritiers. Après un délai d'un mois, il appartient à l'ex-pupille d'approuver le compte de tutelle. Toute action du mineur contre le tuteur, relativement aux faits de la tutelle, se prescrit par cinq ans à compter de la majorité.

[247] T.I. de Tié-Tié, Rôle civil n°092 Rép n°116 du 08 Février 2011, Délégation de l'autorité parentale-Conversion de l'autorité parentale de fait. Sur cette décision, voir aussi H.D. Amboulou, *Les personnes, les incapacités et la filiation en droit congolais*, Op.cit.

CHAPITRE 2. L'EMANCIPATION

Le mineur est émancipé, c'est-à-dire obtient sa pleine capacité juridique au moment de sa majorité, à 18 ans. Mais l'émancipation peut avoir lieu avant la date de la majorité de trois façons différentes : par le mariage, par la volonté de la famille et par le service militaire.

Section 1. L'émancipation par mariage

La loi décide que « le mineur est émancipé de plein droit par le mariage [248]». L'adolescent doit seulement avoir l'âge requis pour pouvoir se marier : 18 ans pour les garçons et 15 ans pour les filles. L'émancipation découle automatiquement du mariage.

Section 2. L'émancipation accordée par le père et la mère

L'émancipation d'un mineur peut résulter de l'initiative des personnes ayant autorité sur lui : les deux parents[249], ou bien le seul parent survivant ou en état d'exercer l'autorité sur l'enfant, ou le conseil de famille en cas de tutelle. C'est le juge des tutelles qui reçoit la demande d'émancipation et qui prononce le mineur bénéficiaire de l'émancipation doit avoir 16 ans révolus. En cas de désaccord des parents, celui qui a la garde de l'enfant peut demander au juge des tutelles de prononcer l'émancipation. Le juge entendra alors l'opinion de l'autre conjoint, et pourra prononcer l'émancipation s'il a de justes motifs de la faire.

Section 3. L'émancipation accordée par le conseil de famille

Dans tous les autres cas, le mineur ne peut être émancipé que par le conseil de famille et à partir de l'âge de 16 ans accompli. L'émancipation résulte alors de la délibération qui l'a décidée et de la déclaration que le président du tribunal a faite dans le même acte que le mineur est émancipé. La délibération du conseil de famille peut faire l'objet d'un recours dans les conditions prévues à l'article 369 du Code de la famille qui dispose que « Le tuteur, le subrogé tuteur et le mineur lui-même, s'il est âgé de dix-sept ans, peuvent exercer un recours devant le président du tribunal contre toute

[248] Art. 415 du Code de la famille
[249] Art. 416 du Code de la famille

délibération du conseil de famille, même si elle a été prise à l'unanimité. Si la délibération n'a pas été prise à l'unanimité, le recours prévu peut également être exercé par les membres du conseil qui ont voté, contre la décision prise et par, ceux qui n'ont pas assisté, à la réunion, lorsque leur absence résulte d'une cause légitime[250]. Le recours contre les décisions du conseil de famille doit être exercé dans le mois de la délibération. Ce délai est suspensif comme le recours lui-même à moins que l'exécution provisoire n'ait été ordonnée en cas d'urgence par le président du tribunal[251].

Section 4. Les conséquences de l'émancipation

Le mineur émancipé a la pleine capacité pour les actes civils, comme un majeur. La puissance paternelle disparaît, ainsi que la responsabilité des parents pour les dommages que pourrait causer leur enfant (les parents sont responsables des actes de leur enfant mineur ; cependant eu égard à l'indépendance actuelle de la jeunesse, la jurisprudence a récemment admis que le seul mineur pouvait parfois être rendu responsable de ses actes, à charge pour lui de régler pécuniairement les dommages qu'il a causés dès qu'il est en mesure de le faire). Toutefois, il ne peut être commerçant.

---

[250] Voir en ce sens, François Terré et Dominique Fenouillet, *Droit civil, les personnes, la famille, les incapacités*, Op. cit.

[251] Art. 369 du Code de la famille

CHAPITRE 3. L'OBLIGATION ALIMENTAIRE

L'obligation alimentaire est une manifestation juridique des liens qui unissent les personnes faisant partie d'une même famille. À un certain degré de parenté, les parents ou bien les alliés se trouvent dans l'obligation absolue de se fournir des moyens de subsistance, si l'un d'eux est dans le besoin. Elle « rend une personne débitrice d'une autre pour la satisfaction des besoins essentiels de la vie du créancier. Elle résulte de la loi ou d'une convention et s'exécute dans les conditions prévues par le Code de la famille. Le legs d'aliments est régit par les dispositions relatives aux testaments[252].

Section 1. Les personnes tenues à l'obligation alimentaire

Le législateur congolais a prévu deux formes d'obligations alimentaires: une *obligation alimentaire légale*[253] et une *obligation alimentaire conventionnelle*[254]. L'obligation alimentaire n'existe que si le lien de parenté est vraiment très proche. Mais il peut s'agir aussi bien de parenté par alliance que de parenté par le sang. L'oblation alimentaire a un caractère réciproque : les personnes qui en sont tenues sont obligées les unes vis-à-vis des autres, selon que les unes ou les autres sont dans le besoin.

Paragraphe 1. La distinction entre l'obligation alimentaire et deux autres devoirs d'entretien

L'obligation alimentaire pure doit être distinguée d'une part du devoir d'entretien de leurs enfants mineurs pour les parents, et d'autres parts du devoir de secours entre époux :

- Le devoir des parents à l'égard de leurs enfants mineurs est un devoir plus vaste qu'une obligation alimentaire. Il implique la prise en charge de tous les frais que nécessite l'éducation de l'enfant. Cette obligation d'entretien cesse en principe à la majorité de l'enfant. L'obligation alimentaire dure au contraire toute la vie et est réciproque entre parents et enfants ;
- Le devoir de secours et d'assistance entre époux est plus vaste lui aussi qu'une obligation alimentaire pure. Ce devoir cesse en cas de divorce, et ne peut être remplacé que par une prestation compensatoire.

---

252 Art. 305 du Code de la famille
253 Art. 306 à 308dunCode de la famille
254 Art. 309 du Code de la famille

1). L'obligation alimentaire stricto sensu

Elle dure pendant toute la vie, mais ne touche qu'un nombre assez restreint de personnes. La parenté doit être très proche. La loi prévoit cette obligation :
-entre ascendants et descendants à l'infini, c'est-à-dire entre : arrière –grands –parents, grands –parents, parents, enfants, petits- enfants, arrière – petits-enfants ;
-entre beaux –enfants et beaux –parents.
Il s'agit là d'une parenté par alliance, mais d'une parenté très proche. L'obligation alimentaire cesserait d'ailleurs si l'époux qui produisait l'affinité et les enfants issus de l'union, étaient décédés.
Ce sont les seules obligations alimentaires reconnues par loi. Les juges ont cependant estimé qu'il avait une obligation naturelle d'aliments entre frères et sœurs (une obligation dite « naturelle » n'a pas force d'une obligation juridique, mais elle est plus forte qu'une obligation morale pure).[255]

2). Qui peut réclamer l'exécution de l'obligation alimentaire ?

Le problème se pose lorsque la personne qui est dans le besoin a plusieurs débiteurs alimentaires (exemple : elle a à la fois des descendants, des ascendants, des beaux- parents).

- Cette personne doit-elle observer un ordre dans sa réclamation ?
  Non a répondu la Cour de cassation dans un arrêt du 2 Janvier 1929. Des ascendants réclamaient une pension alimentaire à leur belle-fille, alors qu'ils avaient d'autre part un fils et une fille. Les juges déclarèrent : « Il n'y a aucune distinction à faire entre les enfants, les gendres et les belle-filles, qui sont tous obligés personnellement au paiement de la dette alimentaire » (toutefois si la personne dans le besoin avait un conjoint, le devoir de secours et d'assistance entre époux devrait jouer avant les obligations alimentaires stricto sensu).

- Que peut réclamer à chacun des parents la personne qui est dans besoin ?
  Il semble logique que la personne dans la besoin ne puisse demander à chaque débiteur que sa part, et que la charge de ce parent soit ainsi divisée entre les divers débiteurs de l'obligation alimentaire. Si la personne dans le besoin ne s'adresse qu'à l'un des débiteurs, celui-ci pourra mettre en cause les autres débiteurs d'aliments. Dans le cas où l'un des débiteurs

[255] Art. 307 du Code de la famille

d'aliments a accepté de fournir la totalité des subsides, il pourra ensuite réclamer aux autres débiteurs le paiement de leur part[256].

Paragraphe 2. L'exécution de l'obligation alimentaire

1). La détermination du montant de l'obligation alimentaire

Ce montant sera déterminé en fonction des besoins du créancier d'aliments, et des ressources du débiteur d'aliments. Les besoins du créancier d'aliments doivent être entendus d'une façon beaucoup plus large que de simples besoins alimentaires. Il s'agit de lui assurer des moyens de subsistance, ce qui comprend nourriture, habillement, logement, soins médicaux (même les frais funéraires, en cas de décès, seraient à la charge du débiteur d'aliments). La pension alimentaire sera fixée aussi en fonction des ressources du débiteur d'aliments. Plus le débiteur d'aliments est riche, plus la pension à verser pourra être élevée[257].

Mais le montant de l'obligation alimentaire n'est jamais fixé d'une façon définitive. Il pourra varier à l'avenir, en fonction des variations de la situation des intéressés. Si le créancier d'aliments avait soudain des besoins accrus (exemple : maladie, aggravation de son état de santé), il pourrait demander une augmentation des subsides qu'il reçoit. Si au contraire le débiteur d'aliments voit ses ressources baisser (exemple : charges nouvelles à supporter, revers de fortune, maladie, etc.), il pourrait demander une réduction des subsides qu'il doit verser à son parent. La pension pourrait même être totalement supprimée dans les cas extrêmes.[258]

2). Le mode d'exécution de l'obligation alimentaire

Le Code de la famille traite de l'exécution de l'obligation alimentaire en ses articles 310 à 317. En principe l'obligation alimentaire est exécutée par le versement d'une pension en argent, car souvent la cohabitation se révèle impossible à réaliser, ou néfaste pour la bonne entente familiale. Cependant l'exécution en nature (c'est-à-dire l'entretien au domicile du débiteur d'aliments) peut être imposée dans deux cas au créancier d'aliments :

[256] Art. 312 du Code de la famille
[257] Art. 315 du Code de la famille
[258] Art. 315 du Code de la famille

- d'une part, les parents peuvent toujours proposer de recevoir et d'entretenir leurs enfants chez eux, on ne peut pas, dans ce cas, bien sûr, les obliger à verser une pension ;
- d'autre part, lorsqu'un débiteur d'aliments justifie qu'il n'a pas les moyens de payer une pension, il peut proposer une exécution en nature[259].

3). Le recours en cas d'inexécution

Le paiement d'une pension alimentaire, lorsque ceci est possible pour le débiteur, est obligatoire pour lui quand son parent se retrouve dans le besoin. S'il ne s'exécutait pas, son parent créancier d'aliments pourrait procéder à des saisies sur ses revenus (dont les procédures sont bien simplifiées), ou le poursuivre pour abandon de famille lorsque la pension est restée impayée pendant deux mois.

Paragraphe 3. Les caractères de l'obligation alimentaire

1). L'obligation alimentaire est une obligation personnelle

Elle est personnelle au créancier d'aliments et personnelle au débiteur d'aliments, car elle est fondée sur le lien qui les unit. De ce caractère personnel de l'obligation, il résulté que le créancier d'aliments ne peut pas céder (donner ou vendre) sa créance d'aliments à un tiers[260].

2). L'obligation alimentaire est insaisissable

Cela veut dire que les créanciers du créancier d'aliments ne pourront pas faire saisie-arrêt sur la pension alimentaire que ce dernier reçoit d'un parent, afin de faire payer ce qui leur est dû. Ne pourraient faire une telle action que les créanciers qui ont procuré des moyens de subsistance au débiteur d'aliments (exemple : le commerçant qui a vendu des denrées alimentaires à crédit à une personne dans le besoin peut se faire payer en réclamant le remboursement aux parents tenus de l'obligation alimentaire). Pourra agir de la même façon la collectivité publique, qui aura assisté gratuitement une personne dans le besoin.

---

[259] Art. 311 du Code de la famille

[260] Art. 313 du Code de la famille

CHAPITRE 4. LA DECHEANCE DE L'AUTORITE PARENTALE ET L'ASSISTANCE EDUCATIVE

Les juges ont à intervenir, ce qui est normal, dans les cas où l'un des époux ou bien les deux ont manqué à leurs obligations familiales et ont ainsi commis une faute. Mais la loi permet aussi au juge d'intervenir, même en l'absence de faute des parents, simplement s'il estime que l'enfant est en danger physique ou moral. L'Etat espère prévenir ainsi les conséquences néfastes d'un mauvais climat familial, et pense s'attaquer ainsi aux causes de la délinquance, ce qui lui donne un motif légitime d'intervention. Le problème est alors de savoir jusqu' où l'Etat peut aller lorsqu'il s'immisce dans la vie personnelle des individus.

Section 1. La déchéance de l'autorité parentale

Le Code de la famille a organisé la déchéance de l'autorité parentale en ses articles 331 à 334. La déchéance de l'autorité parentale n'est pas, comme l'abandon de famille, un délit, mais est une sanction s'appliquant aux parents qui ne se sont pas montrés dignes d'élever leurs enfants. Elle implique le retrait total ou partiel des droits d'autorité parentale que les parents ont sur leurs enfants. Souvent cette déchéance est justifiée par des condamnations qu'ont subies les parents, car commettre certains crimes ou délits démontre une inaptitude à élever correctement des enfants.

Paragraphe 1. Les cas de déchéance

La déchéance de l'autorité parentale est facultative pour le juge (depuis une loi du 4 Juin 1970). Le juge peut prononcer la déchéance de l'autorité parentale lorsque les parents ont commis des délits contre leurs enfants, ou ont commis des délits en participation avec leurs enfants, ou ont commis des délits dont l'immoralité fait craindre la corruption des enfants. Ces cas sont énumérés à l'article 331 du Code de la famille[261] dans les termes suivants :

-peuvent être déchus de l'autorité parentale par une disposition expresse du jugement pénal, les père et mère qui sont condamnés, soit comme auteurs, coauteurs ou complices d'un crime ou délit commis sur la personne de leur enfant, soit comme coauteurs ou complices d'un crime

[261] Art. 331 du Code de la famille

ou délit commis par leur enfant. Cette déchéance est applicable aux ascendants autres que les père et mère, pour la part d'autorité parentale qui peut leur revenir sur leurs descendants ;

- en dehors de toute condamnation pénale, peuvent être déchus de l'autorité parentale les père et mère qui, soit par de mauvais traitement, soit par des exemples pernicieux d'ivrognerie habituelle, d'inconduite notoire ou de délinquance, soit par un défaut de soins ou un manque de direction, mettent manifestement en danger la sécurité, la santé ou la moralité de l'enfant. Ce deuxième cas permet une intervention importante de la justice en faveur des mineurs qui sont en danger, car une telle attitude des parents est fréquente ;
- quand une mesure d'assistance éducative avait été prise à l'égard de l'enfant, peuvent être déchus de l'autorité parentale les père et mère qui, pendant plus de 2 ans, se sont volontairement abstenus d'exercer les droits et de remplir les devoirs qui leur étaient laissés à l'égard de l'enfant.

Une loi est intervenue pour faciliter la découverte des cas où les enfants sont maltraités : encourt un emprisonnement de 2 mois à 4 ans et une amende de 2.000frs à 20.000frs (loi du 2 Février 1981) ou l'une de ces deux peines seulement celui qui, ayant connaissance de sévices ou privations infligés à des mineurs de moins de 15 ans, n'en aura pas, alors qu'il était encore possible d'en prévenir ou limiter les effets, informé les autorités administratives chargés des actions sanitaires et sociales.

Il n'y a pas violation du secret professionnel, lorsque des personnes informent les autorités médicale ou administratives des sévices ou privations sur la personne du mineur de moins de 15 ans dont elles ont eu connaissance à l'occasion de l'exercice de leur profession. Elles peuvent aussi dans ce cas exprimer librement leur témoignage en justice.

Section 2. Les conséquences de la déchéance de l'autorité parentale

La déchéance de l'autorité parentale peut être totale. Cela signifie que les parents déchus peuvent être privés de tous les droits découlant de l'autorité parentale.

Mais une solution aussi draconienne n'est pas bonne dans tous le cas. Et le juge a la possibilité de donner de solutions variées, en n'enlevant aux parents que certains droits découlant de l'autorité parentale, ainsi peut-il retirer seulement la garde de l'enfant à ses parents. Le juge peut choisir la solution qui lui semble la plus conforme à l'intérêt de l'enfant. Ses pouvoirs sont très importants. Il peut confier l'enfant à sa mère, ou à un particulier, ou à une œuvre, ou organiser une tutelle, ou encore au service départemental de l'aide à l'enfance. Le juge peut prononcer la déchéance seulement à l'égard de certains enfants d'une même famille[262].

Section 3. La procédure de la déchéance

Le législateur a prévu trois hypothèses à cet effet :

1). Si la déchéance résulte obligatoirement d'une condamnation pénale, elle sera prononcée par les juges qui ont émis la condamnation.
2). Si elle a lieu en dehors de toute intervention pénale, la demande est portée devant le tribunal de grande instance. Cette demande peut être faite par un parent du mineur, ou par le ministère public (procureur). Donc l'Etat, par l'intermédiaire du ministère public, peut intervenir lorsque l'enfant est en danger. Le procès a lieu en chambre du conseil, en dehors de toute publicité.
3). La déchéance n'est pas forcément définitive.
Lorsque les parent ont été déchus de l'autorité parentale en dehors de toute condamnation pénale (cas où les enfants étaient placés en établissement d'éducation surveillée ; cas où les parents ont été déchus à cause de leur mauvaise conduite susceptible de donner un mauvais exemple à l'enfant), ils peuvent demander au juge que les droits d'autorité parentale leur soient restitués. Cette demande ne peut être justifiée par des circonstances nouvelles. En cas de rejet, elle ne pourra être renouvelée qu'après une nouvelle période de 1 an. Aucune demande ne sera recevable lorsque, avant le dépôt de la requête, l'enfant aura été placé en vue de l'adoption.

Section 4. L'intervention du juge des enfants

Le juge des enfants peut intervenir en dehors de toute faute des parents, s'il estime cette intervention nécessaire pour l'intérêt de l'enfant. La mesure prise alors ne sera pas une sanction comme l'est la déchéance de l'autorité de leurs enfants. Cette aide apportée par l'Etat aux parents a souvent un aspect

---

[262] Voir en ce sens, François Terré et Dominique Fenouillet, *Droit civil, les personnes, la famille, les incapacités*, Op. cit.

contraignant en ce sens qu'elle peut être imposée par le juge, contre la volonté des parents. La loi prévoit que : « Si la santé, la sécurité ou la moralité d'un mineur non émancipé sont en danger ou si les conditions de son éducation sont gravement compromises, de mesures d'assistance éducative peuvent être ordonnées par justice. »

1). Est compétent le juge des enfants du domicile ou de la résidence du mineur, de ses parents ou de ses gardiens, ou bien le juge des enfants du lieu où le mineur a été trouvé. La requête peut être présentée devant le juge des enfants par les parents, le gardien, le tuteur ou le mineur lui-même, ou par le procureur de la République, ou encore par la personne à qui l'enfant a été confié. Le juge des enfants a aussi la possibilité de se saisir d'office.

2). La procédure commence toujours par une étude détaillée de la personnalité du mineur, au moyen d'une enquête médico- psychologique.

Le juge peut prendre aussitôt des mesures urgentes. Ces mesures provisoires peuvent- être modifiées par le juge à tout moment, de sa propre initiative, ou à la requête des personnes concernées.

3). Le juge a un grand pouvoir de décision, en ce qui concerne l'enfant pour lequel il intervient.

Il règle le sort du mineur dans le jugement qu'il rend. Il peut le confier à ses père et mère, à un gardien, à un parent ou à un tiers, à un établissement spécialisé, au service d'aide sociale à l'enfance. Ces pouvoirs du juge des enfants manifestent combien grande à notre époque, est l'intervention de l'Etat dans certains domaines. L'Etat peut intervenir en matière éducative, même en l'absence de faute des parents, lorsque l'enfant risque de subir une mauvaise influence dans son milieu familial ou est laissé trop à lui-même. Quelques confirmations et précisions ont été apportées en matière d'assistance éducative par une loi du 4 juin1970. « Le juge des enfants est compétent, à charge d'appel, pour tout ce qui concerne l'assistance éducative (toutefois, quand un jugement de divorce a été rendu entre les père et mère, des mesures d'assistance éducative ne peuvent être prises que si un fait nouveau de nature à entraîner un danger pour le mineur s'est révélé postérieurement à la décision statuant sur les modalités de l'autorité parentale ». « Le juge doit toujours s'efforcer de recueillir l'adhésion de la famille à la mesure envisagée. (...) Chaque fois que cela est possible, le mineur doit être maintenu dans son milieu actuel ». Lorsqu'un enfant a fait l'objet d'une mesure d'assistance éducative, les parents conservent leur autorité parentale et l'exercent dans la mesure où elle n'est pas inconciliable avec la mesure d'assistance éducative qui a été prise. « S'il été nécessaire de placer l'enfant hors de chez ses parents, ceux-ci conservent un droit de correspondance et un droit de visite. Le juge en fixe les modalités et peut même, si l'intérêt de l'enfant l'exige, décider que l'exercice de ces droits, ou de l'un d'eux, sera provisoirement suspendu. »Un décret du 23 décembre 1970 décide que, dans l'application de l'assistance éducative, il doit être tenu compte des convictions religieuses ou philosophiques du mineur ou de sa famille.

CHAPITRE 5. LA PROTECTION DES INCAPABLES MAJEURS[263]

Avant le code de la famille, le système avait défini deux régimes de protection des personnes qui ont besoin d'être placées sous un régime juridique spécial en raison de la diminution de leurs facultés. D'une part, l'interdiction pour les aliénés, d'autre part, le conseil judiciaire, pour les prodiges et les faibles d'esprit. Cependant, le droit positif reconnaissait un troisième régime de protection, en fait le plus répandu, le régime de l'aliéné interné. De nombreuses critiques avaient été portées contre l'interdiction et le conseil judiciaire. C'est pourquoi le législateur congolais à envisagé en 1984 de transformer complètement le régime des incapacités majeurs. Les principes posés par le code de la famille sont les suivant :

1). A vingt et un an, toute personne devient capable de tous les actes de la vie civile ; cependant l'individu qui est déclaré incapable de mener seul ses affaires en raison de l'altération de ses facultés personnelles, a droit à une protection juridique particulière ; cette protection peut s'exercer à l'occasion d'un acte isolé si l'altération des facultés est temporaire, elle peut aussi s'exercer de façon continue si l'altération est durable. Peut parallèlement être protégé le majeur, qui, par sa prodigalité, son intempérance ou son oisiveté, s'expose à tomber dans le besoin ou compromet l'exécution de ses obligations familiales.

2). L'institution d'une protection juridique particulière doit être précédée de la constatation médicale.

3). L'application du régime de protection juridique doit être indépendante du traitement médical du malade.

4). Celui qui a causé un dommage à autrui, alors qu'il était sous l'empire d'un trouble mental, est obligé à réparation, même s'il n'est pas pénalement responsable de ses actes.

Section 1. L'insanité d'esprit

Pour faire un acte juridique valable, il faut être sain d'esprit. Le législateur consacre le principe jurisprudentiel suivant lequel « pour faire un acte

[263] Art 419 et s. du Code de la famille

juridique valable, il faut être sain d'esprit », alors que jusqu'ici la pratique précisait le fait seulement pour les donations entre vifs et les testaments. Il appartient à celui qui invoque la nullité d'un acte de prouver l'existence d'un trouble mental chez son auteur au moment où il l'a passé. Du vivant de l'auteur de l'acte, l'action en nullité ne peut être exercée que par lui ou par son tuteur ou par son curateur. Après le décès de l'auteur de l'acte, l'action en nullité peut être exercée dans quarter cas.

a. l'acte est une donation ou un legs ;

b. l'acte porte en lui-même la preuve d'un trouble mental ;

c. l'acte a été passé alors que son auteur était placé « sous sauvegarde de la justice » ;

d. avant le décès une action avait été introduite aux fins d'ouverture d'une tutelle ou d'une curatelle. Les personnes capables de s'engager ne peuvent opposer l'incapacité de ceux avec qui elles ont contracté.

Section 2. La sauvegarde de justice

Il s'agit d'un système de protection original qui présente la double caractéristique de laisser à la personne protégée une certaine capacité d'agir et de contracter, tout en prévoyant des procédés qui permettent de suppléer le malade lorsqu'il omet d'accomplir les actes nécessaires à la gestion de ses biens. Lorsque l'incapacité est accidentelle et passagère, la sauvegarde de justice disparaît dès que l'intéressé recouvre ses facultés ; lorsqu'il s'agit, au contraire, d'une longue période d'aliénation, la sauvegarde de justice cède la place à la mise en tutelle[264].

Paragraphe 1. La procédure de mise sous sauvegarde

La sauvegarde de justice résulte d'une déclaration faite au procureur de la République par le médecin traitant, par l'intermédiaire du directeur de l'action sanitaire et sociale. Le médecin constate, dans cette déclaration, qui n'est que facultative sauf si le malade est interné dans un établissement public ou privé agrée, que son malade est victime d'une altération de ses facultés rendant nécessaire une protection juridique[265]. La mesure prise par le

[264] Sur les incapables majeurs, voir Patrick Courbe, *Droit civil. Les personnes, la famille, les incapacités,* 2e édition, Dalloz, 1998, p. 175 et s.

[265] Voir en ce sens, François Terré et Dominique Fenouillet, *Droit civil, les personnes, la famille, les incapacités*, Op. cit.

procureur de la République ne fait l'objet d'aucune publicité, seuls les membres de la famille et, sur demande motivée, les membres de certaines professions peuvent demander communication de la déclaration.

Section 3. Le fonctionnement de la sauvegarde de justice

Paragraphe 1. La protection du malade contre ses actions

La mise sous sauvegarde de justice n'apporte aucune restriction à la capacité de contracter du malade ; mais elle lui permet de demander la rescision pour lésion et la réduction pour excès de ses engagements. La lésion est constituée par une rupture, au détriment du malade, de l'équilibre nécessaire entre les prestations fournies par les parties à un acte juridique. Le juge, pour rechercher s'il y a lésion, prend en considération la fortune de la personne protégée, la bonne ou mauvaise foi de ses contractants et l'utilité ou inutilité de l'opération. Tous les actes accomplis par un majeur sous sauvegarde de justice peuvent faire l'objet d'une action en rescision pour lésion. Il y a excès lorsque le malade souscrit des engagements excessifs par rapport à ses revenus. Ainsi, tous les actes passés par le majeur sous sauvegarde de justice peuvent faire l'objet d'une action en réduction pour excès. L'action en rescision ou en réduction peut être exercée, du vivant du majeur protégé, par tous ceux qui auraient qualité pour demander l'ouverture d'une tutelle (l'intéressé, son conjoint tant que la communauté de vie n'a pas cessé entre eux, ses ascendants, ses descendants, ses frères et sœurs, et le ministère public) et après sa mort par ses héritiers. Lorsqu'une personne placée sous sauvegarde de justice a constitué un mandataire à l'effet d'administrer ses biens, soit avant, soit après la mise sous sauvegarde, le juge des tutelles peut, soit d'office, soit à la requête d'une des personnes qui auraient qualité pour demander l'ouverture d'une tutelle, ordonner que les comptes lui seront soumis pour approbation, ou même prononcer la révocation du mandat[266].

Paragraphe 2. La protection du malade contre son inaction

En l'absence du mandat, il convient de suivre les règles de la gestion d'affaires. Ceux qui auraient qualité pour demander l'ouverture de la tutelle ont l'obligation de faire les actes conservatoires que nécessite le patrimoine de la personne protégée dès lors qu'ils ont eu connaissance tant de la mise

[266] Sur la validité des actes passés postérieurement ou antérieurement au jugement, voir art. 441 du Code de la famille

sous sauvegarde que de l'urgence de l'affaire, faute par eux d'agir, la même obligation incombe sous les mêmes conditions, au directeur de l'établissement de traitement ou, éventuellement, à celui qui héberge à son domicile la personne sous sauvegarde. L'obligation de faire les actes conservatoires emporte, à l'égard des tiers, les pouvoirs correspondants. S'il y a lieu d'exécuter des actes autres que les actes conservatoires, tout intéressé peut en donner avis au juge des tutelles, qui pourra soit désigner un mandataire spécial chargé d'accomplir un acte déterminé ou une série d'actes de même nature dans les limites des pouvoirs d'un tuteur en dehors du conseil de famille, soit décider d'ouvrir une tutelle ou une curatelle.

Paragraphe 3. La fin de la sauvegarde de justice

La sauvegarde de justice cesse automatiquement par l'ouverture d'un régime de tutelle ou de curatelle. Elle peut également cesser par une nouvelle déclaration du médecin traitant au procureur de la République attestant que la situation antérieure a cessé, par radiation sur décision du procureur de la République ou bien encore à l'expiration du délai fixé par le Code de procédure civile.

Section 3. La tutelle des majeurs incapables[267]

Le second régime de protection applicable à une personne dont les facultés mentales ou même corporelles sont atteintes est la tutelle, qui a été substituée à l'interdiction prévue par le Code de la famille et qui implique la même incapacité, mais la procédure d'ouverture de la tutelle diffère profondément de celle de l'interdiction.

Paragraphe 1. La mise en tutelle[268]

Deux conditions doivent être réunies pour qu'une tutelle soit ouverte :
1). il doit y avoir altération durable des facultés ;
2). cette altération doit rendre nécessaire une représentation continuelle dans les actes de la vie civile ;
La tutelle peut être ouverte pour un majeur, pour un mineur émancipé et, dans les deux dernières années de sa minorité, et pour prendre effet à sa majorité, pour un mineur non émancipé. L'ouverture d'une tutelle peut être demandée soit par l'intéressé lui-même, soit par son conjoint (si la

[267] Art. 433 et s. du Code de la famille
[268] Art. 434 et s. du Code de la famille

communauté de vie entre les deux époux n'a pas cessé), soit par ses ascendants ou descendants, soit par ses frères et sœurs, soit par la curatelle), soit par le ministère public. Les autres parents, les alliés et les amis du malade, son médecin traitant et le directeur de l'établissement où il est éventuellement traité peuvent donner au juge des tutelles un avis de la cause qui justifierait l'ouverture de la tutelle.
La décision est prise par le juge des tutelles, qui, d'ailleurs, peut toujours ouvrir d'office la tutelle. La tutelle ne peut être ouverte que si l'altération des facultés mentales ou corporelles a été constatée par un médecin spécialiste.[269]

Les personnes habilités à intervenir auprès du juge des tutelles, soit pour en demander l'ouverture, soit pour donner un avis, peuvent former un recours devant le tribunal de grande instance contre le jugement qui a ouvert la tutelle, même si elles ne sont pas intervenues à l'instance. La publicité du jugement est assurée par une mention en marge de l'acte de naissance de l'intéressé ; cette mention rend seule opposable le jugement aux tiers.

Paragraphe 2. Le fonctionnement de la tutelle

Le majeur placé sous tutelle est privé de sa capacité juridique dès le prononcé du jugement. Tous les actes passés par lui depuis ce jour sont nuls de plein droit ; les actes passés antérieurement pourront être annulés si la cause qui a déterminé l'ouverture de la tutelle existait notoirement à l'époque où ils ont été faits ; ces dispositions s'appliquent au testament comme aux autres actes juridiques. Le mariage d'un majeur en tutelle n'est permis qu'avec le consentement soit du père et de la mère du majeur, soit d'un conseil de famille spécialement réuni pour en délibérer ; ces délibérations doivent être faites connaissance prise de l'avis du médecin traitant et après audition des deux intéressés. En ouvrant la tutelle, ou dans un jugement postérieur, le juge des tutelles peut, sur l'avis du médecin traitant, adapter l'incapacité à l'état du malade. A cet effet, il peut énumérer certains actes que la personne en tutelle aura la capacité de faire elle-même, soit seule, soit avec l'assistance du tuteur ou du gérant.

---

[269] T.I. de Tié-Tié. Répertoire n°586 du 12 juillet 2011, Tutelle-Conversion de la garde de fait en garde de droit. Sur cette décision, voir aussi H.D. Amboulou, *Les personnes, les incapacités et la filiation en droit congolais,* Op. cit.

Exemple n°15

« ...Une personne, estimant que le comportement de sa mère nécessite que celle-ci soit placée sous un régime de protection, présente une requête au juge des tutelles aux fins d'ouverture d'une curatelle pour prodigalité. Le juge des tutelles rejette la requête au motif que la prodigalité alléguée n'est pas établie. La demanderesse forme un recours devant le tribunal de grande instance, en invoquant, cette fois, l'altération des facultés mentales de sa mère. Le tribunal décide que ce passage d'une demande en ouverture de curatelle pour prodigalité à une demande en ouverture de curatelle pour trouble mental n'est pas possible. Frappée de pourvoi, cette décision est censurée par la Cour de Cassation[270]... ».

Paragraphe 3. L'organisation de la tutelle

Le législateur a prévu trois systèmes de tutelles :

1. **la tutelle complète.** A peu près calquée sur la tutelle du mineur ;
2. **l'administration légale sous contrôle judiciaire,** dans le cas où un proche parent du malade peut faire office d'administrateur ;
3. **la tutelle en gérance,** quand les biens du malade sont peu importants, le gérant de la tutelle, un préposé de l'établissement de soins ou un administrateur spécial remplit une fonction de simple administration. L'époux est de droit le tuteur de son conjoint en tutelle si la communauté de vie n'a pas cessé entre eux. Tous les autres tuteurs sont datifs ; le tuteur peut être une personne morale.
4. **La fin de la tutelle.** La tutelle cesse avec les causes qui l'ont déterminée ; un jugement de main levée doit cependant être rendu[271]

Section 4. La curatelle des majeurs incapables

La mise en curatelle est un régime de semi-incapacité applicable aux personnes atteintes d'une altération durable de leurs facultés mentales ou corporelles, lorsque cette altération rend nécessaire une assistance au malade

---

[270] Cass. civ. 25 janvier 2000 (N° 98.12.366). Bull. civ. I. n° 18 ; D. 2001, somm. 1509, obs. Ph. Delmas Saint-Hilaire. Incapacités. Majeurs protégés. Curatelle. Cas d'ouverture. Altération des facultés mentales. Prodigalité ; Gilles Goubeaux, Philippe Bihr, *100 Commentaires d'arrêts en droit civil, Méthodologie*, 2e édition, LGDJ, p. 92.
[271] Art. 442 du Code de la famille

dans l'exercice de la vie civile. La mise en curatelle s'effectue dans les mêmes conditions que la mise en tutelle.[272]

Paragraphe 1. Le fonctionnement de la curatelle[273]

La personne en curatelle peut faire seule un certain nombre d'actes, alors qu'elle a besoin de l'assistance de son curateur pour faire les autres. Lorsque le curateur refuse son assistance à un acte, le malade peut demander au juge des tutelles une autorisation supplétive. Le juge détermine, soit à l'ouverture de la curatelle, soit en cours de curatelle, la capacité du malade comme dans le cas de la tutelle[274].

Les actes accomplis par l'intéressé seul alors qu'ils auraient nécessité l'assistance du curateur ne sont pas nuls de plein droit, mais annulables à la demande du malade ou de son curateur. Les actes que le majeur en curatelle a juridiquement pu faire seul peuvent être l'objet d'une action en rescision ou réduction, comme dans le cas de la mise sous sauvegarde de justice.

L'époux est de droit curateur de son conjoint, à moins que la communauté de vie n'ait cessé entre eux ou que le juge n'estime qu'une autre cause interdit de lui confier la curatelle. Tous autres curateurs sont nommés par le juge des tutelles.[275]

La fin de la curatelle. La curatelle cesse avec les causes qui l'ont déterminée, un jugement de main levée doit cependant être rendu.

---

[272] T.I. de Tié-Tié, Rôle civil n°320, Rép. n°376 du 4 mai 2010, Curatelle-Indifférence affective, état dépressif-Délégation de pouvoir. Sur cette décision, voir aussi H.D. Amboulou, *Les personnes, les incapacités et la filiation en droit congolais,* Op. cit.

[273] Art. 446 et s. du Code de la famille

[274] Art. 445 du Code de la famille

[275] T.I. de Tié-Tié, Rôle civil n°761, Rép. n°1058 du 19 octobre 2010, Curatelle-Hémiplégie droite-Incapacité d'usage. Sur cette décision, voir aussi H.D. Amboulou, *Les personnes, les incapacités et la filiation en droit congolais,* Op. cit.

CINQUIEME PARTIE. LE LIEN MATRIMONIAL ET LE FONDEMENT DE LA FAMILLE

La famille est fondée sur un fait biologique : la procréation. L'union d'un homme et d'une femme entraînant la naissance d'enfants oblige à donner une stabilité à leur vie commune, afin d'assurer dans les meilleures conditions possibles l'éducation de leurs enfants. Mis la procréation n'est jamais le seul but poursuivi par les mariés, beaucoup de couples en mal de procréation étant recensés. Donc la famille est fondée sur le mariage et la filiation (descendance). Elle est constituée par un ensemble de personnes ayant entre elles des liens de parenté et d'alliance.

La conception de la famille a beaucoup évolué, jusqu'à notre époque. Autrefois les liens familiaux avaient une importance capitale ; la société était hiérarchisée en fonction de ces liens. La classe dirigeante, la notabilité était fondée sur l'hérédité. D'où l'importance extrême de la naissance qui, à cette époque, décidait pratiquement du sort d'un homme. La famille était alors entendue au sens large, comportant non seulement parents et enfants, mais aussi frères et sœurs, cousins et cousines, mêmes éloignés ou alliés. On attachait une grande importance au passé, aux ancêtres communs.

Actuellement, l'évolution de la société, du mode de vie, des mentalités nous oriente vers une conception plus étroite de la famille, qui garde cependant une importance capitale étant donné le rôle qui lui est dévolu : la formation de la génération future, son éducation. La famille actuelle comprend essentiellement les parents et les enfants mineurs[276]. C'est une cellule qui se constitue pour assurer l'éducation des enfants. Sa fonction est tournée vers l'avenir. Cette évolution est accentuée par la facilité des moyens de transport, la multiplication des voyages et des échanges, qui incitent les jeunes couples à s'installer quelques fois loin de leur lieu de naissance et de leur famille. Autrefois il était fréquent de voir toute une famille, composée d'ascendants et de plusieurs ménages avec leurs enfants, vivre sur le même toit, le même domaine. Il en est encore ainsi parfois, mais de plus en plus

---

[276] Voir en ce sens, H. D. Amboulou, *Le mariage et les régimes matrimoniaux en droit congolais*, Op. cit.

rarement. De toute cette évolution, on peut déduire trois traits nouveaux de la famille que nous développerons ci-après.

1. ***Une importance plus grande donnée à la volonté des personnes.*** Les époux se choisissent librement. La femme a une indépendance plus grande qui lui permet de participer activement à la direction du ménage. Les individus se sentent plus libres d'organiser leur vie, redoutent moins l'opinion publique ou les réactions de leur famille, car tous les esprits ont évolué. D'où le second trait de la famille moderne.

2. ***Un développement de familles parallèles à la famille légitime.*** La famille naturelle tout d'abord a acquis une véritable réalité. Autrefois les « batards » étaient rejetés par la société qui ne leur reconnaissait pratiquement aucun droit par rapport aux enfants légitimes. Actuellement les enfants naturels se sont vu reconnaitre de nombreux droits. Etant donné cette situation, grâce aux progrès du travail féminin, et grâce surtout à l'évolution des mentalités, les mères célibataires abandonnent rarement leur enfant et l'élèvent seules. Une loi de 1972 a accentué cette évolution.

Elle est attentive avant tout à l'intérêt de l'enfant, quelle que soit la condition juridique de sa naissance. Les mots péjoratifs d'enfants « adultérin », « incestueux » sont supprimés de notre vocabulaire juridique. La condition de ces enfants est considérablement améliorée, et l'enfant naturel, seule dénomination restante, voit ses droits se rapprocher de plus en plus de ceux de l'enfant légitime. La famille adoptive ensuite s'est développée avec l'importance donnée à la volonté pour créer des liens familiaux en dehors des liens de sang. On donnera aux parents qui veulent adopter un enfant, s'ils remplissent les conditions demandées, des droits très importants sur l'enfant adopté, ce qui constitue une véritable famille adoptive. Les couples avec ou sans enfants hésiteront moins qu'autrefois à adopter un enfant, étant donné que cette décision ne regarde qu'eux seuls, et non leur famille-lignée si importante jadis. Le problème qui apparaît ici est celui de la diminution du nombre d'enfants abandonnés et celui et de leur adoption, qui est à faciliter.

Cette évolution, tendant à reconnaître juridiquement la famille naturelle, explique la position actuelle des tribunaux se trouvant face aux situations de concubinage qui, lorsqu'elles présentent une certaine stabilité, ouvrent, tant pour les concubins que pour les enfants qui sont issus de ces unions, un certain nombre de droits et de garanties. C'est ainsi que la femme vivant en concubinage pourra, par exemple, faire valoir son droit à réparation d'un préjudice à l'occasion du décès accidentel de son compagnon. Pour l'enfant naturel, on pourra faire établir sa filiation sur la simple possession d'état.[277]

3. ***Une intervention croissante de l'Etat dans les rapports de famille.*** Autrefois, en matière familiale, l'Eta ne s'occupait guère que d'assurer l'état civil, et aussi l'enseignement. Actuellement, il intervient dans les domaines les plus variés : sécurité sociale, santé publique, assistance à l'enfance. Nous rencontrons alors le danger que la loi n'empiète trop sur les droits reconnus habituellement aux parents. Le problème pour la législation est d'établir des textes suffisamment prudents et adroits pour éviter cet écueil.

[277] Loi française du 24 juin 1982

SOUS-TITRE 1. LE LIEN MATRIMONIAL

Le mariage est l'une des plus vieilles institutions humaines. Il correspond chez l'homme et la femme à un besoin de stabilité, de sécurité, de se constituer par l'intermédiaire des enfants. Le mariage correspond moins à une nécessité physique, qui pourrait être satisfait par des unions temporaires, qu'à une nécessité morale et sociologique. L'éducation des enfants suppose une union stable et durable entre les parents. On peut définir le mariage en disant qu'il est « l'union de deux personnes de sexe différents, contractée avec certaines solennités ». Le mariage présente deux aspects :

1. **L'accord entre deux personnes**

   Un homme et une femme décident de s'unir, et de vivre en semble jusqu'à leur mort. Ils prennent l'un vis-à-vis de l'autre cet engagement. Il s'agit du simple accord de deux volontés, qui entraîne une réciprocité de droits et de devoirs entre deux personnes[278].

2. **La création d'une cellule nouvelle**

En se mariant, les époux fondent une cellule sociale nouvelle, d'où naîtront et où devront vivre d'autres personnes que les époux : les enfants. Restant la cellule de base de la société congolaise contemporaine, la famille est elle-même fondée sur le mariage. Sous cet angle, le mariage peut donc être considéré comme un facteur de *socialisation* des individus. C'est ce qui, explique que les auteurs de la règle de droit ne puissent s'en désintéresser et entendent le réglementer, parce qu'il intéresse toute la collectivité. Les véritables finalités d'une telle réglementation sont d'instituer une certaine homogénéité juridique des institutions individuelles et d'assurer la cohésion sociale de la nation qui, à vrai dire, n'est qu'un ensemble de familles.

Mais, au niveau individuel, l'institution du mariage traduit aussi certaines aspirations proprement humaines. Tout d'abord, grâce à la solennité dont il s'accompagne, il sert à rendre officiel, pour les tiers, la volonté d'union d'un homme et d'une femme, et, donc, à donner une dimension sociale à

---

[278] Voir en ce sens, H. D. Amboulou, *Le mariage et les régimes matrimoniaux en droit congolais*, Op. cit.

cette volonté. Enfin, encore une fois, l'institution du mariage donne la possibilité aux époux, s'ils le souhaitent, de faire de leur union la base d'une cellule familiale.

Traditionnellement, le mariage était considéré comme un facteur de sécurité et d'apaisement social. Pourtant l'évolution récente de la législation du divorce[279] qui permet désormais la rupture du lien matrimonial d'une façon beaucoup plus simple et bien plus rapide qu'avant, a certainement modifié cet aspect des choses. Dorénavant, l'union matrimoniale repose plus sur la valeur de l'engagement personnel des époux que sur la force juridique de cette union.

[279] Loi française du 11 juillet 1975

CHAPITRE 1. LES FIANCAILLES ET LE PREMARIAGE

Dans ce qu'on appelle l'ancien droit, c'est-à-dire dans le droit antérieur à l'indépendance du Congo ou du moins la période révolutionnaire, les fiançailles avaient la valeur d'un véritable accord juridique, et celui qui les rompait, quels qu'aient été le motif et les circonstances de la rupture, était en faute. Depuis l'année 1984, le droit congolais ne reconnaît plus aux fiançailles la valeur d'un accord juridique. Les fiançailles ne sont considérés que comme un engagement moral entre les fiancés qui restent entièrement libres, jusqu'à la minute même du mariage, de donner ou de refuser leur consentement. Afin de prévenir les mauvaises unions, la dissolution des fiançailles doit être plus facile que le divorce. Cependant, les fiançailles, bien que n'ayant pas de valeur juridique en elles-mêmes, peuvent avoir certaines conséquences juridiques. Il faut pour cela que les fiançailles aient été entourées de certaines circonstances.

Exemple n°16

Ainsi Monsieur Séraphin Mpikouli a séduit une jeune fille, Mademoiselle Aline Odzama en lui promettant le mariage. Il l'a ensuite abandonnée et qu'elle se trouvait enceinte. Elle a pu faire déclarer en justice la paternité naturelle. Elle devrait évidemment prouver qu'il y avait eu des promesses. Donc, même si elle n'a pas eu d'enfant, la jeune fille séduite par suite d'une promesse de mariage, puis abandonnée, pourra essayer de prouver la faute du prétendu fiancé, et le, préjudice qu'il lui, a causé afin de se faire attribuer des dommages et intérêts.

Si les fiançailles ont pris un caractère officiel et très avancé, s'il y a eu publication des bans, ou rédaction d'un contrat, ou envoi des invitations et faire-part de mariage, la réalisation du mariage semble sérieuse et probable.

Section 1. Le cas où l'un des fiancés est mort

Le chef de l'Etat peut, pour des motifs graves, donner son autorisation à un mariage posthume. Car toutes les démarches accomplies en prévision de la célébration du mariage marquaient la volonté du fiancé décédé, et son désir d'aboutir au mariage.

Exemplen°17

On se souvient ainsi qu'après les inondations de Fréjus, une rescapée avait perdu son fiancé dans la catastrophe, et devrait se marier dans les jours suivants. Le mariage ne put être célébré à cause du décès. La fiancée qui se trouvait enceinte, avait une raison valable de demander le mariage posthume. Et elle fit une démarche auprès du chef de l'Etat afin de l'obtenir.

Section 2. Le cas d'un accident dont la victime est l'un des fiancés

Lorsque l'accident a causé la mort de l'un des fiancés, l'autre fiancé peut demander à l'auteur de l'accident des dommages et intérêts en réparation du préjudice moral qu'il a subi. Même en cas d'accident non mortel, les juges accordent quelques fois une indemnisation à l'autre fiancé.

Exemple n°18

Ainsi fut reconnu le droit à indemnisation d'un jeune homme dont la fiancé avait été la victime, la veille du mariage, d'un accident la privant d'un bras, et ayant paralysé la main de l'unique bras lui restant.[280]

Section 3. Le cas de rupture de fiançailles

La rupture de fiançailles peu de temps avant le mariage, faite sans juste motif, est considéré comme une faute, car elle cause en général un préjudice à la victime de cette rupture. Ce préjudice consiste le plus souvent en un trouble psychologique et en une atteinte à la réputation. D'où l'octroi de dommages-intérêts. Si la rupture avait lieu bien avant la date prévue pour le mariage, celui des fiancés qui a été abandonné pourrait réclamer des dommages-intérêts, mais il devrait prouver la faute de celui de celui qui a rompu et le préjudice qu'il a subi.

Exemple n°19

« ...Après une période de vie commune, des concubins se séparent. L'ex-concubine, prétendant avoir confondu ses ressources avec celles de son concubin, réclame une part des biens acquis par, celui-ci, notamment un immeuble et un bateau. Estimant que les conditions d'existence d'une société de fait ne sont pas démontrées, les juges du fond déboutent la

[280] Voir en ce sens, Cour de Colmar, 8 décembre 1934

demanderesse. Le pourvoi en cassation formé par celle-ci est rejeté par la Chambre commerciale de la Cour de cassation[281] ... ».

Or, cette preuve est souvent difficile à faire, d'autant plus que les juges sont peu disposés à octroyer des dommages et intérêts quand la rupture a eu lieu à une date éloignée de celle du mariage, ou même quand la date du mariage n'a pas encore été fixée. Une des conséquences de la rupture des fiançailles constituera en la restitution des cadeaux. La loi déclare en effet que « Tout donation faite en faveur du mariage sera caduque, si le mariage ne s'ensuit pas ». Il s'agira évidemment des cadeaux ayant une certaine valeur. Les juges font une distinction pour appliquer la loi. La fiancée ne devra restituer les cadeaux que si elle a eu une attitude fautive qui a été la cause de la rupture. Si elle est innocente ou si son fiancé est décédé, elle peut garder les cadeaux. La coutume veut qu'il en soit de même pour la bague de fiançailles.

Section 4. Le pré mariage

Paragraphe 1. Les conditions de forme et de fond

Le pré-mariage est une convention solennelle, par laquelle un homme et une femme, avec l'accord de leur famille et, au besoin en présence du président du comité de village ou du chef de bloc, ou de leur représentant, se promettent mutuellement mariage. Le pré-mariage prend fin par la célébration du mariage devant l'officier de l'Etat civil principal. On ne peut contracter mariage sans avoir auparavant fait célébrer le pré- mariage ou obtenu des parents une déclaration écrite selon laquelle, le pré-mariage sera célébré ultérieurement.

Le pré-mariage ne peut être contracté que si les parties remplissent les conditions de fond exigées pour le mariage, excepté celle concernant l'âge. En particulier chacun des pré mariés doit donner librement son consentement indépendamment de l'autorisation des parents. Le pré-mariage est réglé par les usages et la tradition pour tout ce qui n'est pas contraire aux dispositions du Code de la famille.[282]

---

[281] Cass. com. 9 octobre 2001 (N° 98.20.394). Bull. civ. IV, n° 165. Concubinage. Société crée de fait. Conditions ; Gilles Goubeaux, Philippe Bihr, *100 Commentaires d'arrêts en droit civil, Méthodologie*, 2e édition, LGDJ, p. 105.

[282] Art. 122 à 124 du Code de la famille

Paragraphe 2. Les effets et la rupture du pré mariage

Le pré-mariage est sans effets juridiques à l'égard des tiers et dans le cas où les pré mariés n'auraient pas donné leur consentement. Au cours du pré-mariage, les pré mariés peuvent se rendre réciproquement visite ou cohabiter conformément aux usages. S'ils ne cohabitent pas, ils doivent se respecter mutuellement et se conduire l'un et l'autre, d'une manière réservée à l'égard des tiers. Tout manquement à l'une de ces obligations constitue un motif légitime de rupture souverainement apprécié par le juge. L'enfant né pendant le pré-mariage a pour père, le pré mari de sa mère sauf en cas de contestation de filiation.

Les pré mariés qui cohabitent sont placés sous le régime de la séparation des biens. Ils ne peuvent pas succéder l'un à l'autre. Les rapports entre pré mariés sont réglés par les usages. La pré-mariée est tenue d'habiter au domicile choisi par le pré mari. Le pré marié peut se prévaloir d'un préjudice en cas d'homicide commis sur la personne de l'autre pré marié. Chacun des pré mariés, après concertation des deux familles, a la droit de décider de la rupture du pré-mariage. La rupture sans motif légitimes imputable à l'un des pré mariés peut donner droit à la restitution du cadeaux reçu et au remboursement des dépenses occasionnées pour le pré-mariage. S'ils cohabitent, en cas de rupture, chacun des pré mariés reprend ses propres.

Tout autre préjudice né de la rupture du pré-mariage ou à son occasion, est réparé conformément aux dispositions générales de la responsabilité civile. Sont solidairement tenues du paiement des dommages-intérêts, les personnes qui, d'une manière quelconque, ont amené à la rupture du pré-mariage. La prolongation abusive du pré-mariage constitue un cas de rupture légitime de la part du pré-marié ou de la pré-mariée qui pourra demander la restitution du cadeau et éventuellement des dommages-intérêts. La preuve de la rupture abusive incombe à celui qui demande réparation. La prolongation du pré-mariage au-delà d'une durée de cinq ans pourra être considérée comme abusive. [283]

Exemple n° 20

A la suite de sa séparation avec leur mère, Monsieur Gaston Ngoma n'avait pas épousé symboliquement ses deux filles qu'il avait faites avec

[283] Art. 125 et 126 du Code de la famille

Mademoiselle Elise Ngatsé. En 2016, un homme vint demander la main de l'une de ses filles. Mais le frère de Mademoiselle Elise Ngatsé exigea que Monsieur Ngoma les épouse conformément à la coutume. Mais celui-ci, refusa, au motif qu'il s'était occupé seul de leur éducation et de leur entretien. . Les juges coutumiers lui donnèrent tort, et il s'exécuta en versant la somme symbolique de 60.000Frs.

Section 5. La dot

La dot est l'élément fondateur du pré mariage. Elle est régie par les articles 140 et 141 du Code de la famille. En effet, la dot a un caractère symbolique. Elle est facultative. Elle peut être payée en nature ou en espèce ou sous les deux formes. En aucun cas, son montant ne pourra dépasser la somme de 50. 000 F. Elle n'est pas remboursable. La demande d'une dot supérieure à ce montant ou son versement est réprimé conformément aux dispositions du Code pénal[284]. La dot est versée aux parents paternels et maternels de la future épouse conformément à la coutume des parties. En cas de dissentiment des père et mère sur le montant ou le principe de la dot, ce partage emporte acceptation. En cas de refus des père et mère de percevoir la dot, le conseil de famille doit statuer sur le principe et, éventuellement sur le montant de la dot.[285]

Exemple n° 21

La dot de Mademoiselle Bienvenue Ngoma s'était déroulée en deux phases : D'abord, chez son père au quartier Mapka à Pointe-Noire, où son père Monsieur Gaston Ngoma, un inspecteur des Lycées à la retraite, demanda la somme de 550 000 Frs, en sus de divers présents en nature.

Ensuite, chez son oncle maternel, un ancien secrétaire général de mairie. Celui-ci demanda la somme de 200.000Frs. Cette somme couvrait, selon lui, la valeur des présents divers : habillement de la mère et des trois tantes maternelles, quatre pairs de sandales, des bijoux et des foulards de tête, des ustensiles de cuisine, une houe, une machette, une lampe luciole, un couvre lit en laine, des boissons….

Une année après, cette union fut rompue, aux torts de la pré mariée. Son mari demanda le remboursement de la dot. Au cours des pourparlers du 14

[284] Art. 140 du Code de la famille
[285] Art. 141 du Code de la famille

septembre 2017 et séance tenante, les parents maternels de la femme remboursèrent la somme de 200.000Frs. Quant à Monsieur Ngoma, après évaluation des présents en nature, il s'est retrouvé avec une dette de 2.475.000Frs. Séance tenante, il présenta la somme de 35.000Frs en guise d'acompte, mais le mari et ses parents refusèrent. Les juges coutumiers retinrent cette somme comme les frais de leurs prestations.

CHAPITRE 2. LE MARIAGE

Le mariage civil, qui a seul valeur juridique au regard de la loi, est, dans la presque totalité des cas, célébré à la mairie, par un officier de l'état civil. Mais les conditions de forme ne sont pas suffisantes pour faire un mariage valable. Il existe, en effet, de nombreuses autres conditions à remplir, qui sont des conditions de fond. Si toutes ces conditions (de forme et de fond) ne sont pas remplies, on se trouve souvent en présence d'un cas d'annulation du mariage[286]. L'annulation est plus ou moins facile selon que la nullité encourue est une nullité absolue ou une nullité relative. Dans certains cas extrêmes, il peut même y avoir une pure inexistence du mariage.

Section 1. Les conditions de validité du mariage

Ces conditions sont nombreuses et variées.

L'aptitude physique au mariage. La loi requiert la réunion de certaines conditions purement physique qui correspondent à l'idée de mariage.

Paragraphe 1. La différence de genre

Cette condition paraît évidente. Aussi la loi ne l'a pas exprimé clairement, mais l'a sous-entendue en employant les qualificatifs : un homme et une femme. Mais le problème pourra se poser dans certains cas exceptionnels où la nature a mal achevé son œuvre, et où il sera possible de constater une malformation de sexe chez l'un des époux. Il faut distinguer le cas de l'impuissance qui n'est pas, elle, un empêchement au mariage (l'impuissance étant souvent très difficile à établir médicalement avec certitude). D'une absence de distinction de sexe entre les époux résultera tout simplement l'inexistence du mariage. Ce fait devra être constaté médicalement. Quant au transsexualisme, il a maintenant été jugé que les transsexuels pouvaient faire modifier leur état civil.[287]

Paragraphe 2. La puberté

La puberté est une condition physiologique qui permet la réalisation du mariage. L'âge de la puberté peut être très différent selon les individus. Mais

---

[286] Voir en ce sens, H. D. Amboulou, *Le mariage et les régimes matrimoniaux en droit congolais*, Op. cit.

[287] Voir en ce sens, Cass. Ass. plén. 11 décembre 1992

il est possible un âge moyen de la puberté, qui sera variable en général selon les pays et leur situation géographique. Au Congo, l'âge légal de la puberté est fixé à 18 ans pour la femme et 22 ans pour l'homme. Si les époux n'avaient pas atteint cet âge minimum au moment de la célébration du mariage, celui-ci serait nul d'une nullité absolue. Mais le procureur de la République du lieu de la célébration du mariage peut accorder des dispenses pour motif grave. Ce motif sera en général la grossesse de la future épouse, qui prouvera en même temps son aptitude physiologique au mariage. Ces demandes de dispense d'âge ne sont pas très fréquentes.

Paragraphe 3. L'examen médical

Il est obligatoire pour les époux de subir un examen médical prénuptial chez un médecin de leur choix. L'attestation de cet examen devra être déposée à la mairie en même temps que d'autres pièces, sinon les publications de mariage ne peuvent être régulièrement faites. S'il est obligatoire de passer cet examen, la communication de ses résultats est réservée aux seuls intéressés qui n'ont pas à en faire part à l'officier de l'état civil. Cet examen consiste en des examens sanguins et radioscopiques propres à déceler les maladies qui pourraient être dangereuses pour le conjoint et pour les enfants. L'intéressé reste entièrement libre de communiquer ou non à l'autre fiancé. En cas de maladie grave, la communication des résultats est évidemment une obligation morale pour le fiancé atteint. Cet examen prénuptial, tout en respectant la volonté individuelle, correspond à une préoccupation de santé publique de la part de l'Etat. Le dépistage du SIDA n'est pas obligatoire.

Section 2. Le consentement

La gravité du mariage exige que le consentement soit donné avec sérieux et certitude. Il s'agit de respecter au maximum les volontés des futurs époux. Aussi rien ne doit entraver la totale et absolue liberté de leur consentement. Rien ne doit les empêcher de se décider librement le jour du mariage. C'est pour cette raison que les fiançailles n'ont pas de valeur juridique. Pour cette raison aussi que la famille doit intervenir le moins possible dans la décision de mariage, surtout quand les fiancés sont majeurs. Une intervention extérieure ne sera exigée que lorsqu'on a de sérieuses raisons de penser que les fiancés n'ont pas une maturité suffisante pour juger l'importance de leur engagement.

Paragraphe 1. La certitude de la volonté

Le problème de la certitude de la volonté de se marier peut se poser dans certains cas.

Le mariage « in extremis ». Un individu moribond peut-il exprimer librement sa volonté ? S'il est incapable de parler, il appartient au juge de relever et d'interpréter les signes par lesquels il a voulu affirmer sa volonté.

Exemple n°22

Un jeune homme est victime d'un grave accident : trois jours plus tard, l'officier de l'état civil se rend à la clinique et l'unit à sa fiancé[288] ; le jeune époux meurt le lendemain ; les parents du jeune homme demandent alors l'annulation, en prétendant que leur fils n'a pas pu donner valablement son consentement ; mais la Cour de cassation déclare que le mariage est valable car « lors de la cérémonie, le jeune homme a, par ses larmes et son regard, au moment où l'officier de l'état civil lui a posé la question du consentement, répondu oui au mariage qu'il avait décidé de contracter avant son accident ».

Il faut, en effet, que le moribond ait manifesté l'intention de se marier avant l'accident, en ayant traité à cette époque la jeune fille en véritable fiancée. S'il n'y avait jamais eu projet de mariage, le mariage « in extremis » serait plus discutable.

Le cas de démence. Le consentement donné par un aliéné n'est pas valable. Il faut cependant faire une distinction en cas de folie intermittente. Car le consentement donné pendant un intervalle de lucidité, même si l'époux retombe plus tard dans la folie, est valable.

Le cas du mariage simulé. Le consentement doit être sérieux et doit, correspondre à la volonté de s'unir à une personne dans l'esprit du mariage congolais. Le mariage serait nul, de nullité absolue, si le but recherché était tout différent.

Exemple n°23

Monsieur Wagué, un Malien, avait épousé une Congolaise, Mademoiselle Kitoko Pauline en 2001 dans le seul but d'acquérir la nationalité congolaise

[288] Jugé par la Cour de cassation en janvier 1968

dont il avait besoin pour passer de l'enclave cabindaise au territoire angolais afin de s'y installer comme commerçant.

En 2018, Monsieur T..., un autre Malien ne justifiant d'aucun titre professionnel, qui voulait se faire passer pour un pharmacien, avait épousé une Congolaise, Mademoiselle Mb..., dans le but d'acquérir la nationalité. Leur acte de mariage indiquait un mariage monogamique. Les travaux de construction de son Officine furent arrêtés à la suite d'une grève des pharmaciens, ceci en prévention de l'exercice illégal de la profession. Et plus tard, les résultats de l'enquête menée par voie diplomatique, révélèrent que l'homme avait deux femmes dans son propre pays.

Actuellement le mariage blanc est essentiellement utilisé par les personnes de nationalité étrangère, qui souhaitent obtenir la nationalité congolaise (elles peuvent, en effet, l'obtenir par déclaration deux ans leur mariage avec une congolaise, une enquête pouvant toutefois être ordonnée pour s'assurer de l'effectivité de la communauté de vie ou pour obtenir un titre de séjour.

Paragraphe 2. L'intégrité du consentement

Si le consentement d'un époux a été vicié, une annulation du mariage sera possible. Mais quels sont les vices susceptibles d'entraîner une annulation du mariage ?

La simple tromperie, même grave est insuffisante. Nous pouvons rappeler ici la formule « En mariage, il trompe qui peut ». Ainsi, si un conjoint a trompé l'autre sur sa fortune, son caractère, sa race, sa santé, sa religion, sa virginité ou sa grossesse, l'annulation du mariage n'est pas possible. Il peut cependant y avoir une exception pour des faits très graves.

Exemple n°24

Monsieur Pierre Assali s'était aperçu, après son mariage, que sa femme née Pascaline Issemba avait une attitude bizarre. Il se rendit compte qu'elle était depuis longtemps malade mentale, et que ses beaux-parents lui avaient caché ce fait pendant les fiançailles. On lui permit de demander l'annulation.

Exemple n°25

« ...Un couple marié entretient des rapports conflictuels, au point que la femme est condamnée à verser à son mari des dommages et intérêts pour avoir fait preuve à son encontre d'une insistance procédurière injustifiée ; elle était, en effet, intervenue à plusieurs reprises auprès du juge des tutelles afin d'obtenir que soit appliqué à son mari le régime prévu pour les majeurs incapables. Ultérieurement, le mari, invoquant la faute ainsi reconnue et sanctionnée demande le divorce et obtient qu'il soit prononcé aux torts exclusifs de la femme. Celle-ci se pourvoit en cassation, mais en vain : son pourvoi est rejeté[289]... ».

L'erreur sur la personne. Elle peut entraîner l'annulation du mariage, si elle a été déterminante. C'est le demandeur à l'annulation qui doit rapporter la preuve que s'il avait connu l'état civil de son conjoint, il ne se serait pas marié. De même, s'il y a erreur du futur marié sur une qualité essentielle concernant son conjoint, l'annulation peut être obtenue à condition toujours que le demandeur rapporte la preuve qu'il a été trompé sur une des qualités essentielles de la personne avec laquelle il comptait convoler.

Exemple n°26

Monsieur Grégoire Koli, un époux profondément religieux a pu voir annuler son mariage parce que Simone Ondoumba, son conjoint lui a caché une précédente union religieuse ;

- annulation accordée également pour un mariage avec Monsieur Léon Lekou, un condamné de droit commun,
- annulation également accordée pour un mariage avec Monsieur Aurélien Tongo, une personne sous curatelle, etc.

Précisons encore que la rigueur du droit positif congolais est aujourd'hui largement compensée par la libéralisation de la jurisprudence du divorce. Dans la plupart des cas où la demande d'annulation du mariage par erreur sur la personne était, en réalité, la conséquence d'une mésentente entre les époux, il serait désormais possible de divorcer facilement.

La violence. La pression effectuée par les parents sur leurs propres enfants pour la réalisation d'un mariage ne sera jamais jugée suffisante pour entraîner l'annulation. Il y a violence lorsqu'elle est de nature à faire l'impression sur une personne raisonnable, qu'elle peut lui inspirer une crainte d'exposer sa personne ou sa fortune à un mal considérable et présent.

---

289 Cass. civ. 2e, 14 novembre 2002 (n°01.03.217). Bull. civ. II. N° 256. Divorce. Faute. Responsabilité civile ; Gilles Goubeaux, Philippe Bihr, *100 Commentaires d'arrêts en droit civil, Méthodologie*, 2e édition, LGDJ, p. 109.

Exemple n°27

Ainsi un Corse avait obligé un homme à épouser sa fille qu'il estimait déshonorée, sous la pression de violentes menaces (menaces de mort) ; l'époux demanda par la suite l'annulation du mariage.[290]

Paragraphe 3. Le consentement des parents

Le consentement des parents est nécessaire pour le mariage d'un mineur. Car on pense que le mineur peut manquer de maturité, et risque de s'engager à la légère. L'absence de consentement des parents entraînerait une nullité relative du mariage.

Le caractère du consentement. Le consentement des parents peut être oral (lorsqu'ils à la cérémonie) ou écrit. Mais il ne doit pas s'agir d'une simple lettre. L'écrit doit être rédigé selon certaines formalités. En effet, le consentement doit alors être donné avant le mariage, devant un notaire ou l'officier de l'état civil du domicile ou de la résidence des parents. Ce consentement doit concerner le mariage avec une personne déterminée. Ce consentement est révocable, c'est-à-dire que les parents peuvent le retirer jusqu'au moment du mariage.

Qui doit donner son consentement ? Si l'enfant a ses parents, les deux parents doivent être prévenus, mais le consentement d'un seul suffit, même si l'autre est vivant et ne état de manifester sa volonté. Si l'enfant n'a plus ses parents, le droit de consentir au mariage ne passe pas au tuteur mais aux aïeux les plus proches en parenté. Il suffit que l'un des grands-parents consente au mariage. Si l'enfant n'a plus ni parents ni grands-parents, la décision sur le mariage reviendra au conseil de famille.

Le cas de l'enfant naturel. Il suffit du consentement d'un des parents naturels vis-à-vis desquels la filiation est établie. Si les parents naturels sont inconnus ou décédés, la décision revient au conseil de famille. Mais il n'y a aucun lien juridique un enfant naturel et ses grands-parents.

Le cas de l'enfant adoptif. Le consentement d'un seul des parents adoptifs suffit. Il n'y a aucun lien juridique entre un enfant adoptif et ses grands-parents adoptifs.

---

[290] Voir en ce sens, Bastia, 27 juin 1949

Section 3. Les conditions morales et sociologiques

Paragraphe 1. La situation de la polygamie

Le mariage avec une seule femme est un principe de la culture juridique européenne. Ce principe n'est pas adopté dans tous les pays. Ainsi les Africains en général, les musulmans et les congolais en particulier admettent le mariage avec plusieurs femmes. Au Congo, une personne qui désire se marier ne doit pas être liée par une précédente union. Il faut que la première union ait été dissoute ou obtenir l'accord de la seconde future femme. A moins qu'il n'ait opté pour le régime de la polygamie prévu à l'article 206 du Code de la famille. L'alinéa 2 de cet article dispose, en effet, que les époux mariés sous le régime de la polygamie sont placées sous le régime de la séparation des biens[291]. Ce qui n'est pas évident. Ou encore, il faut être célibataire, ou veuf ou divorcé. L'individu qui passerait outre à, ces conditions se rendrait coupable de bigamie. Le mariage serait nul, et la personne coupable serait passible de sanctions pénales. Il est d'ailleurs très difficile en pratique de réaliser un second mariage sans que cela ne soit connu du public ou de l'entourage du mari ou de la femme. Car les fiancés doivent présenter à l'officier de l'état civil une copie d'acte de naissance datant de moins de trois mois. Or un précédent mariage s'y trouverait indiqué. Le premier conjoint, averti des projets de mariage de son époux, pourrait y faire opposition. Si un époux disparaît pendant un certain temps sans donner de ses nouvelles, et finit par être déclaré absent, son conjoint ne peut pas se remarier tant que dure ce régime d'absence, car l'époux est présumé vivant. Pour qu'un deuxième mariage soit possible, le premier mariage doit avoir été dissout par la mort ou par le divorce.

Paragraphe 2. L'interdiction du mariage entre parents

Cette interdiction a deux fondements :

- Un fondement moral. La société reprouve l'inceste, et tout ce qui risque d'avoir un caractère incestueux.
- Un fondement médical. Les unions consanguines favorisent le développement des tares et peuvent entraîner la dégénérescence d'une descendance.

---

[291] Art. 206 du Code de la famille

Paragraphe 3. L'interdiction du mariage entre parents et enfants

L'interdiction de mariage entre ascendants et descendants est absolue (parents, grands-parents, arrière-grands-parents, enfants, petits-enfants, arrière-petits-enfants). Peu importe que la filiation soit légitime, naturelle ou adoptive. Est aussi interdit le mariage avec un allié en ligne directe, c'est-à-dire avec le conjoint de l'un de ses ascendants ou de l'un de ses descendants, décédé ou divorcé.

Toutefois, on peut obtenir dans ce cas une dispense (la dispense permettant de réaliser un mariage doit être accordé par le Président de la République, pour un motif grave), mais seulement si le premier conjoint est décédé (par exemple : un beau-père pourrait épouser sa bru, avec dispense, après la mort de son fils). Un problème se pose en cas de filiation naturelle non établie juridiquement. Car s'il n'y a pas eu reconnaissance, il n'y a pas de lien juridique entre parent et enfant. Le mariage serait-il possible dans ce cas ? Les juges ont une opinion divisée sur ce problème.

Exemple n°28

On peut citer une décision ancienne, mais qui reflète encore l'opinion de beaucoup de juges : en 1850, le Tribunal civil de la Seine avait jugé « que le mari survivant ne peut pas épouser la fille naturelle, même non reconnue, de sa femme décédée… ».

Paragraphe 4. L'interdiction du mariage entre frères et sœurs

Tout mariage entre frères et sœurs légitimes, naturels ou adoptifs et interdit. Le mariage entre frères et sœurs légitimes, naturels n'est pas possible. Mais en cas d'adoption, des dispenses peuvent être accordées, car les enfants, s'ils ne sont pas issus des mêmes parents, n'ont pas de lien de sang. Ainsi une dispense pourra être accordée pour les frères et sœurs adoptifs. Il est aussi interdit, sauf dispense, d'épouser ses alliés au second degré (beaux-frères, belles-sœurs). Et la dispense ne sera accordée qu'en cas de mort du premier conjoint, jamais en cas de divorce.

Paragraphe 5. L'interdiction du mariage entre oncle-tantes, et nièces-neveux

Le mariage est interdit est interdit entre oncles-tantes, neveux, nièces qu'il s'agisse de la famille légitime ou naturelle. Une dispense peut être accordée dans la famille adoptive.

Paragraphe 6. Le délai de viduité

Toute femme qui survit à la dissolution de son mariage doit laisser s'écouler 300 jours avant de contracter un nouveau mariage. Ce délai a moins pour but le respect de la décence que le désir d'éviter des conflits de paternité. En effet, ces 300 jours correspondent à la période légale de grossesse. Tout enfant né pendant cette période sera donc présumé être l'enfant du mari. Ce qui explique que le délai commence à courir le jour du décès du mari, le jour de l'ordonnance de résidence séparée en cas de divorce. Le délai pourra être abrégé si le conflit de paternité n'est pas possible : si la femme a accouché depuis la séparation d'avec son mari, si elle produit un certificat médical qui atteste qu'elle n'est pas en état de grossesse, ou encore, par ordonnance du président du tribunal de grande instance, s'il est prouvé que le précédent mari n'a pas cohabité avec sa femme.

Section 4. La célébration du mariage

Le mariage est entouré de toutes sortes de solennités et de formalités, propres à démontrer que toutes les conditions sont remplies, et qui ensuite serviront de preuves au mariage.

Paragraphe 1. Les formalités antérieures à la célébration du mariage

Il est conseillé de se rendre à la mairie un mois environ avant la date projetée pour la célébration. Un dossier sera remis aux futurs époux. Il permettra l'accomplissement des deux formalités suivantes.

La publication des bans. Le but de cette publication est de faire connaître officiellement le projet de mariage, afin que toute personne qualifiée puisse faire opposition et dévoiler les empêchements au mariage. La publication doit-être faite au moins 10 jours avant le mariage. Elle est valable toute l'année qui suit la date de publication. Au-delà d'1 an, si le mariage n'a pas lieu, il faudrait recommencer la publication. La publication consiste en l'affichage des noms, prénoms, domicile et résidence de chacun des futurs époux. Pour raisons graves, le procureur de la République peut dispenser de l'affichage et du délai (mariage « in extremis ») ou seulement de l'affichage (régulation d'un concubinage).

La mise des pièces à l'officier de l'état civil. La réunion de ces pièces permet à l'officier de l'état civil de vérifier si toutes les conditions permettant le mariage sont bien remplies. La pièce essentielle est la copie de l'acte de naissance datant de moins de trois mois. Elle permet à l'officier de l'état civil de vérifier l'âge des fiancés, leur identité et leurs antécédents civils.

Si l'acte de naissance était impossible à trouver, il pourrait être remplacé par un acte de notoriété, délivré par un notaire ou le juge d'instance du lieu de naissance ou du domicile, sur attestation de trois témoins. Cet acte devrait être homologué par le tribunal du lieu de célébration du mariage. Les autres pièces à remettre sont : le certificat prénuptial, la preuve du consentement des parents si un fiancé est mineur, la preuve de la dissolution du précédent mariage et de l'écoulement du délai de viduité en cas de remariage.

Paragraphe 2. Le déroulement de la cérémonie

L'échange de consentements devant l'officier de l'état civil. Le mariage est créé par l'échange des consentements. Mais celui-ci doit-être recueilli par un officier de l'état civil, sinon il y aurait nullité du mariage. L'officier de l'état civil doit être compétent territorialement (compétence *ratione loci*), c'est-à-dire qu'il n'a le droit de célébrer que les seuls mariages dans le ressort de sa circonscription territoriale ou administrative où il exerce ses fonctions (s'il est maire d'un commune, il ne peut officier que les mariages ayant lieu dans sa commune). Le problème s'est souvent posé pour l'intérim organisé entre les administrateurs- maires, officiers de l'état civil, à l'intérieur des arrondissements d'une même commune. Les administrateurs-maires eux-mêmes devant prêter serment à leur entrée en fonction devant le tribunal de grande instance du ressort de leur circonscription.

L'officier de l'état civil doit aussi être compétent temporairement (compétence *ration temporis*), c'est-à-dire qu'il n'a le droit d'officier les mariages que dans l'intervalle du temps où il est en fonction. L'officier de l'état civil vérifie la régularité des pièces fournies. Avant de demander l'échange de consentements, il lit aux futurs époux les obligations qui résulteront de leur mariage.

Le caractère public de la célébration. Le mariage ne peut avoir lieu que dans un endroit où l'u des époux est supposé connu, où il a son domicile ou sa résidence. Le mariage doit avoir lieu à la mairie, toutes portes ouvertes (exception : en cas de mariage « in extremis » où l'un des futurs est moribond et ne peut se déplacer). Le mariage doit être célébré devant deux couples témoins[292].

Pendant la guerre, les mariages par procuration. Normalement, le président de la République devrait, pour motifs graves, autoriser la célébration d'un mariage après décès si le défunt a accompli les formalités officielles marquant son consentement. La question s'est posée pour de simples arrangements ou des dispositions préalables et préparatoires.

Exemple n°29

Le cas d'un couple qui, ayant été invité à la mairie de Talangaï le 5 mars 2013 pour accomplir le dépôt des pièces de l'état civil, en vue des formalités du mariage, lorsque le futur époux périt le dimanche 4 mars au cours du drame occasionné par les explosions de Mpila, c'est-à-dire la veille même du rendez-vous, alors que sa concubine, elle, en avait survécu. Il en est de même, s'agissant d'un jeune militaire qui fut mobilisé dans le département du Pool et en mourut alors qu'il s'organisait à célébrer son mariage avec sa concubine. L'acte de mariage est dressé sur le champ et signé par les époux, leurs témoins, le chef de famille de l'épouse qui a reconnu le versement de la dot et par l'officier d'état civil.

Section 5. Les oppositions et les nullités

Paragraphe 1. Les oppositions au mariage

L'opposition est un acte par lequel une personne déclare qu'il y a un empêchement au mariage projeté. Cet acte, transmis à l'officier d'état civil, interdit à celui-ci de célébrer le mariage tant que l'opposition n'aura pas été levée. Ce système permet une intervention indirecte des familles qui peuvent ainsi influencer un fiancé, même majeur, en l'obligeant de retarder son mariage, espérant qu'il utilisera ce temps à réfléchir plus longuement[293]. Mais une opposition n'obligera jamais une personne à renoncer à son

---

[292] Voir en ce sens, H. D. Amboulou, *Le mariage et les régimes matrimoniaux en droit congolais*, Op. cit.
[293] Voir en ce sens, H. D. Amboulou, *Le mariage et les régimes matrimoniaux en droit congolais*, Op. cit.

mariage si toutes les conditions de validité du mariage sont dûment remplies. Elle ne pourrait au plus, dans ce cas que le retarder.

Exemple n°30

Monsieur Ng.... avait surpris son épouse née S....en flagrant délit d'adultère avec son chauffeur. Pour leur honneur, il résolu de taire la situation en gardant sa femme. Mais conscient de la perte de confiance et de cette trahison, il décida d'épouser une deuxième femme malgré tout, après avoir rencontré le refus de la première femme qui, s'étant infiltrée dans la salle de mariage, brandît l'acte du précédent mariage, non encore dissout. Elle créa le trouble, et la police eût juste le temps d'évacuer la salle de mariages de la mairie.

Paragraphe 2. Qui peut faire opposition ?

Les ascendants. Ils peuvent faire opposition au mariage, qu'ils soient parents légitimes, naturels ou adoptifs. Ils doivent indiquer dans leur opposition un motif légal, c'est-à-dire l'absence d'une des conditions de validité du mariage. Si ce motif était mensonger, les ascendants n'encouraient aucune sanction. L'opposition serait rejetée, mais ils auraient pu faire reculer le mariage.

Exemple n°31

Après renseignements, Monsieur Benoît Opoh découvrît que son défunt demi-frère avait eu un fils avec une femme, Mademoiselle Hélène Kandzi, elle aussi décédée. Ile défunt n'avait pas reconnu ce fils. A la mairie de Talangaï, ce fils se mariait avec l'une de leur nièce et Monsieur Opoh souleva l'opposition pour inceste. Le problème juridique en débat est de savoir si ce demi-frère est par le lien juridique un ascendant et si le fondement de l'inceste est de nature simplement légale ou biologique.

Les autres parents. Les frères ou sœurs, l'oncle ou la tante, le cousin ou la cousine germains, majeurs ne peuvent faire opposition que dans deux cas : lorsque le consentement du conseil de famille était nécessaire et n'a pas été obtenu, ou en cas de démence du futur époux. Le conjoint non divorcé pourra aussi faire opposition à un projet de mariage de son époux, qui entraînerait la bigamie. Quand l'opposition est jugée non valable et est rejetée, les opposants autres que les ascendants peuvent être condamnés à des dommages-intérêts.

Exemple n°32

A la mort du père de Mademoiselle Aninga, le Conseil de famille s'était terminé en queue de poisson. Les frères de son défunt père accusaient la veuve, sa mère, d'avoir trahi son mari. Ce qui aurait entraîné leur frère, selon eux. Ils exigèrent des amendes que la veuve n'avait pas payées. En 2014, ils refusèrent de recevoir la dot d'Aninga, et son mari la dota seulement auprès de ses parents maternels. Le jour du mariage, le cadet de son père souleva l'opposition.

Paragraphe 3. Comment faire opposition ?

L'opposition est faite par un acte d'huissier, où l'on indique qui est opposant, quels sont les motifs, et sur quel texte de la loi il fonde son opposition[294]. Cet acte est envoyé aux futurs époux et à l'officier d'état civil. L'officier d'état civil a interdiction de célébrer le mariage tant que dure l'opposition. En principe une opposition est valable 1 an. Mais elle peut être levée avant, si les opposants la retirent. , ou bien si le tribunal, saisi par les futurs époux déclare que l'opposition n'est pas fondée. L'opposant peut alors faire appel de la décision devant la cour d'appel. Dans ce cas, la cour d'appel doit rendre une décision dans les dix jours, pour que le mariage ne soit pas retardé abusivement. Si l'opposition d'un ascendant est rejetée, un autre ascendant ne pourra pas faire opposition.

Exemple n°33

A Pointe-Noire, en 2019, une jeune future mariée ne s'était pas présentée à la mairie du 5e arrondissement Mongo-Mpoukou le jour du mariage où l'attendaient son mari, les parents et tous les invités. Selon leurs propres témoignages, le futur marié et le père de la fille qui prient dans la même Eglise de réveil, l'avaient, après la dot ce vendredi, déposée chez la coiffeuse qui habite avec son mari à proximité de leur Eglise où elle devrait y passer nuit jusqu'à l'heure du départ à la mairie. Cela se passait la veille. Le samedi matin, comme elle ne se présentait pas à la mairie et qu'il était l'heure de

---

294 Voir en ce sens, H. D. Amboulou, *Le mariage et les régimes matrimoniaux en droit congolais*, Op. cit.

fermeture des bureaux, l'officier d'état civil décida d'ajourner le mariage, et promît le célébrer le jour où elle se présenterait. Mais les parents du futur époux menacèrent de faire opposition.

Paragraphe 4. Les nullités au mariage

Tout empêchement à mariage non respecté n'entraîne pas forcément la nullité du mariage. Certains empêchements non respectés entraînent la nullité, mais cette nullité ne peut pas, être demandée par n'importe qui, ni à n'importe quel moment. Il faut ensuite faire une distinction entre les nullités absolues et les nullités relatives. Une nullité relative ne peut être invoquée que par un nombre très restreint de personnes.

1. **L'inexistence du mariage.** Cette hypothèse diffère des cas de nullité. L'inexistence du mariage résulte d'un manquement plus grave encore que celui entraînant une nullité. Il y a inexistence du mariage lorsque fait défaut un élément essentiel du mariage. Par exemple si les deux époux sont de même sexe, ou s'il n'y a pas eu de consentement du tout, ou si le mariage n'a pas été célébré par un officier civil. Dans ce cas le mariage est réputé n'avoir jamais existé. Et il n'est pas nécessaire d'avoir recours à une décision de justice semblable à celle qui proclame une annulation. Si un tribunal se trouve saisi, il se borne à constater l'inexistence d'un « acte apparent ».

Exemple n°34

A l'insu de leurs parents, deux jeunes gens (un homme et une fille) organisèrent un mariage frauduleux à la mairie de l'arrondissement n°1 Lumumba de Pointe-Noire, en 2014. Après avoir suborné, moyennant de l'argent, les témoins et un chef de zone qu'ils présentèrent à l'officier d'état civil comme l'oncle paternel de la future mariée qui avait reçu la dot, le maire célébra le mariage. Le procureur de la République, informé de cette fraude par le père de la fille qui résidait à Brazzaville, ordonna l'arrestation du jeune homme et fît annuler ce mariage. La jeune fille menaça de se suicider.

Paragraphe 5. Les empêchements simplement prohibitifs

Ces empêchements sont beaucoup moins graves que ceux susceptibles d'entraîner une nullité. Un mariage conclu au mépris d'un empêchement simplement prohibitif sera rarement déclaré nul par la suite. Mais l'existence d'un tel empêchement suffit pour rendre impossible la célébration du mariage, car l'officier d'état civil qui en a connaissance a interdiction de procéder au mariage (empêchement prohibitif : ce mot vient du verbe prohiber, car l'empêchement interdit la cérémonie). Donc en pratique, il serait difficile de passer outre à un empêchement de ce genre. Mais si le mariage avait cependant lieu, il pourrait être valable. Les empêchements prohibitifs correspondent en général à l'absence d'une formalité nécessaire : défaut de publication préalable, existence d'une opposition, défaut d'examen médical prénuptial, non-respect du délai de viduité pour la femme en cas de remariage, défaut d'autorisation de l'autorité hiérarchique pour les militaires.

Exemple n°35

A Pointe-Noire, en 2002, Madame K…née O…avait caché sa grossesse au moment où elle arrivait dans le foyer. Peu de temps après, son mari l'épousa à l'état civil, sans procéder à l'examen médical prénuptial. Mais 5 mois après, elle accoucha d'un enfant métisse. On déduisit que l'auteur de la grossesse était homme d'une autre race et qu'elle l'avait eue avant cette union. A cause de la clameur publique et de la pression de ses parents, son mari contesta la paternité de l'enfant et demanda l'annulation du mariage.

2. **Les nullités absolues.** Il y a nullité absolue lorsque fait défaut une condition importante de validité du mariage.

a). Les cas de nullité absolue

Il y a nullité absolue dans plusieurs hypothèses :

- Si le consentement a été donné par une personne ne possédant pas une volonté saine (cas de folie) ;
- S'il y a impuberté de l'un des époux ;
- S'il y a bigamie ou inceste (parenté trop proche) ;
- S'il y a clandestinité de la célébration ou incompétence territoriale de l'officier de l'état civil.

Toutefois, dans les deux derniers cas, les juges n'annulent le mariage en général que s'il y a eu fraude à la loi (c'est-à-dire si cette irrégularité a eu pour but de tourner la loi congolaise) ».

Exemple n° 36

En septembre 2019, un juriste professionnel avait contracté mariage devant l'Officier de l'Etat civil de la mairie centrale de Pointe-Noire. En complicité avec cet Officier, ce juriste dissimula l'option polygamique qu'il avait choisie avec son épouse pour tromper la vigilance du Curé de la Paroisse où leur union devrait être bénie. Le même jour, une messe de bénédiction nuptiale fut dite en l'Eglise catholique. Informé de cette fraude à la loi, l'Evêque du Diocèse, en tant qu'Ordinaire des Lieux, prononça la nullité de ce mariage religieux.

b). Qui peut invoquer cette nullité ?

Toute personne ayant un intérêt matériel ou moral à l'annulation. Ont toujours un intérêt moral à mettre fin à une situation irrégulière : les époux eux-mêmes ou leurs ascendants. Peut aussi avoir un intérêt moral à agir le ministère public, qui est composé des magistrats représentant la société, et ayant le devoir de dénoncer devant la justice toutes les situations qui peuvent porter atteinte à l'ordre général. Ont souvent un intérêt matériel à agir : les frères et sœurs, les enfants d'un premier lit, les créanciers.

Exemple n°37

Monsieur M…, un agent du Chemin de Fer Congo Océan (CFCO) à la retraite avait épousé à l'état civil sa femme née Nd…, sous la pression de cette dernière, sans en informer ses proches parents. Seul, dit-on, l'oncle de la femme et leurs témoins étaient présents à la cérémonie qui s'était déroulée, de façon sobre, dans le bureau du sous-préfet de Mbinda où il était en séjour chez sa belle-famille. A sa mort, la veuve a été reniée par les parents et un enfant du défunt issu d'un premier lit, qui ne reconnurent pas cette union, en invoquant que ce mariage était célébré dans la clandestinité. Ils demandèrent son annulation.

c). Quand peut-on invoquer cette nullité ?

Il n'est pas possible d'invoquer la nullité absolue dans tous les cas. Exemple : en cas de clandestinité du mariage ou d'incompétence de l'officier d'état civil, les époux ne pourront pas demander l'annulation s'ils ont la possession d'état d'époux (s'ils cohabitent et sont considérés par tous comme légalement mariés). En cas de décès de l'un des époux, le ministère public n'aura plus le droit d'invoquer une nullité absolue du mariage[295]. En cas d'impuberté de l'un des époux, la nullité ne peut plus être invoquée 6 mois après que l'impubère a atteint l'âge requis ; ou s'il s'agit de la femme, à partir du moment où elle est enceinte.

Exemple n°37

En 2005 à Pointe-Noire, Monsieur Mb... avait fait, par acte notarié, donation à sa future épouse Mademoiselle P... de divers biens. Un autre acte du même notaire datant du mois suivant portait promesse de mariage. 6 mois après, il tomba malade et à la dernière hospitalisation, il fit venir l'officier d'état civil au chevet de son lit d'hôpital. Celui-ci le maria avec sa femme, en présence de deux témoins et de deux parmi les sœurs du marié, elles aussi mariées, qui veillaient à l'hôpital et qui louèrent la démarche. Il mourut 2 jours après. A cause de sa fortune, ses parents incriminèrent les deux sœurs du défunt et les traitèrent de traîtres pour leur avoir caché le plan de mariage. Puis ils demandèrent l'annulation de ce mariage.

3. **Les nullités relatives.** Les nullités relatives ne peuvent être invoquées que par un nombre restreint de personnes. Et les délais pour agir en annulation sont très brefs. Une annulation trop tardive entraînerait des difficultés et des bouleversements trop grands quand le ménage est constitué depuis longtemps, et que les enfants sont nés de cette union.

Exemple n°39

Au sortir des événements de 1997, Monsieur L...., un jeune Professeur de Lycée, originaire du département de la Cuvette, est affecté à Nkayi où il est tombé amoureux d'une fille, Mademoiselle E... et la prît en mariage. Revenu à Brazzaville, 6 ans plus tard, avec sa famille, après son admission au concours de l'ENAM, en vue du changement de carrière, ses parents découvrirent que son épouse est sa cousine, car fille d'un de ses oncles. Cet oncle travaillait à la Saris, la sucrerie de Nkayi, où il s'était installé depuis l'année 1978, avant sa mort en 1994. Le père de son épouse, en effet, n'avait pas créé, de son vivant, le moindre contact entre sa famille d'origine et ses enfants issus de deux lits et dont les mères étaient toutes originaires du département du Niari. La famille se réjouit aussitôt d'avoir retrouvé leur

[295] Voir en ce sens, H. D. Amboulou, *Le mariage et les régimes matrimoniaux en droit congolais*, Op. cit.

nièce et on s'employa à demander l'annulation du mariage, tant la parenté était trop proche.

Les cas de nullité relative. Il existe deux cas de nullité relative : la présence d'un vice de consentement (erreur ou violence) chez l'un des époux et le défaut de consentement des parents du mineur.

Exemple n°40

En 2010, un Congolais fit changer le nom de sa fille pour lui faire bénéficier d'un certificat d'hébergement et du visa d'entrer au Canada. Arrivée à destination, l'hébergeur auquel le nom était attribué à la fille, un homme suffisamment âgé et célibataire, abusa de la fille démunie et inoffensive et la contraignît au mariage, sous la menace de la rapatrier. Elle tomba enceinte 5 mois après.

L'action en nullité. En cas de vice de consentement, seul l'époux dont le consentement n'a pas été libre peut agir en annulation. Mais il doit agir dès qu'il découvre le vice de son consentement. Six mois après cette découverte, s'il a continué à cohabiter avec son conjoint, il ne serait plus recevable à agir en annulation. En cas de défaut de de consentement de la famille du mineur, seules peuvent agir en annulation les parents dont le consentement était nécessaire à la célébration du mariage, ou l'époux mineur.

Les personnes dont le consentement était requis ne peuvent plus agir en annulation si elles ont par la suite donné leur consentement (même tacitement, en hébergeant le jeune foyer par exemple) ou si un an s'est écoulé depuis qu'elles ont eu connaissance du mariage. L'époux mineur ne peut plus agir en annulation quand 1 an s'est écoulé depuis qu'il a atteint sa majorité.

Paragraphe 6. Les effets de l'annulation

L'annulation produit des effets graves, car le mariage est censé n'avoir jamais existé. Tout se passe comme s'il n'y avait jamais eu de mariage : les époux auront vécu en concubinage, les enfants issus de leur union ne seront pas des enfants légitimes mais, selon les cas, des enfants naturels, adultérins ou incestueux. Il n'y aura, pour le passé et pour l'avenir, ni régime matrimonial, ni droit successoraux, ni obligation alimentaire, ni aucune des autres conséquences du mariage[296].

Exemple n°41

A Pointe-Noire, en 2008, Monsieur A..., un veuf s'était remarié avec une femme stérile sous le régime de la communauté des biens, en invoquant sa foi religieuse et son statut de pasteur. Ayant pris connaissance tardive de cette célébration, les enfants issus du premier lit demandèrent l'annulation de ce mariage. Ils invoquaient, en outre, que leur père gérait des donations qu'il avait reçus de ses parents. Et qu'à ce titre, il était un simple indivisaire.

Paragraphe 7. Le mariage putatif (mariage nul dont la nullité ne rétroagit pas)

Les effets de l'annulation paraissent trop sévères dans le cas où les époux, ou l'un des deux, ont pu croire sincèrement que leur mariage était valable. Aussi lorsqu'il y a eu bonne foi de l'un ou des deux époux, on appliquera les dispositions relatives au mariage putatif (putatif vient du verbe latin « *putare* » qui signifie « *croire* »).

Exemple n°42

Ainsi, il a été évoqué le cas de la pression exercée sur les administrateurs-maires des arrondissements de la commune de Pointe-Noire pour les emmener à accepter de prêter serment devant le tribunal de grande instance en 2015 seulement, c'est-à-dire, plusieurs années après leur prise de fonctions.

Le problème juridique est de savoir si la violation de l'obligation du serment constitue une cause de nullité du mariage. Ou, si la résistance abusive à prêter serment par un groupe d'Administrateurs-maires d'arrondissement est constitutive de rébellion. Et quel serait le sort de la multitude des unions qu'ils avaient célébrées avant ces serments. Le serment est-il rétroactif ? Tout le monde se souvient que la plupart parmi ces officiers d'état civil redoutaient qu'à l'occasion de l'audience de serment, l'on prêterait attention à leur parcourt scolaire. Alors que l'on voit très bien que ce détail n'a aucune importance puisque la plus part d'entre eux avait

[296] Voir en ce sens, H. D. Amboulou, *Le mariage et les régimes matrimoniaux en droit congolais*, Op. cit.

d'ailleurs menti et que d'autres audiences l'étaient à huit clos. A bien voir, les fonctions d'Administrateurs-maires sont des fonctions beaucoup moins administratives que politiques.

La bonne foi. C'est le fait d'avoir ignoré l'empêchement qui s'opposait à la réalisation du mariage valable. Un époux ou les deux a commis une erreur involontaire. Il peut s'agir d'une erreur de fait ou d'une erreur de droit :

L'erreur de fait : les époux connaissent bien les conditions légales permettant de contracter mariage, mais ils ignoraient qu'une des conditions n'étaient pas remplies dans leur cas ; par exemple, ils ignoraient le lien de parenté existant entre eux.

L'erreur de droit : les époux ignoraient que la loi exigeait telle ou telle condition pour que le mariage fût valable. Leur erreur d'une mauvaise connaissance de la loi. On appréciera la bonne foi en fonction de chaque personne, afin de savoir quelle erreur elle pouvait involontairement commettre, étant donné son degré d'intelligence et d'instruction. Les erreurs possibles sont multiples.

Exemple n°43

Une personne peut croire par exemple que le divorce est prononcé parce que le tribunal a déclaré le divorce. Elle se marie en pensant être dans ses droits. Mais entre-temps son premier conjoint a pu faire appel du jugement du divorce devant la cour d'appel, continuant ainsi le procès en divorce que l'autre époux pensait terminé. L'époux remarié avant le jugement définitif de divorce se sera rendu coupable de bigamie. Mais il pourra bénéficier du mariage putatif s'il croyait sincèrement que sa précédente union était dissoute. Les juges seront cependant prudents pour apprécier la bonne foi.

Exemple n°44

Un arrêt de la cour de cassation, de 1927, s'exprime ainsi : « N'est pas de bonne foi la concubine qui, étant entrée au domicile d'un homme marié quelques jours après que la femme légitime de celui-ci en eut «été chassée, et ayant été avertie de la situation particulière de son concubin, l'a néanmoins épousé dix-huit mois plus tard, avant le jugement du divorce ».

Exemple n°45

Les juges ont admis l'existence d'un mariage putatif dans le cas « d'un mariage contracté à l'étranger, entre un Français et une personne étrangère an contravention aux dispositions de la loi française, lorsque l'étrangère a ignoré le vice dont le mariage pouvait être atteint au regard de la loi française »,[297] ou « lorsque le mariage a été célébré par un officier d'état civil incompétent, si les époux étaient de bonne foi ».

Section 6. Les effets du mariage putatif

Le mariage est déclaré nul par le tribunal. Mais les effets produits par le mariage, entre la date du mariage et la date de l'annulation, restent entièrement valables. Les enfants gardent la qualité d'enfants légitimes avec tous les droits que cela comporte (exemple : en matière de succession). Mêmes les enfants légitimés à la suite du mariage et avant l'annulation, gardent le bénéfice de la légitimation. Si les deux époux sont de bonne foi, ils bénéficieront tous les deux du mariage putatif. Le régime matrimonial fonctionnera valablement jusqu'au jour de l'annulation. Tous les droits découlant du mariage resteront valables pour la période allant du mariage à l'annulation. Mais tous ces droits disparaissent pour la période suivant l'annulation. Dans cette hypothèse, les conséquences du mariage putatif ressemblent aux conséquences d'un divorce.

Si un seul des époux était de bonne foi, lui seul bénéficiera des avantages du mariage putatif. Car, pour, l'époux de mauvaise foi, il y aura annulation rétroactive du mariage, comme pour une annulation ordinaire. L'époux de mauvaise foi n'aura pu acquérir aucun droit pendant la période allant du mariage à l'annulation. Ainsi en cas de décès d'un des conjoints pendant la période allant du mariage à l'annulation, l'époux de bonne foi aurait les droits de succession de toute personne mariée. L'époux de mauvaise fi n'aurait aucun droit à succéder à son conjoint. Les juges vont même quelque fois plus loin en condamnant l'époux de mauvaise foi à verser des dommages-intérêts à l'époux de bonne foi, pou répare le préjudice que lui a causé l'annulation.

---

[297] Voir en ce sens, C.A. Orléans 1894

Exemple n°46

A Pointe-Noire, un homme aux torts duquel l'annulation du mariage putatif, célébré sous le régime de la communauté des biens, était prononcée, vivait avec une femme de bonne foi, après avoir souscrit un abonnement auprès de la Société nationale d'électricité (SNE). Il quitte sa femme en lui laissant des factures de fourniture d'électricité impayées. La femme, restée dans les lieux, souscrit un nouvel abonnement à son propre nom. Elle paye régulièrement les factures relatives à ce nouveau contrat, mais refuse de régler les factures antérieures établies au nom de son ex-époux. A la suite de la procédure engagée par la SNE pour obtenir le paiement des arriérés, en invoquant la solidarité dans la consommation de l'électricité, le tribunal déboute la SNE et condamne l'ex-époux qu'il estime seul tenu pour cette dette concernant l'entretien du ménage formé par le couple au cours de sa vie commune. Sur appel interjeté par l'ex-époux, cette décision est confirmée par la Cour d'appel.

Section 7. La preuve du mariage

Cette preuve peut être utile aux époux ou aux enfants issus de leur union. La meilleure preuve du mariage, et la plus courante, se trouve dans le registre d'état civil.

La preuve du mariage utile pour les époux. Le moyen le plus sûr est, là aussi, les registres d'état civil. Toutefois, en cas de décès des parents, les enfants pourront prouver le mariage de leurs parents d'une autre façon (car en cas de décès des parents, les enfants peuvent ignorer la commune dans laquelle leurs parents s'étaient mariés et ne pas savoir où se procurer la copie d'acte de mariage). Les enfants devront alors prouver trois faits :

- Que leurs parents avaient la possession d'état d'époux ;
- Qu'ils ont la possession d'état d'enfants légitimes ;
- Que leur acte de naissance est conforme à leur possession d'état d'enfants légitimes (leur acte de naissance doit énoncer la filiation légitime en question.

Section 8. Le mariage à l'étranger

Les Congolais désireux de se marier à l'étranger ont intérêt à demander des renseignements au consulat du Congo du pays où ils désirent se marier, car il peut y avoir des différences selon les pays. Le Code congolais de la famille édicte des règles concernant le mariage célébré à l'étranger. Le mariage célébré à l'étranger peut unir deux personnes congolaises ou une personne congolaise et une personne étrangère. Le mariage ne sera valable que si les fiancés remplissent les conditions de fond de validité du mariage (conditions physiques, psychologiques, morales et sociologiques). Les formes selon lesquelles le mariage est célébré peuvent varier.

Paragraphe 1. Le mariage célébré selon les formes utilisées dans le pays étranger.

La loi congolaise exige que deux formalités soient alors remplies : la délivrance, par les agents diplomatiques ou consulaires du Congo, au fiancé Congolais, d'un certificat de capacité attestant que les conditions nécessaires, selon la loi congolaise, sont remplies, et que la publication a été faite au Congo. Il faut noter le caractère impératif de ces prescriptions. Le ou les Congolais qui choisissent la forme locale de mariage restent soumis aux conditions de fond de la loi congolaise et une publication doit être faite au Congo.

Paragraphe 2. Le mariage peut être célébré selon la loi congolaise

Les agents diplomatiques ou les consuls du Congo auront alors le rôle d'officiers d'état civil. Mais ces agents ne pourront célébrer le mariage entre un Congolais et une étrangère que dans certains pays.

Remarque. Des règles correspondantes sont appliquées aux étrangers qui se marient au Congo. Ils peuvent opter pour, la forme congolaise du, mariage ou se marier devant leur consul (seulement quand il s'agit de deux personnes de même nationalité). Pour les règles de fond, ils sont soumis à leur droit national ; celles-ci sont cependant écartées si elles sont contraires à l'ordre public congolais.

Section 10. Les conséquences du mariage. Les rapports personnels entre époux

Le mariage qui se fait civilement entraîne pour les époux des droits et des devoirs réciproques. Le défaut d'accomplissement de ces obligations est en général une cause de séparation de corps ou de divorce. Ces devoirs sont essentiellement au nombre de trois : la cohabitation, la fidélité, l'assistance.

Paragraphe 1. Le devoir de cohabitation.

La résidence de la famille est au lieu que les époux choisissent d'un commun accord. Toutefois, le mari et la femme peuvent avoir un domicile distinct sans qu'il soit pour autant porté atteinte aux règles relatives à la communauté de vie.

Exemple n°47

Un couple de pharmaciens s'était marié sous le régime de la communauté des biens. En 2004, l'époux est atteint d'une insuffisance rénale sévère et est contraint résider en France où il doit subir les séances de dialyse intenses. Ainsi, depuis 1984, l'épouse n'est plus obligée de se soumettre au choix de son mari et il peut même arriver que les deux époux aient un domicile distinct dans la mesure où cette opportunité a leur commun accord. Cependant, la règle générale reste que les deux époux doivent résider dans un lieu d'habitation unique. Si, 'un des époux abandonne le domicile conjugal, sa conduite est fautive à moins qu'elle ne soit excusée par l'attitude du conjoint.

Exemple n°48

« ….Des époux sont séparés de fait, la femme ayant la première quitté la résidence familiale, puis formé une demande en divorce. Le mari, qui avait également délaissé la villa où avait habité le couple, donne en location à un tiers ce logement inoccupé. La femme agit en annulation de ce contrat auquel elle n'a pas consenti. Les juges du fond lui donnent satisfaction et la Cour de cassation rejette le pourvoi[298]… ».

Exemple n°49

Dans un voisinage à Pointe-Noire, un homme était régulièrement coupable de trouble de foyer. En 2010, le mari de la femme les ayant surpris en flagrant délit d'adultère, la répudia. Mais, six mois après, l'homme adultère résolut de la marier. La nouvelle mariée, consciente de sa mauvaise réputation, demanda à son époux de lui trouver un logement dans un quartier

---

[298] Cass.civ.1re, 16 mai 2000 (N° 98-13.441), Bull. civ. I, n° 144. Logement familial. Acte de disposition. Concession d'un bail ; Gilles Goubeaux, Philippe Bihr, *100 Commentaires d'arrêts en droit civil, Méthodologie*, 2e édition, LGDJ, p. 385.

autre que celui où le scandale s'était produit et où l'époux avait bâti une villa somptueuse.

Paragraphe 2. Le devoir de fidélité.

Le jour du mariage, les fiancés ont échangé dans leurs consentements, une promesse de fidélité. L'adultère est donc un manquement à cette promesse et, en cela, il constitue une cause de divorce. Mais depuis la réforme de 1975, l'adultère qui n'est plus un délit pénal, n'est plus une cause péremptoire, c'est-à-dire une cause automatique de divorce. Les juges, au vu des dossiers qui leur sont soumis, apprécient désormais si cette violation du devoir de fidélité rend intolérable ou non le maintien de la vie commune.

Section 10. Le devoir d'assistance et de secours

Paragraphe 1. L'exercice de ce devoir

Lorsque les époux vivent ensemble. Ils doivent contribuer aux charges de ménages en fonction de leurs facultés respectives et conformément à leur contrat de mariage s'il en a été passé un. Le devoir d'aide et d'assistance n'existe pas seulement sur le plan matériel, mais aussi sur le plan moral, intellectuel, affectif. Ce devoir d'aide, destiné à soutenir son conjoint dans toutes les circonstances de la vie, explique que le droit répugne à prononcer le divorce pour cause de maladie incurable ou d'aliénation mentale du conjoint, même si cette infirmité le met dans l'impossibilité de remplir les devoirs résultants du mariage.

Lorsque les époux sont séparés. La séparation ne fait pas cesser le devoir de secours et d'assistance. Mais ce devoir d'aide est réduit au seul plan matériel. En cas de séparation de corps, il y aurait versement de subsides, c'est-à-dire d'argent au conjoint qui en a besoin quelque soient les torts.

En cas de divorce, plusieurs situations sont à distinguer :

- En cas de divorce par consentement mutuel, parce que ce type de divorce n'est pas prévu par le Code de la famille, la pension dite « prestation compensatoire » est prévue dans la convention homologuée par le juge, c'est-à-dire qu'elle est déterminée par les époux.

- En cas de divorce par rupture de la vie commune, le devoir de secours et d'assistance subsiste. La pension sera due par l'époux qui a pris l'initiative du divorce.
- En cas de divorce pour faute, l'époux qui voit le divorce prononcé à ses torts exclusifs n'a pas droit à une pension compensatoire.

Rappelons que la prestation compensatoire est une somme d'argent forfaitaire (capital ou rente, ou encore l'usufruit d'un bien attribué à l'époux le moins fortuné afin de compenser, autant qu'il est possible, la disparité de conditions de vie créée par la rupture du mariage. Le plus souvent, c'est le mari, dont les revenus sont plus élevés que ceux de la femme, qui verse à cette dernière une prestation compensatoire, afin que son niveau de vie reste à peu près l'équivalent de celui qu'elle connaissait avant le divorce.

Paragraphe 2. La sanction du manquement à ce devoir

En cas de vie commune, le manquement à ce devoir (manquement à l'obligation de secours et d'assistance aussi bien moral que matériel), constitue une injure grave, cause de divorce. Lorsque la pension ou la prestation compensatoire ne lui est pas payée, l'époux dans le besoin bénéficie d'une procédure simplifiée de saisie-arrêt sur une partie des gains du conjoint. Il peut s'agir d'une saisie directe sur les salaires de l'époux fautif, ou sur d'autres ressources dont il bénéficierait : fermage, loyers, etc. En outre, si un époux a été condamné à verser une pension et qu'il ne s'exécute pas pendant plus de deux mois, il court les peines de l'abandon de famille.

Section 11. La direction de la famille

L'évolution vers l'égalité. Au Congo, c'est en 1965 que la femme a le droit d'exercer une profession sans le consentement de son mari. C'est en 1969 que l'époux a perdu son droit de contrôle sur la correspondance de sa femme. Ce point revêt une importance particulière car les lettres sont souvent utilisées par un époux qui veut prouver qu'existe une cause du divorce. Donc le juge peut écarter les lettres des débats si celui qui veut s'en servir se les est procurées d'une manière illicite ou abusive, ou si elles sont venues entre ses mains à la suite d'une erreur. Les lettres peuvent servir de preuve lorsqu'un époux les a trouvées sans recherches spéciales, ni moyens frauduleux. Exemple : un dentiste avait placé des lettres compromettantes dans un fichier réservé à ses clients ; tous les familiers de la maison avaient accès à ce fichier, et l'épouse du dentiste découvrît les lettres sans avoir fait de recherches spéciales. Les juges estimèrent qu'elle pouvait les produire au procès, sans même que le dentiste pût arguer du secret professionnel (cette correspondance se trouvait dans un fichier professionnel mais n'avait aucun rapport avec la profession).[299]

Section 12. La participation de chacun des époux à la direction de la famille

De nos jours, selon les termes mêmes du Code de la famille, les époux assurent en semble la direction morale et matérielle de la famille. Ils pourvoient à l'éducation des enfants et préparent leur avenir. Il n'est donc plus question depuis longtemps de la suprématie du mari dans le ménage. Sur tous les points, les époux ont, en effet, les mêmes droits. Ils peuvent chacun séparément contracter des dettes pour l'entretien du ménage ou l'éducation des enfants. Les deux époux seront responsables solidairement de ces dettes. D'autre part, aucun des époux n'a le droit de disposer seul (exemple : louer, vendre) du logement ou des meubles meublants. Si non l'autre époux pourra demander l'annulation du contrat passé par son conjoint, pendant l'année qui suivra le jour où il aura eu connaissance de l'acte de disposition.

Exemple n°50

« ...Deux époux sont mariés sous un régime de communauté. Des parcelles à usage de prairie faisant partie de la masse des biens communs sont données en location à titre précaire par le mari agissant seul. Deux ans plus tard, un renouvellement de la convention étant intervenu entre temps, les époux passent avec un tiers un bail aux mêmes parcelles. Le premier occupant, s'y oppose, prétendant être titulaire d'un bail rural en cours de validité. C'est alors que l'épouse du prétendu bailleur intervient pour invoquer la nullité de la convention passée par son mari, faisant valoir qu'elle n'a pas consenti à cet acte portant sur des immeubles communs. La décision des juges du fond accueillant cette demande est cassée par la troisième Chambre civile de la Cour de cassation[300]... »

---

[299] Voir en ce sens, Cour de cassation, 22 janvier 1952

[300] Cass. civ. 3e, 21 février 2001 (N° 99.14820). JCP 2002.I.103, n° 18. Obs. Ph. Simler. Communauté. Pouvoirs des époux. Bail d'un fonds rural sur un immeuble commun. Gestion

Désormais, il n'est plus question de hiérarchie entre les époux. Avant le Code de la famille, la loi française du 4 juin 1970 a, en effet, supprimé la notion de « chef de famille » pour la remplacer celle de « codirection ». Les époux ont aujourd'hui les mêmes droits. Ils peuvent contracter séparément des dettes pour l'entretien du ménage ou l'éducation des enfants, tous deux étant solidairement responsables de ces dettes. Ils ne peuvent, ni l'un ni l'autre, disposer seul du logement familial ou des meubles qui y prennent place. Toute location, vente donation, servitude...qui aura été consentie en violation de ce principe pourra être annulée à la demande de l'autre époux dans le délai de 1 an à compter du jour où il aura eu connaissance de l'acte passé par son conjoint.

Exemple n°51

« ...Des époux communs en biens sont propriétaires de terrains agricoles se trouvant dans une zone où la société d'aménagement foncier et d'établissement rural (SAFER) local bénéficie d'un droit de préemption. La vente de ces terrains communs étant décidée, le projet de vente est notifié à la SAFER par un notaire, conformément aux dispositions légales. La SAFER déclare exercer son droit de préemption, mais les vendeurs refusent de signer l'acte de vente. La SAFER assigne les époux pour faire dire que la vente est parfaite et que la propriété des terrains lui a été transférée. La demande est rejetée par les juges du fond qui relèvent que l'épouse n'avait pas consentie à la vente. Sur le pourvoi formé par la SAFER, cette décision est cassée par la troisième Chambre civile de la Cour de cassation[301]... »

Section 13. Les rapports matrimoniaux entre les époux

Le mariage, amenant à la vie commune, entraîne une communauté d'intérêts. Les rapports pécuniaires entre époux sont organisés parleur régime matrimonial. C'est pourquoi ils ont le libre choix du régime matrimonial de leur convenance. S'ils ne font pas de contrat de mariage, ils seront alors soumis à un régime type prévu par la loi appelé le « régime légal ». Dans ce processus, une première loi française du 13 juillet 1965, applicable au Congo avant le Code de la famille, a apporté des changements importants dans le

---

d'affaires ; Gilles Goubeaux, Philippe Bihr, *100 Commentaires d'arrêts en droit civil, Méthodologie,* 2e édition, LGDJ, p. 393.

[301] Cass. civ. 3e, 5 juin 2002 (N° 00-21. 562). ? Bull. civ. III, n° 131. Communauté. Pouvoirs des époux. Aliénation d'immeuble commun. Mandat apparent. Gilles Goubeaux, Philippe Bihr, *100 Commentaires d'arrêts en droit civil, Méthodologie,* 2e édition, LGDJ, p. 396.

domaine des régimes matrimoniaux. Auparavant, les époux avaient la faculté de choisir un régime matrimonial avant leur mariage, mais après leur mariage, ils ne pouvaient plus le changer. Depuis 1984, en effet, avec le Code de la famille, les époux peuvent changer de régime matrimonial, après une période d'essai de deux ans, mais à condition que ce changement soit justifié par l'intérêt de la famille et sanctionné par un jugement du tribunal de grande instance. Cette loi de 1984, qui comporte désormais beaucoup de dispositions nouvelles, a été appliquée à partir du 1er février 1985.

Exemple n°52

« ...Des époux font une convention notariée de changement volontaire de régime matrimonial afin de passer du régime de la communauté de meubles et acquêts à celui de la communauté universelle avec attribution intégrale au survivant. Postérieurement à la signature de cette convention, mais avant que le tribunal ait été saisi de la demande d'homologation, l'époux décède. La veuve poursuit néanmoins la procédure en déposant une requête aux fins d'homologation, soutenant que la volonté commune de changer de régime, émise avant le décès du mari, peut être constatée par le tribunal. Cette demande est rejetée par les juges du fond, à bon droit, décide la Cour de cassation qui rejette le pourvoi formé contre leur décision[302]... »

Toutes les personnes mariées après cette date ont bénéficié des dispositions nouvelles. Quant aux personnes mariées avant cette date, elles avaient 6 mois, à partir du 1er février 1985, pour se convertir au régime matrimonial nouveau, si elles le désiraient. Certaines obligations de la loi nouvelle leur ont d'ailleurs été obligatoirement applicables. Ainsi en fut-il du » régime primaire impératif » qui est l'ensemble des mesures obligatoires pour toute personne mariée, quelle qu'ait été la date du mariage et le régime choisi.

Certaines dispositions du nouveau « régime légal » ont été aussi obligatoires pour les personnes mariées sans contrat de mariage, même avant le 1er février 1985 : chaque époux a obtenu le droit de jouir seul de ses biens propres. Quant aux biens communs, ils ont été divisés en deux catégories : biens communs ordinaires (gérés par le mari), biens réservés de la femme (gérés par la femme).

---

302 Cass. civ. 1re, 12 juillet 2001 (N° 99-14.082) Bull. civ. I, n° 223. Changement de régime matrimonial. Décès d'un époux antérieurement à l'homologation ; Gilles Goubeaux, Philippe Bihr, *100 Commentaires d'arrêts en droit civil, Méthodologie*, 2e édition, LGDJ, p. 389.

Ces règles devront être une nouvelle fois révisées avec la réforme projetée du Code de la famille qui prendra nécessairement parti de la grande évolution des mœurs et de la culture. Il s'agira de renforcer le principe selon lequel : chaque époux est seul responsable de la gestion de son patrimoine propre (composé des biens dont il avait la propriété ou la jouissance au jour du mariage et de ceux qu'i a acquis pendant le mariage par succession, donation ou legs) mais ce sont les deux époux, désormais à égalité, qui ont la charge de tout le patrimoine commun.

Section 14. Les mesures obligatoires pour tous les gens mariés : le régime primaire

Ces dispositions s'appliquent à toute personne mariée, qu'elle ait fait ou non un contrat de mariage, et quel qu'ait été le régime choisi.

Paragraphe 1. La vie normale du foyer

La contribution aux charges du mariage. Chaque époux doit contribuer aux charges du ménage en fonction de ses capacités. Si l'un des époux ne s'acquitte pas de ce devoir, il peut y être contraint. Le juge du tribunal de grande instance fixera la contribution du conjoint.

La demande est faite au secrétariat-greffe du tribunal. Le secrétaire-greffier convoque les parties par lettre recommandée avec demande d'avis de réception. Le jugement rendu doit être notifié par un huissier par lettre recommandée. La notification vaut demande de paiement direct.[303]

Exemple n°53

« …Après dissolution de son premier mariage, un homme s'était remarié sous le régime de la séparation des biens, ultérieurement modifié en régime de communauté avec attribution intégrale au survivant. Après son décès, les huit enfants issus de son premier mariage ont assigné la veuve, leur belle-mère, afin qu'elle rapporte à la succession de son époux les libéralités dont il l'avait gratifiée. Leur demande est rejetée par les juges du fond qui constatent que la seconde épouse du disposant l'avait secondé dans son entreprise, ce travail accompli sans rémunération constituant, selon la Cour

[303] Art. du Code de procédure civile

d'appel, la cause des versements effectués. Le pourvoi formé contre cet arrêt par les enfants du premier mariage est rejeté par la Cour de cassation[304]... »

Paragraphe 2. L'obligation d'action commune

Un époux n'a pas le droit de disposer seul du logement du ménage ni des meubles meublants. S'il peut passer seul, au nom du couple, les contrats ayant pour objet l'entretien du ménage et l'éducation des enfants, il ne peut par contre engager son conjoint, s'agissant :

- Des achats à tempérament (c'est-à-dire, à crédit) car ceux-ci étant con sidérés par le législateur comme dangereux, ils n'engagent jamais la communauté lorsqu'ils seront conclus par un seul époux. Cela reste vrai sauf si ces achats portent sur des sommes nécessaires à la vie courante. Cela signifie que les créanciers, en cas de non-paiement, ne pourront se payer que sur les biens propres de celui qui aura contracté à crédit. Ainsi, pour que le ménage soit engagé (ce qui est la situation plus sûre pour les créanciers), il faut l'accord conjoint des deux époux.

Les dépenses excessives : sont considérées comme telles toutes dépenses qui excèdent les facultés financières du couple et/ou qui ne revêtent aucune utilité. Là encore, il n'y aura engagement de la communauté qu'à la condition que l'accord conjoint des deux époux ait été recueilli.

- Des emprunts (sauf si ces derniers portent sur des sommes modestes nécessaires aux besoins de la vie courante) :
- Des actes de cautionnement.

Section 15. L'autonomie des époux

Chaque époux peut se faire ouvrir un compte en banque à son nom, même sans le consentement de l'autre. Il peut y effectuer toutes opérations, sans que le banquier ait à vérifier l'origine ou la destination des fonds déposés ou retirés. Chaque époux peut, seul, engager la communauté par les dettes contractées pour l'entretien du ménage ou l'éducation des enfants (dès lors que la dette n'est manifestement pas excessive et qu'elle ne correspond pas à

---

[304] Cass.civ.1re, 8 février 2000 (N° 98-10.846), Bull. civ. I, n° 44 ; JCP 2000. I.245.n° I, obs. G. Wiederkehr ; D. 2000. Somm. 428, obs. M. Nicod. Contribution aux charges du mariage, contribution en nature. Excédent ; Gilles Goubeaux, Philippe Bihr, *100 Commentaires d'arrêts en droit civil, Méthodologie*, 2e édition, LGDJ, p.381.

un achat à tempérament). Chaque époux est libre d'exercer une profession e son choix (l'autre pourrait cependant faire une demande en justice si cette profession mettait en danger la famille).

Chaque époux perçoit lui-même ses rémunérations et peut en disposer librement après s'être acquitté des charges du ménage. Toutefois, si cet argent est utilisé pour acquérir un bien et que les époux n'ont pas adopté de contrat de mariage, le bien ainsi acquis sera un bien commun. Chaque époux qui se présente seul pour faire un acte d'administration, de jouissance ou de disposition sur un bien meuble qu'il détient individuellement (c'est-à-dire physiquement), est réputé, vis-à-vis des tiers de bonne foi, avoir le pouvoir de passer seul cet acte. Cette règle n'est cependant pas valable en ce qui concerne les meubles garnissant le logement familial ou encore ce qui concerne ceux qui, par nature, semble appartenir à l'autre conjoint.

Exemple n° 54

Il s'agit, par exemple, des vêtements personnels, des bijoux, des titres et instruments servant à l'exercice d'un métier, des brevets d'invention, des œuvres littéraires ou artistiques, des médailles, trophées et autres distinctions honorifiques…

Paragraphe 1. Le cas de crise : l'intervention judiciaire

Les mesures d'urgence. Lorsque l'un des époux manque gravement à ses devoirs et met ainsi en péril les intérêts de la famille, le juge peut prescrire toutes les mesures urgentes que requièrent ces intérêts. Il faut un manquement très grave, qui mette en péril imminent le groupe familial (si la gestion d'un époux n'est pas très bonne, ce n'est pas un motif suffisant). La loi donne comme exemple un acte de disposition désastreux pour la famille.

Exemple n°55

En cas d'une vente ayant des conséquences graves, le juge peut alors interdire à l'époux de faire, sans le consentement de l'autre époux, cet acte de disposition. Il peut le faire non seulement s'il s'agit d'un bien commun mais encore même s'il s'agit de biens propres à l'époux qui voudrait agir.

Exemple n°56

A Brazzaville, en 2015, Madame Ngatsongo née Ibara, mariée sous le régime de la communauté des biens réduite aux acquêts, avait consulté son époux avant de vendre sa parcelle de terrain située à Ouenzé. Un terrain qu'elle avait acquis avant le mariage. Son époux resta silencieux. Plusieurs mois après, la femme insista dans sa logique et proposa cette fois à son époux de l'assister dans cette vente comme témoin. Celui-ci garda encore le silence, sans dire quoi que ce soit de plus, notamment s'il était pour ou contre la vente. L'épouse s'en sentit embarrassée et les mois passèrent. Finalement, les enfants issus de ce couple se rangèrent par deux : un garçon et une fille de l'avis de leur mère et un autre garçon et une autre fille de l'avis de leur père. Ce jour Monsieur Ngatsongo, en présence de leurs enfants, rompu son silence en déclarant qu'il n'était pas convaincu qu'avec le prix de cette vente son épouse réussirait à réaliser son projet. Preuves et témoignages à l'appui, l'époux fut très convaincant. Le projet de vente de la parcelle de terrain était alors annulé. La question juridique, est que dans une logique de bonne foi, un époux, qui assure le rôle de conseiller, peut empêcher les erreurs graves que pourrait commettre l'autre conjoint dans la gestion de ses biens propres, ceci pour son propre intérêt et celui des enfants.

Cet exemple montre que tous les biens des époux, même les biens propres, ont une affectation familiale. Pourtant ces mesures d'urgence seront très importantes dans une situation dont la loi n'a pas voulu s'occuper : la séparation de fait des époux. Mais ces mesures d'urgence ne peuvent être que provisoires : elles ne peuvent pas durer plus de 3 ans. Le Code de la famille n'a pas voulu que ces mesures d'urgence servent à organiser définitivement une séparation de fait. Le point de vue du législateur est que, s'il est utile que des mesures soient prises en cas de séparation de fait, c'est à la condition que celle-ci ne soit qu'une période de transition devant déboucher, le plus rapidement possible, sur la réconciliation ou ce qui est plus fréquent, sur la séparation de corps ou le divorce. Si le conjoint passe outre à l'interdiction du juge et dispose du bien en question, l'autre époux pourra, dans la plupart des cas, demander l'annulation de l'acte, dans les 2 ans qui suivront le jour où il aura eu connaissance de cet acte.

Paragraphe 2. Le pouvoir pour un époux d'agir à la place de l'autre, après autorisation de justice

Premier cas.

Exemple n° 57

Monsieur Okombi désire passer un acte de vente d'un bien immobilier pour assurer les frais de scolarité d'un enfant qu'il avait adopté et qui étudie en France. Or pour cet acte le consentement de son épouse née Mabika est nécessaire. Monsieur Okombi qui désire agir peut alors demander au juge la possibilité d'agir sans le consentement de son épouse. Pour cela, il doit démontrer que son conjoint est dans l'impossibilité matérielle de consentir, ou que son refus est contraire à l'intérêt de la famille. Il faut que les raisons évoquées soient sérieuses.

Deuxième cas.

Exemple n°58

Monsieur Kiembongo est hors d'état de manifester sa volonté. Cette situation peut durer longtemps. Or la vente d'une de leurs parcelles de terrain pourrait permettre d'obtenir de l'argent pour assurer ses soins médicaux. Il serait alors trop compliqué pour son épouse née Issongo de demander une autorisation judiciaire pour chaque acte où elle ne peut pas agir seule. Aussi elle peut, dans ce cas, demander au juge le pouvoir d'agir d'une façon générale à la place de son conjoint.

SOUS-TITRE 2. LE DIVORCE ET LA SEPARATION DE CORPS

CHAPITRE 1. LE DIVORCE

Le divorce peut être définit comme la *dissolution du mariage*, prononcée par un juge du vivant des époux, pour certaines causes établies par la loi. Il se distingue, d'une part, de l'annulation du mariage, qui sanctionne[1] un vice de formation du lien conjugal et fait disparaître celui-ci en principe rétroactivement. Il se rapproche, d'autre part, de la séparation de corps, prononcée pour des causes identiques, mais qui relâche seulement, sans le rompre, le lien du mariage.

Le divorce est au cœur d'un débat séculaire dont il importe de rétracter les grandes lignes avant de procéder à l'étude de l'institution en droit positif. Celui-ci résulte essentiellement du Code de la famille au chapitre II, du Titre VI (« Du divorce ») traite successivement « Des causes du divorce » (Section 1), de la procédure de divorce (Section 2) et des conséquences de divorce (Section 3). C'est le plan même qui sera suivi. Avant le Code de la famille de 1984, le divorce ne pouvait être prononcé au Congo qu'à titre de sanction de faute commise par l'un des époux.

Section 1. La notion de divorce

Le divorce est l'une des institutions [305]civiles les plus discutées. Sans doute parce qu'il n'existe aucun remède parfait aux dissensions conjugales[306]. D'où la pluralité des conceptions possibles que le droit Congolais a, peu ou prou, mises en œuvre à des heures différentes de son histoire et qui appelle une réflexion sur les dimensions du phénomène.

Section 2. Les conceptions du divorce

Pendant longtemps, la discussion a essentiellement consisté à se demander s'il fallait ou non consacrer le divorce en droit positif. D'où la comparaison traditionnellement établie entre les mérites respectifs de l'admission du divorce ou de son interdiction en législation. Mais on ne s'interroge plus, aujourd'hui au Congo, sur l'opportunité de revenir au mariage indissoluble en droit positif : tant en raison de l'évolution des esprits vers un individualisme croissant, que du fait des transformations radicales de la

305 Art. 156- et s. du Code de la famille
306 Art. 196 et s. du Code de la famille

société contemporaine (urbanisation, familles éclatées, émancipation des femmes…). De même, il n'existe plus guère d'États prohibant encore le divorce. De sorte que le débat est désormais de savoir quelle est, parmi toutes les formes qu'est susceptible de revêtir le divorce, celle qu'il convient de consacrer en en législation.

La comparaison des droits étatiques fait apparaître plusieurs types caractérisés de divorces, dont l'admission révèle la plus ou moins grande facilité avec laquelle peut être prononcée la rupture du lien matrimonial.

Le divorce-sanction : la dissolution du mariage est destinée à réprimer les fautes conjugales commises par un époux contre son conjoint, en violation des devoirs du mariage –adultère, injures, abandon du foyer conjugal…). Cette conception a prévalu au Congo avant le code de la famille, étant même la seule forme reconnue de divorce, elle subsiste toujours aujourd'hui sous l'appellation de « divorce pour faute » et on la retrouve dans de nombreux pays africains et il a été aussi introduit au Congo en 1984 sous l'appellation de « divorce pour rupture de la vie commune », à la suite e l'infidélité, es excès, sévices, injures imputables à l'un ou l'autre es époux[307].

Exemple n°59

« …Un couple marié entretient des rapports conflictuels, au point que la femme est condamnée à verser à son mari des dommages et intérêts pour avoir fait preuve à son encontre d'une insistance procédurière injustifiée ; elle était, en effet, intervenue à plusieurs reprises auprès du juge des tutelles afin d'obtenir que soit appliquée à son mari le régime prévu pour les majeurs incapables. Ultérieurement, le mari, invoquant la faute ainsi reconnue et sanctionnée, demande le divorce et obtient qu'il soit prononcé aux torts exclusifs de la femme. Celle-ci se pourvoit en cassation, mais en vain. Son pourvoi est rejeté[308]… »

La coutume reconnaissait comme cause de divorce la désobéissance de la femme à son mari, les injures faites à la femme par le mari qui le déshabille en public ou se livre à l'ébriété, le fait pour la femme d'aller apporter à manger ou faire la cuisine chez un étranger au clan, le fait par le mari de ne

[307] Art. 180 du Code de la famille

[308] Cass. civ. 2e, 14 novembre 2002 (N° 01.03.2117), Bull. civ. II, n° 256, Divorce. Faute. Responsabilité civile ; Gilles Goubeaux, Philippe Bihr, *100 Commentaires d'arrêts en droit civil, Méthodologie*, 2e édition, p. 109.

pas offrir de cadeaux à son épouse. La coutume reconnait aussi comme cause de rupture l'adultère de la femme, le délaissement de l'une des épouses par son mari, l'abandon du domicile conjugal, la stérilité ou l'impuissance, le non-paiement de la dot et la pratique de la sorcellerie.

Le divorce-faillite : la rupture du lien matrimonial repose alors sur le constat d'un échec du mariage, attesté par des faits objectifs comme la séparation durable des époux ou l'aliénation mentale d'un conjoint qui rend impossible la vie commune.

Le divorce-convention : la dissolution du lien conjugal est l'effet de la volonté concordante des époux. En vogue dans la plupart des pays, cette forme de divorce n'est pas expressément introduite dans la législation congolaise sous l'appellation de « divorce par consentement mutuel », où elle est considérée avec faveur du fait de l'apaisement qu'elle révèle et encourage. Ce type de divorce est de plus en plus répandu, et a été déjà connu au Congo au cours de la période pré coloniale ce que nous apprend l'Histoire. Mais, il existe des décisions qui ont été rendues par les tribunaux congolais en matière de divorce par consentement mutuel. C'est ce que nous appelons le « divorce jurisprudentiel ».

Section 3. L'appréciation des textes sur le divorce

Le corps social, qui s'est exprimé notamment par la voie d'enquêtes d'opinion, considère aujourd'hui le divorce comme l'un des moyens de *remédier aux crises conjugales*. Aussi convient-il, désormais, de se demander si la réglementation du divorce est adaptée aux besoins de la société congolaise. Or, même ainsi délimitée, la question ne peut être facilement résolue, tant la réponse dépend de considérations religieuses, morales et sociales plus que d'une analyse strictement juridique.

Du moins le plus grand nombre considère-t-il le divorce comme un mal nécessaire. Et de ce point de vue, l'approche sociologique retenue par le législateur en 1984 reste adaptée à la société contemporaine et politique.

Section 4. Le divorce : un mal nécessaire

Une donnée fondamentale oblige, sans doute, à relativiser toute appréciation d'une réforme du divorce. Car si personne ne propose plus vraiment d'interdire au Congo le divorce, chacun s'accorde à reconnaître qu'il n'est qu'un mal nécessaire, et non un bien. La dissolution d'un mariage c'est la disparition d'un foyer : celle-ci a toujours des répercussions sensibles, tant individuelles que collectives. Les premiers à en souffrir sont les enfants, qui deviennent au surplus un enjeu dans nombre de procédures. Naturellement, la loi est impuissante à empêcher les désordres affectifs. Alors il ne faut pas attendre d'une loi du divorce ce qu'elle ne peut apporter : le bonheur.

Mais dans la mesure où le prononcé du divorce est considéré par la société comme devant figurer parmi les remèdes des crises conjugales, le législateur doit prendre parti sur la conception qu'il entend promouvoir de ce mode de dissolution du mariage. En1984, le divorce a été considéré comme la *sanction des fautes* commises par un époux, justifiant la condamnation de celui-ci au paiement d'une pension alimentaire et au versement de dommages et intérêts, entraînant pour lui la perte des donations, avantages matrimoniaux et droit sociaux du chef du conjoint, privant même cet époux coupable de l'attribution de la garde des enfants. Mais il est apparu entre cette philosophie répressive et la mentalité collective un fossé qui s'est agrandi progressivement au point qu'un sévices d 'amendements est devenue indispensable. Elle devra être caractérisée par la souplesse et destinée à répondre le mieux possible aux besoins sociaux.

Section 5. L'approche sociologique

La loi de 1975 était marquée par la diversité. Celle de 1984 a encore renforcé ce caractère. Elle n'a pas, notamment, abandonné tout à fait cette conception du divorce-sanction au profit d'un autre type, unique, et caractérisé du divorce. Le législateur a considéré que dans une République laïque respectant tous les courants de pensée, sans qu'aucune confession ne doive être érigée en religion d'État, il convenait d'élaborer une loi dont le principe directeur serait le pluralisme. Il sied de rappeler que le pluralisme politique n'a rebondi au Congo, après des 60, 61 qu'avec la Constitution du 15 mars 1992, mieux à même de répondre à la diversité des opinions et des situations que le choix d'une conception unique. D'où le maintien du *divorce pour faute* parmi d'autres cas.

En effet, ne plus faire de la violation des devoirs et obligations du mariage un cas de divorce aurait eu nécessairement des répercussions sur le sens de l'engagement matrimonial. De surcroît, il est apparu particulièrement injuste aux victimes de violences conjugales de les priver du droit de dénoncer et de voir sanctionner des comportements aussi intolérables. En outre, on a pu craindre que les époux, privés de la possibilité de plaider les torts et griefs, ne fassent de la liquidation de leurs intérêts patrimoniaux ou, plus grave encore, de l'organisation de la garde des enfants, le nouvel exutoire à leur conflit conjugal.

Mais cette multiplication des voies d'accès au divorce n'est que la manifestation d'un phénomène plus profond. Le Code de la famille, dans ses dispositions relatives au divorce apparaît, à cet égard, comme le vecteur d'une appréhension différente, sociologique, du droit de la famille, où le législateur s'efface, à la fois, derrière les mœurs et le pouvoir du juge.

De fait, cette philosophie véhiculée par la loi depuis les années 80 s'inscrit dans un vaste mouvement de désengagement du droit civil. A la base, se trouve l'hypothèse que les relations de famille sont conditionnées par les mœurs collectives et la morale individuelle, et qu'elles ne doivent pas l'être par la loi. Celle-ci doit donc s'effacer. Le législateur renvoie à d'autres systèmes normatifs, les mœurs, la morale et la religion, le soin d'interdire certains comportements. C'est le domaine du non-droit, où chacun se trouve placé sous sa propre responsabilité. Le droit renonce, en d'autres termes, à imposer un modèle : la loi devient sociologique, en ce sens qu'elle s'adapte aux mœurs. Le droit doit être dans cette conception conforme aux faits. Ainsi, à partir de la loi de 1984, le mariage pourra être rompu facilement. Mais ce sont d'autres contraintes que la loi qui limiteront le recours au divorce : les règles morales et religieuses, les pressions familiales et sociales.

A cette fin, la loi aménage *quatre voies d'accès* au divorce : chaque couple devrait ainsi pouvoir trouver le mode de divorce qui lui convient. Les conventions entre époux ne sont pas prévues, (divorce consensuel, divorce demandé par l'un et accepté par l'autre) parce que le législateur estime que les époux sont mieux placés que le juge pour apporter une réponse appropriée à leur situation de crise. Toutefois, il était prévu que la règle de droit peut être écartée par le juge si son application devait avoir, dans une espèce donnée, des conséquences d'une exceptionnelle gravité. Le recours au pouvoir modérateur du juge, qui s'ajoute au pouvoir traditionnel d'apprécier souverainement les faits, est donc maintenu.

Mission importante pour le juge, puisqu'il doit toujours intervenir pour prononcer le divorce et la séparation de corps, qui ont, en ce sens, un caractère nécessairement judiciaire. Toute autre autorité (Notaire, Consul...) est dépourvue du pouvoir de statuer et les époux ne peuvent divorcer à l'amiable, sans avoir recours au juge, malgré certaines propositions en ce sens. Cette *intervention obligatoire d'un juge* est justifiée par la gravité de la décision : la dissolution d'une famille. Celle-ci n'a pas seulement des conséquences pour les époux et leurs enfants, mais aussi pour l'ensemble du corps social. Admettre un divorce sans juge, c'est transformer le mariage en un simple contrat dont le sort serait laissé à la seule appréciation des époux. Et comment empêcher les pressions d'un époux sur son conjoint ? Le juge devra, par conséquent, trancher les conflits et veiller à la protection des intérêts de chacun.

Il vérifiera, plus précisément, que la demande en divorce est fondée sur l'une des causes énumérées par la loi. A cette fin, il va procéder suivant des règles qui diffèrent notamment du droit commun de la *procédure civile*. Si la demande est admise, le lien matrimonial va se trouver rompu (divorce) ou relâché (séparation de corps) : le juge devra en tirer les *conséquences*. Cette chronologie, qui est suivie fidèlement par le Code de la famille, constituera le plan des développements qui suivent.

CHAPITRE 2. LES CAUSES DU DIVORCE

Bien que le Code de la famille ait mis l'accent sur la faute, l'un des traits dominants de la réforme réalisée par la loi du 17 octobre 1984 portant Code de la famille est la multiplication des voies d'accès au divorce. Ce pluralisme, qui caractérise la législation congolaise permet de répondre à la diversité des situations conjugales. Il traduit aussi changement dans la conception même du divorce, qui devient l'affaire es époux, que la loi reconnait comme étant les premiers concernés si l'intervention du juge reste nécessaire. Dans cette perspective, le législateur n'a pas privilégié le divorce sur demande conjointe, fondé sur le consentement mutuel. Dans le même esprit, car supposant l'accord des époux sur le principe du divorce (mais non sur ses conséquences), pas été retenu le divorce demandé par un époux et accepté par l'autre, devenu une création du juge du divorce pour acceptation du principe de la rupture du mariage. Ces deux cas de divorce reposent sur une volonté concordante des époux : ils s'opposent au divorce demandé par un époux sans l'accord de l'autre, en cas de séparation de fait ou en raison des fautes commises par le conjoint. Il paraît aller de soi que la demande en divorce n'est recevable que si le lien matrimonial existe. Cette condition d'*existence du mariage* peut soulever deux ordres de difficultés.

D'un côté, puisque le *décès* d'un époux dissout le mariage, tant qu'une décision définitive n'a pas prononcé le divorce de deux époux, la mort de l'un d'eux éteint l'action en divorce : donc est caduque la décision déjà intervenue, comme est irrecevable la demande en divorce formée postérieurement au décès.

D'un autre côté, la demande en divorce est pareillement irrecevable lorsque le divorce a déjà été prononcé par une décision définitive. La question a été posée très souvent au cours des dernières années dans les situations internationales où l'un des époux soulève l'irrecevabilité d'une demande en divorce formée au Congo au motif que le divorce a déjà été prononcé définitivement par une juridiction étrangère. La cour suprême a considéré que la décision étrangère devait répondre aux conditions de régularité des jugements étrangers pour pouvoir produire cet effet au Congo.

Section 1. Les causes du divorce selon le juge

En dehors des causes limitativement prévues par le Code de la famille en son article 180, le juge est parfois amené à se prononcer sur des cas dont l'interprétation ne se classe pas parmi les qualifications légales. ''Ce divorce jurisprudentiel'', terme employé au Congo pour la première fois par Auguste Iloki[309], résulte soit de la désaffection entre époux, l'hostilité de la femme aux parents du mari, soit de la cause médicale relative à l'incompatibilité sanguine.[310]

Avant la promulgation du Code de la famille, les coutumes congolaises connaissaient le système de la famille clan, qu'elle soit axée sur le père, comme dans certains départements du Nord, ou qu'elle soit centrée sur la mère et par elle, sur l'oncle maternelle, dans le reste du pays. Ce qui caractérisait cette famille c'étaient l'intérêt prédominant du clan, le souci de développer une parentale de génération en génération. Si bien que la fécondité était le fondement du mariage. C'est pourquoi, la stérilité légitimait aussi bien la répudiation de la femme stérile que la polygamie qui permet d'espérer une postérité.[311] C'est qu'un divorce sur l'état de santé chaque le sentiment scientifique moderne et devient du coup, sur le plan social, une cause immorale. Seules devaient jouer les causes énumérées à l'article 180. À savoir :

- Lorsque la vie commune est devenue intolérable à la suite de l'infidélité, des excès, services, injures imputables à l'un ou l'autre des époux et visant les époux eux-mêmes ou leur belle famille.
- Lorsque la vie d'un conjoint et la sécurité des enfants sont gravement compromises par *l'inconduite* ou par l'abandon moral ou matériel du foyer.
- En cas d'absence déclarée de l'un des époux ou de séparation de fait prolongée depuis deux ans.
- En cas de condamnation à une peine criminelle
- En cas de pratique de fétichisme.

Les causes du divorce selon le juge ne sont donc que des cas spécifiques au-delà de celles que le Code de la famille a retenues. Il n'existe à ce propos aucune échelle dans leur considération. Par

[309] Voir en ce sens, A. Iloki, *Le droit du divorce au Congo*, L'Harmattan
[310] Voir en ce sens, A. Iloki, *Le droit du divorce au Congo*, L'Harmattan, n° 55 et s.
[311] Voir en ce sens, Ch. Assemekang, *Le droit des personnes et de la famille*, p.56.

exemple, l'impolitesse d'un époux peut changer l'humeur de l'autre conjoint. Cette impolitesse à l'endroit d'un parent est un manquement à la politesse qui est une règle de vie. Et tout cela peut provoquer une attitude hostile ou agressive à l'égard de ceux dont on ne partage pas les opinions, les croyances. Mais, au départ, cette impolitesse à l'égard d'un parent de l'autre conjoint pourrait aussi être qualifiée d'injures. Pourtant on ne peut l'admettre. Elle est insupportable et intolérable.

Aussi le juge peut se retrouver en face d'une alternative. Tantôt les faits qui lui sont rapportés lui font jouer un rôle actif dans l'appréciation des causes du divorce, tantôt, il se retourne devant, dans une position inconfortable. Deux situations se présentent devant le juge :

- Les causes de divorce pour lesquelles le juge dispose d'un pouvoir actif d'appréciation.
- Les causes du divorce pour lesquelles le juge dispose d'un pouvoir passif d'appréciation

Paragraphe 1. L'échec de la conciliation des époux

L'article 185 du Code de la famille dispose : « Si les époux ne se réconcilient pas, le juge rend une ordonnance constatant la non-réconciliation et fixe la date d'audience ».

- Les causes du divorce pour lesquelles le juge dispose d'un pouvoir passif d'appréciation

Les mesures judiciaires de protection. Ces mesures sont :

- Tutelle
- La curatelle et la sauvegarde de justice
- La requête conjointe.

Paragraphe 2. Le divorce par consentement mutuel

C'est un divorce fondé sur la demande conjointe des époux : ils décident d'un commun accord de divorcer, et ils matérialisent cette volonté dans une convention. Mais parce que tout divorce est nécessairement judiciaire, les époux doivent demander au juge d'examiner avec eux cette convention et, si elle lui paraît équitable, de l'homologuer, c'est-à-dire de lui conférer la même valeur qu'un jugement. En droit congolais, cette forme de divorce, non régie par la loi du 17 Octobre 1984 portant Code de la famille, a les préférences des juges parce qu'elle est la plus apte à favoriser la dignité et l'apaisement des époux.

Exemple n°60 (Extrait du jugement)

T.G.I. de Pointe-Noire. Rôle civil n°266 – Année 2009. Rép. n° 5089 du 30 novembre 2009. Divorce demandé par un époux et accepté par l'autre. Acquiescement. Relations orageuses. Stérilité secondaire – Incompatibilité d'humeur – Insoumission- Injures – Altération du lien conjugal.

« …Monsieur T… explique que c'est en 1995 qu'il fait connaissance de Mademoiselle B…, l'invitant à vivre sous le même toit conjugal ; Qu'après leur mariage en 2004, ils ont connu une éphémère harmonie. Mais très vite, l'incompatibilité d'humeur s'est installée à cause des difficultés de procréation. Que son épouse est devenue rebelle et insoumise, n'éprouvant la moindre pudeur à proférer fréquemment des injures à son encontre et ses parents ; Que Madame T…, née B… n'accepte plus de reproche et fait tout ce que bon lui semble. Qu'elle décide seule de ses sorties sans l'autorisation ni l'avis de son époux ; Que plus d'une fois, son épouse a formé le veux de leur divorce; Que l'inconduite de son épouse et l'incompatibilité persistante d'humeur l'amènent à demander le divorce aux torts exclusifs de cette dernière… ».

Ceux-ci ne doivent toutefois y recourir que s'ils sont d'accord sur l'ensemble des conséquences du divorce. La procédure est donc organisée de telle manière qu'elle puisse révéler l'existence du consentement mutuel des époux jusqu'au prononcé du divorce. A cette fin, la présentation de la demande conjointe (Paragraphe 1) précède logiquement le prononcé du divorce par le juge (Paragraphe 2). Elle reste pour autant une cause de droit commun. Le Code de la famille distingue trois mesures de protection des majeurs incapables.

- le placement sous sauvegarde de justice, qui est une mesure provisoire prise sur le signalement du médecin traitant adressé au Procureur de la République qui a pour effet de rendre rescindables pour lésion les actes passés par le malade[312]. - la tutelle qui confie la gestion de la personne et des biens de l'incapable à un tuteur qui

[312] Art. 426 à 432 du Code de la famille

peut être une personne morale, associé à un conseil de famille et un subrogé tuteur comme pour un mineur. [313]

- la curatelle qui place au auprès du malade un curateur dont le concours est nécessaire pour passer valablement un contrat.[314]

Ces mesures prennent fin lorsque le malade a recouvré ses facultés, lorsque, l'ayant constaté, le juge des tutelles en donne main levée. Quel que soit le régime de protection appliqué pour bien marquer l'espoir de retour de la santé du malade et ménager son avenir, son logement et les meubles meublants dont il est garni doivent être conservés à sa disposition aussi longtemps qu'il est possible et, notamment, si l'incapable est locataire, aussi longtemps que le loyer peut être payé.

Le mandataire peut cependant consentir des occupations précaires, dont la rémunération permettra de payer le loyer ou les charges, qui devront cesser dès le retour de la personne protégée. Si la nécessité de disposer des droits relatifs au logement ou de vendre les meubles, l'acte devra être autorisé par le juge des tutelles. Toutes ces mesures montrent bien le souci du législateur de protéger le patrimoine familial et de veiller à ce qu'il soit au service de la personne[315].

Paragraphe 3. La présentation de la demande

Ce divorce amiable repose sur l'accord des deux époux, tant sur le principe du divorce que sur ses conséquences. Mais cet accord est contrôlé par le juge[316]. C'est pourquoi les époux vont saisir ce juge d'une requête conjointe que ce dernier appréciera avec eux lors d'une comparution.

a). La requête conjointe

La demande en divorce émane des deux époux : elle prend donc la forme d'une requête unique accompagnée d'un document.

---

[313] Art. 433 et 443 du Code de la famille.

[314] Art. 444-à 450 du Code de la famille.

[315] Voir en ce sens, Ch. Assemekang, *Le droit des personnes et de la famille*, p 95.

[316] Patrick Courbe, *Droit civil. Les personnes, la famille, les incapacités*, 2e édition, Dalloz, 1998, p. 69-70

1) La requête unique

C'est le document par lequel les époux formalisent leur demande conjointe. Pour être recevable, cette requête doit remplir des conditions de *fond* et de *forme.*

Au titre des *conditions de fond*, le juge impose tout d'abord un *délai.* Pour éviter la pratique du mariage simulé, la requête initiale ne peut pas être présentée au cours des six premiers mois du mariage. En vue de favoriser plus encore le divorce par consentement mutuel, le juge ne pose pas d'exigence cette exigence quant au délai d'attente.

Le divorce par consentement mutuel repose sur la volonté des époux. Il en résulte que les personnes qui souffrent d'une altération de leurs facultés mentales et sont placées sous un régime de protection des majeurs sont incapables d'exprimer une volonté saine et ne peuvent donc divorcer sur demande conjointe.

Exemple n°61 (Extrait du jugement)

T.G.I. de Pointe-Noire. Rôle civil n° 1033-Année 2004. Rép. n° 028 du 24-01-2005. Divorce par consentement mutuel-Requête conjointe- Divorce par consentement mutuel-Convention de divorce – Torts partagés.

« … Attendu que par requête conjointe en date à Pointe-Noire, du 25 octobre 2004, Monsieur et Madame, ont saisi le tribunal de grande instance de céans, statuant en matière civile, à l'effet de s'entendre prononcer le divorce par consentement mutuel d'entre les époux ; Dire que du tout, il ne sera réglé aucune conséquence, les époux n'ayant fait aucun enfant et n'ayant acquis aucun patrimoine au cours de leur union ; Attendu qu'ils exposent, à l'appui de leur requête : Qu'ils sont mariés le 16 février 2002 devant l'officier d'état-civil de Saint Ouen (l'Aumôle 95310) en France ; Qu'actuellement ils estiment ne plus pérenniser leur vie commune ; Qu'ainsi ils ont choisi d'un commun accord Maître M…, avocat à la cour pour procéder aux présentes diligences ; Qu'ils demandent en effet un divorce par consentement mutuel en application des articles 229 et 230 du Code civil ; Que depuis leur union, aucun enfant n'y est issu ; Qu'ils n'ont pas ensemble constitué un patrimoine susceptible de nécessiter une liquidation de la masse commune ; Que chaque époux ayant donné procuration à l'avocat susnommé, celles-ci sont à considérer comme étant une convention des parties ; Que ces procurations ne règlementent aucune conséquence, après le divorce d'entre les époux, puisqu'ils n'ont aucun enfant et n'ont acquis aucun patrimoine ensemble… ».

Il va de soi que les époux n'ont pas à faire connaître au juge les faits à l'origine de la demande. C'est dire qu'ils n'ont pas à expliquer au juge les véritables raisons pour lesquelles ils forment cette demande en divorce. La cause reste secrète. Le juge n'a donc pas à vérifier si les motifs des époux sont sérieux ni si leurs mobiles sont licites. La requête initiale est, en la forme, un *document écrit* dont le contenu est apprécié à peine d'irrecevabilité. Doivent figurer : l'identité complète de chaque époux (nom, prénoms, profession, résidence, nationalité, date et lieu de naissance), la date et le lieu de leur mariage, l'identité des enfants s'il y en a, les indications nécessaires à l'identification de la caisse d'assurance maladie à laquelle ils sont affiliés, des organismes qui servent les prestations sociales ou pensions de retraite, la juridiction devant laquelle la demande est portée, enfin le nom des avocats chargés par les époux de les représenter, ou de celui qu'ils ont choisi à cet effet d'un commun accord.

A peine d'irrecevabilité, la requête initiale est datée et signée par chacun des époux et leur avocat. L'intervention obligatoire de cet auxiliaire de justice s'explique par l'importance des intérêts en jeu : il faut éclairer les époux sur le déroulement de la procédure et les conséquences du divorce. Cela implique un savoir juridique, la connaissance du procès et des règles qui le gouvernent, ainsi que l'expérience d'une activité de conseil. Pour favoriser cette forme de divorce, le juge permet aux époux d'avoir recours au service d'un avocat commun. Cette formule ne peut guère être recommandée que dans des situations simples : ainsi lorsque les époux n'ont pas des enfants, ou bien lorsqu'ils n'ont qu'un patrimoine modeste. Mais le choix d'un avocat unique doit être évité dès lors que des difficultés sont susceptibles d'apparaître entre les époux, soit au moment de la préparation de la convention de divorce, soit lorsqu'il s'agira d'en exécuter les dispositions.

2) Le document annexe

La volonté commune des époux d'obtenir le prononcé du divorce s'extériorise par *un document conventionnel* qui doit être annexé à la requête initiale, à peine d'*irrecevabilité.*

La convention de divorce doit contenir le *règlement complet des effets du divorce*. C'est, du reste, ce qui caractérise le divorce par consentement mutuel : l'accord des époux ne porte pas seulement sur le principe de la rupture du mariage, mais aussi sur toutes les conséquences. Il s'agit aussi bien des conséquences personnelles, comme le nom de la femme après le prononcé du divorce ou les modalités d'exercice de l'autorité parentale, que des conséquences pécuniaires comme la prestation compensatoire et le partage de la communauté de biens qui existait entre les époux.

Section 3. La liquidation du régime matrimonial

Cette liquidation prend place dans la convention. C'est un aspect essentiel de cette forme de divorce par consentement mutuel : la liquidation des intérêts pécuniaires des époux doit être prévue avant le prononcé du divorce. Elle peut au demeurant être librement combinée par les époux avec le règlement de la prestation compensatoire.

Il faut, à cet égard, remarquer que le divorce sur demande conjointe est le seul cas dans lequel le juge impose la liquidation préalable du *régime matrimonial* : d'où la nécessité d'inclure dans la convention un état liquidatif du régime matrimonial, ou la déclaration qu'il n'y a pas lieu à liquidation L'état liquidatif doit être passé en la forme authentique devant notaire lorsque la liquidation porte sur des biens soumis à publicité foncière. Dans les autres cas de divorce, en revanche, le juge qui prononce le divorce renvoie les époux devant leur notaire aux fins de préparer cette liquidation. Le divorce par consentement mutuel favorise, à cet égard, la concentration des effets du divorce au moment de son prononcé.

D'autres clauses doivent figurer dans la convention. Ainsi :

- La date des effets du divorce quant aux biens des époux.
- Le sort des donations entre époux et des avantages résultant du contrat de mariage ou du fonctionnement du régime matrimonial.
- Les conséquences fiscales du divorce.

- La charge des frais et honoraires de la procédure du divorce.

Naturellement, cette convention de divorce est datée et signée par chacun des époux et leur avocat.

b. La comparution des époux

Les avocats des époux déposent la requête, accompagnée du document en annexe, au greffe du tribunal de grande instance compétent. Le tribunal se trouve ainsi saisi. Le juge va alors convoquer chacun des époux par lettre simple, expédiée quinze jours au moins avant la date fixée pour leur audition. Le juge en avise également les avocats. Au jour fixé, les époux sont entendus par le juge.

Cette comparution des époux se déroule en quatre temps. Le juge entend d'abord un époux seul (en général, la femme), puis son conjoint. Le magistrat doit s'assurer de la volonté *réelle* et *libre* de chaque époux d'obtenir le divorce. Il vérifie notamment que l'un des conjoints n'exerce pas de pression sur l'autre : le consentement mutuel doit être un consentement exempt de vice. Puis le juge entend les époux ensemble et il appelle ensuite le ou les avocats.Le juge, les époux et les avocats doivent examiner la convention de divorce. Car s'il procède du consentement mutuel des époux, le divorce reste judiciaire. De telle sorte que le juge exerce un *contrôle sur la convention* qui concrétise l'accord des époux.

Le juge peut, avec l'accord des parties, en présence du ou des avocats, faire supprimer ou modifier les clauses qui lui paraîtraient contraires à l'intérêt des enfants ou de l'un des époux, ou même à l'ordre public. A ce stade de la procédure, le juge peut soulever son incompétence (même d'office) ou admettre une cause d'irrecevabilité de la requête. La décision du juge est alors susceptible d'appel dans les quinze jours à compter de son prononcé.

Section 4. La décision

En principe, le juge impose aux époux un de trois mois. A l'expiration de ce délai, les époux devraient renouveler leur *délai de réflexion* demande, s'ils voulant toujours divorcer, dans les six mois, en présentant une nouvelle requête que le juge examine lors d'une seconde comparution à l'issue de laquelle le divorce est prononcé. De fait, le juge matrimonial doit s'assurer du *libre accord* et du consentement éclairé des époux. Pour s'en convaincre, le juge doit attirer l'attention des époux sur l'importance des engagements qu'ils ont pris, notamment quant à l'exercice de l'autorité parentale. La convention de divorce doit, effectivement, statuer sur les effets du divorce à l'égard des *enfants mineurs* : modalités d'exercice de l'autorité parentale, résidence, droits de visite et d'hébergement ; contribution à leur entretien. Le sort des enfants majeurs et qui ne sont pas indépendants peut aussi être prévu, spécialement la participation aux frais d'études. C'est donc à l'issue de cette unique comparution que le juge va décider de prononcer, ou non, le divorce.

Exemple n°62 (Extrait du jugement)

T.G.I. de Pointe-Noire. Rôle civil n° 845 – Année 2009. Rép. n° 427 du 10-08-2009. Compétence internationale du juge congolais – Convention de divorce – Rapports extra-conjugaux – Abandon de domicile – Infidélité – Séparation de résidence – Pension alimentaire – Droit de visite.

« ...Par requête en date du 17 juin 2009, Madame M... épouse F..., de nationalité française, domiciliée à Pointe-Noire a attrait Monsieur F... aux fins de divorce ; Au soutien de sa requête, elle expose qu'elle a contracté mariage avec Monsieur F... devant l'officier d'état civil de Thevet St Julien le 28 juillet 2001, sans qu'aucun contrat de mariage n'est précédé l'union ; Que de cette union sont nés deux enfants ; Que, le comportement de son époux s'est radicalement dégradé depuis quelques temps, tant à l'égard de son épouse qu'à celui de ses enfants ; Que sous des prétextes divers et variés, Monsieur F... multiple les absences du domicile conjugal pour rejoindre sa maitresse, Mademoiselle L... avec laquelle il entretient une relation adultérine ; Que lorsque cet adultère a été révélé à la requérante, son époux a délibérément abandonné le foyer pour s'installer dans un autre logement avec sa maîtresse ; La requérante a vainement tenté de ramener son mari à la raison; Que Monsieur F... n'a pas souhaité mettre fin à cette double vie ; Qu'il s'est permis, en l'absence de la requérante, de coucher avec sa maîtresse dans le lit conjugal et, ce en présence des enfants mineurs ; Que ces fait constituent une violation grave et renouvelée des liens du mariage rendant intolérable le maintien du lien conjugal ; Qu'elle demande le divorce en application des dispositions des articles 242 et suivants du Code civil et 180 et suivants du Code de la famille... »

Paragraphe 1. Le prononcé du divorce

Le plus souvent, le juge ayant vérifié la volonté réelle et la liberté du consentement de chaque époux, il rend sur-le-champ un jugement par lequel il homologue la convention et prononce le divorce. Une telle décision doit constater expressément que la convention de divorce préserve suffisamment les intérêts de chaque époux et des enfants. Le contrôle en est effectué par le juge au seul regard du critère de l'équité.

1) Les voies de recours

Cette décision de divorce peut-elle faire l'objet d'une voie de recours ? L'*appel* ne peut être interjeté contre la décision qui homologue la convention et prononce le divorce. Solution logique : en effet, aucun des époux ne voie de recours. En revanche, le pourvoi en cassation est recevable. Le délai de pourvoi est de quinze jours à compter du prononcé de la décision attaquée. Comme toujours en matière de divorce, le délai de pourvoi a un effet suspensif ainsi que le pourvoi lui-même. L'on sait que l'effet suspensif qui s'attache au pourvoi en cassation ainsi qu'à son délai ne s'applique pas aux dispositions de la convention homologuée « qui concernent les pensions, la contribution à l'entretien et l'éducation de l'enfant et l'exercice de l'autorité parentale ». C'est l'extension au divorce par consentement mutuel d'une solution déjà admise, dans les autres cas, pour les jugements prononçant le divorce.

Si les créanciers de l'un ou de l'autre époux s'estiment lésés par les dispositions de la convention de divorce, ils peuvent former tierce opposition contre la décision d'homologation afin que la convention leur soit déclarée inopposable. Le recours doit être formé dans l'année qui suit l'accomplissement des formalités de publicité de la décision de divorce à l'état civil. Mais, la tierce opposition ne peut remettre en cause le divorce lui-même : seule la convention est inopposable aux créanciers d'un époux qui peuvent exercer cette voie de recours, en vertu du droit commun. Le recours en révision tend a faire rétracter un jugement passé en force de chose jugée mais obtenu par fraude, pour qu'il soit statué à nouveau en fait et en droit. Certains auteurs sont favorables à l'admission de ce recours en matière de divorce[317].

---

[317] Voir en ce sens, A. Iloki, *Le droit du divorce au Congo*, Op. cit.

2) Le sort de la convention

Lorsque les voies de recours ont été exercées, ou que les délais de recours sont expirés, la décision est définitive. Mais la *convention homologuée* est-elle pour autant à l'abri de toute *modification ?* La réponse varie suivant qu'il s'agit de *révision* ou de *nullité.*

Paragraphe 2. La révision

Les dispositions arrêtées par les époux et homologuées par le juge ne sont pas intangibles : ou prévoit deux séries de modifications, suivant que les époux sont ou non d'accord pour modifier la convention. D'un côté, les époux ont la faculté d'établir d'un commun accord une *nouvelle convention.* Elle sera également soumise à homologation. Les modifications peuvent porter sur toutes les dispositions de la convention. Mais l'accord des époux est insuffisant s'il n'est pas soumis à homologation, pour modifier la convention définitive[318].

D'un autre côté, il est aussi loisible aux époux d'insérer dans la convention une clause prévoyant que chacun d'eux pourra, en cas de changement important dans les ressources et les besoins des parties, demander au juge, malgré le désaccord du conjoint, de réviser la prestation compensatoire. Dans le même sens, les dispositions de la convention homologuée par le juge relatives à l'exercice de l'autorité parentale peuvent être révisées, à la demande de l'un des époux ou du ministère public, donc sans l'accord du conjoint.

Paragraphe 3. La nullité

La question la plus débattue est de savoir s'il est possible pour un époux de demander l'*annulation* ou la *rescision* de la convention homologuée au motif qu'elle est entachée d'un vice du consentement ou d'une lésion. L'admission de la nullité ou de la rescision sont es cas encore peu connus pour donner dans ce livre, la position de la doctrine des juridictions du fond, tant, le divorce par consentement mutuel c'est pas prévu par le code. Cependant, le

---

[318] T.G.I de Pointe-Noire. Rôle civil n° 1033. Année 2004. Rép. n° 028 du 24-01-2005. Requête conjointe- Divorce par consentement mutuel-Convention de divorce – Torts partagés. Sur cette décision, voir aussi H.D. Amboulou, *Le divorce et la séparation de corps en droit congolais*, Op. cit.

vice du consentement ne permet pas non plus la modification par le juge, sans l'accord des parties, de la convention homologuée. Il s'en déduit, aussi, l'irrecevabilité de l'action paulienne exercée par un créancier, ou l'irrecevabilité de l'action de *im rem verso* de l'époux qui, dans la convention définitive homologuée, a renoncé à, solliciter une prestation compensatoire. A l'inverse, le tribunal peut décider que l'état liquidatif compris dans la convention homologuée peut être annulé sur le fondement des nullités de la période suspecte, après ouverture d'une procédure collective à l'encontre d'un époux.

Cette indivisibilité peut faire l'objet de vives critiques. Elle semble pourtant justifiée. D'une part, remettre en cause la convention c'est aussi revenir sur le prononcé du divorce. Ce n'est pas concevable en dehors des voies de recours admises par la loi : « voies de nullité n'ont lieu contre les jugements ». Anéantir le jugement de divorce c'est porter atteinte aux remariages éventuels, ce qui constitue un facteur de troubles plus important encore que le mal qu'on prétend réparer. D'autre part, la prestation compensatoire qui est prévue par les époux. Remettre en question le partage c'est modifier la prestation compensation, alors que la révision de celle-ci obéit à des règles précises au nombre desquelles ne figure pas la rescision du partage des biens conjugaux. Il s'en déduit que l'omission d'un bien dans l'état liquidatif que doit comprendre la convention ne peut donner lieu à une modification de celle-ci par le juge, si l'un des époux n'en est pas d'accord. Il faut donc procéder à un partage complémentaire de ce bien, selon les règles du droit commun de l'indivision[319].

Paragraphe 4. Le refus du divorce

Il peut arriver que le juge *refuse d'homologuer* la convention. Ce refus est rarement justifié, en fait, par l'absence de consentement d'un époux : celui-ci, en effet, ne se présentera pas à l'audition et la comparution n'aura pas lieu. Le rejet de la demande conjointe s'impose effectivement lorsque le juge constate que la convention ne préserve pas suffisamment les intérêts de chaque époux et des enfants. Alors, le juge refusera dans ces hypothèses

[319] Voir en ce sens, H.D. Amboulou. *Les libéralités et les successions en droit congolais*, Op. cit..

d'homologuer la convention et il ajoutera par ordonnance sa décision jusqu'à présentation d'une convention modifiée.

L'ordonnance d'ajournement fait grief aux époux puisqu'ils ont demandé le divorce et que celui-ci est refusé. Il en résulte que cette ordonnance est susceptible d'appel dans les quinze jours. En outre, les époux sont informés par le juge que la procédure de divorce par consentement mutuel qu'ils ont engagée sera caduque s'ils ne présentent pas une convention modifiée, tenant compte des observations du juge, dans les six mois de l'ordonnance d'ajournement. Ce délai est suspendu en cas d'appel. C'est une menace suffisante pour qu'en pratique les époux amendent le projet initial dans le sens indiqué par le juge, dont il apparaît ainsi que le rôle va au-delà d'une simple fonction d'enregistrement. Lorsqu'il refuse de prononcer le divorce, le juge peut cependant homologuer les mesures provisoires que les époux s'accordent à prendre jusqu'à la date à laquelle le jugement de divorce passe en force de chose jugée, sous réserve qu'elles soient conformes à l'intérêt des enfants.

Les mesure provisoires sont celles définies par l'article du Code de la famille comme étant celles qui sont nécessaires pour assurer l'existence des époux et des enfants jusqu'à la date à, laquelle le jugement passe en force de chose jugée. Les principales mesures susceptibles d'être prescrites sont : recours à la médiation, décision sur les modalités de la résidence séparée des époux, fixation d'une pension alimentaire, désignation d'un notaire ou d'un autre professionnel pour faire des propositions quant au règlement des intérêts pécuniaires des époux.

C'est donc une exception au principe de la comparution unique des époux qui est ainsi évoquée lorsque le juge estimera que la convention définitive ne paraît pas satisfaisante pour l'un des époux ou pour les enfants. Naturellement, le juge prendra en considération des accords éventuels des époux sur ces mesures provisoires. Ces mesures provisoires, homologuées par le juge, seront énoncées par l'ordonnance d'ajournement, laquelle précisera aussi les conditions ou garanties auxquelles sera subordonnée l'homologation de la nouvelle convention définitive.

Lorsque les époux présentent une nouvelle convention, dans le délai de 6 mois, ils sont convoqués selon les modalités prévues pour la première comparution. Le juge va procéder à une seconde audition, dans les mêmes conditions que la première. S'il refuse à nouveau d'homologuer la convention définitive, la demande en divorce est caduque. Le juge rend alors une ordonnance par laquelle il constate cette caducité.

Section 5. Le divorce accepté

Le divorce demandé par un époux et accepté par l'autre n'a pas été prévu par le Code de la famille[320]. Il implique l'accord des époux sur le principe du divorce, mais non sur ses conséquences, lesquelles seront décidées par le juge. Cette procédure ne représente en 2009 que 13% des cas de divorce, pour des raisons essentiellement procédurales. En effet, cette procédure est relativement *aléatoire* dans la mesure où l'époux demandeur ne pouvait être certain que son conjoint allait donner son acceptation. De fait, le défendeur hésite à accepter le principe du divorce sans en connaître les effets. S'il refusait cette acceptation, le demandeur devait alors recommencer toute la procédure. C'est allonger la phase initiale de façon dissuasive, et en même temps *retarder* la prise des mesures provisoires dont la famille part avoir besoin.

Exemple n°63 (Extrait du jugement)

T.I de Tié-Tié. Pointe-Noire. Rôle civil n° 361. Rép. n° 622 du 09.06.2009. Rép. n° 374. Divorce demandé par l'épouse et accepté par l'époux-Incompatibilité d'humeur-Torts réciproques.

« ... Attendu que par requête en date à Pointe-Noire du 07 août 2009, Madame B... a introduit devant le Tribunal d'instance, une demande en divorce aux torts exclusifs de l'époux ; Attendu qu'à l'appui de sa requête elle expose que suivant acte de mariage en date du 03 décembre 2007, elle s'est mariée avec Monsieur B... sous le régime de la communauté des biens et ce, devant le Maire du centre de l'état civil principal de Dakar au Sénégal ; Que leur couple a connu des moments de joie et de tendresse et elle a effectué un voyage au Canada pour poursuivre ses études et l'époux est rentré à Pointe-Noire (Congo) ; Qu'elle a rejoint son époux à Pointe-Noire et ils vivaient ensemble sous le même toit ; Que ces derniers temps,

---

[320] T.I. de Tié-Tié. Pointe-Noire. Rôle civil n° 361. Rép. n° 622 du 09.06.2009. Rép. n° 374. Divorce demandé par l'épouse et accepté par l'époux- Incompatibilité d'humeur-Torts réciproques. Sur cette décision, voir aussi H.D. Amboulou, *Le divorce et la séparation de corps en droit congolais*, Op. cit.

son époux a commencé à manifester un comportement empreint d'injures à son égard et du coup, une incompatibilité d'humeur s'est installée ; Que devant l'impossibilité de continuer une vie commune, l'époux s'est trouvé dans l'obligation de la répudier, situations désobligeantes et humiliantes constituant la preuve de son inconduite ; Attendu que Monsieur B..., dans ses explications et moyens de défense, soutient que le comportement déviant qui lui est reproché est le même qu'affiche son épouse à son égard ; Que toutes ces situations désobligeantes et regrettables sont la conséquence d'un comportement identique l'un envers l'autre et vice versa ; Que leur vie commune est devenue impossible suite aux incompatibilités d'humeur ; Qu'il est favorable au divorce mais aux torts exclusifs de l'épouse ... ».

Le juge a donc cherché à sécuriser cette procédure en empêchant l'époux qui avait accepté le principe du divorce de revenir sur son acceptation une fois l'accord donné, même en appel. Cette forme de divorce constitue une *voie intermédiaire* entre le divorce sur demande conjointe et le divorce pour faute. A l'instar du premier, il procède de l'accord des époux sur le principe du divorce. De ce fait, aucune preuve du comportement répréhensible d'un époux n'est exigée pour obtenir le divorce[321]. Mais, comme le divorce pour faute, le divorce accepté par le juge, à l'issue d'une procédure contentieuse initiée par une assignation. Celle-ci est elle-même obligatoirement précédée d'une ordonnance de non-conciliation.

C'est donc un divorce de nature hybride, dont l'originalité tient à la combinaison nécessaire de deux éléments : d'une part, l'acceptation de chaque époux de l'échec du mariage, qui constitue la cause du divorce, dans une première phase de la procédure (Paragraphe 1) ; d'autre part, l'intervention du juge, limitée aux conséquences du divorce, dans une phase contentieuse (Paragraphe 2).

Paragraphe 1. L'acceptation

Dans cette première phase non contentieuse de la procédure, l'objectif est l'acceptation par les deux époux du principe du divorce. C'est du reste le plus souvent parce qu'ils ne s'opposent que sur les conséquences du divorce

---

[321] Voir en ce sens, Patrick Courbe, *Droit civil. Les personnes, la famille, les incapacités,* 2e édition, Dalloz, 1998, p.70

que les époux ont recours, en pratique, à cette formule originale. C'est aussi un mode rapide de dissolution du mariage.

Exemple n° 63 (Extrait de la requête)

T.I. de Tié-Tié. Pointe-Noire. Requête aux fins de divorce par consentement mutuel et d'homologation du protocole d'accord

> Requête aux fins de divorce et d'homologation du protocole d'accord
> *A Monsieur le Président, Juge matrimonial du Tribunal d'instance de Tié-Tié à Pointe-Noire*
> « ....Monsieur le Président,
>
> Monsieur G...,
>
> A l'honneur de vous exposer

Qu'il a contracté mariage avec mademoiselle B... sous le régime de la communauté réduite aux acquêts option monogamique le 03 juillet 1993 par-devant l'Officier d'État civil de la Mairie central de Pointe-Noire ; Que de leurs œuvres communes sont issus à Pointe-Noire quatre (4) enfants. Que pour des raisons d'incompatibilité d'humeur récurrente cause de crise persistantes dans le ménage, susceptible d'entamer la santé des époux, le requérant sollicite simplement leur divorce à ses torts exclusifs ; Que la liquidation et le partage de la communauté se feront conformément au protocole d'accord signé par les époux G... en date du 26 octobre 2009 et dont l'homologation est aussi sollicité... ».

Le divorce sur demande acceptée est caractérisé, souvent, par l'échange d'aveux écrits. Et le juge matrimonial devait recevoir la confirmation orale de se double aveu. L'époux qui prend l'initiative du divorce doit faire état d'un ensemble de faits, procédant de lui-même et son conjoint, qui rendent intolérable le maintien de la vie commune. Matériellement, l'aveu du demandeur peut accompagner la requête en divorce à peine d'irrecevabilité de celle-ci.

Exemple n° 64 (Extrait du jugement)

T.G.I. de Pointe-Noire – Rôle civil n° 1072- Année 2005 Rép. n° 246 du 20-03-2006. Acquiescement. Manque de cohabitation-Séparation de fait-Absence de l'épouse. « …Par requête en date à Pointe-Noire, du 25 juin 2005, Monsieur M…, a introduit devant la première Chambre civile du Tribunal de grande instance de Pointe-Noire une demande de divorce aux torts exclusifs de son épouse Madame M… ; A l'appui de sa requête, il expose qu'en date à Pointe-Noire, du 06 décembre 2003, il a contracté mariage avec Mademoiselle M… par devant la Mairie centrale de Pointe-Noire ; Ayant opté pour le régime monogamique avec communauté des biens, le requérant qui vit en France depuis son enfance, a vainement tenté le regroupement familial ; Que son épouse, entêtée par sa famille, n'a daigné se conformer aux formalités requises par les autorités consulaires pour son départ en France ; Le requérant a même tenté de convaincre sa femme de le rejoindre pour les vacances d'été de l'année 2004 ; Que curieusement, son épouse restée au Congo n'entreprend aucune démarche pour rejoindre son mari ; Que depuis la célébration du mariage le couple n'a jamais vécu ensemble, rendant ainsi impossible toute chance de procréation. Que cette séparation de fait qui dure depuis bientôt deux (2) ans est due à l'inconduite de son épouse ; Qu'en considération de ce qui précède, le Tribunal n'aura aucune difficulté à prononcer le divorce entre les époux M… aux torts exclusifs de l'épouse… ».

L'époux défendeur qui ne veut pas s'opposer au divorce établit une déclaration d'acceptation du mémoire, qu'il doit dater et signer. Son avocat doit déposer au greffe cette déclaration dans un délai d'un mois. L'époux défendeur a la faculté de joindre à sa déclaration d'acceptation et, le cas échéant, son propre mémoire. L'ordonnance du juge du divorce qui constate le double aveu et prescrit les mesures provisoires peut cependant faire l'objet d'un *appel*. Dans cette hypothèse, l'aveu des époux peut être rétracté, tant que l'ordonnance du juge n'est pas devenue définitive. La rétractation est discrétionnaire parce que cette forme de divorce repose sur le *libre aveu* par chaque époux de la faillite du mariage. Or, cet aveu est constaté par le juge dans la première phase de la procédure, laquelle ne peut donc s'achever tant que l'ordonnance n'est pas définitive. Cette incertitude explique l'insuccès relatif de cette forme de divorce, alors même qu'elle correspond certainement en pratique à la majorité des situations.

Paragraphe 2. L'intérêt d'une reforme

Le législateur congolais devait *objectiver* et *sécuriser* cette nouvelle forme de divorce accepté. Il doit prévoir, que le divorce pourra être demandé par l'un ou par l'autre des époux, ou par les deux, lorsqu'ils acceptent le principe de la rupture du mariage sans considération des faits à l'origine de celle-ci. Il apparaît ainsi que les deux pourront donc comparaître conjointement à, l'origine de cette procédure, et qu'ils n'auront plus à énoncer les faits rendant intolérable le maintien de la vie commune. D'où il résulte que toute référence aux torts partagés sera supprimée. Une telle simplification devrait contribuer à pacifier ce type de procédure.

D'un autre côté, pour éviter les aléas attachés à la formule, la loi nouvelle dans l'optique d'un amendement du code de la famille *interdira la rétractation* de l'acceptation du principe du divorce, même par la voie de l'appel. Les époux échappent ainsi à l'impasse à laquelle conduirait la solution précédente, puisqu'en cas de rétractation, non seulement le demandeur devait recommencer toute la procédure, mais surtout les mesures provisoires prévues par l'ordonnance de non-conciliation caduques, alors même que l'époux a donné librement son accord.

Sur le plan procédural, d'autres différences importantes distinguent les deux formes de divorce accepté, tel que nous le montrent la plupart des décisions répertoriées.

En principe, à défaut de conciliation, le juge rend une ordonnance, dans laquelle il constate qu'il a eu un double aveu de faits qui rendent intolérable le maintien de la vie commune. Ce faisant, il prend acte de l'existence d'une Cause de divorce qu'il n'aura donc plus à connaître ultérieurement. C'est dire que la cause de divorce, qui procède du double aveu de l'échec du mariage, est définitivement acquise lorsqu'elle est constatée par le juge dans son ordonnance (sauf appel). De telle sorte que le juge n'a ensuite qu'un rôle d'enregistrement à ce sujet : il doit prononcer le divorcer en se bornant à viser l'ordonnance.

D'une part, la double acceptation du principe de la rupture du mariage ne prend pas nécessairement place dans la phase de la procédure préalable à l'assignation au divorce. La solution nouvelle s'inscrit dans l'instauration d'un tronc procédural commun aux trois cas de divorces contentieux, parmi lesquels prendra place le divorce accepté. A cette fin, il faut désormais que la requête initiale en divorce ne soit pas motivée, afin de permettre à l'audience de conciliation de se dérouler dans un climat apaisé puisque les griefs ne seront plus énoncés. Le choix de la procédure ne se fera qu'ultérieurement, dans l'assignation. De telle sorte que, lors de la phase préalable, puisque les époux n'ont pas à choisir le cas de divorce, ils n'ont pas non plus à déclarer qu'ils acceptent le principe de la rupture du mariage.

Toutefois, il ne leur est pas interdit de la faire avant même l'assignation, ce que ne prend pas en compte le code de la famille. Il prévoit que si les époux acceptent le principe de la rupture de mariage à l'*audience de conciliation,* cette acceptation est constatée immédiatement dans un procès-verbal dressé par le juge et signé par les époux et leurs avocats respectifs. Le juge renvoie alors les époux à introduire l'instance pour qu'il prononce le divorce et statue sur ses effets, la cause du divorce demeurant acquise. Le procès-verbal est annexé à l'ordonnance.

En d'autres termes, si les époux acceptent le principe d'un divorce accepté au cours de l'audience de conciliation, l'instance ne pourra ensuite être introduite que sur ce fondement. C'est la raison pour laquelle, vu l'importante de l'enjeu, le juge ne permet cette double acceptation que si les deux époux sont chacun assistés par un avocat. D'autre part, l'on admet que les époux peuvent également, à tout moment de la procédure, lorsque le divorce aura été demandé pour altération définitive du lien conjugal ou pour faute, demander au juge de constater leur accord pour voir prononcer le divorce pour acceptation du principe de la rupture du mariage.

Il s'agit d'une *nouvelle passerelle* introduite par le juge en vue de pacifier les procédures de divorce. Cette évolution suppose, par hypothèse, que l'assignation a été délivrée, de sorte que la double acceptation n'a pas été donnée lors de l'audience de conciliation. Alors, cette acceptation doit déclarer, par un écrit signé de sa main, qu'il accepte le principe de la rupture du mariage. La demande formée en application des conclusions des parties, chaque époux annexe sa déclaration d'acceptation à ses conclusions.

Section 6. Le prononcé du divorce

Saisi par l'assignation que l'un des époux fait délivrer par huissier à son conjoint, le juge a compétence pour prononcer le divorce et en déterminer les effets.

Paragraphe 1. La décision

Le principe de la rupture du mariage ayant été accepté par les deux époux, et toute possibilité de rétractation étant exclue, le juge prononce le divorce s'il a acquis la conviction que chacun des époux a donné *librement son accord.* Naturellement, si la double acceptation est reçue par le juge au cours de l'audience de conciliation, c'est à ce stade qu'il lui appartiendra de vérifier que chaque époux a donné un consentement libre et éclairé (ce qui le rapproche du divorce par consentement mutuel).Le divorce sera alors prononcé sans autre motif que l'acceptation des époux.

Paragraphe 2. Les effets du divorce

Le rôle essentiel du juge consiste à statuer sur les effets du divorce : autorité parentale, contribution à l'entretien des enfants, prestation compensatoire. Ces dispositions peuvent être à l'origine d'un contentieux entre les époux. Il en résulte que les règles ordinaires de la procédure de divorce sont applicables, notamment l'existence de voies de recours contre le jugement rendu. Dans cette démarche, le juge doit suivre les règles du divorce aux torts partagés, même si le divorce sur double aveu n'est pas un divorce pour faute.

Désormais, le divorce accepté étant prononcé sans considération des faits à l'origine de la rupture du mariage, et le juge ayant dissocié les conséquences du divorce de la cause, le divorce accepté produit les effets communs à tous les divorces. Le juge du divorce intervient donc pour décider quels seront les effets du divorce. C'est ce qui explique, à vrai dire, l'intérêt pratique du divorce accepté. Les époux sont d'accord sur le principe du divorce. Mais ils s'opposent quant aux conséquences de la dissolution du mariage, soit pour eux-mêmes soit pour leurs enfants. Il appartient alors au juge de résoudre ces conflits, sans toutefois revenir sur la cause du divorce. C'est une sorte de *consentement mutuel partiel* : ce qui distingue le divorce accepté des autres divorces contentieux.

Section 7. Le divorce pour altération définitive du lien conjugal

Le divorce pour rupture de la vie commune prévu par le Code de la famille alimenté d'une vive controverse puisque certains se sont demandé s'il ne s'agissait pas d'une forme de répudiation déguisée. Le débat est aujourd'hui retombé. Lors de la discussion du projet de loi du 17octobre 1984, les adversaires les plus hostiles au divorce pour rupture de la vie commune ont reproché au législateur de vouloir introduire en droit Congolais la répudiation unilatérale. Mais il a été justement objecté que la répudiation telle qu'elle est pratiquée dans certains départements et coutumes (aujourd'hui abolies) est discrétionnaire et à effet immédiat. Or, les précautions nombreuses adoptées par la loi du 17 Octobre 1984 éloignaient cette forme de divorce d'une véritable répudiation : le contrôle du juge, notamment, et les conditions strictes pour rompre le mariage. Au demeurant, le nombre peu élevé (moins de 1,5% des divorces prononcés annuellement au Congo), au stade de cette forme de divorce atteste que les raison exprimées sont certainement compréhensibles mais se sont révélées excessives.

Exemple n° 65 (Extrait du jugement)

T. G.I de Pointe-Noire. Rôle civil n° 870- Année – 2005 Rép. n° 415 du 22 mai 2006. Compétence internationale du juge congolais – Séparation de fait – Détérioration du climat conjugal – Perte du port du nom.

« ....Par requête en date à Pointe-Noire du 12 septembre 2005, H... expose qu'il a contracté mariage le 21 Juin 1986 en France avec O..., de nationalité Française ; Qu'ils n'ont pas précédé leur union d'un contrat de mariage ; Que de cette union est née un enfant Que si les débuts de mariage furent heureux depuis 1997, le climat qui régnait au sein de leur mariage s'est graduellement détérioré à tel point que la vie commune est devenue impossible ; Qu'aujourd'hui dame O... est domiciliée à Brazzaville et Sieur H... à Pointe-Noire ; Que le dialogue est quasi inexistant et il impossible de parler d'une éventuelle réconciliation entre les époux ; Que pour preuve, dame O... avait engagé une procédure en France en 1997 ; Qu'une ordonnance de non-conciliation avait même été rendue par le tribunal de grande instance d'Angers en date du 16 septembre 1998 ; Que toutefois Dame O... n'a pas assigné en divorce dans les délais requis par la loi et qu'en conséquence sa procédure est devenue caduque ;, Que présentement force est de constater l'échec de son mariage, et le requérant a préféré assigner son épouse en divorce. Que par écriture en date du 28 mars 2006 H... par le biais de son conseil Maître C..., Avocat à la Cour allègue en date du 18 Octobre 2005, le Juge matrimonial a constaté la non-conciliation entre les époux et a rendu une ordonnance de non-conciliation autorisant les requérant à poursuivre sa demande en divorce et a renvoyé la cause à l'audience du 24 octobre 2005... »

En créant cette forme particulière de divorce, l'objectif du législateur, en 1984, a été de permettre à un époux d'obtenir la dissolution du mariage lorsque, par suite d'une rupture prolongée de la vie commune, le mariage n'est plus qu'une structure dépourvue de consistance. En fait, il s'agissait d'autoriser le demandeur à refaire sa vie, en le libérant d'un conjoint qui ne veut pas divorcer. Mais, en contrepartie, le demandeur devait *assumer toutes les charges* du divorce. Précisément, cette forme de divorce n'a pas rencontré de succès en raison des lourdes conséquences qu'il entraîne pour le demandeur : maintien du devoir de secours sous forme de pension alimentaire révisable à la hausse, intégralité du coût de la procédure, impossibilité de percevoir une prestation compensatoire, révocation des donations et avantages matrimoniaux dont il était le bénéficiaire et refus de révoquer ceux qu'il avait consentis, interdiction de demander le report de la date des effets du divorce… Tandis que de son côté le conjoint défendeur peut s'opposer à la demande, dans des cas exceptionnels il est vrai.

La loi n'a pas seulement simplifié les conditions et allégé les effets de ce type de divorce. Elle a procédé à une véritable transformation, en introduisant un véritable *droit commun* au divorce lorsque le lien conjugal est définitivement altéré. De fait, la durée exigée de séparation est réduit de six à deux ans, le cas particulier de l'altération des facultés mentales disparaît et la clause de dureté. C'est donc un nouveau divorce qui est instauré, tant par sa cause (Paragraphe 1) que par ses effets (Paragraphe 2) n'est pas évoquée.

Section 8. Le divorce pour rupture de la vie commune

La rupture de la vie commune résulte soit de la séparation de fait des époux soit de l'altération des facultés mentales du conjoint. Seule la première cause subsiste, tout en étant profondément transformée (la seconde étant qualifiée d'immorale).[322]Aux termes de l'article 180 du Code de la famille : Le divorce peut être demandé par l'un des époux lorsque le lien conjugal est définitivement altéré. La cause du divorce est donc plus objective, puisqu'en filigrane ou référence à la rupture de la vie commune, et qu'il n'est pas exigé que cette altération du lien conjugal rende intolérable le maintien de la vie

---

[147]. Voir en ce sens, A. Kebi-Mounkala. *Droit de la famille*, L'Harmattan ; Voir aussi H.D. Amboulou, *Les libéralités et les successions en droit congolais*, Op. cit.

commune[323]. Ainsi, la loi établi comme cause de divorce une situation de fait dont elle n'a pas précisé les contours (a), mais dont elle a fixé en revanche la durée minimum : deux ans (b), sauf exception en cas de demande reconventionnelle (c).

Paragraphe 1. La notion

Les tribunaux ont jugé que deux éléments devaient être réunis pour qu'il ait séparation de fait : un élément matériel et un élément intentionnel.

Matériellement, des époux sont séparés de fait quand ils n'habitent plus sous le même toit. Mais comme le mari et la femme peuvent toujours avoir un domicile distinct, la séparation de fait s'entend comme séparation des résidences : chacun vit de son côté.

Or, il existe des circonstances de vie séparée qui peuvent ne pas avoir la signification d'une rupture entre les époux. Ainsi, l'emprisonnement d'un époux, son hospitalisation ou son expatriation manifestent la séparation des époux sans que l'on puisse en déduire que ceux-ci ont rompu la vie commune. C'est du moins ainsi que la jurisprudence avait interprété la loi[1] Pour que la séparation puisse être analysée en rupture, les tribunaux considèrent que la communauté de vie aussi bien matérielle qu'affective doit avoir cessé entre les conjoints. *L'intention de se séparer* est donc nécessaire, de la part d'un époux au moins, quelles que soient les circonstances ayant accompagné la séparation. En somme, la rupture de la vie commune devait être voulue, mais pas nécessairement dès le début de la séparation[2].

---

[323] T.G.I. de Pointe-Noire. Rôle civile n°266 - Année 2009. Rép. n° 5089 du 30 novembre 2009. Divorce demandé par un époux et accepté par l'autre-Acquiescement - Relations orageuses - Stérilité secondaire. Sur cette décision, voir aussi H.D. Amboulou, *Le divorce et la séparation de corps en droit congolais*, Op. cit.

Exemple n° 66 (Extrait du jugement)

T.G.I. de Pointe-Noire. Rôle civil n° 317. Année 1999.Rép. n° 009 du 05 - 01- 04. Conversion de la séparation de fait en séparation judiciaire de corps.

« ...Madame Gn..., mariée, mère deux enfants, a saisi le tribunal de grande instance de Pointe-Noire, à l'effet de s'entendre prononcer le divorce avec son époux ; Attendu qu'elle expose à l'appui de sa requête : Qu'elle est mariée depuis le 27 décembre 1987, sous le régime de la communauté de biens ;Que de cette union sont issus deux enfants ; Que début 1999, son époux décidait de s'installer à Pointe-Noire où il y a élu domicile ; Que prenant à l'insu les enfants qui jusque – là étaient avec elle, son époux décidait de vivre avec une de ses maîtresse, la laissant dans le désarroi et lui interdisant l'accès dans sa nouvelle maison, pour ne pas troubler sa nouvelle vie, en l'obligeant dorénavant, à rester chez ses parents ; Que ne trouvant pas de solution, et étant constamment humiliée devant ses enfants par son époux et sa maîtresse, elle requiert retrouver sa dignité par le divorce et souhaite qu'un compromis soit trouvé quant à la garde des enfants... »

Au cours des travaux préparatoires de la loi du 17 octobre 1984, l'Assemblée a beaucoup discuté du contenu de la cause du divorce. L'on convent désormais que « l'altération définitive du lien conjugal résulte de la cessation de la communauté de vie entre les époux, lorsqu'ils vivent séparés depuis deux ans lors de l'assignation en divorce ». Or l'on pense explicitement qu'il s'agissait de la communauté de vie « tant affective que matérielle ».

La suppression du double caractère *affectif* et *matériel* de la communauté de vie dont le juge doit constater la cessation pourrait être interprétée comme le signe de la volonté du législateur de rompre avec la jurisprudence. Mais il est possible aussi de considérer que la séparation de fait n'est pas une *condition suffisante* à elle seule, puisque la loi exige la cessation de la communauté de vie entre les époux. Les solutions jurisprudentielles devraient donc être maintenues.

Paragraphe 2. La durée

Pour que la séparation puisse conduire au divorce, elle doit aussi avoir duré : il faut que les époux vivent séparés depuis deux ans. Suffisamment long pour que la rupture soit certaine, ce délai ne doit avoir été interrompu et il doit être prouvé par le demandeur.[324]L'exigence d'un délai de deux ans a été considéré comme suffisante pour permettre à l'époux non fautif qui refuse le divorce de prendre ses dispositions en vue de faire face à la séparation. Après de nombreux débats, la durée de deux ans a paru suffisante du fait, selon les travaux préparatoires, de *l'acceptation sociale* croissante de ce type de procédure.

Le Code de la famille a prévu ce *droit au divorce* unilatéral non seulement pour une séparation de deux ans antérieure à la requête initiale en divorce, mais également pour une séparation postérieure, organisée par le juge au moment de l'ordonnance de non conciliation, où le choix de la procédure de divorce ne s'effectue qu'au moment de l'assignation, il a paru logique de simplifier les modalités de computation du délai, la durée de deux ans devant être comptée avant l'a*ssignation* en divorce. De telle sorte que la requête initiale en divorce pourra être présentée peu de temps après la séparation des époux, puisque le délai de séparation qui s'écoulera jusqu'à l'assignation en divorce sera pris en compte.

Entre la cessation de la vie commune et l'assignation en divorce, la loi exige qu'un délai continu de deux années se soit écoulé[325]. Or, il arrive fréquemment que des époux séparés de fait se rencontrent, Ils peuvent le faire pour régler des questions d'ordre pécuniaire, ou bien pour s'occuper des enfants[326]. Il n'y a pas cependant interruption du délai de deux ans, tant qu'une réconciliation n'est pas intervenue. Celle-ci suppose la reprise d'une communauté de vie matérielle, c'est-à-dire que les époux vivent à nouveau ensemble, ainsi qu'une communauté de vie affective, ce qui signifie que toute volonté de rupture doit avoir disparu. Dans le cas où la réconciliation

---

[324] T.G.I. de Pointe-Noire. Rôle civil n° 317. Année 1999. Rép. n° 009 du 05 – 01- 04. Conversion de la séparation de fait en séparation judiciaire de corps-Vie volage -Domicile parental - Droit de visite – Liquidation de la communauté. Sur cette décision, voir aussi H.D. Amboulou, *Le divorce et la séparation de corps en droit congolais*, Op. cit.

[325] Voir en ce sens, Patrick Courbe, *Droit civil. Les personnes, la famille, les incapacités,* 2e édition, Dalloz, 1998, p. 69-70

[326] T.G.I. de Pointe-Noire. Rôle civil n°058. Rép. n° 031 du 12- 01- 04. Séparation de fait – Infidélité-Abandon du domicile conjugal – Défaut d'assistance -Gardes des enfants – Pension alimentaire. Sur cette décision, voir aussi H.D. Amboulou, *Le divorce et la séparation de corps en droit congolais*, Op. cit.

est établie, deux années seront alors nécessaires à compter de la fin de cette période de réconciliation pour que le délai exigé par la loi soit accompli.

Exemple n° 67 (Extrait du jugement)

T.G.I. de Pointe-Noire. Rôle civil n° 711 – Année 2008. Rép. n° 561 du 03 novembre 2008. Violence -Abandon de foyer –Garde des enfants – Pension alimentaire.

« ....A l'appui de sa requête, l'épouse expose qu'en date à Pointe-Noire du 25 février 2000, elle a contracté mariage avec Monsieur T...; aboutissement d'une longue relation depuis leur vie estudiantine ; Que de cette union sont nés deux garçons : ayant respectivement huit (8) ans et trois (3) mois ; Que tout allait bien pendant tout le temps que Monsieur T... était en chômage alors son épouse travaillait déjà et assumait toutes les charges familiales, y compris la location de la maison où ils habitaient; Que malheureusement lorsque Monsieur T... a eu un emploi par le truchement de son épouse, son comportement a complètement changé et ce dernier devint violent à l'égard de sa femme et insolant envers sa belle-famille ; Qu'en effet, en date du 18 mai 2008, alors que sa femme avait reçu la visite de sa mère et de ses sœurs, parce qu'elle venait d'accoucher, elle était surprise d'apprendre que son mari avait acheté un billet d'avion à une femme. Billet qu'il avait brandit devant ces visiteurs, auxquels il avait manqué gravement de respect. Que nonobstant la violence de son mari à son égard, ce dernier a presque abandonné le foyer... »

Naturellement, il conviendra d'établir en justice que les époux ont vécue séparés pendant deux années continues. Cette *preuve* pourra être faite par *tous moyens :* quittances de loyers, factures d'électricité ou de téléphone, témoignages, relevés bancaires, bulletins de salaire... Il a été aussi abordé l'utilité de préconstituer la preuve de la séparation. On a ainsi évoqué une notification par acte extrajudiciaire, en dehors de toute procédure, par lettre recommandée, à l'initiative de l'avocat, pour fixer le point de départ du délai.

De son côté, l'époux défendeur qui ne souhaite pas voir le divorce prononcé tentera de prouver, par des moyens identiques, qu'une réconciliation est intervenue dans l'intervalle interrompant ainsi le délai. Il appartiendra au juge de trancher, en vertu du pouvoir souverain d'appréciation des juges du fond, mais dans la seconde phase de la procédure.

Il résulte de ces analyses que le juge a une compétence liée. Cela signifie qu'il ne peut apprécier le degré d'altération du lien conjugal, dès lors que les conditions précédentes seront prouvées. De même, le conjoint défendeur ne peut contester l'altération du lien conjugal si les conditions sont réunies. La séparation, c'est-à-dire la fin intentionnelle de la cohabitation, fait présumer de façon irréfragable l'impossibilité de poursuivre la vie commune. Enfin, il n'y a pas d'indication des motifs de la séparation dans la décision prononçant le divorce.

Paragraphe 3. La demande reconventionnelle

Le sens du texte est le suivant. Un époux a introduit l'instance en divorce en invoquant une faute de son conjoint, et celui-ci a formé une demande reconventionnelle pour altération définitive du lien conjugal. Dans le cas, ce juge examine en premier lieu la *demande pour faute*. S'il s'avère que le demandeur ne peut justifier des fautes de son conjoint, le juge *rejette* la demande principale. Il statue alors sur la demande pour altération définitive du lien conjugal. Et, dans cette hypothèse, le divorce est prononcé pour altération définitive du lien conjugal « nonobstant ces dispositions » (c'est-à-dire celles de l'article 180 du code de la famille, qui exigent la preuve de la cessation de la communauté de vie entre les époux par séparation depuis deux ans lors de l'assignation en divorce). Ce qui signifie que l'impossibilité de maintenir le lien conjugal est, dans cette hypothèse, pleinement caractérisée du fait que l'un des époux a introduit une demande en divorce pour faute, qui n'a pu prospérer. Cela seul démontre que le lien conjugal est définitivement altéré[327].

---

[327] T.G.I. de Pointe-Noire. Rôle civil n° 128. Année 2004. Rép. n° 083 du 07-02-2005. Compétence internationale du Juge congolais- Demande reconventionnelle – Disharmonie – Commission du notaire- Liquidation – Pension alimentaire. Sur cette décision, voir aussi H.D. Amboulou, *Le divorce et la séparation de corps en droit congolais*, Op. cit.

Exemple n° 68 (Extrait du jugement)

T.G.I. de Pointe-Noire. Rôle civil n° 128. Année 2004. Rép. n° 083 du 07-02-2005. Compétence internationale du Juge congolais. Demande reconventionnelle – Disharmonie – Commission du notaire- Liquidation – Pension alimentaire.

« …Par requête en date du 18 décembre 2003, P… a introduit une requête en divorce avec dame D … aux torts réciproques ; A l'appui de sa requête, il expose que le 10 septembre 1994, il a épousé en premières noces demoiselle D… par devant l'Officier de l'état civil à Washington. Ce mariage est intervenu après 18 ans de vie commune ; Que de cette union sont nés 6 enfants, avant et après la cérémonie de mariage. Que présentement la vie commune est devenue intolérable des suites d'une profonde disharmonie entre les époux. Cette situation tendue affecte également les belles-familles respectives ; Que par application des dispositions de l'article 180 alinéa 1 du Code de la famille, le requérant est bien fondé à solliciter que soit prononcé le divorce d'entre les époux P… aux torts réciproques ; Dire et juger que le dispositif du jugement à intervenir sera mentionné en marge de l'acte de mariage dressé le 10 septembre 1994 à Washington et qu'il sera transcrit dans les actes de naissances des époux ; Commettre Maître L…, Notaire à Pointe-Noire pour procéder à la liquidation des droits respectifs des parties et tel Juge qu'il plaise au Tribunal de Grande Instance de Pointe-Noire pour faire rapport en cas de difficultés… ».

Autrement dit, lorsqu'un époux demande le divorce pour faute, la vie commune devient, de fait, insupportable et l'altération du lien conjugal est incontestable. Il suffit dès lors au défendeur de former une demande reconventionnelle à cette fin pour que le divorce soit prononcé. Là encore, le juge a compétence liée.

Il avait été admis aussi, que parallèlement à la séparation de fait, la maladie mentale pourrait constituer une cause spécifique de divorce pour rupture de la vie commune. C'était le sens de la loi française de 1975 qui permettait à un époux de demander le divorce « lorsque les facultés mentales du conjoint se trouvent, depuis six ans, si gravement altérées qu'aucune communauté de vie ne subsiste plus entre les époux et ne pourra, selon les prévisions les plus raisonnables, se reconstituer dans l'avenir ». Cette seconde cause légale de divorce, qui représente seulement quelques dizaines de demandes par an, est contraire à l'une des obligations du mariage. En effet, l'article du Code de la famille impose à l'époux sain d'esprit le devoir d'assister son conjoint malade.

Section 9. La procédure et les effets du divorce

Lorsque le divorce est demandé pour rupture de la vie commune, l'époux défendeur bénéficie d'une double sauvegarde : d'une part, il ne doit pas subir les conséquences pécuniaires du divorce, qui sont entièrement assumées par le demandeur ; d'autre part, il peut s'opposer au prononcé du divorce, qui n'a donc pas un caractère automatique. Dans certains cas, en effet, le juge doit rejeter la demande si l'époux défendeur établissait que le divorce aurait, soit pour lui, compte tenu notamment de son âge et de la durée du mariage, soit pour les enfants, des enfants, des conséquences matérielles ou morales d'une exceptionnelle dureté. Le juge peut même relever d'office ce moyen de défense en cas d'altération des facultés mentales. Ces particularités procédurales sont appréciées par le juge, et le divorce pour altération définitive du lien conjugal obéit désormais au droit commun, tant pour la procédure que pour ses effets.

Paragraphe 1. La procédure

1) Les pouvoirs du juge

Confirmation de la volonté du législateur de lier la compétence du juge, ne peut relever d'office le moyens tiré du défaut d'expiration du délai de deux ans prévu au premier alinéa de l'article du code de la famille. Le divorce pour altération définitive du lien conjugal est décidément distinct du divorce pour rupture de la vie commune puisque le code prévoit que les *dépends* de l'instance sont à la charge de l'époux qui a pris l'initiative de la demande, à moins que le juge n'en dispose autrement.

2) Les demandes reconventionnelles

Hormis le cas spécifique des demandes reconventionnelles en divorce pour altération définitive du lien conjugal, formées par le défendeur en réponse à une demande principale en divorce pour faute, les diverses passerelles créées par la loi sont désormais communes à tous les cas de divorce. De telle sorte que les époux peuvent, à tout moment de la procédure, passer d'un divorce pour altération définitive du lien conjugal à un divorce jurisprudentiel par consentement mutuel ou à un divorce pour acceptation du principe de la rupture du mariage.[328] Il existe toutefois une disposition spécifique au divorce pour altération définitive du lien conjugal. Si le demandeur a introduit une demande sur ce fondement, et que le défendeur demande reconventionnellement le divorce pour faute, alors le demandeur pourra invoquer les fautes de son conjoint et modifier le fondement de sa demande.

Ainsi, un époux peut choisir d'engager une procédure pour altération définitive du lien conjugal, alors même que sa demande pourrait être fondée sur la faute, dans le seul but de pacifier les débats. Il n'a pas à craindre que ce choix initial ne se retourne contre lui si son conjoint fait le choix d'une procédure pour faute, c'est-à-dire conflictuelle. Selon les cas, l'issue en sera un divorce aux torts partagés ou aux torts exclusifs.

Enfin, une passerelle provisoire permettant de passer d'une procédure de divorce pour faute ou pour rupture de la vie commune à une procédure de divorce pour altération définitive du lien conjugal. Il ressort de cette disposition transitoire particulière que si l'assignation a été délivrée, le divorce peut, par dérogation à la règle générale, être prononcé pour altération définitive du lien conjugal si les conditions de l'article 180 du code de la famille sont réunies et dans le respect des pouvoirs du juge et des droits es parties.

Ce qui signifie, en clair, que la procédure de divorce pour faute ou pour rupture de la vie commune introduite peut voir son fondement modifié et devenir une procédure de divorce pour altération définitive du lien conjugal, moins conflictuelle puisque fondée sur une durée objectif de traiter les fausses procédures de divorce pour faute introduites depuis l'entrée en vigueur de la loi du 17 octobre 1984 lorsqu'un époux non fautif refuse le divorce. Si le délai de *séparation* de deux ans est atteint au cours de la procédure, il sera alors possible pour les époux de faire le choix d'une procédure de divorce pour altération définitive du lien conjugal.

---

[328] T.I. de Tié-Tié. Pointe-Noire. Rôle civil n° 361. Rép. n° 622 du 09.06.2009. Rép. n° 374. Divorce demandé par l'épouse et accepté par l'époux- incompatibilité d'humeur-Torts réciproques ; T.I. de Tié-Tié. Pointe-Noire. Rôle civil n° 684. Année 2009. Rép. n° 996 du 23-11- 2009- Divorce par consentement mutuel-Séparation de fait prolongée - Interdiction du port du nom. Sur cette décision, voir aussi H.D. Amboulou, *Le divorce et la séparation de corps en droit congolais*, Op. cit.

Paragraphe 2. Les effets du divorce

L'insuccès du divorce pour rupture de la vie commune est dû à la rigueur des conséquences qu'il entraînait pour le demandeur que nous rappelons : maintien du devoir de secours, intégralité de la charge financière de la procédure, impossibilité de percevoir une prestation compensatoire, révocation des donations et avantages patrimoniaux dont il était bénéficiaire... Pour favoriser cette objective de divorce, la loi du 17 octobre 1984 soumet ce cas particulier aux effets communs du divorce.

Exemple n°69 (Extrait du jugement)

T.I.de Tié-Tié –Pointe-Noire. Rôle civil n° 241. Année 2009. Rép n° 374 du 09 -06-2009- Requête conjointe des époux – Divorce par consentement mutuel. Incompatibilité d'humeur- Sans pension alimentaire ni prestation compensatoire-Garde alternative des enfants.

« ...Attendu que par requête conjointe à Pointe-Noire en date de 05 juin 2009, les époux L..., ont saisi le Tribunal aux fins de divorce et exposent : Que depuis l'année 2005, suite aux incompatibilités d'humeur, ils se sont séparés, l'époux vivant à Pointe-Noire et l'épouse à Brazzaville ; Que malgré tout, lorsque l'épouse se déplaçait de Brazzaville à Pointe-Noire, elle était accueillie par l'époux avec hospitalité dans le foyer qui leur était commun ; Qu'en perspective aussi d'un voyage éventuel dans un pays étranger par l'épouse, les deux époux se sont accordés de mettre un terme au mariage de façon concertée ; Qu'ils ont ensuite décidé que leurs deux enfants soient sous la garde alternative des deux parents ; Qu'ils ne réclament l'un envers l'autre ni pension alimentaire, ni indemnité de prestation compensatoire ; Qu'enfin l'épouse, d'avis avec son époux, ne souhaite plus conserver son nom de femme mariée... ».

Notamment, le divorce pour altération définitive du lien conjugal n'emporte aucun effet patrimonial automatique à la charge de l'époux demandeur. Le devoir de secours cesse avec le prononcé du divorce et le droit commun de la prestation compensatoire s'applique. Il en résulte que l'époux demandeur peut obtenir *une prestation compensatoire*, s'il remplit les conditions prévues par le Code de la famille[329]. Parallèlement, l'époux défendeur à un

[329] T.G.I. de Pointe-Noire. Rôle civil n° 922. Année 2004. Rép. n° 49 du 04-01-2005. Désertion du domicile-Agressions-Injures- Garde de l'enfant- Droit de visite. Sur cette

divorce prononcé pour altération définitive du lien conjugal peut obtenir des *dommages et intérêts* en réparation des conséquences qu'il subit du fait de la dissolution du mariage (art. C. famille). Cependant, la loi a restreint le droit pour le défendeur d'obtenir des dommages et intérêts : il ne faut pas qu'il ait lui-même formé une demande en divorce. A moins que cette demande reconventionnelle en divorce pour faute ait abouti à un divorce prononcé aux torts exclusifs de son conjoint, auquel cas il pourra obtenir des dommages et intérêts. Cette situation défavorable est critiquable. Il n'est pas sûr qu'une telle disposition ne favorise pas, contrairement aux vœux du législateur la multiplication des procédures conflictuelles, le défendeur cherchant à obtenir un divorce aux torts exclusifs pour pouvoir bénéficier d'une prestation compensatoire.

Section 10. Le divorce pour faute

Avant l'entrée en vigueur du Code de la famille, le divorce ne pouvait être prononcé en droit Congolais qu'à titre de *sanction* des fautes commises par un époux. Cette forme de divorce a été conservée par la loi, car elle traduit, dans l'opinion publique notamment l'idée de responsabilité individuelle : chacun doit répondre de ses fautes. De fait, ce divorce représente encore aujourd'hui près de la moitié des demandes.

Au fond, cette proposition de loi créait un nouveau cas de divorce, le divorce pour rupture irrémédiable du lien conjugal, destiné à compléter les cas le divorce pour faute. Ce faisant, cette loi institue un véritable droit au divorce sur volonté unilatérale d'un époux, ce que la Commission n'avait pas critiqué, considérant que le divorce pour faute devait être maintenu afin de permettre la sanction sociale du non-respect des obligations du mariage.

---

décision, voir aussi H.D. Amboulou, *Le divorce et la séparation de corps en droit congolais*, Op. cit.

Exemple n°70 (Extrait du jugement)

T.G.I. de Pointe- Noire. Rôle civil n° 227- Année 2005 –Rép. n° 461 du 27- 06- 2005. Divorce pour faute- Intolérabilité de la vie conjugale- Abandon du foyer- Garde de l'enfant- Droit de visite.

« … Attendu que par requête en date à Pointe-Noire du 18 mars 2005 Monsieur M… a par le biais de son conseil, Maître P…, Avocat à la Cour, saisi la première Chambre du Tribunal de Grande Instance de Céans aux fins de s'entendre : prononcer le divorce d'entre lui et son épouse aux torts réciproques ; Dire juger que le dispositif du présent jugement à intervenir sera mentionné en marge de l'acte de mariage ;Commettre Maître N…, Notaire à Pointe-, pour procéder à la liquidation des droits respectifs des parties, et tel juge qu'il plaira au tribunal pour faire rapport en cas de difficultés ;-Condamner Madame M… aux entiers dépens ; - Qu'il expose à l'appui de sa requête que le 27 janvier 1990, qu'il a épousé en première noces mademoiselle L…, par devant l'Officier d'État civil à Brazzaville ; Que ce mariage intervient après cinq (5) ans de vie ; Que de cette union est issu un enfant de sexe féminin nommée, née le 25 décembre 1995 à MONPELLIER, République Française ; Que présentement la vie commune est devenue intolérable à cause d'une profonde disharmonie entre les époux ;Que cette situation tendue affecte également les belles-familles respectives ;Que depuis le 1er janvier 2004, Madame M… a abandonné le foyer conjugal ;Que par application des dispositions de l'article 180 et 181 du Code de la famille, il est bien fondé à solliciter que soit prononcé leur divorce aux torts réciproques des époux… ».

Dans cette perspective, la loi a donc maintenu le divorce pour faute, mais en *transformant* l'économie de ce cas de divorce, puisque dissociant les conséquences financières de l'attribution des torts. De telle sorte que le recours à cette procédure doit être limité à des cas précis. Ainsi, dans l'opinion sont évoquées les réactions contre les violences conjugales, qui ont mis en relief la nécessité de conserver le divorce pour faute afin de manifester la réprobation sociale de ces comportements, et de permettre à l'époux victime de se reconstruire grâce à une reconnaissance judiciaire (cas de brutalités agressivité, bagarres). Et puis, quelle valeur attribuer sur le plan juridique aux obligations du mariage si elles restent dépourvues de sanction ? Au cœur du dispositif actuel se trouve la notion de faute, cause de divorce (Paragraphe 1). Mais si le demandeur prouve que son conjoint a effectivement commis une faute, ce dernier peut se défendre en s'opposant au divorce, ou répliquer en demandant à son tour le divorce (Paragraphe 2).

Paragraphe 1. La faute, cause du divorce

Quand le divorce est établi, au Congo, la conception du divorce-sanction est la seule retenue. La loi du 17 octobre 1984 institue donc le divorce pour faute, trois causes concrètes étant admises : l'adultère, la condamnation à une peine afflictive est infamante, et une cause regroupant les excès, sévices et injures graves.

Mais l'évolution de la pratique judiciaire allait donner une extension considérable à cette cause moins précise en comprenant, au-delà des mots, sous le trinôme « excès, sévices et injures graves » tout manquement à la loi conjugale. Celle-ci n'a toutefois pas abrogé la cause spécifique de divorce qui était prévue en cas de *condamnation criminelle*. Cette cause de divorce est prévue par l'article 180 du Code de la famille indépendamment de la faute conjugale. L'existence d'un texte spécial conduirait à penser que le législateur veut créer un traitement autonome de cette faute particulière, en instituant une *cause péremptoire* de divorce.

Péremptoire en ce sens qu'au vu de la rigueur du jugement pénal le prononcé du divorce est obligatoire pour le juge dès lors qu'il est demandé par le conjoint du condamné. Mais si le comportement du conjoint était également fautif, le juge peut prononcer le divorce aux torts partagés, voire rejeter la demande. En revanche, les condamnations pour délits correctionnels (vol, escroquerie, abus de biens sociaux...), sont jugées comme des fautes conjugales au sens ordinaire. C'est désormais le sort des condamnations d'un époux à des peines criminelles, qui rentre dans le droit commun du divorce pour faute. L'article 180 du Code de la famille prévoit, en ce sens, qu'un époux peut demander le divorce lorsque son conjoint a commis une faute, laquelle est définie comme un *manquement* aux devoirs et obligations nés du mariage. Le comportement répréhensible du conjoint doit revêtir une gravité particulière.

Exemple n°71 (Extrait du jugement)

T.G.I. de Pointe-Noire. Rôle civil n° 922. Année 2004 Rép. n° 49 du 04-01-2005. Désertion du domicile-Agressions-Injures- Garde de l'enfant-Droit de visite.

« ...Par requête en date à Pointe-Noire du 05 octobre 2004, Dame M... a introduit devant la première Chambre civile du Tribunal de Grande Instance de Pointe-Noire, une demande de divorce aux torts exclusifs de son époux M... ; A l'appui de sa requête, Dame M... expose qu'elle est mariée à M... depuis le 28 janvier 1995 à Pointe-Noire ;Que de cette union est née une fille depuis le 23 Juillet 1995 ; Que le couple M... a vécu une vie harmonieuse malgré les difficultés rencontrées de 1996 à 1999, période pendant laquelle M..., l'époux avait perdu l'emploi; Que courant cette période, le couple a pu bénéficier de l'assistance des parents de l'épouse ; Qu'en 1999, M... a pu trouver un autre emploi et s'occupait correctement de la famille jusqu'en 2001 où une fois de plus il a perdu son emploi ; Que suite à cette nouvelle perte d'emploi, la vie du couple commençait à se dégrader considérablement. L'épouse a repris à s'occuper du ménage malgré le fait qu'elle ne travaille pas ;Pendant ce temps, l'époux a commencé à déserter le foyer conjugal sous prétexte que l'épouse ne lui donnait plus satisfaction ;Il devenait agressif, injuriait de temps en temps son épouse et passait le plus clair de son temps hors de la maison en mauvaise compagnie, en train de boire, tout en entretenant une concubine ; Qu'au regard de tout ce qui précède, Dame M... a saisi le Tribunal aux fins de divorce... »

Le Code précise que justifient le prononcé du divorce les faits imputables à un époux s'ils constituent une violation grave ou renouvelée des devoirs et obligations du mariage et rendent *intolérable* le maintien de la vie commune[330]. Ainsi définie, la faute est constituée de trois éléments.

Paragraphe 2. Le fait imputable

Pour constituer une faute, le comportement reproché à un époux doit avoir été commis sciemment et librement par lui : la femme victime d'un viol ne commet pas de faute ! Il en va de même pour les faits accomplis par un époux sous l'empire d'un trouble mental, par exemple l'adultère. La situation peut toutefois présenter de graves inconvénients pour le conjoint,

[330]. Art. 180 du Code de la famille

tant que les conditions du divorce pour altération définitive du lien conjugal ne sont remplies : la vie commune peut en effet se révéler insupportable à cause précisément du comportement de l'époux atteint d'un trouble mental.

Paragraphe 3. Le fait constituant une faute conjugale

La faute est un manquement au droit conjugal qui doit revêtir une importance certaine. De façon générale, la faute peut être appréhendée comme la violation des devoirs et obligations du mariage[331]. Or, le contenu juridique de l'état matrimonial est composé de certains devoirs conjugaux légalement définis ainsi que d'autres devoirs que la loi ne cite pas explicitement mais sans lesquels le mariage n'aurait plus de signification, ou du moins n'aurait pas le même sens. Il est remarquable, du reste, que ce soit précisément la jurisprudence relative à la faute, en tant que cause de divorce, qui ait mis en relief ces devoirs et obligations implicites, le plus souvent d'ordre moral, et dont la teneur peut varier, du moins en partie, avec l'évolution des mentalités et des mœurs.

Exemple n°72

« ...L'arrêt de la Cour de Cassation donne peu d'informations sur la situation des faits. On sait qu'une action en divorce pour faute a été engagée ; une ordonnance de non-conciliation a été rendue ; postérieurement à cette ordonnance a été constaté l'adultère de la femme. Cet adultère a été retenu par les juges comme constituant, à la charge de la femme, une faute justifiant le prononcé du divorce aux torts partagés. Le pourvoi formé contre l'arrêt de la Cour d'appel ayant donné cette solution est rejeté ...»[332]

Des articles et du Code de la famille, énoncent les principaux devoirs que la loi attache *explicitement* au mariage, il ressort que l'adultère, le refus de contribuer aux charges du mariage, l'abandon du foyer conjugal, le refus de rejoindre son conjoint, comme la non-consommation du mariage, constituent des manquements aux devoirs de fidélité, de secours, d'assistance et de

[331] Sur la notion de « Faute », voir Patrick Courbe, *Droit civil. Les personnes, la famille, les incapacités*, 2e édition, Dalloz, 1998, p. 71

[332] Cass. civ. 1re, 3 novembre 2004 (N° 03. 13. 874). Divorce. Faute. Adultère. Période de séparation légale ; Gilles Goubeaux, Philippe Bihr, *100 Commentaires d'arrêts en droit civil, Méthodologie*, 2e édition, p. 114.

communauté de vie.[333] La notion même de mariage impose à chaque époux un certain nombre d'*obligations non précisées* par la loi, mais dont la violation fait apparaître un désordre conjugal qui peut constituer une cause de divorce[334]. Sont ainsi sanctionnées les brutalités à l'égard du conjoint et des enfants, les injures ou violences verbales, la cruauté mentale, une conduite scandaleuse ou déshonorante, l'ivresse habituelle, la délinquance ou les soustractions frauduleuses au détriment du conjoint.

Autant de comportements qui sont répréhensibles car ils constituent des manquements aux obligations de *respecter* la personne de son conjoint et celle des enfants, au devoir de veiller à son propre honneur pour ne pas entacher celui de ses propres. Obligations qui ne sont pas inscrites dans la loi en termes exprès, mais sont substantielles à l'idée de mariage. C'est ainsi qu'il se dégage de la jurisprudence l'existence d'une *obligation de loyauté* à l'égard du conjoint. Sur celle-ci sont fondées les décisions qui prononcent le divorce parce que l'un des époux a dissimulé à son conjoint des faits antérieurs au mariage.

Il apparaît, dans le même sens, que certains comportements, non répréhensibles dans l'abstrait, peuvent se révéler fautifs s'ils provoquent une perturbation inquiétante de la *vie familiale.* Ainsi en est-il pour des occupations professionnelles et des pratiques religieuses tellement accaparantes qu'elles aboutissent au délaissement du foyer[335]. Ainsi en est-il encore des conflits répétés avec les beaux-parents ou des habitudes de jeu : comportements qui peuvent conduire au divorce si les agissements invoqués sont excessifs.

[333] T.G.I. de Pointe-Noire. Rôle civil n° 711. Année 2008. Rép. n° 561 du 03 novembre 2008. Violence-Abandon de foyer -Garde des enfants -Pension alimentaire. Sur cette décision, voir aussi H.D. Amboulou, *Le divorce et la séparation de corps en droit congolais*, Op. cit.

[334] T.G.I. de Pointe-Noire. Rôle civile n°266 - Année 2009. Rép. n° 5089 du 30 novembre 2009. Divorce demandé par un époux et accepté par l'autre-Acquiescement - Relations orageuses - Stérilité secondaire. Sur cette décision, voir aussi H.D. Amboulou, *Le divorce et la séparation de corps en droit congolais*, Op. cit.

[335] T.IG. de Pointe-Noire. Rôle civil n° 340. Année 1994. Rép. n° 509 du 29- 06- 1995. Vie de prière abusive-Défaut de preuve de rapports sexuels mystiques- Infidélité -Abandon de foyer-Interdiction du port du nom-Liquidation de la communauté. Sur cette décision, voir aussi H.D. Amboulou, *Le divorce et la séparation de corps en droit congolais*, Op. cit.

Exemple n°73 (Extrait du jugement)

T.I. de Tié-Tié. Pointe-Noire. Rôle civil n° 050. Année 2009. Rép. n° 469 du 14- 07. 2009. Pratiques fétichistes- Envoutement – Incompatibilité d'humeur.

« … Attendu que par requête à Pointe-Noire en date du 06 janvier 2009, un époux a introduit devant le Tribunal ce Céans siégeant en matière civile, une demande en divorce contre son épouse ; Qu'à l'appui de sa requête, il expose qu'ils sont mariés le 14 septembre 1985 à Pointe-Noire; Que du 07 juin 2005 au 07 juin 2008, ils étaient en séparation de fait et c'est pourquoi, il demande le divorce pour incompatibilité d'idées et d'humeur ; Qu'il ajoute dans ses conclusions non datées en réponse, aux conclusions de son épouse, qu'ils sont mariés sous le régime des biens séparés et que malheureusement, l'officier de l'état Civil avait omis de faire figurer la mention dans l'acte de mariage ;Que de cette union sont issus cinq enfants ; (dont l'âge n'a pas été spécifié) ; Qu'après un laps de temps, son épouse s'est investie foncièrement dans des pratiques fétichistes allant jusqu'à utiliser l'un de leurs enfants pour l'atteindre, prétextant le délivrer d'un quelconque envoutement ; Que ces faits bien connus de monsieur Ng…, l'oncle de son épouse auprès de qu'il s'est plaint ; Que pire encore, son épouse l'avait privé de rapports sexuels de 1997 à 2001 et le climat familial, devenant de plus en plus insupportable, il avait prévu de la remettre à la disposition de ses parents pour une durée de trois mois d'éducation, comme le veut la coutume ;Que malgré l'intervention des témoins de mariage, elle est partie pour toujours, vidant la maison de ses objets et sans attendre l'application de la mesure de remise à la disposition des parents… ».

Le manquement aux devoirs et obligations du mariage ne justifie, de fait, le prononcé du divorce que s'il revêt une certaine ampleur. Plus précisément, la loi dispose que la *violation* doit être « *grave ou renouvelée* » (C.fam.). Le divorce est une chose sérieuse et il ne suffit pas de reprocher des peccadilles à son conjoint, qui par hypothèse ne veut pas divorcer, pour se libérer du mariage[336]. L'appréciation du caractère excessif du comportement invoqué

336 T.I. de Tié-Tié. Rôle civil n° 228. Année 2007. Rép. n° 603 du 25 – sept- 2007. Insoumission-Abandon de foyer - Divorce prononcé sans la comparution de l'épouse – Liquidation de la Communauté. Sur cette décision, voir aussi H.D. Amboulou, *Le divorce et la séparation de corps en droit congolais*, Op. cit.

est affaire de circonstances, et relève du pouvoir souverain des juges du fond. Au moins, doivent-ils expressément le constater.

Un bon exemple de cette appréciation concrète est donné par la jurisprudence relative à l'adultère. En règle générale, c'est une violation grave des obligations du mariage puisqu'il constitue une infraction consommée au devoir de fidélité. Parfois, cependant, les juges ont décidé qu'il ne justifie pas de prononcer le divorce. Ainsi, lorsqu'il est commis par un époux abandonné depuis longtemps par son conjoint : auquel cas, le divorce pourra être prononcé aux torts exclusif de ce dernier.

La question est souvent posée lorsque l'adultère est commis au cours d'une procédure de divorce, donc avant le prononcé de la dissolution du mariage. Le Príncipe, énoncé à plusieurs reprises par les tribunaux, est le caractère fautif de cette violation du devoir de fidélité. Mais les circonstances dans lesquelles l'adultère a été commis peuvent lui enlever le caractère de gravité qui justifierait le prononcé du divorce. Ainsi le devoir de fidélité est nécessairement moins contraignant du fait de la longueur de la procédure. De même, les juges du fond peuvent relever que la liaison de l'épouse, établie plusieurs années après l'adultère du mari, n'est pas à l'origine de la rupture du couple et que l'importance du délai écoulé depuis la séparation enlève au fait reproché le caractère de gravité qui en aurait fait une cause de divorce[337].

De même, des faits qui n'ont pas intrinsèquement un caractère de gravité suffisant pour justifier le prononcé du divorce peuvent, s'ils sont répétés, prendre assez de relief pour que le conflit qui en résulte entre les époux ne trouve de solution que dans le divorce. Ainsi en est-il pour les traits de caractère d'un époux ou le défaut d'intérêt envers le conjoint. De même, l'insistance procédurale de l'épouse devant le juge des tutelles à l'effet de placer son mari sous un régime de protection s'analyse en une faute justifiant le prononcé du divorce à ses torts exclusifs.

En réalité, il est inutile au juge de maintenir l'hypothèse spécifique de la violation renouvelée des obligations du mariage, au motif que le

[337] T.G.I. de Pointe-Noire. Rôle civil n°058. Rép. n° 031 du 12- 01- 04. Séparation de fait – Infidélité-Abandon du domicile conjugal – Défaut d'assistance -Gardes des enfants – Pension alimentaire. Sur cette décision, voir aussi H.D. Amboulou, *Le divorce et la séparation de corps en droit congolais*, Op. cit.

renouvellement d'une obligation suffit à caractériser sa gravité. Mais il est admis, que la violation renouvelée d'une obligation, en elle-même peu grave peut avoir des effets destructeurs sur le couple. Dans cette perspective, la notion de violation renouvelée paraît effectivement bien adaptée pour prendre en compte le *harcèlement moral*. Et il serait paradoxal de réprimer le harcèlement moral au travail et de paraître ne pas en tenir compte au sein du mariage.

Il appartient aux juges de dire si la répétition engendre la gravité, suivant les éléments de la situation qui leur est soumise. Ils doivent aussi vérifier que la faute répond à une troisième exigence.

Paragraphe 3. Le fait rendant intolérable le maintien de la vie commune

C'est condition dont l'origine se trouve dans le Code de la famille. Pour justifier le prononcé du divorce, la faute conjugale commise par un époux doit, aux termes de la loi, avoir pour conséquence de rendre *insupportable* pour son conjoint la vie commune. Exigence supplémentaire qui colore le caractère de gravité que doit revêtir le comportement reproché[338].

Sans doute paraît-il évident, à première vue, qu'une violation grave des devoirs conjugaux rende, par nature, difficilement tolérable le maintien de la vie commune. Toutefois, la constance avec laquelle les tribunaux continuent d'exiger la constatation, dans les décisions de divorce, que cette condition est remplie, donne à penser que l'exigence n'est pas purement formelle. Elle peut se justifier, d'abord, par la nécessité pour les juges de vérifier que les conséquences de la faute conjugale sont d'une importance suffisante pour que la demande ne dissimule pas une simple incompatibilité d'humeur. Elle s'explique, ensuite, par la nécessité de *motiver* les jugements : les cassations pour manque de base légale l'attestent.

---

[338] T.G.I. de Pointe- Noire. Rôle civil. N° 227. Année 2005. Rép n° 461 du 27- 06- 2005. Divorce pour faute - Intolérabilité de la vie conjugale- Abandon du foyer- Garde de l'enfant- Droit de visite. Sur cette décision, voir aussi H.D. Amboulou, *Le divorce et la séparation de corps en droit congolais*, Op. cit.

Exemple n°74 (Extrait du jugement)

T.G.I. de Pointe-Noire. Année – 2007 – Rép. n° 273 du 07- 05 – 2007. Inconduite - Dysharmonie- Rapport extraconjugaux.

« … Par requête en date à Pointe-Noire du 30 novembre 2006, Monsieur O… a introduit devant la première Chambre civile du Tribunal de grande Instance de Pointe-Noire, une demande de divorce aux torts exclusifs de son épouse M… ; Qu'à l'appui de sa requête, il expose qu'en 1981, il a célébré un mariage avec Mademoiselle M… devant l'Officier d'état civil de Poto-Poto, Brazzaville sous le régime de la communauté réduite aux acquêts ;Que de cette union sont nés quatre (4) enfants tous majeurs. Que malheureusement la vie conjugale s'est complètement détériorée à cause du mauvais comportement de l'épouse ;Qu'en date du 20 Décembre 2006, Madame O… avait saisi le Tribunal de Tchinouka (Loandjili-Pointe-Noire) pour demander le divorce d'avec le requérant ; Que cette procédure a été annulée par le requérant :Que conformément aux dispositions de l'article 180 – 3e qui dispose : ‘' Le divorce peut être prononcé à la demande de l'un des époux en cas d'absence déclarée ou de séparation de fait prolongée depuis 2 ans'' ;Le requérant est fondé à saisir la juridiction de céans afin qu'il soit mis fin au mariage le liant à Dame O…; Attendu que Dame O… dans ses conclusions datées du 15 février 2007 réplique à l'instance en ces termes ; Attendu que suivant requête d'instance en date, à Pointe-Noire, du 30 novembre 2006, Monsieur O… a, par l'organe de son conseil, formulé ainsi qu'il suit sa demande :‘'Pour advenue l'audience « Procéder à la tentative de conciliation ou décider telle que prévue pour absence de vie commune depuis 19 ans… »

Il suffit désormais, pour faire une exacte application de l'article 180 du Code de la famille, que le juge du fond caractérise les manquements aux devoirs et obligations du mariage commis par un époux pour justifier le prononcé du divorce aux torts de ce dernier. Il n'a pas à constater que les fautes retenues remplissent la double condition prévue par cet article[339].

---

[339] T.G.I. de Pointe-Noire. Rôle civil n° 743- Année 2004. Rép. n° 267 du 25-04-2005. Violation de l'obligation d'aide, de secours et d'assistance – Rapports extraconjugaux- Restitution des sommes d'argent. Sur cette décision, voir aussi H.D. Amboulou, *Le divorce et la séparation de corps en droit congolais*, Op. cit.

Pour autant, une mésentente avérée n'est pas une cause de divorce pour faute. Le juge ne peut se contenter de relever un ensemble de griefs qui, pris chacun isolément, sont insuffisants pour constituer une violation grave ou renouvelée de devoirs et obligations du mariage rendant intolérable le maintien de la vie commune mais qui, examinés globalement, mettent en évidence qu'il n'existe plus aucune communication entre les époux... De même une situation de fait dégradée, acceptée par les époux, ne caractérise pas la faute, cause de divorce, de sorte que ces derniers doivent se tourner vers une autre procédure, comme le divorce accepté[340].

Section 11. Les moyens de défense

Lorsque l'époux qui demande le divorce a invoqué, par tous moyens, notamment des témoignages, les fautes commises par son conjoint, celui-ci est en mesure d'adopter deux attitudes différentes, s'appuyant sur les moyens de défense offertes par la loi. D'un côté, il peut tenter de s'opposer au prononcé du divorce. Ainsi, il a la possibilité de contester les faits qui lui sont reprochés dans leur matérialité : il discute par exemple les preuves apportées. Il peut aussi les contester dans leurs conséquences : il démontre, ou essaie de démontrer, le défaut de gravité exigé par la loi. Le juge appréciera ces défenses au fond.[341] Mais, toujours dans le but d'éviter le prononcé du divorce, l'époux défendeur a la faculté d'invoquer également l'existence d'une *fin de non-recevoir* : la réconciliation des époux. D'un autre côté, il est loisible à l'époux défendeur de répondre à la demande en ripostant par une autre demande : il invoque alors, pour obtenir le prononcé du divorce à son profit, les fautes commises par le demandeur lui-même[342].

---

340 T.G.I.de Pointe-Noire. Rôle civil n°1072. Année 2005. Rép. n°246 du 20-03-2006. Acquiescement-Manque de cohabitation-Séparation de fait- Absence de l'épouse. Sur cette décision, voir aussi H.D. Amboulou, *Le divorce et la séparation de corps en droit congolais*, Op. cit.

341 T-I. de Tié-Tié. Pointe-Noire. Rôle civil n° 050. Année 2009. Rép. n° 469 du 14-07.2009. Pratiques fétichistes- Envoutement – Incompatibilité d'humeur. Sur cette décision, voir aussi H.D. Amboulou, *Le divorce et la séparation de corps en droit congolais*, Op. cit.

342 T.G.I. de Pointe-Noire. Rôle civil n° 128. Année 2004. Rép. n° 083 du 07-02-2005. Compétence internationale du Juge congolais- Demande reconventionnelle – Disharmonie – Commission du notaire- Liquidation – Pension alimentaire. Sur cette décision, voir aussi H.D. Amboulou, *Le divorce et la séparation de corps en droit congolais*, Op. cit.

Paragraphe 1. La réconciliation

Si les époux se sont réconciliés depuis qu'ont été commises, par l'époux défendeur, les fautes invoquées au soutien de la demande, celle-ci devra être rejetée.

La réconciliation a la signification d'un pardon : elle efface la faute. Mais, par hypothèse (sinon le demandeur n'aurait pas sollicité le divorce), elle n'a pas duré. D'où les difficultés d'appréciation. Pour simplifier, on peut considérer que la réconciliation suppose la réunion de deux éléments. Il n'y a pas de réconciliation sans *manifestation extérieure* du pardon. Celle-ci prend la forme d'une reprise de la vie commune, si les époux se sont réparés les fautes commises par le défendeur et qui sont pardonnées, ou d'un maintien de la vie commune quand il n'y a pas eu de fait grave. Encore faut-il que cette vie commune soit la conséquence d'une volonté de réconciliation : la cohabitation à elle seule ne suffit pas[343].

La réconciliation suppose, non seulement le maintien ou la reprise de la vie commune, mais encore la volonté chez l'époux offensé de pardonner en pleine connaissance de cause les griefs qu'il peut avoir contre son conjoint, ainsi que l'acceptation par ce dernier de ce pardon. Il s'en déduit, que le maintien ou la reprise temporaires de la vie commune ne sont pas considérés comme une réconciliation s'ils ne résultent que da la nécessité ou d'un effort de conciliation ou des besoins de l'éducation des enfants.

S'agissant d'un fait juridique, la *preuve* à la charge de l'époux défendeur en est établie par tous moyens. Étant d'ordre public, le moyen tiré de la réconciliation peut être invoqué en tout état de cause et même d'office par le juge. Depuis l'admission du divorce par consentement mutuel par la jurisprudence, la question du caractère d'ordre public de ce moyen reste posée[344]. Malgré l'accroissement des pouvoirs du juge dans la procédure

---

[343] T.G.I. de Pointe-Noire. Rôle civil n° 1266. Année 2007 Ordonnance de non-conciliation. Sur cette décision, voir aussi H.D. Amboulou, *Le divorce et la séparation de corps en droit congolais*, Op. cit.

[344] T.I. de Tié-Tié. Pointe-Noire. Rôle civil n° 241. Année 2009. Rép. n° 374 du 09 -06-2009- Requête conjointe des époux – Divorce par consentement mutuel- Incompatibilité d'humeur- Sans pension alimentaire ni prestation compensatoire- Garde alternative des enfants. Sur cette décision, voir aussi H.D. Amboulou, *Le divorce et la séparation de corps en droit congolais*, Op. cit.

civile, une réponse négative paraît devoir s'imposer si l'on prend en considération la volonté du législateur de tenir compte de la volonté des époux dans le prononcé du divorce et dans l'aménagement de ses conséquences. De surcroît, le caractère d'ordre public du moyen tiré de la réconciliation est concevable.

Si les deux éléments qui constituent la réconciliation sont prouvés par le défendeur, le juge déclare alors la demande recevable. De fait, la faute invoquée à l'appui de la demande ayant été effacée par le pardon, celle-ci ne peut plus être admise. Du moins tant que cette demande est fondée sur les fautes antérieures à la réconciliation. Car si des faits sont survenus ou découverts depuis lors, une nouvelle demande peut être formée, fondée sur ces faits nouveaux.

Paragraphe 2. Les fautes du demandeur

Il est admis, que les griefs reprochés par le demandeur à l'époux défendeur peuvent perdre leur caractère fautif en raison du comportement répréhensible du demandeur lui-même : le défendeur, sans nier ses fautes ni soulever l'existence d'une réconciliation, a la possibilité d'invoquer les fautes du demandeur pour excuser ses propres fautes. Ainsi, l'abandon du foyer par la femme ou une relation extraconjugale de celle-ci sont susceptibles d'être excusés par la brutalité de son mari. De même que les injures proférées par un époux ou un caractère excessivement autoritaire sont éventuellement justifiés par l'adultère du conjoint. Inversement, l'adultère d'un époux peut être excusé lorsqu'il a été commis plusieurs mois après l'abandon du foyer par son conjoint.

Chaque époux peut former une demande en divorce contre l'autre. L'une est la demande principale, l'autre est une demande reconventionnelle. Lorsque le demandeur a commis des fautes, mais qu'il n'excuse pas les griefs reprochés au défendeur, ce dernier formera en général une demande reconventionnelle en divorce. C'est-à-dire qu'il va demander à son tour le divorce, en prenant appui sur les fautes du demandeur. A défaut, en effet, de cette demande, le divorce va être prononcé à ses torts exclusifs. Or, en formant cette demande reconventionnelle en divorce pour faute du demandeur, il peut espérer que les deux demandes seront accueillies, ce qui aboutira à un divorce aux torts partagés.

Pour le défendeur, les avantages d'un divorce aux torts partagés, par rapport à un divorce prononcé à ses torts exclusifs, sont sans doute réduits, mais demeurent en effet indéniables. D'une part, sur un plan moral, l'époux défendeur évite d'être déclaré exclusivement responsable de la rupture du mariage. D'autres parts, sur un plan pécuniaire, il échappe à une condamnation à des dommages et intérêts. Toutefois, l'époux exclusivement fautif peut solliciter une prestation compensatoire, et il n'est pas privé du bénéficie des donations et avantages matrimoniaux que les époux s'étaient consentis. L'intérêt d'une demande reconventionnelle n'est donc pas négligeable. C'est pourquoi le juge a reçu le pouvoir, de prononcer le divorce aux torts partagés en relevant d'*office* les éléments d'une demande reconventionnelle que le défendeur aurait négligé de former. Cette prérogative exorbitante déroge aux pouvoirs habituels des juges : ils ne peuvent statuer que sur les demandes qui leur sont présentées (principe dispositif).

Au moins les juges sont-ils tenus de respecter un certain nombre de principes, notamment celui de la contradiction : non seulement les débats doivent faire apparaître les torts à la charge de l'un et de l'autre époux, mais encore faut-il que ces torts remplissent la double condition de l'article 180 du Code de la famille. De surcroît, les juges ont l'obligation d'inviter les parties à présenter leurs observations sur les conséquences éventuelles d'un divorce aux torts partagés et notamment sur le versement de la prestation compensatoire.

CHAPITRE 3. LA PROCEDURE DU DIVORCE

La procédure est l'ensemble des règles gouvernant l'introduction et la progression de l'instance, ainsi que la décision mettant fin au litige. En matière de divorce, la procédure revêt une importance particulière car elle a une incidente directe sur le fond. Elle rend, en effet, plus ou moins difficile le prononcé du divorce, donc influe nécessairement sur le nombre des divorces, avec les conséquences individuelles et sociales qui s'ensuivent. Il suffit d'imaginer, pour en prendre la mesure, que soit admis le divorce sous forme d'enregistrement d'une déclaration conjointe des époux par un officier de l'état civil : une procédure aussi sommaire aurait un effet immédiat sur la fréquence du recours au divorce et, par voie de conséquence, sur les caractères de l'institution, ce qui rejaillirait, indirectement mais de manière indiscutable, sur la nature du mariage lui-même.

Exemple n°75 (Extrait du jugement)

T.G.I. de Pointe-Noire. Rôle civil n° 340 -Année 1994. Rép. n° 509 du 29-06- 1995. Vie de prière abusive. Défaut de preuve de rapports sexuels mystiques- Infidélité-Abandon de foyer. Interdiction du port du nom. Liquidation de la communauté.

« ...Attendu que par requête en date à Pointe-Noire du 15 décembre 1994, Monsieur M..., a saisi le Tribunal civil de céans, d'une requête d'assignation en divorce contre son épouse ; Qu'il expose au soutien de sa demande, avoir contracté mariage avec dame F... par devant l'officier de l'État civil de Pointe-Noire le 25 août 1971 ;Que de cette union sont issus neuf enfants ; Que tout allait mieux jusqu'au 28 décembre 1993, date à laquelle dame M... abandonnait le domicile conjugal en rejoignant son père ;Qu'elle y est restée jusqu'à nos jours ;Qu'elle sort quand elle veut et rentre le lendemain sous prétexte d'aller à la prière ; Que les prières sont devenues pour elle les occasions d'une vie de débauche ;Qu' il a avait interdit à son épouse de continuer de prier à l'église Pentecôte ;Que malgré cette interdiction, elle est entêtée par le pasteur K... qui est devenu son amant ;Attendu qu'en réplique l'épouse proteste contre toutes ces accusations ;Qu'elle a abandonné le domicile à la suite du mauvais traitement dont elle était victime ;Que son mari lui faisait l'amour mystiquement et cela lui provoquait des maladies et des troubles psychiques ;Que c'est à cause de ce comportement mystique de son époux qu'elle s'est engagée dans la vie de la prière ; Que c'est justement parce que son époux ne peut plus l'atteindre mystiquement qu'il l'oblige à ne plus fréquenter l'église Pentecôte ; Qu'elle veut bien rejoindre son mari, mais elle ne renoncera pas à la prière... ».

Malgré le libéralisme du divorce jurisprudentiel (divorce par consentement mutuel), le divorce demeure par essence une *institution judiciaire*. L'intervention d'un juge est effectivement indispensable. D'abord parce qu'il y a des conflits entre les époux dans tout divorce. En outre, sont contentieux par nature le divorce pour faute et le divorce pour altération définitive du lien conjugal. Or, seule une autorité judiciaire est habilitée à trancher les litiges entre particuliers, en leur donnant une solution qui s'imposera au besoin, à l'aide de la force publique. Ensuite, parce qu'il y a des intérêts à protéger, notamment ceux des enfants, et qu'un contrôle est nécessaire pour en assurer la sauvegarde même lorsque les époux sont d'accord. Il convient, enfin, en cas d'accord des époux, de vérifier que le consentement de chacun a été éclairé et est donné librement.

La rupture du mariage est un enjeu suffisamment important pour que soit imposée par la loi l'assistance obligatoire d'un avocat : sa mission est de conseiller l'époux qui l'a choisi et de défendre ses intérêts. L'époux qui n'est pas représenté par un avocat ne peut donc faire valoir ses moyens de défense. Quand on sait, aussi, que l'instance en divorce va porter sur des faits touchant à l'intimité de la vie privée, on comprend que le formalisme soit ici primordial. Un régime particulier a donc été établi, dont les principes se trouvent dans le Code de famille et les modalités dans le Code de procédure civile, commerciale, administrative et financière dont les dispositions ont été adaptées, pour tenir compte de l'évolution de la société et des rumeurs. Ces dispositions singularisent la procédure du divorce à ses trois stades : l'exercice de l'action (Section 1), le déroulement de l'instance (Section 2) et le jugement (Section 3).

Section. L'exercice de l'action en divorce

La singularité du procès en divorce se déduit, d'abord du caractère éminemment personnel de l'action. Il se révèle, aussi, par l'existence d'une juridiction spécialisée : le juge du divorce

Paragraphe 1. Le caractère de l'action

Toute personne a droit au respect de sa vie privée, de sa vie famille. La protection de la *sphère d'intimité* de chaque personne s'étend indiscutablement à sa condition conjugale et au divorce. Et c'est parce que la demande en divorce se rattache étroitement à la vie personnelle des époux que l'on ne peut suivre toutes les règles habituelles de procédure. Des dispositions sont établies, relatives aux titulaires de l'action et à leur habilitation.

a. Les titulaires de l'action

Le divorce est une affaire privée, qui ne regarde que les époux. Eux seuls ont donc qualité pour exercer l'action. C'est la manifestation la plus évidente du caractère personnel de la demande. De fait, l'action en divorce fait partie des cas dans lesquels la loi attribue le droit d'agir aux seules personnes qu'elle qualifie pour élever ou combattre une prétention, ou pour défendre un intérêt déterminé.

D'où il résulte que les héritiers des époux ne peuvent agir à leur place, ni même poursuive l'action en divorce que les époux aurait engagée. Et encore moins les créanciers, y trouveraient-ils un quelconque avantage. Les tiers ne peuvent pas non plus s'immiscer dans le procès en divorce par la voie de l'intervention, au jugement de divorce. Aussi, lorsque le décès d'un époux survient pendant l'instance, et avant que le jugement soit irrévocable, l'action est éteinte. En effet, le décès a dissous le mariage, et l'action ne peut donc survivre, quel que soit l'intérêt que présenterait le divorce pour le conjoint survivant ou les héritiers de l'époux défunt. L'exclusion des tiers du procès en divorce n'est pas, cependant, totale. En effet, dans l'intérêt de l'enfant, il est prévu l'intervention possible d'un tiers, qu'il soit ou non membre de la famille. Son objet est d'inviter le juge à fixer ou à modifier les décisions relatives à l'exercice de l'autorité parentale. Mais le Code de la famille prévoit qu'il doit alors saisir le ministère public.

b. L'habilitation de l'époux incapable

Lorsqu'un époux majeur souffre d'une altération de ses facultés mentales, il convient de le protéger par l'organisation d'un régime spécifique. En l'absence d'une telle organisation, l'action en divorce ne peut être envisagée, ni en demande, ni en défense. L'incapacité d'un époux qui se trouve placé sous un régime de protection (tutelle, curatelle ou sauvegarde de justice), n'est pas un obstacle à l'exercice de l'action en divorce. Mais le caractère personnel de celle-ci conduit à aménager les règles ordinaires d'habilitation.

D'abord, cette incapacité exclut qu'un divorce par consentement mutuel ou pour acceptation du principe de la rupture du mariage soit demandé, faute pour l'époux incapable de pouvoir émettre un consentement valable. Ensuite, l'époux en *tutelle* doit être représenté par son tuteur. Donc si une demande en divorce est formée contre l'époux en tutelle, l'action doit être exercée contre le tuteur. Mais celui-ci ne peut demander le divorce au nom de l'époux incapable qu'avec l'autorisation du conseil de famille, après avis du médecin traitant. En pratique le juge des tutelles peut donner son autorisation si le conseil de famille n'était pas institué. On admet aussi que, dans la mesure du possible, l'intéressé doit être entendu par le juge ou le conseil de famille. De son côté, l'époux en curatelle exerce l'action lui-même avec l'assistance de son curateur. Pour des raisons évidentes, un tuteur ou un curateur spécial doit préalablement être nommé lorsque la tutelle ou la curatelle est confiée au conjoint de l'incapable.

Enfin, si l'un des époux se trouve placé sous la *sauvegarde de justice*, la demande en divorce ne peut être examinée qu'après organisation de la tutelle ou de la curatelle le principe est que le juge pourra prendre les mesures provisoires prévues aux articles 254 et du Code de la famille, qui sont nécessaires pour assurer l'existence des époux et des enfants jusqu'à la date à laquelle le jugement prend force de chose jugée. Le juge pourra également prendre des mesures urgentes, dès que la requête initiale, telles que prévues par l'article du Code de la famille et, à ce titre, autoriser l'époux demandeur à résider séparément, s'il y a lieu avec ses enfants mineurs.

Paragraphe 2. La compétence du juge du divorce

Parce qu'elle concerne la personne directement, l'action en divorce est de la compétence exclusive du *tribunal de grande instance*. Mais un juge de ce tribunal, le juge du divorce, dispose de prérogatives si nombreuses. L'importance de ce juge conduit, à ce stade de la procédure, à envisager en premier lieu sa compétence d'attribution, et en second lieu sa compétence territoriale.

Exemple n°76 (Extrait du jugement

Trib. 1er degré de Mossendjo. Rép. n° 200/ TS P MO du 04 – 12- 1964. Mariage Coutumier- Torts réciproques.

« ...Exposé des motifs : Le tribunal a été saisi par le Sous-préfet de Mossendjo, sur requête écrite de K....Le tribunal : Après en avoir délibéré conformément à la loi avec la participation des assesseurs a rendu le jugement :Attendu qu'il résulte des débats la preuve que Monsieur K... et Madame P.....se sont bien mariés suivant les coutumes Batsangui. Attendu que P... a quitté le foyer conjugal sans motif sérieux .Attendu que K...et P... n'ont pas observé les clauses de mariage dictées par les coutumes Batsangui .Vu l'échec de la tentative de réconciliation. Vu les dépositions de la coutume Batsangui en la circonstance. Vu la négligence de K... envers ses enfants. Par ces motifs : Prononce le divorce entre K... et P... aux torts exclusifs des époux K... et P....1°- Condamne K... à rembourser à son beau-père B... la somme de dix mille Francs (10.000 Frs) au titre d'indemnité alimentaire qu'il a donné à ses enfants pendant quatre ans.2°- Condamne P... au remboursement à son mari de la dot qui s'élève à Vingt-deux Mille Cinq Cent Quatre Vingt Quinze Francs (22.595 Frs)... ».

a. La compétence d'attribution

La compétence matérielle du juge du divorce est *considérable.* Il est désormais le seul, en pratique, à intervenir en première instance, la compétence du tribunal étant très réduite. C'est la manifestation d'un phénomène plus ample, où l'on voit se multiplier le juge civil unique au détriment des formations collégiales de nos tribunaux civils. N'est-il plus vrai que « de la discussion jaillit la lumière »

Les pouvoirs du juge se manifestent dès la demande, puis au cours de l'instance et après le prononcé du divorce. Il peut même intervenir, on l'a vu, avant l'instance en divorce, pour protéger le conjoint victime de violences conjugales et répondre aux situations d'urgence.

Dans tous les procès en divorce, la *requête initiale* est présentée au juge, qu'il s'agisse de procédures contentieuses ou d'instance gracieuses. Dans les divorces contentieux, en effet, l'assignation doit être nécessairement précédée d'une phase de conciliation initiée par une requête adressée au juge. C'est lui qui délivrera l'autorisation d'assigner : c'est une clause essentielle de l'ordonnance de non-conciliation. En cas de divorce par consentement mutuel, le rôle du juge est aussi important, puisqu'il dispose d'une même compétence exclusive.

En première instance, dès le dépôt de la requête, il peut notamment prendre des mesures urgentes, comme autoriser l'époux demandeur à résider séparément, s'il y a lieu avec les enfants mineurs. Il peut aussi ordonner des mesures de nature strictement conservatoire, telle qu'une apposition de scellés sur les biens communs. Ensuite il procède à la tentative de conciliation à l'issue de laquelle il prescrit les mesures provisoires. Puis, saisi par l'assignation, dont il a autorisé la délivrance, le juge est seul compétent pour prononcer le divorce, du moins en principe. Le juge statue, s'il y a lieu, sur les exceptions d'incompétence. Il est également juge de la mise en état. Il exerce en outre les fonctions de juge des référés, c'est-à-dire qu'il doit être saisi en cas d'urgence.

La compétence du juge est maintenue après le divorce pour statuer sur les modalités de l'exercice de l'autorité parentale et sur la modification de la contribution à l'entretien et l'éducation des enfants, ou pour décider de confier les enfants à un tiers, ainsi que sur la révision de la prestation compensatoire ou de ses modalités de paiement. Cette compétence s'exerce suivant une procédure simplifiée, puisque le juge statue alors sans formalité et il peut être saisi par les parties intéressées sur simple requête. C'est donc bien lui le juge de « l'après-divorce ».

b. La compétence territoriale

La compétence *ratione loci* du juge n'est pas déterminée par l'application du principe rationnel selon lequel il faut saisir le tribunal dans le ressort duquel se trouve le domicile du défendeur. Des règles particulières prévoient, en effet, la compétence en matière de divorce du juge le plus proche des enfants mineurs.

Ainsi, le tribunal de grande instance, dont le juge est destinataire de la requête initiale, est le tribunal du lieu où se trouve la résidence de la famille. En cas de changement de résidence, « la compétence territoriale est déterminée par la résidence du demandeur au jour où la requête initiale est présentée ». Mais si les époux ont, comme c'est fréquent, des résidences distinctes, il faut alors saisir le tribunal du lieu où réside celui des époux avec lequel habitent les enfants mineurs en cas d'exercice en commun de l'autorité parentale, ou du lieu de résidence du parent qui exerce seul cette autorité[345]. Il faut cependant vérifier qu'un époux n'a pas choisi frauduleusement une résidence en vue de créer artificiellement un chef de compétence qui lui convienne, au préjudice de son conjoint. *A fortiori,* les juges sanctionnent les voies de fait.

Dans les autres cas, c'est-à-dire lorsqu'il n'y a pas d'enfants, ou bien qu'ils ne résident pas tous auprès du même parent, c'est le tribunal du lieu où réside l'époux, celui du lieu où réside l'un ou l'autre. Enfin, après le prononcé du divorce, le juge compétent pour trancher un litige relatif à l'une des conséquences du divorce est, en principe, celui de la résidence de l'époux créancier ou du parent qui assume à titre principal la charge des enfants, même majeurs. Le juge peut relever d'office la violation des règles de compétence d'attribution ou territoriale. Les décisions du juge statuant sur la compétence sont toujours susceptibles d'*appel*, cette voie de recours étant seule ouverte dans ce cas.

Section 2. Le déroulement de l'instance

Même simplifiée, la procédure du divorce reste complexe, du fait des intérêts en jeu. Le trait dominant, et qui en fait l'originalité, est la division nécessaire de l'instance en deux parties. La succession de deux phases est la survivance de la conception restrictive du divorce qui domine le droit positif pouvant dissuader le demandeur de poursuivre l'instance[346].

Paragraphe 1. La phase préparatoire

Cette phase préliminaire se déroule devant le juge (du moins en première instance). La loi a instauré un tronc procédural commun jusqu'à l'assignation. C'est la raison pour laquelle la requête initiale ne doit pas indiquer les motifs du divorce. L'audience de conciliation doit ainsi se dérouler dans un climat apaisé, puisque les griefs ne sont plus énoncés et

[345] T.G.I. de Pointe-Noire. Rôle civil n° 128. Année 2004. Rép. n° 083 du 07-02-2005. Compétence internationale du Juge congolais- Demande reconventionnelle – Disharmonie – Commission du notaire. Liquidation – Pension alimentaire. Sur cette décision, voir aussi H.D. Amboulou, *Le divorce et la séparation de corps en droit congolais*, Op. cit.

[346] Sur le déroulement de l'instance, voir Patrick Courbe, *Droit civil. Les personnes, la famille, les incapacités,* 2e édition, Dalloz, 1998, p. 74

donc ne seront pas discutés. Le choix de la procédure ne se fera qu'ultérieurement, lors de l'assignation. Le juge est saisi par une requête initiale, au vu de laquelle il convoque les époux pour tenter de les concilier. A défaut de conciliation, il prescrit les mesures provisoires.

a. La requête initiale

Lorsque le divorce est demandé par un époux, celui-ci doit présenter, nécessairement par l'intermédiaire d'un *avocat,* une requête au juge. Le contenu en est très succinct, analogue à celui de la requête conjointe, vue précédemment. A la réception de la requête, le juge est apte à prendre certaines *mesures.* Encore que, la requête doit contenir l'identité complète des deux époux, le lieu et date du mariage, ainsi que l'état civil des enfants du couple. Dans le silence, l'omission d'une mention ne peut entraîner la nullité de la requête, à moins que le conjoint qui l'invoque ne justifie d'un grief, conformément au droit commun de la nullité des actes de procédure pour vice de forme.

En revanche, la requête initiale ne doit pas indiquer la *cause de divorce* invoquée par le demandeur ni le fondement juridique de la demande en divorce ni les faits à l'origine de celle-ci. L'objectif est d'évacuer de l'audience de conciliation toute discussion sur la cause du divorce. L'attention des époux sera donc concentrée sur l'organisation de leur vie pendant la procédure, la préparation de la liquidation du régime matrimonial, le sort des dettes et la sauvegarde de l'intérêt des enfants. Il s'agit, en d'autres termes, de faire comprendre aux époux qu'ils ont tout avantage à parvenir à prévoir les conséquences. L'incitation est d'autant plus grande que le divorce pour altération définitive du lien conjugal sera prononcé dès lors que deux ans de séparation se seront écoulés au moment de l'assignation.

Exemple n°77 (Extrait du jugement)

T.I de Tié-Tié. Pointe-Noire. Rép. n° 387. Année 2007. Accord des époux sur le principe du divorce- Stérilité secondaire – Abandon du foyer conjugal-Garde des enfants-Droit de visite-Commission du notaire pour la liquidation de la communauté.

« …Attendu que par requête en date à Dolisie du 20 mars 2003, Monsieur N…, a fait assigner en divorce devant le Tribunal d'instance de Tié-Tié, son épouse dame N…; Qu'il résulte de l'examen de ladite requête, des écritures en défense de dame N… ainsi que des pièces versées aux débats que Monsieur N… né à Mossendjo en date du 03 juillet 1962 et dame N… née à Brazzaville née en date du 03 novembre 1965 ont contracté mariage à devant l'Officier d'État civil du premier Arrondissement de Pointe-Noire en date du 03 novembre 2001 sous le régime de la monogamie et de la communauté des biens ;Que de cette union est issu un enfant mineur ;Qu'en raison des incompréhensions profondes, notamment l'impossibilité pour le couple d'avoir d'autres enfants, cette instance en divorce a été acceptée par Madame N…;Attendu que les époux N… se sont accordés sur le principe du divorce ; Que cela a été constaté par une ordonnance. Que l'incompatibilité d'humeurs est retenue comme la principale cause de la séparation ; Qu'il sera prononcé la dissolution du régime matrimonial… ».

La requête initiale doit, pour des raisons d'efficacité, contenir les demandes formées au titre des mesures provisoires ainsi qu'un exposé sommaire de leurs motifs. A la réception de la requête, le juge fait connaître aux époux les jour, heure et lieu auxquels il procédera à la tentative de conciliation. En pratique, la convocation est adressée par le greffe du tribunal au moyen d'une lettre recommandée (doublée d'une lettre simple) avec demande d'avis de réception. A peine de nullité, cette lettre doit être expédiée quinze jours au moins à l'avance et accompagnée d'une copie de l'ordonnance.

Avant même que ne se tienne l'audience au cours de laquelle le juge va procéder à la tentative de conciliation, le demandeur peut solliciter des mesures urgentes. Ces mesures ne peuvent être ordonnées que si l'époux requérant se présente en personne, afin que le juge s'entretienne avec lui des mesures sollicitées et en apprécie le bien-fondé. Il faut bien voir, en effet, que ces mesures sont susceptibles d'être ordonnées par le juge sans que le conjoint défendeur en soit averti et qu'il ait donc fait valoir ses moyens de défense. D'où la limitation de la compétence du juge aux mesures énumérées par l'article du Code de la famille.

En vertu de ce texte, il a le pouvoir notamment, en cas de danger, d'autoriser l'époux demandeur à résider séparément, s'il y a lieu avec ses enfants mineurs. Mais le juge peut aussi, pour la garantie des droits d'un époux, s'il faut craindre une *dilapidation* ou un *détournement* des biens par le conjoint, ordonner à l'insu de ce dernier toutes mesures conservatoires : aussi, ordonner l'apposition de scellés sur les biens communs ou autoriser la saisie-attribution d'un compte bancaire. Cette ordonnance du juge ne peut faire l'objet d'aucun recours. Les mesures d'urgence éventuellement prescrites pourront seulement être discutées par l'époux défendeur pendant l'audience de conciliation.

b. La tentative de conciliation

C'est un moment crucial de la procédure : mais ses objectifs sont clairs. Le juge doit tenter de faire *renoncer le demandeur* à son projet. Mais cette réconciliation des époux est très rare. La loi du 17octobre 1984, qui pose le principe de la liberté de divorcer, confirme la mission du juge, qui doit désormais chercher « à concilier les époux tant sur le principe du divorce que sur ses conséquences. C'est pourquoi la tentative de conciliation est obligatoire dans toutes les procédures de divorce contentieux. L'audience elle-même se déroule selon un rituel peu formaliste et s'achève par le prononcé d'une ordonnance qui peut faire objet de *recours*.

Parce que ce sont des faits touchant à l'intimité de la vie privée qui vont être évoqués, l'audience de conciliation se déroule en *chambre du conseil*, c'est-à-dire à huis clos, hors la présence du public. Elle présente plusieurs caractéristiques.[347] C'est, d'abord, l'obligation faite au juge de statuer, s'il y a lieu sur la compétence. Il peut notamment relever d'office son incompétence territoriale, s'agissant d'un litige relatif à l'état des personnes. Le juge doit, ensuite, s'entretenir personnellement avec les époux séparément, avant de les réunir en sa présence. Les avocats sont ensuite appelés à assister et à participer à l'entretien. Pour faciliter le dialogue, la loi prévoit que ce qui a été dit ou écrit à l'occasion d'une tentative de conciliation ne pourra pas être invoqué pour ou contre un époux ou un tiers dans la suite de la procédure. Chaque époux peut aussi, sans crainte,

[347] T.G.I. de Pointe-Noire. Rôle civil n° 1266. Année 2007 Ordonnance de non conciliation – Pension alimentaire – Garde des enfants. Sur cette décision, voir aussi H.D. Amboulou, *Le divorce et la séparation de corps en droit congolais*, Op. cit.

s'exprimer en toute franchise, laquelle est une condition indispensable à une très éventuelle réconciliation.

Ces entretiens supposent la présence effective des époux. Ils ne peuvent pas se faire représenter. Mais si l'époux défendeur ne se présente pas devant le juge, l'entretien aura lieu avec le seul demandeur, et le juge devra l'inviter à la réflexion. De sorte que le défaut du défendeur ne suffit pas à paralyser la procédure. L'audience se termine par la décision du juge. Si la tentative aboutit, ce qui est très rare en pratique, la conciliation des époux est constatée par procès-verbal. Celui-ci met fin à la procédure engagée.

En fait, les époux parviennent très rarement à se réconcilier devant le juge. Il arrive, toutefois, que ce dernier décèle des chances de conciliation. Il peut alors *suspendre la tentative,* en ménageant aux époux un temps de réflexion de huit jours. Si un plus long délai paraît utile, le juge peut décider de *suspendre la procédure* et de recourir à une nouvelle tentative de conciliation dans les six mois au plus. Il ordonne, s'il y a lieu, les mesures provisoires nécessaires.

Exemple n°78 (Extrait du jugement)

T.G.I. de Pointe-Noire. Rôle civil n°829 – Année 2009. Rép. n° 449 du 10-08-09. Abandon mutuel de foyer- Torts partagés – Interdiction du port du nom. Recevabilité de l'action.

« ...Attendu que Dame K... épouse Ik... a, par requête en date à Pointe-Noire, attrait son époux Ik... pour s'entendre prononcer leur divorce aux torts de celui-ci ;Qu'elle expose à l'appui de sa requête qu'elle avait contracté mariage avec monsieur Ik... le 26 juillet 1975 par-devant l'officier d'état civil de Sibiti ;Que de leur union sont issus six (6) enfants ;Que le climat familial s'est détérioré depuis 1985 par l'abandon du foyer de son mari. Qu'elle ne bénéficie d'aucune assistance de l'époux ; Attendu que pour sa part, Monsieur Ik... reconnaissant les faits qui lui, sont reprochés a, en outre, allégué que son épouse avait été la première à abandonner le foyer conjugal ; Sur quoi le Tribunal ; Attendu qu'en la forme, l'épouse demanderesse en divorce a, en personne, présenté sa requête au Président du Tribunal du domicile du défendeur, celui-ci étant en effet domicilié à Pointe-Noire, circonscription judiciaire du Tribunal de Grande Instance de céans ;Qu'il y a lieu de déclarer cette requête régulière et recevable... ».

Si, après avoir entendu chacun des époux sur le principe de la rupture, le juge constate que le demandeur maintient sa demande, il rend une *ordonnance de non-conciliation* autorisant l'époux qui a présenté la requête initiale à assigner son conjoint. Il statue aussi sur les mesures provisoires (qui seront étudiées ci-dessous) après avoir essayé d'amener les époux à un règlement amiable de ces mesures. Le juge doit aussi inciter les époux à régler les conséquences du divorce à l'amiable. A cette fin, il leur demande de présenter pour l'audience de jugement un projet de règlement des effets du divorce. Il s'agit, en d'autres termes, d'anticiper le règlement des intérêts pécuniaires dès le stade de la conciliation et de privilégier la conclusion d'accords, même partiels, entre les époux. Certaines mesures provisoires, on le verra, favorisent la préparation, par un professionnel qualifié, de la liquidation du régime matrimonial (le notaire notamment).

A ce stade de la procédure, l'ordonnance de non-conciliation qui autorise les époux à résider séparément et l'un d'eux à assigner son conjoint, si elle ne prescrit aucune autre mesure, ne peut pas faire l'objet d'un appel. En revanche, l'ordonnance de non- conciliation est susceptible d'*appel*, dans les quinze jours des notifications, quant à la compétence et aux mesures provisoires. Mais, conformément au droit commun, le pourvoi en cassation n'est pas recevable contre l'arrêt qui statue sur l'appel de l'ordonnance de non-conciliation, ni de recours en révision.

Cette voie de recours est ainsi déclarée recevable lorsqu'elle tend, non à la réformation de l'ordonnance de non-conciliation, mais à son *annulation.* Il en va de même lorsque le juge a commis un excès de pouvoir. Ces solutions sont justifiées : l'appel reste en effet la voie irréductible du contrôle de la légalité.

Section 3. Les mesures provisoires

L'instance en divorce étant engagée, entre le début de la procédure et le prononcé définitif du divorce, un temps assez long (plusieurs mois à un an s'il n'y a pas d'appel, quelques années à l'inverse) va effectivement s'écouler, délai pendant lequel il faut aménager la séparation des époux et régler la situation des enfants. C'est l'objet des mesures provisoires, ainsi qualifiées parce qu'elles ne subsistent que pendant la durée de l'instance. A ce titre elles sont provisoires : elles doivent disparaître lorsqu'une décision sur le fond a été rendue et est passée en force de chose jugée. Et pour cette raison, elles sont, de plein droit, exécutoires à titre provisoire: elles sont aussi toujours appropriées à la situation familiale.

Au vrai, la terminologie ne doit pas induire en erreur : ces mesures revêtent une importance indiscutable car elles préfigurent le plus souvent celles qui seront ordonnées finalement par le jugement de divorce. Il convient, par conséquent, de s'attacher d'abord aux modalités de fixation de ces mesures puis à leur contenu

Paragraphe 1. La détermination des mesures provisoires

En cas de divorce par consentement mutuel, s'il y a eu refus d'homologation, les époux règlent eux-mêmes les mesures provisoires qu'ils s'accordent à prendre jusqu'à la date à laquelle le jugement de divorce passe en force de chose jugée. Mais le juge peut faire supprimer ou modifier les clauses de cette convention qui lui paraîtraient contraires à l'intérêt des enfants. Ces mesures provisoires seront ainsi homologuées par le juge.[348]

Dans les autres cas de divorce, c'est le juge qui prescrit les mesures provisoires. Mais, à cette fin, il doit prendre en considération les accords que les époux ont déjà conclus entre eux (. Ces mesures sont fixées dans l'ordonnance de non-conciliation, toutes, au demeurant, révisables. En effet, s'il survient un fait nouveau, le juge peut supprimer, modifier ou compléter les mesures qu'il a prescrites, afin de les adapter à l'évolution de la situation. En outre, la décision relative aux mesures provisoires est susceptible d'appel –mais non de pourvoi en cassation dans les quinze jours de sa notification. Les mesures provisoires ont une durée très variable suivant les cas. D'abord, il convient de préciser qu'elles sont caduques si aucun époux n'a assigné son conjoint dans les trente mois du prononcé de l'ordonnance de non-conciliation. Ensuite, ces mesures subsistent jusqu'à ce que la décision sur le fond prenne force de chose jugée.

[348] T.G.I. de Pointe- Noire. Rôle civil. N° 227. Année 2005. Rép n° 461 du 27- 06- 2005. Divorce pour faute - Intolérabilité de la vie conjugale- Abandon du foyer- Garde de l'enfant- Droit de visite. Sur cette décision, voir aussi H.D. Amboulou, *Le divorce et la séparation de corps en droit congolais*, Op. cit.

Exemple n° 79 (Extrait du jugement)

T.G.I. de Pointe-Noire. Rôle civil n° 285- Année 2003. Rép. 1351 du 22/10/03, Stérilité – Absence de faute de l'épouse – Restitution des effets personnels et des sommes d'argent. « ...Attendu que par requête en date à Pointe-Noire du 20 mars 2003, Madame Mv... née Ng..., a assigné en justice, son époux Monsieur Mv... aux fins de s'entendre prononcer le divorce aux torts exclusifs de ce dernier et de voir ordonner la restitution des effets personnels et de ses sommes d'argent détenues par lui; Qu'elle expose au soutien de son action ; qu'elle est liée à Monsieur Mv... par un mariage célébré devant l'Officier d'état civil de l'Arrondissement N°1 Makélékélé, Brazzaville en date du 09 juin 1990, alors qu'ils ont commencé à cohabiter depuis courant 1979 ; Qu'en dépit du fait qu'aucun enfant n'est né de cette union, l'harmonie a régné dans leur ménage jusqu'au 05 novembre 2000 où Monsieur Mv... avait fait installer demoiselle Z... dans leur maison conjugale; Que plusieurs tentatives de les réconcilier se sont avérées vaines. Que Monsieur Mv... tenait à divorcer ; Que n'habitant plus au domicile conjugal, Monsieur Mv... a profité de l'occasion pour garder une partie de ses objets, composées : d'un pagne en tissus imprimé, un tricot, une serviette de toilette, une veste de couleur verte citron, tous les cadeaux reçus lors de leur mariage, des ustensiles de cuisine, des matériaux de construction et une somme de 100.000 CFA, rangée entre les pagnes ; Que Monsieur Mv... lui était débiteur de la somme de 350.000F CFA ; Attendu que par conclusion non datées, Monsieur Mv..., conclut au prononcé du divorce non pas à son tort, mais aux torts des époux ; Qu'il allègue pour se défendre qu'après 10 ans de mariage sans enfant, il avait obéit à la coutume en mettant son épouse à la disposition de sa famille pour que celle-ci soit traitée pour sa stérilité ; Que les deux familles s'étaient engagées à se rencontrer afin de lui assurer un traitement traditionnel ; Que curieusement, la belle famille de l'époux était défaillante et sans attendre toute autre démarche, l'épouse avait décidé unilatéralement de rentrer à Pointe-Noire où elle avait élu domicile auprès d'un couple ami. Que le mari de ce couple ami aurait menacé de mort Monsieur Mv... ; Qu'après ces menaces, le concluant devenait réticent vis-à-vis de son épouse... »

Sans doute n'est-il pas inutile de préciser qu'un jugement a force de chose jugée s'il n'est susceptible d'aucun recours suspensif d'exécution. Donc les mesures provisoires subsistent pendant l'*instance d'appel.* Elles se poursuivent aussi quand un pourvoi est formé. En effet, contrairement au droit commun, le pourvoi en cassation contre la décision qui prononce le divorce a un effet suspensif. Par conséquent, en cas de pourvoi, la procédure de divorce est toujours en cours, de sorte que l'ordonnance de non-conciliation continue de produire ses effets jusqu'au rejet du pourvoi par la Cour suprême, ou, si une cassation est prononcée, jusqu'à ce que soit définitif l'arrêt rendu par la cour d'appel de renvoi. Toutefois, si le pourvoi est limité aux conséquences du divorce, le prononcé du divorce est devenu irrévocable, de telle sorte que la pension alimentaire allouée par l'ordonnance de non-conciliation cesse d'être due.

En revanche, les mesures provisoires sont caduques quand la décision qui rejette la demande en divorce ne peut plus faire l'objet d'un recours suspensif. Ainsi, le pourvoi en cassation ne suspend pas l'exécution de l'arrêt d'appel qui rejette la demande. Dès son prononcé, cet arrêt est exécutoire, donc il entraîne la caducité des mesures prescrites par l'ordonnance de non conciliation.

Paragraphe 2. Le contenu des mesures provisoires

Les mesures prescrites par le juge dans l'ordonnance de non-conciliation sont celles qui doivent assurer l'existence des époux et celle des enfants jusqu'à la date à laquelle le jugement passe en force de chose jugée.

S'il y a des *enfants mineurs*, le juge se prononce traditionnellement, au titre des mesures provisoires, sur les modalités de l'exercice de l'autorité parentale. Les textes relatifs à l'autorité parentale que les conséquences de la séparation pour les enfants sont réglées selon les dispositions du droit commun de l'autorité parentale. Pour fixer le régime de la *séparation des époux* pendant la durée de l'instance en divorce, la loi reprend la liste non limitative des mesures provisoires susceptibles d'être prises lors de la conciliation, et elle complète cette liste en prévoyant de nouveaux cas d'intervention du juge.

Ainsi, en vue d'apaiser la procédure, le juge peut proposer aux époux une mesure de médiation familiale et, après avoir recueilli leur accord, désigner un médiateur familial à cet effet. De fait, la médiation familiale n'est efficace que si elle recueille l'adhésion des époux. Mais, pour favoriser le recours à la médiation, le juge peut joindre aux époux de rencontrer un médiateur familial pour une séance d'information sur l'objet et le déroulement de la médiation. C'est là une obligation destinée à développer le cours à la médiation familiale, qui est actuellement peu pratiquée par les tribunaux. La loi ne précise pas quel est l'objet de cette médiation : il peut s'agir aussi bien du choix de la procédure de divorce, que de la conclusion d'accords portant sur le règlement des intérêts pécuniaires des époux.

Exemple n° 80 (Extrait du jugement)

T.G.I. de Pointe-Noire. Rôle Civil n°058 – Rép. n° 031 du 12- 01-_04. Séparation du fait – Infidélité-Abandon du domicile conjugal – Défaut d'assistance-Garde des enfants – Pension alimentaire.

« ...Attendu que par requête non datée à Pointe-Noire, Madame N.... née M..., a assigné en divorce monsieur N.... devant le Tribunal de grande instance de céans ; Qu'au soutien de sa requête, elle expose ; Qu'elle a contracté mariage avec N... le 12 août 1978 devant l'officier d'état civil de Loandjili ; Qu'avant ce mariage, elle avait fait deux enfants avec N.... et qu'après leur union sont nés 4 autres enfants ; Que le couple a vécu en parfaite harmonie pendant les premières années ; Que très vite l'harmonie conjugale a été brisée par des escapades répétées de N..., abandonnant femme et enfants à cause d'une concubine ; Que courant cette période, l'époux ne contribuait plus aux charges du mariage jusqu'à la date du 28 juillet 1998 où ce dernier disparaissait pour aller s'installer à Kinkala pour des raisons de service ; Que courant 2000, Madame N... se rendait à Brazzaville à la promesse de son époux de rejoindre le foyer conjugal mais elle s'est trouvée enceint de celui-ci,, une grossesse qui solda par une fausse couche. ; Qu'à la suite de cette grossesse elle avait subi une grave intervention chirurgicale sans bénéficier d'aucune assistance de son époux ; Que cette situation a causé du tort aux enfants qui se sont trouvés sans soutien et éparpillés pour subvenir à leur besoin ; Qu'elle est fondée au regard des articles 180 et 102 du Code de la famille à solliciter le divorce ; Attendu que par ses conclusions en date à Pointe-Noire du 14février 2003, Monsieur N.... , en sollicitant au Tribunal de rendre justice, il allègue que leur vie conjugale s'est trouvée dégradée depuis la date du 1er juin 1997quand il avait perdu ses fonctions depuis le conflit armée du 5 juin 1997 ; Qu'au moment d'aller à son nouveau poste d'affectation dans le département du Pool à Kinkala, il laissait sa famille à Pointe-Noire par mesure de prudence ; Qu'il a été surpris par la guerre de 1998 à Kinkala où il a su s'en tirer grâce à l'aide et l'assistance d'une femme de bonne foi ;Qu'en reconnaissance du service rendu, il était parti à Dolisie présenter cette jeune femme à ses parents avant de regagner Pointe-Noire… ».

Ensuite, le juge va se prononcer sur la résidence des époux. Traditionnellement, il autorise les époux à *résider séparément* : cette décision vaut dispense légale du devoir de cohabitation. Cette dispense de cohabitation emporte de plein droit domicile distinct pour chaque époux. Aussi, elle a des répercussions sur la définition de la résidence des enfants à naître. Pour ces raisons, la date de l'ordonnance autorisant les époux à résider séparément est publiée à l'état civil avec le dispositif du jugement de divorce. Dans ce cas il n'est plus question d'autorisation. Il est seulement prévu que le juge peut statuer sur les modalités de la résidence séparée des époux. Décider unilatéralement d'avoir une résidence séparée ne sera donc plus constitutif d'un abandon du domicile conjugal[349].

L'organisation de la résidence séparée porte notamment sur l'attribution à l'un des époux de la jouissance du logement familial et du mobilier du ménage : mais il arrive que le juge partage cette jouissance entre les époux, ce qui assurément sera conservé par l'époux auquel la garde des enfants mineurs est confiée. Si besoin est, le juge ordonne aussi la remise des vêtements et objet personnels.

La question de l'indemnité d'occupation est une source abondante de contentieux. L'époux demeuré dans le logement familial découvre souvent lors de la liquidation qu'il doit acquitter une indemnité alors qu'il pensait avoir la jouissance gratuite du logement. C'est vrai qu'en pratique la pension alimentaire accordée à un époux est complétée souvent par l'attribution de la jouissance gratuite du logement familial, lorsque les époux en sont propriétaires. Ainsi l'époux qui en bénéficie n'aura pas à verser une indemnité d'occupation à son conjoint. Le problème étant souvent posé en pratique lorsque le juge conciliateur n'a pas précisé si l'attribution de la jouissance gratuite du logement familial qui n'appartient pas en propre à

---

[349] T.G.I. de Pointe-Noire. Rôle civil.n°1206. Année 2007. Rép. n° 513 du 1er -10-2007. Infidélité - Abandon d'époux-Violation du devoir d'assistance - Désaffection- Dommages et intérêts. Sur cette décision, voir aussi H.D. Amboulou, *Le divorce et la séparation de corps en droit congolais*, Op. cit.

l'époux bénéficiaire est un complément de la pension alimentaire ou non, auquel cas une indemnité sera due pour l'occupation courant jusqu'au prononcé définitif du divorce. Au-delà, le mariage n'existe plus, donc l'indemnité est due en toute hypothèse, sauf exécution particulière de la prestation compensatoire. Pour décider du sort de l'occupation gratuite pendant la durée de l'instance, il faut donc se livrer à une recherche rétrospective. D'autant plus que l'on pense que la jouissance privative est à titre onéreux dès lors que les termes de l'ordonnance de non-conciliation ne permettent pas de retenir qu'elle est attribuée à titre gratuit. Donc, le juge doit préciser si la jouissance du logement a un caractère gratuit ou non. C'est une clarification utile, mais dont la portée doit être bien précisée. En effet, la loi ne permet pas au juge, à ce stade, de fixer le montant de l'indemnité d'occupation. Il pourra seulement constater un éventuel *accord des époux* sur le montant de celle-ci.

Exemple n° 81 (Extrait du jugement)

T.G.I. de Pointe-Noire. Rôle civil n° 317 – Année 1999 – Rép. n° 009 du 05 – 01- 04. Conversion de la séparation de fait en séparation judiciaire de corps. Vie volage - Domicile parental - Droit de visite – Liquidation de la communauté.

« ...Attendu que Madame, N...née Gn... expose à l'appui de sa requête qu'elle est mariée depuis le 27 décembre 1987, sous le régime de la communauté de biens ; Que de cette union sont issus deux enfants ; Qu'après avoir quitté le Congo en septembre 1995 pour des raisons personnelles et après avoir mené une vie volage à l'étranger, son époux a rejoint le Congo en octobre 1997. Que n'ayant pas de domicile fixe, il s'est installé momentanément chez ses parents en demandant à sa femme de le rejoindre. Qu'elle le fît sans la moindre objection. Que courant 1998, a débarqué une de ses maîtresses qui s'est installée aussi au domicile familiale ;Que ne pouvant supporter la situation, elle a demandé une concertation avec sa famille, laquelle n'a jamais eu lieu ; Que son époux lui inflige une sommation interpellative pour abandon de domicile conjugal, ce à quoi elle répond que le domicile parental ne pouvait en aucun cas représenter le domicile conjugal et que les conditions n'étaient pas réunies pour qu'elles puissent y vivre ; Que par la suite, elle demandait à son époux de trouver une maison afin qu'ils puissent vivre, ensemble; Que son mari préférait mener une vie volage, vivant tantôt à Brazzaville avec ses maîtresses, tantôt à l'hôtel sans penser à ses enfants ; Que début 1999, son mari décidait de s'installer à Pointe-Noire ; Que prenant à l'insu les enfants qui jusque – là étaient avec elle, son mari décidait de vivre avec une maîtresse, la laissant dans le désarroi et lui interdisant l'accès dans sa maison… »

Ainsi le juge a-t-il souvent à statuer sur les relations pécuniaires des époux pendant l'instance : la séparation des résidences entraîne la séparation des budgets. Or, un époux peut manquer de ressources suffisantes pour vivre convenablement. Si son conjoint en a les moyens, il devra verser à l'époux dans le besoin une pension alimentaire, fondée sur le devoir de secours et l'obligation de contribuer aux charges du mariage, devoir et obligation qui subsistent tant que le mariage n'est pas dissous par le divorce. Cette pension est révisable, en fonction de l'évolution financière respective des époux. Elle peut être sollicitée en première instance comme en appel, par le demandeur comme par le défendeur.

Exemple n° 82 (Extrait du jugement)

T.G.I. de Pointe-Noire. Rôle civil n° 317- Année 2009. Rép. n° 1155 du 29 – 12 – 2009. Pratiques fétichistes - Abandon du domicile conjugal.

« …Attendu que par requête à Pointe-Noire en date du 30 juin 2009, Monsieur G…, a introduit une demande en divorce pour s'entendre : Prononcer celui-ci aux torts exclusifs de sa femme… ; Interdire à cette dernière de porter le nom du mari ; Ordonner la transcription des présentes mentions en marge des actes de l'état civil ; Condamner Mme G… née D… aux dépens ; Que contre toute attente, après la célébration du mariage, le comportement de l'épouse a changé, versant dans la logique de pratiques fétichistes; Que plusieurs fois, l'époux a été amené à mettre la main sur des bouts de papier sur lesquels des annotations sont transcrites, devant être remis à des marabouts chargés de monter toutes sortes d'incantations destinées à le dominer et à éloigner toute partenaire intéressée à entretenir des rapports avec lui ; Que prise en flagrant délit, sans explication aucune, Madame G…, a sur conseil de son féticheur, décidé d'asperger sur le lit conjugal des liquides venant des bougies ;Que ces pratiques fétichistes étant avérées, les actes de Madame G…, ont occasionné entre les époux une incompatibilité d'humeur, la suspicion légitime ayant pris place dans l'union ;Qu'en outre, l'épouse a brillé par un comportement irresponsable, par l'abandon moral des enfants qui ont totalement échoué dans leur scolarité ;Que pendant que les enfants ont besoin de l'assistance et l'encadrement de leur mère, celle-ci passait tout son temps chez les marabouts, féticheurs et autres, capables, selon elle, d'adoucir les ardeurs de son époux ;Que pour toutes ce raisons, , les rapports entre les conjoints ont volé en éclat et que l'époux était obligé de remettre son épouse à la disposition de ses parents pour des conseils ; Qu'aucun changement n'a été constaté, Que bien au contraire, l'épouse a défié son mari, en décidant de séjourner incognito à Pointe-Noire ; Que les pratiques fétichistes, l'abandon moral du foyer par l'épouse et les excès rendent la vie commune intolérable… ».

Le juge devra aussi se prononcer sur la prise en charge, par l'un ou l'autre époux, des *arrérages des emprunts* souscrits pour l'acquisition de ce logement. Le juge pourrait enfin prescrire d'autres mesures, relatives par exemple au règlement des crédits ménagers ou au paiement des impôts, comme il pourrait accorder à l'un des conjoints des provisions accordées à un époux sur sa part de communauté, anticipant du reste les conséquences du divorce qui sera prononcé par le juge au second stade de la procédure.

Exemple n°83 (Extrait du jugement)

T.G.I. de Pointe-Noire. Rôle civil n° 159 – Année 2009. Rép n° 460 du 02-11- 2009. Infidélité.

« …Attendu que sieur Ng… par requête à Pointe-Noire en date du 09 mars 2009 a attrait son épouse dame Ng… par devant la première chambre du Tribunal de grande instance pour s'entendre prononcer leur divorce ; Qu'à l'appui de sa requêtes, il déclare qu'ils se sont mariées depuis le 29 Septembre 2007 ; Qu'ils s'étaient connus courant 2000 à l'église Évangélique du Congo où ils étaient tous deux moniteur de l'école du dimanche ; Qu'à cette époque E…, épouse Ng…, était en séparation avec son mari ; Que dès les deux premiers mois de leur amitié, Ng… les trouvaient avec son ancien mari, mais elle le rassurait de leur séparation, que tout était fini entre les deux ; Que malgré cela ils formaient leur foyer et de cette union sont nés deux enfants; Mais attendu que depuis leur mariage cet ancien ami de dame E… s'est manifesté, soit par des coups de téléphone, soit en rapportant des faits vrais à son épouse ; Qu'ajouter à ces faits dame E…excelle dans le mensonge et cela lui a coûté l'exclusion à l'église ; Qu'ainsi, la séparation serait salutaire; Attendu que dans ses conclusions, dame excipe que plusieurs péripéties ont marqué leur vie conjugale ;Qu'au-delà des infidélités constantes de Ng…, dame Ng… née E…espérait au changement de celui-ci et demeurait entièrement fidèle à lui ; Qu'il a opposé une résistance farouche, traduisant la ferme volonté de rejoindre une de ses nombreuses concubines pour lesquelles dame E… épouse Ng… fut la victime ; Que l'aveu de Ng… lors de la dernière audience de conciliation est une des preuves de l'infidélité ;Que lorsqu'il avoue y a, ce serait aux torts exclusifs du mari ; Qu'ainsi elle » réclamait réparation du préjudice subi, la garde des enfants et une pension alimentaire de 150.000F CFA par mois pour l'entretien des enfants… »

En vertu de l'article 255, 6°, du Code de la famille, le juge peut aussi fixer la provision ad litem que l'un des époux devra verser à son conjoint. Le bénéficiaire doit ne pas avoir assez de ressources pour faire face aux frais du procès. Cette provision a un objet beaucoup plus limité que celui d'une pension alimentaire. Le Code de la famille permet en outre au juge de statuer sur l'attribution de la jouissance ou de la gestion des biens communs ou indivis autres que le logement et le mobilier du ménage, sous réserve des droits de chaque époux dans la liquidation du régime matrimonial.

Le Code cherche à encourager une liquidation plus précoce du régime matrimonial, mais sans toutefois en faire une condition préalable au prononcé du divorce. D'abord parce qu'un accord peut être difficile à trouver lorsque les époux traversent une crise conjugale. Ensuite parce que la liquidation peut poser des problèmes difficiles à trancher, sous peine d'allonger exagérément la procédure de divorce et le prononcé des mesures provisoires. C'est pourquoi la loi vise avant tout à inciter davantage les époux à régler eux-mêmes le partage de leurs intérêts pécuniaires. A cette fin, la loi prévoit que le juge peut désigner tout professionnelle qualifié en vue de dresser un inventaire estimatif ou de faire des propositions quant au règlement de ces intérêts pécuniaires. Enfin, la loi précise que le juge peut désigner un *notaire* en vue d'élaborer un projet de liquidation du régime matrimonial et de formation des lots à partager.[350] Le notaire n'a pas pour mission de procéder au partage en proposant l'attribution de lots à chaque époux. C'est dire qu'il prépare la liquidation sans procéder au partage.

Section 4. La phase décisoire

Longtemps, la formation collégiale du tribunal de grande instance avait compétence pour prononcer le divorce et statuer sur ses effets. Depuis la loi du 17 octobre 1984, le juge a vu sa compétence élargie à la phase contentieuse du divorce. Il a toutefois la possibilité de renvoyer l'affaire à une audience collégiale du tribunal. Ce renvoi est de droit à la demande d'une partie. La procédure à suivre pendant la seconde partie de l'instance est, en principe, soumise aux dispositions du Code de procédure civile, commerciale, administrative et financière qui gouverne le déroulement des instances civiles devant le tribunal de grande instance. Quelques particularités distinguent, toutefois, des autres la procédure du divorce, et méritent à ce titre d'être étudiées. Elles tiennent à l'assignation (a), aux débats (b), à la preuve (c) et aux « passerelles » (d).

Paragraphe 1. L'assignation

L'autorisation d'assigner son conjoint est accordée à l'époux demandeur par le juge dans l'*ordonnance de non-conciliation.* Mais, des délais spéciaux sont prévus. Si, en effet, l'époux demandeur n'a pas usé de l'autorisation d'assigner dans les trois mois du prononcé de l'ordonnance, son conjoint pourra, dans un nouveau délai de trente mois, l'assigner lui-même. Mais, pendant ce délai supplémentaire, l'époux demandeur conserve le droit d'assigner. De telle sorte que cette assignation doit être délivrée, par huissier. En effet, si l'un ou l'autre époux n'a pas saisi le juge à l'expiration des six mois, les mesures provisoires sont caduques. Pourquoi une telle sanction ? En édictant cette caducité automatique, le législateur veut éviter

[350] T.G.I. de Pointe-Noire. Rôle civil n° 845. Année 2009. Rép. n° 427 du 10-08-2009. Compétence internationale du juge congolais – Convention de divorce – Rapports extra conjugaux – Abandon de domicile – Infidélité – Séparation de résidence – Pension alimentaire – Droit de visite. Sur cette décision, voir aussi H.D. Amboulou, *Le divorce et la séparation de corps en droit congolais*, Op. cit.

que les époux ne laissent perdurer une situation provisoire. Mais il faut noter qu'après les trente mois, l'autorisation d'assigner n'est plus valable. Elle ne pourra pas être utilisée en vue d'obtenir un jugement sur le fond, et la procédure devra être reprise entièrement.

Le Code de la famille a instauré un tronc commun de procédure, avec une requête initiale non motivée. C'est donc seulement à l'issue de la tentative de conciliation que l'assignation en divorce précisera le fondement choisi. Un époux peut alors introduire l'instance en choisissant l'un des trois cas de divorces contentieux. Mais deux époux peuvent aussi introduire conjointement l'instance lorsqu'à l'audience de conciliation ils ont déclaré accepter le principe de la rupture du mariage et le prononcé du divorce sur le fondement de l'article 233 du Code de la famille. Dans ce cas l'instance ne peut du reste être engagée que sur ce fondement.

Exemple n°84 (Extrait du jugement)

T.I. de Tié-Tié Pointe-Noire. Rôle civil n° 684- Année 2009. Rép. n° 996 du 23- 11- 2009- Divorce par consentement mutuel-Séparation de fait prolongée –Interdiction du port du nom.

« … Attendu que par requête en date à Pointe-Noire du 14 novembre 2009. Madame N…, a introduit devant le Tribunal d'instance de Tie-Tié, une demande en divorce aux torts exclusifs de l'époux ; Attendu qu'à l'appui de sa requête, Madame N… expose qu'elle est mariée à Monsieur N… depuis le 3 décembre 1994 devant l'officier d'état civil de Pointe-Noire ; Que de cette union, sont issus deux enfants ;Que par la suite, une incompatibilité d'humeur s'est installée dans leur ménage à cause des sévices et injures imputables à son époux ; Que cette situation a entraîné une séparation de fait pendant onze ans ;Que pendant cette période, l'époux a manifesté et a fait trois enfants avec deux femmes différentes ;Qu'une de ses femmes a même trouvé la mort en lui laissant un orphelin à sa charge ;Que depuis 1998, son époux vit à Ngombé, dans le département de la Sangha et a rompu tout contact avec elle et les enfants ;Que son époux a consenti au divorce par un écrit qu'il lui a adressé ;Que la requérante sollicite la garde des deux enfants et une pension alimentaire de 150.000 franc CFA pour les enfants ; Attendu que par écrit à Ngombé, le 11novembre 2008, intitulé ''Consentement'' signé de Monsieur N…, celui-ci a donné l'autorisation à son épouse d'introduire une action en divorce devant un Tribunal de la

République ;Qu'il a ajouté que vu la distance, il est hors de question pour lui de se présenter à Pointe-Noire aux audiences dès lors qu'ils sont en séparation de fait prolongée… ».

En vue de favoriser le règlement des *intérêts pécuniaires* des époux le plus rapidement possible, la demande introductive d'instance doit compter, à peine d'irrecevabilité, une *proposition de règlement* des intérêts pécuniaires et patrimoniaux des époux.

Elle doit contenir un descriptif sommaire du patrimoine des époux et préciser les intentions du demandeur quant à la liquidation de la communauté ou de l'indivision et, le cas échéant, quant à la répartition des biens. De fait, l'un des époux peut ignorer la consistance du patrimoine dans la liquidation et le partage à venir pourront évoluer en fonction des compléments d'information dont il disposera au cours de la procédure, ou après le prononcé du divorce.

Paragraphe 2. Les débats

Parce qu'elle est relative à l'état des personnes, et touche l'intimité de la *vie privée,* l'instance en divorce doit se dérouler dans la discrétion. Celle-ci est assurée par deux séries de dispositions. D'une part, les débats sur la cause du divorce et ses conséquences, ainsi que sur les mesures provisoires, ne sont pas publics : ils doivent avoir lieu *à huis clos*. L'absence de publicité s'impose en première instance comme en appel, et aussi lors des instances modificatives ultérieures.

D'autre part, interdiction est faite à la presse de publier des comptes rendus d'audience, des pièces de procédure ou même simplement des motifs d'un jugement de divorce, intéresseraient-ils l'opinion publique. Seule la publication du dispositif reste possible. Échappent toutefois à ces restrictions les publications à caractère juridique, mais à la condition qu'elles respectent l'anonymat des parties.

Section 5. Les preuves

En principe, les règles gouvernant la preuve dans les procès civile reçoivent application. Ainsi, la charge de la preuve incombe au demandeur, lequel est entendu comme celui qui émet une prétention. Il en résulte que l'époux qui sollicite un divorce pour faute doit prouver que son conjoint a commis une violation grave des devoirs conjugaux, comme l'époux qui conteste la durée de la séparation doit établir qu'elle n'a pas duré deux ans… Mais la procédure de divorce est, aussi, empreinte de *particularisme*, notamment quant à l'admissibilité des moyens de preuve et aux pouvoirs du juge.

Paragraphe 1. L'admissibilité des modes de preuve

En droit positif, les faits peuvent être prouvés par tous moyens. La procédure de divorce obéit au même principe. Il s'en déduit que les faits invoqués en tant que cause de divorce ou comme défense à une demande peuvent être établis par tous modes de preuve, y compris l'aveu. Mais les faits à démontrer sont intimement liés à la vie privée des époux et des enfants. Aussi les modes de preuve habituels doivent-ils être aménagés, qu'il s'agisse des *lettres*, des *constats ou des témoignages.*

Les *lettres missives* ont, en principe, un *caractère secret* lorsqu'elles relèvent de la correspondance privée. Leur communication en justice est subordonnée au consentement du destinataire, propriétaire de la lettre. Il faut aussi l'autorisation de l'auteur de la lettre quand celle-ci a un caractère confidentiel. De telle sorte que les lettres (d'amour ou de confidences) écrites ou reçues par un époux devraient être systématiquement écartées des procès en divorce. Mais ce serait rendre la preuve souvent impossible.

Le principe est donc laissé de côté. D'abord, quand un époux est l'auteur et son conjoint le destinataire de la lettre, il est alors permis aux époux de produire en justice, sans restriction, les lettres échangées entre eux. Un époux peut aussi verser aux débats les lettres échangées entre son conjoint et un tiers, ce qui signifie que l'on ne demande pas l'accord du destinataire ni le consentement de l'expéditeur, quel que soit le caractère confidentiel de la correspondance. Elle peut donc être produite en justice, mais un époux n'est autorisé à le faire qu'à la condition qu'il n'ait pas obtenu cette correspondance par fraude ou par violence. Il ne pourrait se prévaloir d'une lettre arrachée à une personne, obtenue en forçant une mesure ou détournée par suite d'un stratagème auprès des services de la poste. Mais il appartient alors à l'époux contre lequel la lettre est produite, et qui invoque la violence ou la fraude, de la prouver.

Exemple n°85 (Extrait du jugement)

T.I. de Tié-Tié Pointe-Noire- Rôle civil n° 283- Année 2009 Rép. N° 808U du 29-09-2009. Divorce.

« … Attendu que par requête en date à Pointe-Noire du 24 juin 2009, Monsieur T…, a introduit devant le Tribunal d'instance de Tié-Tié, une demande en divorce aux torts exclusifs de son épouse née B…; Attendu qu'à l'appui de sa requête, il expose qu'il est marié avec Mademoiselle B… depuis le 11 avril 1998 devant l'officier de l'état civil du quatrième Arrondissement Loandjili à Pointe-Noire. Que cinq enfants sont issus de cette union ; Que tout allait bien jusqu'à la naissance du quatrième enfant et qu'après la naissance du cinquième, tout a basculé avec la santé de son épouse qui devenait fragile; Qu'après des examens cliniques, son épouse a été déclarée séropositive et lui séronégatif ; Que depuis lors, s'est installé une méfiance au sein du couple puisque l'épouse s'opposait à l'idée du mari de connaître l'origine de cette maladie. Qu'elle commençait à afficher une attitude révoltante, marquée par des sorties abusives et parfois à des heures tardives sans raisons valables ; Qu'en outre, elle brille par une insoumission aux obligations dues au mariage et son infidélité a conduit l'union dans une incompatibilité d'humeur ; Qu'il sollicite dans ces circonstances le divorce aux torts exclusifs de l'épouse. Suivant ses conclusions des 16 et 29 Août 2009 l'épouse reconnaît qu'elle avait, pour sa maladie, été soumise à des examens cliniques (test de sang) dont les résultats n'étaient pas bons ; Qu'elle souffrait d'une maladie de la peau appelée'' Mouandza ou Zona'' qui lui avait infecté non seulement le sang, mais aussi lui faisait tomber les cheveux et provoquer des plaies ; Que pour la traiter, il a fallu d'abord lui raser les cheveux de la tête et son époux a insinué une séropositivité voulant se débarrasser d'elle, puisqu'elle a été renvoyée chez sa mère au quartier Mpaka. Que depuis belle lurette, son époux avait commencé à afficher une attitude difficile ;Qu'elle est toujours restée soumise à son époux et ne sort ni abusivement ni ne rentre tardivement ;Qu'elle est au contraire fidèle, c'est l'époux qui la suspectait d'être l'amante d'un pasteur de leur église sans avoir rapporté la preuve ;Qu'elle a été humiliée par son époux devant les enfants parce que traité de sorcière ;Que malgré tout, elle s'oppose au divorce et si d'aventures, son mari veut la répudier , il doit lui acheter une parcelle de terrain, construire une maison bien équipée en matériaux durables, lui acheter une voiture à usage de taxi et lui remettre la somme de 10.000.000 francs CFA pour le temps perdu à ses côtés. Que pour le reste, elle est séronégative et non séropositive ; Qu'elle pense aussi que tout le mobilier de la maison doit lui revenir... »

L'on a souvent généralisé la condition édictée autrefois pour les seules lettres missives. Et l'on pense désormais : qu'un époux ne peut verser aux débats un élément de preuve qu'il aurait obtenu par violence ou fraude.

Les *constats d'huissiers* peuvent être produits en justice, notamment pour faire la preuve d'un adultère. L'officier ministériel doit cependant s'abstenir de commettre une violation de domicile ou une atteinte illicite a l'intimité de la vie privée, à l'occasion de ce constat. Il en résulte qu'un huissier doit agir muni d'une *autorisation judiciaire :* il ne peut dresser un constat d'adultère au domicile de la personne coauteur de cette faute que s'il a été autorisé préalablement par une ordonnance du président du tribunal de grande instance.

Les *témoignages* constituent un mode de preuve très utilisé. Généralement, ils sont recueillis sous forme d'attestations écrites. Mais le juge pourrait décider de procéder à l'audition des témoins par voie d'enquête, au cours d'une audience. Naturellement, la valeur probante et la portée des témoignages sont appréciés souverainement par les juges du fond. Ils doivent cependant préciser les faits rapportés dans les attestations sur lesquelles ils se fondent pour prononcer le divorce.

Exemple n°86 (Extrait du jugement)

T.G.I. de Pointe-Noire. Rôle civil n° 743- Année 2004-Rép. n° 267 du 25-04-2005. Violation de l'obligation d'aide, de secours et d'assistance – Rapports extraconjugaux- Restitution des sommes d'argent.

« ...Par enquête en date du 12 août 2004, Dame Nk... a introduit devant la première Chambre civile du tribunal de grande Instance de Pointe-Noire, une requête en divorce avec Sieur Nk aux torts exclusifs du mari ; A l'appui de sa requête, elle expose qu'elle s'est mariée avec Nk... par devant l'Officier de l'État civil de Pointe-Noire, le 30 janvier 1999, option monogamie, avec régime de séparation des biens ; En mars 1999, la requérante avait fait valoir ses droits à la retraite. En 2000, elle vendait sa maison de l'O.C.H de Brazzaville ; Avec le produit de cette vente, elle a créé avec Sieur Nk l'entreprise « ESPACE – OCEAN » où son apport a été de l'ordre de 10.000.000 FRS CFA ; En juillet 2001, pour les études de ses enfants, elle s'installait en France avec l'accord de son époux ; Celui-ci devait venir les rendre visite quelque temps après. A cet effet, il n'a eu aucun problème pour avoir le visa ; Dame Nk..., laissait son mari dans un logement équipé avec sa voiture de marque TOYOTA COROLLA et l'entreprise ; Que le mari n'est jamais allé les rendre visite en France, les relations téléphoniques et postales deviennent irrégulières, le soutien moral et financier est interrompu... ».

En principe, toute personne est admise à témoigner si, du moins, les faits dont le témoin a connaissance ne sont pas couverts par le *secret professionnel.* S'agissant de prouver des faits qui sont survenus, le plus souvent, dans le cercle familial, les parents ou alliés de l'un des époux sont admis comme témoins (ils peuvent à l'évidence refuser). A l'inverse, les *descendants* ne sont jamais autorisés à témoigner, ni à être entendus au cours de la procédure, pour tout ce qui concerne la cause du divorce et les conséquences du divorce pour les époux. L'objectif n'est pas seulement de protéger les enfants, il est surtout d'éviter qu'ils ne soient amenés à prendre parti pour l'un ou l'autre de leurs parents, ce qui pourrait compromettre les chances de maintenir, après le prononcé du divorce, les relations des enfants avec leurs deux parents.

La prohibition s'applique à tous les descendants : aucune distinction n'est à faire entre les enfants communs aux deux époux et ceux de l'un d'entre eux. Cette règle fondamentale est inspirée par un souci de décence et de protection des intérêts moraux de la famille. Elle conduit à écarter aussi les témoignages des conjoints des descendants et à étendre l'interdiction aux témoignages indirects, c'est-à-dire aux propos de l'enfant rapportés par un tiers ou contenus dans une lettre écrite par l'enfant. L'objectif est de tenir les enfants, fussent-ils majeurs, résolument à l'écart des conflits qui opposent leurs parents.

Paragraphe 2. Les pouvoirs du juge

Comme dans tout procès civil, le juge doit veiller au respect des principes gouvernant la preuve, comme le *principe du contradictoire* ; ou régissant l'état des personnes : d'où il résulte le caractère illicite des enregistrements de communications téléphoniques. De même, le juge du divorce a le pouvoir d'ordonner des mesures d'instruction, comme une expertise, du moment qu'il n'est pas porté atteinte au principe de la liberté individuelle. Mais il dispose aussi de *prérogatives spécifiques*.

D'abord, avant de statuer sur les modalités d'exercice de l'autorité parentale, il est loisible au juge de donner mission à toute personne qualifiée d'effectuer des investigations approfondies dans le cadre d'une enquête sociale, que l'on retrouvera à propos des effets de la séparation des parents sur les enfants. Ensuite, le juge doit veiller à ce que les époux lui communiquent, ainsi qu'aux professionnels désignés, tous renseignements et documents utiles pour fixer les prestations et pensions, ou liquider le régime matrimonial. Ils doivent notamment produire les déclarations de revenus, avis d'imposition et bordereaux de situation fiscale.

Enfin, pour avoir une connaissance précise de la situation financière de chaque époux, le juge peut faire procéder à toutes recherches utiles auprès des débiteurs, notamment l'employeur, ainsi qu'auprès de toute personne qui détient des valeurs pour le compte des époux, les banques en particulier, sans que le secret professionnel puisse être opposé. Ainsi le juge devrait-il être parfaitement éclairé pour rendre son jugement.

Exemple n°87 (Extrait du jugement)

T.G.I. de Dolisie. Rôle civil n° 09/2000 – Rép. n° 05/03 du 05 Février 2003. Conversion de la séparation de fait en divorce- Acquiescement- Abandon du foyer conjugal- Infidélité- Survenance d'enfant hors du foyer conjugal.

« ....Attendu que par requête en date à Dolisie du 26 décembre 2009, Monsieur G..., Agent COMILOG retraité, a attrait devant le Tribunal de Céans siégeant en matière civile son épouse Dame G... aux fins de s'entendre prononcer le divorce, sans qu'il ne prétende à quelconques remboursement ni paiements de dommages intérêts ;

Attendu que dans sa lettre en réponse du 08 Mars 2001, l'épouse N... se refuse de répondre aux raisons lointaines exposées à torts ou à raison par son mari pour le respect de leurs sept enfants devenus majeurs; Qu'elle donne son entière adhésion à cette procédure qui mettra fin à une séparation de corps qui n'a que trop duré ;Qu'elle suggère toutefois que le divorce soit prononcé aux torts réciproques des époux et qu'ils soient condamné solidairement en paiement des frais de l'instance... ».

Dans le but de pacifier les procédures de divorce, de nouvelles passerelles sont instituées permettant aux époux de passer d'un cas à un autre, ces passerelles pouvant, en outre, être utilisées à tout moment de la procédure. Cela tend à favoriser l'évolution de l'instance vers une forme plus consensuelle. C'est pourquoi que les époux ne peuvent, en cours d'instance, substituer à une demande fondée sur un cas de divorce défini à l'article 180 du Code de la famille une demande fondée sur un autre cas. Effectivement, le divorce jurisprudence est relatif aux modifications du fondement d'une demande en divorce, qui multiplient les passerelles vers les divorces moins contentieux en cas d'accord des époux, d'une part, mais autorisent cependant la modification unilatérale du fondement de la demande, d'autre part.

Section 6. La modification conjointe du fondement de la demande

A tout moment de la procédure, les époux peuvent demander au juge de constater leur accord pour voir prononcer leur divorce par consentement mutuel, en lui présentant une convention réglant les conséquences de celui-ci. Cette possibilité de passerelle d'une procédure contentieuse à une procédure consensuelle n'est pas prévue par la loi. Désormais, la modification conjointe du fondement de la demande peut intervenir tant qu'aucune décision sur le fond n'a été rendue. Elle peut donc être formulée après l'ordonnance de conciliation et postérieurement à la clôture. Elle n'est soumise à aucun formalisme particulier, étant toutefois précisé que la comparution personnelle des époux est indispensables, suivant l'appréciation du juge, en cas de divorce par consentement mutuel.

Lorsque la procédure de divorce a été engagée sur le fondement de l'altération définitive du lien conjugal ou de la faute, les époux peuvent, à tout moment de la procédure, demander au juge de constater leur accord pour voir prononcer le divorce pour acceptation du principe de la rupture du mariage. Cette demande doit être formulée de façon expresse et concordante dans les conclusions respectives des époux. Chacun d'eux aura préalablement dû signer une déclaration qui devra rappeler que cette acceptation n'est pas susceptible de rétractation, même par la voie de l'appel.

Section 7. La modification unilatérale du fondement de la demande

Si, dans le cadre d'une instance introduite pour altération définitive du lien conjugal, le conjoint défendeur demande reconventionnellement le divorce pour faute, l'époux demandeur peut invoquer les fautes de son conjoint et modifier le fondement de sa demande. L'issue de la procédure sera, selon les cas, soit un divorce aux torts partagés ou aux torts exclusifs, soit, si aucune des demandes en divorce pour faute n'est accueillie, le divorce pour altération définitive du lien conjugal.

L'objectif de cette démarche est de ne pas défavoriser un époux qui aurait fait le choix d'engager une procédure dont le fondement est objectif, alors même que sa demande aurait pu être fondée sur la faute, si son conjoint répond en se plaçant sur un terrain contentieux. Le demandeur peut alors modifier le fondement de sa demande, sans que son choix initial, mû par la volonté de *pacifier la procédure*, ne se retourne contre lui si son conjoint réplique en formant une *demande plus conflictuelle.*

Section 8. Le jugement

L'audience tenue par le juge, et au cours de laquelle les avocats des époux sont en tendus en leurs plaidoiries, s'achève par la mise en délibéré de l'affaire et l'indication de la date à laquelle le jugement sera rendu. Mais ce n'est pas parce que le divorce est demandé que le juge le prononce. Il se peut que l'époux défendeur ait fait valoir avec succès la réconciliation ou tourné à son avantage les griefs invoqués. Un jugement de rejet peut donc être rendu. Le plus souvent, il est vrai, le juge accueille la demande et prononce le divorce.

Paragraphe 1. Le jugement de rejet

Le jugement par lequel le juge rejette la demande en divorce pour faute ou pour altération définitive du lien conjugal met fin à l'instance, et les époux restent engagés dans les liens du mariage. Ce jugement peut, toutefois, faire l'objet d'un appel, comme la décision de divorce elle-même, et l'arrêt de rejet est susceptible d'un pourvoi en cassation. Lorsque la décision de rejet est devenue définitive, soit parce que les délais de recours sont expirés, soit parce que les voies de recours sont épuisées, elle bénéficie de la force de chose jugée. Est-elle, dans cette mesure, un obstacle à une demande ultérieure ? Et que deviennent les mesures provisoires ordonnées pour la durée de la procédure ?

a. La chose jugée

Le jugement rejetant la demande est investi de l'autorité de chose jugée. Il s'en déduit plusieurs conséquences.

Ce jugement rend irrecevable une demande et n'est pas un obstacle à la présentation d'une requête nouvelle, fondée sur une *cause différente* de celle antérieurement invoquée.

b. Le sort des mesures provisoires

Si la demande en divorce est définitivement rejetée, les mesures provisoires prennent fin. Mais il est évident, qu'en fait, les époux engagés dans une procédure de divorce qui n'a pas abouti reprennent rarement la vie commune. Il est donc vraisemblable que l'un des époux devra, tôt ou tard, saisir un juge pour résoudre une difficulté née de la séparation de fait qui a subsisté après le jugement de rejet. C'est pour éviter cette procédure supplémentaire que la loi permet au juge qui rejette la demande d'ordonner, au besoin d'office, certaines mesures nouvelles[351].

c. La nature des mesures provisoires nouvelles

Le juge qui rejette la demande en divorce peut statuer sur la contribution aux charges du mariage, la résidence de la famille et les modalités de l'exercice de l'autorité parentale. La particularité de ces dispositions est d'autoriser le juge à ordonner ces mesures à l'issue de la procédure de divorce, évitant ainsi aux parties de le saisir à nouveau et de comparaître devant lui dans un délai non déterminé, sans que soit organisée pendant ce temps la séparation.

D'où il ressort que le jugement ordonnant ces mesures provisoires nouvelles aboutit à une organisation judiciaire de la séparation de fait, en établissant une séparation judiciaire distincte de la séparation de corps. A la différence de cette dernière, en effet, la séparation de biens et, surtout, elle n'est pas convenable en divorce. En outre, la durée des mesures ordonnées n'est pas précisée, par contraste avec les mesures provisoires qui ne subsistent que pendant l'instance en divorce.

---

[351] Sur les mesures provisoires, voir Patrick Courbe, *Droit civil. Les personnes, la famille, les incapacités,* 2e édition, Dalloz, 1998, p. 79

Paragraphe 2. La portée des mesures provisoires nouvelles

L'absence de précision, dans les textes, crée des zones d'incertitude à propos de *l'autorité parentale* et de la résidence familiale. La loi ne dit rien non plus de l'*office du juge*. En statuant sur les modalités de l'exercice de l'autorité parentale, le juge peut-il décider d'attribuer cet exercice à un seul parent, avec droit de visite et d'hébergement de l'autre ? La réponse dépend désormais des dispositions du droit commun de l'autorité parentale, telles qu'établies par la loi du 17 octobre 1984. Le principe est donc l'exercice en commun, par les père et mère, de l'autorité parentale. Mais si l'intérêt de l'enfant le commande, le juge peut confier l'exercice de l'autorité parentale à l'un des parents et prévoir les modalités d'exercice du droit de visite et d'hébergement.

Par ailleurs, le juge peut-il autoriser les époux à résider séparément ? Sans doute, puisque la loi l'habilite à statuer sur la résidence de la famille. Mais cette autorisation peut-elle conduire le juge à attribuer la jouissance du logement familial à l'un des époux ? Statuant sur cette question, le tribunal semble opter pour une réponse positive, tout en affirmant que la seule mesure pouvant être ordonnée par le juge est la fixation de la résidence de la famille. En outre, cette autorisation de résidence séparée n'est pas limitée dans le temps. Pour autant, les époux ne sont pas dispensés du devoir de cohabitation (entendu dans sa double dimension de communauté de toit et de communauté de lit). Vu les circonstances, cependant, la reprise de la vie commune reste hypothétique, car elle suppose une volonté réelle constatée chez les deux époux. Il y a là, en fait, une situation paradoxale, les époux étant autorisés à résider séparément mais tenus de vivre ensemble. Il est vrai que le dénouement a été rendu beaucoup plus facile par le code de la famille puisqu'il suffira d'une séparation de deux ans pour que le divorce puisse être prononcé, à la demande d'un époux, pour altération définitive du lien conjugal.

Exemple n°88 (Extrait du jugement)

T.G.I. de Pointe-Noire. Rôle civil n° 016- Année 2003. Rép. n° 116 du 10-04-2003. Séparation de fait- Commission du notaire.

« ...Suivant déclaration à Pointe-Noire en date du 15 janvier 2003, Monsieur G... a assigné son épouse Mademoiselle B... pour s'entendre dire : Prononcer le divorce aux torts exclusifs de l'épouse ; Il expose à l'appui de sa demande qu'il est marié à Mademoiselle B... le 20 octobre 1962 par devant l'Officier d'état civil de Pointe-Noire ;Que de leur union sont nés quatre enfants :Qu'après un début harmonieux de vie commune, courant 1968, l'épouse a quitté le foyer conjugal à la suite d'une bagarre ; Que depuis cette date les époux sont en séparation ; Qu' il se dit bien fondé en sa demande en divorce ; Qu'il ne demande pas des dommages intérêts et ne versera à son épouse aucune pension alimentaire ; Mademoiselle B... dans sa défense orale a rétorqué qu' en 1968 son époux l'avait demandé de libérer la chambre qu'elle occupait pour intégrer celle des enfants ; Qu'en effet, son époux voulait y loger sa deuxième femme ; Que depuis cette date son époux ne s'intéressant plus à elle. Qu'il a fini par la répudier. Qu'il a détruit tous ses biens et les habits de ses clients puisqu'elle est couturière ; Que son époux, un médecin, lui a ligaturé les trompes à son insu, et que depuis lors elle ne fait plus d'enfant ce, depuis l'âge de 23 ans... ».

Naturellement, si le juge décide de mettre en œuvre d'office cette disposition, il doit inviter au préalable les parties à présenter leurs observations, afin de respecter le principe de la contradiction. Ordonnant ces mesures nouvelles, le juge ne peut en limiter la durée. Il ne peut pas non plus assortir sa décision de l'exécution provisoire, parce que les mesures provisoires nouvelles ordonnées ne peuvent prendre effet que lorsque le rejet du divorce est devenu définitif.

Section 9. . Le jugement de divorce

Lorsque le divorce est prononcé du consentement mutuel des époux, le caractère gracieux de la procédure est affirmé explicitement par leur volonté. Dans les autres cas, les conflits qui existent entre les époux seront tranchés par le juge : il s'agit alors d'une manière contentieuse.

Paragraphe 1. Le divorce par consentement mutuel

Dans cette forme de divorce, le jugement est l'œuvre combinée des époux qui ont établi la convention et du juge qui rend une décision. Ce jugement par lequel le juge homologue la convention définitive, la décision n'est pas pour autant à l'abri de la révision.

1) Les voies de recours

L'appel étant exclu, comme on l'a vu précédemment, deux voies de recours sont ouvertes contre le jugement d'homologation : le pourvoi en cassation et la tierce opposition. Il est de principe, en droit judiciaire privé, que le *pourvoi en cassation* est recevable contre toute décision rendue en dernier ressort, sauf exception prévue par la loi. Le délai du pourvoi en cassation est de quinze jours à compter du prononcé de la décision qui homologue la convention des époux et prononce le divorce. Il suspend l'exécution de cette décision. Le cassation du jugement d'homologation peut intervenir, notamment, lorsque la convention définitive est muette sur la liquidation de la communauté, ou si l'état liquidatif portant sur un immeuble est établi seulement sous seing privé, alors que la forme notariée est exigée, c'est-à-dire qu'il n'est plus susceptible d'un recours ayant un effet suspensif d'exécution, la convention des époux ne peut plus être annulée, même si un époux invoque un vice du consentement, une lésion dans le partage de la communauté ou une fraude. La nullité est exclue car la convention homologuée forme un ensemble indissociable avec le prononcé du divorce, lequel ne peut précisément être remis en cause que par l'exercice d'une voie de recours contre le jugement.

La tierce opposition est une voie de recours qui tend à faire rétracter un jugement au profit d'une personne qui n'était ni partie ni représentée à l'instance, et dont l'objet est de remettre en question les chefs du jugement préjudiciables au tiers opposant. Ce cours est expressément prévu en cas de divorce sur demande conjointe. Ainsi, les créanciers de l'un et de l'autre époux peuvent faire déclarer que la convention homologuée leur est inopposable en formant tierce opposition contre la décision d'homologation, dans l'année qui suit l'accomplissement des formalités de publicité du jugement de divorce à l'état civil. Mais, si elle aboutit, cette tierce opposition n'aura pas d'effet sur le prononcé du divorce, ni sur l'efficacité de la convention à l'égard des époux et des autres tiers.

2) La révision de la convention

Si la convention homologuée a la même force exécutoire qu'une décision de justice, elle peut être modifiée par une nouvelle convention. Mais la révision d'un commun accord des deux époux n'est pas toujours réalisable. Aussi le juge admet-il deux exceptions, qui sont deux hypothèses dans lesquelles il est permis à un ex-époux de demander au juge la révision de la convention, malgré le refus de son ex-conjoint. La première exception concerne les enfants. Les dispositions de la convention homologuée relatives à l'exercice de l'*autorité parentale* peuvent être révisées, à la demande de l'un des époux, ou du ministère public, lequel pourrait agir à la suite de l'intervention d'un tiers, membre de la famille ou non, qui ne peut saisir directement le juge. C'est l'application au divorce par consentement mutuel d'un principe selon lequel les décisions concernant les enfants mineurs (résidence, droits de visite et d'hébergement, pension due pour contribuer à leur entretien) sont provisoires, donc toujours sujettes à modification en fonction de l'intérêt de l'enfant.

Pour la modification de la *part contributive* à l'entretien et à l'éducation des enfants, le tribunal pense que chacune des parties conservait le droit de demander au juge cette modification. Quant à la *prestation compensatoire*, elle peut être révisée, à la demande d'un époux, si une clause en ce sens a été insérée dans la convention définitive. Mais en l'absence de clause particulière, la même solution est admise s'il est démontré un changement important dans les ressources ou les besoins des parties. C'est l'extension, au divorce par consentement mutuel, d'une règle fixée pour les cas de divorce contentieux.

3). Le divorce contentieux

La procédure de divorce est soumise, comme on l'a vu, à des règles spécifiques, qui trouvent leur justification dans la nécessité de préserver l'intimité de la vie privée, ainsi que dans le caractère essentiellement personnel du litige. Pour des raisons identiques, le jugement qui prononce le divorce présente certaines particularités quant à son contenu et aux voies de recours qui peuvent être exercées.

Paragraphe 2. Le contenu du jugement

Le jugement de divorce est caractérisé par la sobriété, la discrétion de sa rédaction. Ainsi, en cas de divorce accepté, le juge prononce le divorce sans autre motif que l'acceptation des époux. En cas de divorce pour faute, et à la demande expresse des époux, le juge peut se limiter à constater dans les motifs du jugement qu'il existe des faits constituant une cause de divorce, mais sans avoir à énoncer précisément quels sont les torts et griefs des époux. Le juge doit, toutefois, préciser si le divorce est prononcé aux torts partagés ou aux torts exclusifs d'un époux, du fait des conséquences qui s'ensuivent. Cette disposition peut être reliée à l'admissibilité de l'aveu comme mode de preuve : en combinant ces deux dispositions, les époux peuvent ainsi obtenir un divorce pour faute en échappant aux préoccupations de la preuve.

Section 10. La voie de recours

Le particularisme de la procédure de divorce se manifeste également sur le plan des voies de recours, qui sont moins nombreuses qu'en droit commun. Ainsi l'opposition est-elle systématiquement exclue, le jugement de divorce étant susceptible d'appel. Sont donc seuls admis l'appel et le pourvoi en cassation. Il faut ajouter que le tribunal autorise aussi le recours en révision en cas de fraude d'un époux. Ainsi ce recours a-t-il été jugé recevable contre les dispositions d'un jugement prononçant le divorce relatives au moment et à la prestation compensatoire, du fait de la dissimulation de sa situation par l'épouse.

L'époux qui n'a pas obtenu, en première instance, entière satisfaction sur des demandes à la faculté d'*interjeter appel.* Si le juge a fait droit à l'intégralité des demandes d'un époux, ce dernier ne peut valablement interjeter appel au motif qu'il aurait omis de solliciter une prestation compensatoire. En revanche, si son conjoint interjette appel sur le prononcé du divorce, il peut former un appel incident et solliciter alors l'attribution d'une prestation compensatoire. La demande sera recevable, en tant que prétention accessoire ou complémentaire de celles soumises aux premiers juges.

Exemple n°89 (Extrait du jugement)

T.G.I de Pointe-Noire. Rôle civil n° 693. Année 2004. Rép. n° 195. Du 17 Novembre 2004. Infidélité- Injures-Sévices-Garde de l'enfant-Droit de visite de la mère.

« ...Attendu que par requête en date à Pointe-Noire du 07 octobre 2004, Dame N... a saisi le Tribunal de grande Instance de Pointe-Noire statuant en matière civile aux fins de divorce avec son époux N... ; Attendu qu'elle expose à l'appui de sa requête qu'elle a contracté mariage avec Monsieur N... le 21 juillet 2001 à Pointe-Noire sous le régime de la monogamie ;Que de cette union sont nés deux enfants :Qu'ils se sont rendus en France le 11 avril 2002 ;Que le couple a vécu paisiblement jusqu'en mars 2004 ; Que c'est courant mars 2004 que son époux a commencé à afficher un comportement indigne; Qu'il s'illustre par une infidélité notoire ;Que depuis sept (7) mois il entretient une concubine qu'elle connait parfaitement ;Qu'elle est l'objet des injures et des sévices de la part de son mari. Qu'elle a un souci pour sa santé du fait de l'existence des maladies sexuellement transmissibles, notamment le SIDA ; Que c'est pourquoi elle sollicite du Tribunal le divorce avec son époux conformément aux dispositions de l'article 180 alinéas 1 du Code de la famille et ce aux torts exclusifs du mari ; Qu'il y a lieu d'accorder au sieur N... la garde des enfants avec un large droit de visite à la mère... ».

Le délai d'appel est d'un mois à compter de la signification, par voie d'huissier, du jugement. Conformément aux principes de la procédure civile, le délai est suspensif : pendant que le délai court, l'exécution du jugement est suspendue. Celui-ci est définitif si, le mois écoulé, aucun appel n'est interjeté. Mais, si l'appel est formé, il est également suspensif : tant que la cour d'appel n'a pas statué, l'exécution du jugement n'a pas lieu. En cas d'appel, les époux restent régis par les mesures provisoires ordonnées par le juge dans l'ordonnance de non-conciliation, mesures provisoires qui auront pu être modifiées éventuellement par le jugement : pension alimentaire versée à un époux pendant la durée de l'instance, autorité parentale, part contributive à l'entretien des enfants. Ces mesures provisoires bénéficient de plein droit de l'exécution provisoire, conformément au droit commun, et doivent donc être appliquées malgré l'effet suspensif de l'appel.

Quant aux *mesures provisoires* au prononcé du divorce, et qui sont ordonnées par le juge à l'issue de la phase décisoire, dans le jugement frappé d'appel, elles ne sont immédiatement exécutoires, malgré l'appel, que si elles sont expressément assorties de l'exécution provisoire. Mais la prestation compensatoire ne peut être assortie de l'exécution provisoire.

Une *exception* est cependant admise lorsque l'absence d'exécution aurait des conséquences manifestement excessives pour le créancier en cas de recours sur la prestation compensatoire. En effet, quand un recours est formé sur la prestation compensatoire et non sur le principe du divorce, celui-ci devient définitif et le devoir de secours prend fin, de telle sorte que le créancier du droit à la pension alimentaire est privé de celle-ci alors que la prestation compensatoire n'est pas encore exigible. Désormais, l'exécution provisoire pourra être ordonnée pour tout ou partie de la prestation. En fait, la prestation compensatoire est assortie de l'exécution provisoire. Lorsque le créancier n'aura pas les moyens de subvenir seul à ses besoins sans le concours d'une pension alimentaire, quand le divorce n'est pas définitif, ou d'une prestation compensatoire une fois que le prononcé du divorce est définit. Il est prévu, logiquement, que cette exécution provisoire ne prend effet qu'au jour où le prononcé du divorce a acquis force de chose jugée.

Exemple n° 90 (Extrait du jugement)

T.I. de Tié-Tié. Rôle civil n° 228 – Année 2007. Rép. n° 603 du 25 – Sep-2007. Insoumission. Abandon de foyer - Divorce prononcé sans la comparution de l'épouse – Liquidation de la Communauté.

« ...Attendu que par requête à Pointe-Noire, en date du 10 mars 2007, Monsieur L... a attrait devant le tribunal d'instance de Tié-Tié siégeant en matière civile dame M... aux fins d'assignation en divorce ; Qu'il expose au soutien de sa demande ;Qu'il a contracté mariage en date du 4 janvier 2003 par devant l'officier d'État civil de Pointe-Noire avec dame M...,Que de ce couple n'est né aucun enfant ;Qu'il indique que son épouse a brillé par une insoumission ;Qu'elle a d'ailleurs librement abandonné le foyer conjugal ;Que toutes tentatives aux fins de la ramener à la maison se sont avérées vaines ; Que ne pouvant plus entretenir ce climat, il sollicite que soit prononcé le divorce. Attendu que dame M... régulièrement citée n'a pas daigné comparaître ni conclure ; Attendu que le tribunal de céans doit statuer sur le divorce et la liquidation de la communauté... »

Naturellement, le prononcé du divorce lui-même ne peut bénéficier de l'exécution provisoire, pour des raisons évidentes tenant à la nature de l'affaire. L'admission du divorce par consentement mutuel, par les tribunaux, a conduit à abandonner la prohibition de l'acquiescement au jugement ou à l'arrêt de divorce. Désormais, pour ne pas allonger inutilement les procédures, il est permis de renoncer à interjeter appel par voie d'acquiescement au jugement de divorce. Cependant, un majeur protégé ne peut acquiescer au jugement de divorce, ou se désister de l'appel, qu'avec l'autorisation du juge des tutelles.

Le pourvoi en cassation est ouvert à l'époux qui n'est pas satisfait de l'arrêt rendu par la cour d'appel. Le délai est de deux mois à compter de la signification, par huissier, de l'arrêt. Contrairement aux principes de la procédure civile, aussi bien le délai pour former un pourvoi en cassation que l'exercice du pourvoi lui-même sont *suspensifs*. Admettre, en effet, que l'arrêt d'appel soit exécuté serait autoriser le remariage des époux, alors qu'une cassation annulerait l'arrêt ayant prononcé le divorce ! Mais, pour des raisons pratiques évidentes, l'effet suspensif qui s'attache au pourvoi en cassation ainsi qu'à son délai ne s'applique pas aux dispositions de l'arrêt qui concerne les pensions, l'exercice de l'autorité parentale et la part contributive à l'entretien des enfants : ces mesures ne font, effectivement, que prolonger les mesures provisoires ordonnées pour la durée de l'instance. Par contraste, la prestation compensatoire échappe à l'exécution provisoire, du moins en principe.

La *prestation compensatoire* n'est due qu'à compter de la date à laquelle la décision prononçant le divorce est devenue irrévocable. De telle sorte que, si l'arrêt prononçant le divorce pour faute n'est attaqué et n'est cassé que sur les conséquences pécuniaires du divorce, le prononcé du divorce est irrévocable et les mesures provisoires prévues pour la durée de l'instance ne peuvent être prolongées jusqu'à ce que la cour de renvoi ait statué sur la prestation compensatoire. L'ex-conjoint est alors dans l'impossibilité d'obtenir une aide pécuniaire de l'ex-époux pendant la durée de cette procédure. L'exécution de la prestation compensatoire est, en effet, différée jusqu'à ce que le divorce soit irrévocable et qu'aucun recours suspensif ne soit plus possible contre le chef de la décision de divorce relatif à la prestation compensatoire. A moins d'admettre que les juges du fond puissent accorder à un époux une prestation provisionnelle avant de fixer, au vu d'une expertise, le montant définitif de la prestation.

La prestation compensatoire peut être assortie en tout ou partie de l'exécution provisoire, lorsque l'absence d'exécution aurait, pour le créancier, des conséquences manifestement excessives en cas de recours sur la prestation compensatoire. Ainsi, le créancier qui n'a pas les moyens de subvenir seul à ses besoins pourra bénéficier de la prestation compensatoire lorsque le prononcé du divorce aura acquis force de chose jugée et qu'un recours aura été formé uniquement sur la prestation compensatoire, le principe du divorce étant déjà acquis.

CHAPITRE 4. LES EFFETS DU DIVORCE

Le prononcé du divorce a pour effet essentiel de faire disparaître le mariage. Cet état nouveau, pour l'homme et la femme qui étaient mariés et ne le sont plus, n'entraine pas toutefois un effacement du passé. Celui-ci survit notamment par le biais de règlements pécuniaires, où l'idée de responsabilité n'est pas exclue. En outre, s'il y a des enfants mineurs, il faut aménager les relations qu'ils vont désormais entretenir avec leurs parents divorcés. D'où, à la suite de la dissolution du mariage (Section I), la nécessité d'envisager les réparations pécuniaires (Section II) et le sort des enfants (Section III).

Section 1. La dissolution du mariage

La dissolution du mariage est l'objet même du divorce[352]. C'est ce qui résulte des dispositions de l'article 180 du Code qui de la famille prévoit que Le mariage se dissout : (…) 2° par le divorce légalement prononcé ». La dissolution du mariage, pour l'avenir, constitue la différence principale avec la séparation de corps, institution qui maintient le lien conjugal. N'étant pas rétroactive, cette dissolution du mariage par divorce s'oppose à la nullité qui anéantit, en principe du moins, les effets passés du mariage[353].

Il convient sans doute de rappeler, à ce stade, que « Le mariage se dissout : aussi par la mort de l'un des époux. Ce mode de dissolution du mariage ne produit pas non plus d'effets rétroactifs. Surtout, la dissolution du mariage ne se produit que si le *décès* survient avant que le jugement ou l'arrêt prononçant le divorce soit définitif. Mais si le décès d'un époux survient après que la décision de divorce est passée en force de chose jugée sur le prononcé du divorce lui-même, ce décès n'éteint pas les actions relatives à la prestation compensatoire allouée par cette décision. La rupture du lien matrimonial produit des conséquences dans les rapports personnels et patrimoniaux des époux[354].

---

[352] Sur la dissolution du mariage, voir Patrick Courbe, *Droit civil. Les personnes, la famille, les incapacités,* 2e édition, Dalloz, 1998, p. 69-70

[353] T.G.I. de Pointe-Noire. Rôle civil n°829. Année 2009. Rép. n° 449 du 10-08-09. Abandon mutuel de foyer- Torts partagés – Interdiction du port du nom. Sur cette décision, voir aussi H.D. Amboulou, *Le divorce et la séparation de corps en droit congolais*, Op. cit.

[354] T.G.I. de Pointe-Noire. Rôle civil n° 285. Année 2003. Rép. n° 1351 du 22/10/03, Stérilité – Absence de faute de l'épouse – Restitution des effets personnels et des sommes d'argent.

Paragraphe 1. Les effets personnels

L'effet personnel essentiel est la rupture du lien conjugal, noué le jour de la célébration du mariage. Le jugement de divorce dissout le mariage et crée pour les époux un état nouveau, celui de conjoints divorcés. En cela, c'est un *jugement constitutif*, et la création de cette situation nouvelle s'impose même aux tiers. A quelle date ? Cet effet de dissolution se produit lorsque la décision qui prononce le divorce est devenue définitive parce qu'elle prend force de chose jugée.

Exemple n° 91 (Extrait du jugement)

… T. G.I de Pointe-Noire Rôle civil n° 1206- Année 2007- Rép. n° 513 du 1er -10-2007. Infidélité - Abandon d'époux-Violation du devoir d'assistance - Désaffection- Dommages et intérêts.

«.Attendu que par requête en date à Pointe-Noire du 04 septembre 2007, Sieur B… à attrait en divorce son épouse I… et a sollicité la condamnation de cette dernière à lui payer un franc symbolique ; Attendu qu'à l'appui de son action, le requérant soutient : Qu'en date du 13 septembre 1980, il a célébré le mariage devant l'Officier d'État civil de Mossendjo ;Que quatre enfants sont nés de leur union ; Qu'au début de leur mariage, le climat était parfait. Qu'aujourd'hui son épouse ne respecte plus les obligations conjugales ;Qu'elle brille par une infidélité notoire caractérisée par des actes d'adultère commis tant à Mossendjo qu'à Brazzaville ;Que tombé malade aujourd'hui, il est resté six mois du à l'Hôpital A.SICE de Pointe-Noire sans recevoir une seule visite de son épouse, du reste, venait constamment à Pointe-Noire durant cette période ;Qu'elle ne manifeste plus aucun sentiment d'amour, moins encore d'assistance vis-à-vis de lui ;Qu'il est clairement établi qu'elle n'accorde plus d'intérêt à l'égard de son époux ni à leur union ; Que tirant argument des dispositions de l'article 180 du Code de la famille, il sollicite le prononcé du divorce aux torts exclusifs de l'épouse… ».

Par suite de la dissolution du mariage, chacun recouvre la liberté de sa personne, ce qui traduit la disparition des devoirs conjugaux. Toutes les séquelles du lien matrimonial ne sont pas, pour autant, effacées.

Sur cette décision, voir aussi H.D. Amboulou, *Le divorce et la séparation de corps en droit congolais*, Op. cit.

a. La disparition des devoirs du mariage

Le divorce étant prononcé définitivement, la qualité d'époux cesse en la personne de chacun des conjoints. Disparaissent, ainsi, le devoir de communauté de vie, qui était déjà suspendu par l'ordonnance de non-conciliation, ainsi que son corollaire, l'obligation d'assistance. De même, le divorce fait disparaître le devoir de fidélité. D'où il résulte que les enfants conçus par la femme ne sont plus présumés (à partir de l'ordonnance de non-conciliation) être issus du mari.

Du fait du divorce, les époux peuvent se remarier. Le remariage est possible sans réserve : la liberté du mariage, et donc du remariage, est un principe fondamental garanti par le Code de la famille. Ainsi, les époux divorcés peuvent contracter entre eux une nouvelle union ; la loi précise, naturellement, qu'une nouvelle célébration du mariage est nécessaire. Le remariage avec un tiers est pareillement libéré de toute entrave. La femme devrait traditionnellement observer le délai de viduité d'une durée de trois cents jours, destiné à éviter la confusion de paternités. Mais les progrès des sciences biologiques ont rendu inutile cet empêchement.

b. Les séquelles du mariage

Malgré la dissolution du lien matrimonial, quelques effets en subsistent. Deux d'entre eux peuvent être simplement signalés : d'un côté, l'émancipation du conjoint mineur subsiste ; d'un autre côté, le conjoint étranger qui a acquis la nationalité congolaise par déclaration à la suite du mariage avec un époux congolais, conserve malgré le divorce cette nationalité. Deux séquelles du mariage méritent en revanche plus d'explication. Elles concernent les *liens d'alliance* et le *nom.*

Le mariage étant dissout, les liens d'alliance, qui unissent un époux à la famille de son conjoint, disparaissent. En revanche, sont maintenus les empêchements à mariage entre les ex-alliés directs, et sans dispense possible. Un homme divorcé ne peut, par conséquent, se remarier avec la mère ou la fille, naturelle ou adoptive d'un précédent mariage, de son ex-épouse. Des considérations de moralité sociale imposent cette survie.

A la suite du divorce, chaque époux perd, en principe, l'usage du nom de son conjoint. Solution qui s'explique par l'indépendance que procure le jugement du divorce à chaque époux. Cependant, il est permis à la femme de conserver l'usage du nom du mari, dans certains cas. Ces exceptions qui ne sont instituées qu'en faveur de la femme, conformément à une coutume, sont transposées au cas où le mari aurait, ce qui est encore très rare ajouté à son nom celui de son épouse.[355] La femme peut conserver l'usage du nom du mari, d'abord, lorsque le divorce a été prononcé pour rupture de la vie commune à la demande du mari. Le code de la famille maintenant cette exception, par cohérence avec les dispositions qui visent à harmoniser les conséquences du divorce pour altération du lien conjugal avec celle qui sont prévues pour les autres divorces contentieux.

Exemple n°92 (Extrait du jugement)

T.G.I. de Pointe-Noire. Rôle civil n° 1393 – Année 2008 – Rép. n° 300 du 11 mai 2009 – Divorce demandé par l'un et accepté par l'autre – Acquiescement – Abandon du domicile conjugal – Absence prolongée-Séparation de fait- Dommages et intérêts. « …Par requête non datée, Monsieur N…, a introduit devant le Tribunal de céans une demande de divorce avec son épouse, aux torts exclusifs de cette dernière ; Il expose à l'appui de sa requête qu'il a contracté mariage avec Madame M… devant l'officier de l'état civil de Kinkala le 23 décembre 1962 ; Que de leur mariage sont nés huit (8) enfants, tous devenus majeurs ; Que depuis plus de huit (8) ans l'épouse a opté unilatéralement de vivre au Congo ; Le requérant a été abandonné seul avec les enfants en France ; Que depuis, les époux ne cohabitent plus; Que malgré plusieurs correspondances adressées par le requérant demandant à son épouse de rejoindre le domicile conjugal, celle-ci n'ai jamais revenue; Que la vie du requérant et sa sécurité sont gravement compromises à cause de cet abandon moral et matériel du foyer ; Que dans cette situation le requérant est obligé de demander le divorce aux torts exclusifs de son épouse …. »

Désormais, la femme peut conserver l'usage du nom du conjoint si elle y autorisée. Cette autorisation peut résulter, en premier lieu, de l'*accord donné par le conjoint*. Cette convention s'impose aux deux époux, sauf à révoquer

[355] T.G.I. de Pointe-Noire. Rôle civil n°829. Année 2009. Rép. n° 449 du 10-08-09. Abandon mutuel de foyer- Torts partagés – Interdiction du port du nom. Sur cette décision, voir aussi H.D. Amboulou, *Le divorce et la séparation de corps en droit congolais*, Op. cit.

son consentement si l'épouse autorisée fait un usage abusif de son nom. Cet accord devrait logiquement cesser de produire effet en cas de remariage. A défaut de consentement du conjoint, un époux a la faculté de solliciter l'autorisation du juge lors de l'instance en divorce, ou après le prononcé du divorce, à condition qu'il justifie qu'un intérêt particulier s'attache à l'usage du nom de son conjoint. Il peut s'agir d'un avantage personnel : cas de la femme mariée qui s'est fait connaître dans l'exercice d'une profession ou d'une activité (artiste, écrivain, commerçante...) sous le nom de son mari. Il peut s'agir aussi d'un intérêt pour les enfants : les relations sociales, et notamment scolaires, sont plus simples quand la mère porte le même nom que ses enfants. A l'inverse de l'accord du conjoint, cette autorisation étant judiciaire elle n'est pas atteinte de caducité du seul fait du remariage de l'époux une décision modificative devra être demandée.

Paragraphe 2. Les effets patrimoniaux

Le mariage ayant des effets pécuniaires, la dissolution du lien conjugal a nécessairement des répercussions sur les relations patrimoniales qui s'établissent entre les époux. C'est le cas notamment pour cette communauté d'intérêts que traduisent l'existence du régime matrimonial, éventuellement assorti de donations entre époux, la vocation successorale et la protection du logement familial. Mais le divorce a aussi des conséquences dans les rapports des époux avec les tiers, par exemple le bailleur du logement familial ou la sécurité sociale. Après avoir précisé la date des effets patrimoniaux du divorce, il conviendra d'en examiner le contenu.

a. La date des effets patrimoniaux du divorce

Des solutions complexes retenues par la loi, il ressort que trois dates différentes sont fixées, en principe.

b. La vocation successorale

La vocation successorale disparaît à partir du moment où le divorce est définît : délai de recours expirés ou voies de recours épuisées. C'est-à-dire à la même date que se produisent les effets personnels du divorce.

c. Les autres effets pécuniaires entre époux

Dans les *rapports entre époux,* les conséquences pécuniaires du divorce prenaient effet au jour de l'assignation, par laquelle commence la phase décisoire de la procédure de divorce. Mais la séparation des époux remonte à une date antérieure à l'assignation. Elle prévoit que, dans les divorces contentieux, les effets patrimoniaux entre les époux se produiront à la date de l'ordonnance de non-conciliation, laquelle organise les modalités de la résidence séparée des époux.

C'est à cette date que prend fin le régime matrimonial et en particulier la communauté sera réputée dissoute. Il en résulte que les acquisitions faites par un époux après l'ordonnance de non réconciliation lui sont propres : car, il faut se placer au jour de cette ordonnance pour déterminer la consistance de la communauté et des patrimoines propres de chaque époux[356]. De plus, les intérêts des récompenses courent de plein droit du jour de la dissolution de la communauté. Et à compter de l'ordonnance de non-conciliation, les biens communs échappent au régime matrimonial pour se trouver soumis aux règles de l'indivision, de sorte que les revenus du travail et les revenus des biens propres ne tombent plus dans une masse commune, tandis que chacun des époux devra supporter les charges afférentes à ses biens propres.

Trois tempéraments sont toutefois apportés à cette prise en compte de la date de l'ordonnance de non conciliation.

D'une part, la loi a prévu que toute obligation contractée par l'un des époux à la charge de la communauté, comme toute aliénation de biens communs faite par l'un d'eux dans la limite de ses pouvoirs, postérieurement à la requête initiale, sera déclarée nulle s'il est prouvé qu'il y a eu *fraude* aux droits du conjoint. D'autre part, dans le divorce par consentement mutuel, on sait qu'il n'y a pas de conciliation. Il appartient par conséquent aux époux de fixer la date des effets patrimoniaux du divorce dans la convention définitive. A défaut de stipulation conventionnelle, l'on admet que les effets interviendront à la date de l'homologation de la convention réglant l'ensemble des conséquences du divorce. Enfin, la dissolution du régime matrimonial peut remonter à une date antérieure à l'ordonnance de non

[356] T.G.I. de Pointe-Noire. Rôle civil n° 285. Année 2003. Rép. n° 1351 du 22/10/03, Stérilité – Absence de faute de l'épouse – Restitution des effets personnels et des sommes d'argent. Sur cette décision, voir aussi H.D. Amboulou, *Le divorce et la séparation de corps en droit congolais*, Op. cit.

conciliation quand il y a eu séparation de fait avant la demande en divorce les effets sont alors reportés à la date à laquelle ils ont cessé de cohabiter et de collaborer.

Par le report de la date des effets du divorce, un époux évite que l'enrichissement qu'il s'est procuré par son activité ne profite, en régime de communauté, au conjoint qui a cessé de cohabiter et de collaborer avec lui. La communauté sera réputée dissoute à la date de la séparation des époux. La loi prévoit, que celui auquel incombent à titre principal les torts de la séparation peut obtenir le report de cette date. La demande de report peut donc être formée par l'époux qui a commis des fautes dans la séparation, et cette demande est possible dans tous les cas de divorce. Ces dispositions nouvelles reflètent la volonté du législateur de supprimer toute liaison entre l'attribution des torts dans le divorce et les conséquences financières de celui-ci. Afin de clarifier, dès le prononcé du divorce, les droits de chaque époux, cette demande ne peut plus être formée après le prononcé du divorce et les conséquences financières de celui-ci. Afin de clarifier, dès le prononcé du divorce au cours des opérations de liquidation du régime matrimonial, l'époux qui en fait la demande n'a pas à en préciser les raisons. Dans le même but d'éviter les contestations ultérieures, il faut préciser que la jouissance du logement conjugal par un seul des époux conserve un caractère gratuit jusqu'à l'ordonnance de non-conciliation, sauf décision contraire du juge.

Exemple n°93 (Extrait du jugement)

T.G.I. de Pointe-Noire. Rôle civil n° 672 – Année 2003. Rép. n° 006 du 05-01-04. Inceste- Infidélité- Pension alimentaire- Garde des enfants.

« ...Attendu que Monsieur B..., a assigné en divorce son épouse. Attendu que de leur union sont nées trois filles ; Qu'ayant été surpris par son épouse, dans les circonstances de massage sexuelle avec sa belle-mère venue s'installer chez lui, son épouse avait décidé d'abandonner son foyer pour regagner le toit paternel, avec les trois enfants. Que convoqué au Tribunal coutumier de Mvou-Mvou en 1998, il a importunée l'épouse. Qu'il est sommé de verser une pension alimentaire de 100.000frs par mois pour ses trois enfants ; Que pour les besoins de la cause, il avait pourtant doté son épouse d'un téléphone portable par il pouvait entrer en contact avec ses enfants ; Que malheureusement, ce téléphone a disparu ; Que n'étant pas encore divorcée, son épouse a intégré, au quartier Mbota, un autre foyer dans lequel elle a déjà d' autres enfants ; Que se sentant harcelé par la demande de verser la pension alimentaire soustraite à la source de son salaire, il s'adresse à la justice à fin de se voir remis ses trois enfants ; S'entendre ordonner la libération de ses propriétés immobilières sur lesquelles sa belle-famille a bâti des constructions. Attendu que bien qu'ayant été notifiée de la présente procédure, son épouse n'a point produit des écrits au dossier ; Qu'entendue, cependant, en Chambre de conseil, elle a opposé le refus catégorique de retourner au domicile de son époux. Qu'elle entend garder avec elle les enfants et bénéficier de la pension alimentaire de 180. 000 frs… »

Section 3. Les rapports avec les tiers

Le jugement de divorce est opposable aux tiers (employeur, banque, caisse d'assurance maladie, bailleur…) à compter du jour où les formalités de *publicité à l'état civil* ont été accomplies. En effet, pour faire connaître le jugement de divorce, une fois qu'il est devenu définitif, mention doit en être portée en marge de l'acte de mariage et de l'acte de naissance de chacun des époux. C'est à la date de cette publicité que le régime matrimonial sera, à l'égard des tiers, réputé dissout.

Les conséquences pratiques de la solution sont évidentes. Ainsi, une dette contractée par un époux après l'ordonnance de non- réconciliation lie son conjoint si cette obligation est prévue par les règles du régime matrimonial. Le bailleur peut donc réclamer le paiement des loyers à la femme, co-titulaire du bail avec le mari, pour la période antérieure à la transcription du jugement de divorce à l'état civil, alors même que la femme a été autorisée à résider séparément de son mari, qu'elle a effectivement résidé séparément et que le bailleur ne pouvait ignorer son départ des lieux loués.

Paragraphe 1. Le contenu des effets patrimoniaux du divorce

La rupture du lien conjugal conduit à mettre fin à la communauté d'intérêts consécutive à la célébration du mariage et à aménager les avantages sociaux que la loi attribue au conjoint.

La dissolution de l'union d'intérêts. Le mariage fait naître entre les époux des intérêts mutuels qui prennent plusieurs formes. D'un côté, des *obligations alimentaires* entre époux ; le devoir de secours et la contribution aux charges du mariage. Il y est mis fin, en principe, mais peuvent s'y la *vocation successorale* du conjoint survivant, permettant à ce dernier de bénéficier de certains droits dans la succession de l'époux prédécédé, disparaît. Il en résulte qu'un époux divorcé n'a plus aucun droit dans la succession de son ex-conjoint prédécédé. Il en va différemment après séparation de corps, comme on le verra plus loin. Enfin, tous les époux sont soumis, à compter du mariage, à un *régime matrimonial* dont la dissolution s'impose. Mais l'état d'époux est aussi la raison d'être des solutions spécifiques instituées pour les donations entre époux et le logement familial, qui subissent le contrecoup du divorce.

Paragraphe 2. Le régime matrimonial

En prononçant le divorce, le juge ordonne la liquidation et le partage des intérêts patrimoniaux des époux. Mais l'un des objets du divorce jurisprudentiel par consentement mutuel a été d'inciter les époux à procéder à un règlement conventionnel de leurs intérêts patrimoniaux. En d'autres termes, la procédure de partage judiciaire ne doit s'appliquer, dans le cadre des divorces contentieux, que lorsqu'il n'aura pu être trouvé d'accord entre les époux avant le prononcé du divorce.

Et c'est donc seulement à défaut de règlement conventionnel par les époux que le juge ordonne la liquidation du régime matrimonial. De fait, la dissolution du lien matrimonial entraîne la disparition du régime matrimonial. Une *liquidation* doit donc être organisée, suivie dans les régimes de communauté d'un partage des biens communs, et dans les régimes séparatistes d'un partage des biens indivis, c'est-à-dire acquis par les deux époux ensemble. Ces opérations peuvent être mises en œuvre par les époux et leurs conseils (notaire, avocat...) à l'amiable ; c'est pour favoriser ces règlements conventionnels que conventionnels l'assignation doit compter, on l'a vu, une proposition de règlement des intérêts pécuniaires des époux. C'est seulement à défaut d'accord que les opérations de liquidation seront ordonnées en justice.

Pour favoriser une liquidation plus rapide du régime matrimoniale, le juge a le pouvoir de statuer sur les demandes de maintien dans l'indivision ou d'attribution préférentielle. Il peut aussi accorder à l'un des époux ou aux deux une avance sur sa part de communauté ou de biens indivis. Dans le même but, si le projet de liquidation du régime matrimonial établi par le notaire désigné au titre des mesures provisoires contient des informations suffisantes, le juge à le pouvoir de statuer, à la demande de l'un des époux, sur les désaccords persistants entre eux.

Cette démarche est particulièrement intéressante en pratique, car cela permet au juge de trancher des difficultés qui se rencontrent systématiquement dans les liquidations (montant de l'indemnité pour jouissance privative, rémunération de l'indivisaire gérant, date de disparition de la communauté...), qui retardent les liquidations et peuvent donner lieu à un contentieux postérieur au prononcé du divorce.

Dans cette perspective de contractualisation des règlements patrimoniaux, on élargit la possibilité offerte aux époux, pendant l'instance, de conclure des *conventions de liquidation* portant sur des biens soumis à la publicité foncière. Les effets de ces conventions sont suspendus jusqu'au prononcé du divorce, le juge pouvant à la demandes d'un époux modifier ces conventions pour tenir compte des conséquences du divorce fixées par le jugement. Ces précautions s'effacent lorsque le prononcé du divorce est devenu irrévocable : alors le régime matrimonial disparaît, et les ex-époux ont la liberté d'organiser la liquidation et le partage de leurs intérêts pécuniaires.

Poursuivant cet objectif de règlement plus consensuel des intérêts pécuniaires des époux, on leur permet de soumettre, pendant l'instance, à l'homologation du juge des conventions réglant tout ou partie des conséquences du divorce. Sont particulièrement visées ici les conventions relatives à la fixation d'une prestation compensatoire. De fait, le règlement des intérêts patrimoniaux des époux forme un tout, et il est logique d'inclure le montant et les modalités de la prestation compensatoire dans le règlement des intérêts pécuniaires des époux, si l'on veut que celui-ci soit global. Le juge, après avoir vérifié que les intérêts de chacun des époux et des enfants sont préservés, homologue ces conventions en prononçant le divorce.

Après le prononcé du divorce, les litiges relatifs à la liquidation et au partage des biens des époux relèvent de la compétence du *tribunal de grande instance.* Il n'est pas possible de soumettre le prononcé du divorce à la liquidation préalable des intérêts patrimoniaux des époux, dans les procédures contentieuses. Ce serait, en effet, retarder de manière inconsidérée le prononcé du divorce, au détriment des intérêts personnels des époux et des enfants. Toutefois, la pratique a cherché à encadrer la liquidation du régime matrimonial dans un calendrier précis, afin d'éviter que ces opérations ne donnent lieu à des procédures interminables.

Désormais, si les opérations de liquidation et de partage ne sont pas achevées dans le *délai d'un an* après le prononcé définitif du divorce, le notaire transmet au tribunal un procès-verbal de difficultés reprenant les déclarations respectives des parties. Au vu de celui-ci, le tribunal peut accorder un délai, si les opérations ne sont toujours pas achevées, le notaire en informe le tribunal qui statue alors sur les contestations subsistant entre les parties, puis les renvoie devant le notaire afin d'établir l'état liquidatif qui devrait mettre fin aux procédures de partage qui durent pendant des années et génèrent des frais considérables.

Section 11. Les donations et avantages matrimoniaux

Les donations entre époux obéissaient traditionnellement à un régime particulier. D'abord, elles n'étaient pas toujours valables. Ainsi, les donations déguisées étaient nulles. De plus, même régulières, les donations faites par un époux à son conjoint, pendant le mariage, étaient toujours révocables, au moins du vivant d'un époux. Elles l'étaient a fortiori après le divorce. Quant à celles qui étaient irrévocables, parce que faites par contrat de mariage, elles étaient perdues par l'époux contre lequel le divorce était prononcé à ses torts exclusifs ou, à sa demande, pour rupture de la vie commune ; tandis que son conjoint les conservait. En cas de torts partagés chaque époux pouvait les révoquer ; la révocation n'était soumise à aucune formalité particulière, très important la manifestation de la volonté de révoquer. Enfin, quand le divorce était prononcé sur demande, les époux décidaient eux-mêmes du sort des donations dans la convention définitive ; en l'absence de disposition à ce sujet, ils étaient censés les avoir maintenues.

Le régime antérieur de la loi française de 1975 liait donc étroitement le sort des donations entre époux à l'attribution des torts. Or le Code de la famille vise précisément à dissocier les conséquences financières du divorce de l'attribution des torts. D'un côté, les donations de *biens présents,* c'est-à-dire celles qui portent sur des biens qui sont dans le patrimoine du donateur au moment où il dispose, sont désormais d'éviter que le maintien d'une donation ayant évité le versement d'une prestation compensatoire puisse être remis en cause ultérieurement. Dans le même sens, les donations déguisées entre époux sont valables. Les donations, il est maintenant prévu que le divorce est sans incidence sur les donations de biens présents quelle que soit leur forme.

Les donations de *biens à venir,* qui ne prennent effet qu'au décès du donateur, consistent pour un époux à faire donation à son conjoint de tout ou partie des biens qui composent sa succession. Ces donations présentent des caractéristiques proches de celles d'un testament, puisqu'elles sont révocables sans prévenir l'autre conjoint. Elles sont beaucoup plus fréquentes que les donations de biens présents, mais n'ont d'intérêt que si elles conservent un caractère révocable. C'est pourquoi les donations de biens à venir restent *révocables.* En revanche, pour éviter toute incertitude, la loi fixe un régime de la disposition à cause de mort, accordées par un époux envers son conjoint, sauf volonté contraire de l'époux qui les a consenties. Cette volonté est constatée par le juge au moment du prononcé du divorce et rend irrévocable la donation maintenue.

Des solutions identiques s'appliquent aux avantages matrimoniaux, c'est-à-dire aux profits qu'un époux peut tirer du fonctionnement du régime matrimonial. C'est le cas, notamment, de la clause d'adoption d'une communauté universelle lorsque les époux n'ont pas une fortune équivalente, d'une clause de partage inégal de la communauté ou d'attribution intégrale de celle-ci à l'époux survivant, ou encore de la clause de préciput qui permet à un époux de prélever un ou plusieurs biens déterminés au moment du partage, sans avoir à en tenir compte dans la communauté. Alors qu'ils ne sont pas regardés, en principe, comme des donations, en cas de divorce ces avantages matrimoniaux sont assimilés à des donations entre époux.[357]

Désormais, le divorce est sans incident de plein droit sur des avantages matrimoniaux qui ne prennent effet qu'à la dissolution du régime matrimonial ou au décès de l'un des époux, sauf volonté contraire de l'époux qui les a consentis.

---

[357] Voir en ce sens, H.D. Amboulou, *Les libéralités et les successions en droit congol*ais, Op. cit.

Section 12. Le logement familial

Pendant le mariage, le logement qui abrite la famille est l'objet d'une *protection juridique particulière.* Celle-ci s'applique pendant la procédure, tant que le divorce n'est pas prononcé. Certaines mesures provisoires en sont du reste la manifestation. D'une certaine façon, ce statut avantageux survit au profit d'un époux à la dissolution du mariage. Trois situations peuvent être envisagées.

D'abord, si le logement était *loué par les époux*, le droit au bail était, quel que soit le régime matrimonial, et même si le bail avait été conclu avant le mariage, réputé appartenir à l'une à l'autre époux. En cas de divorce, ce droit au bail peut être attribué par le juge à l'un d'eux, en considération des intérêts sociaux et familiaux en cause, et notamment en tenant compte de la présence d'enfants.

Ensuite, si le logement était un bien commun, l'un des époux peut en obtenir l'attribution préférentielle en pleine propriété, lors du partage de la communauté. Le conjoint recevra alors des biens de valeur égale. A défaut de biens suffisants, l'époux qui se voit attribuer préférentiellement la propriété du logement devra verser à son conjoint une soulte. Il se peut toutefois que l'attribution du logement constitue l'exécution de la prestation compensatoire. Lorsque les époux étaient mariés sous le régime de la séparation de biens, les mêmes dispositions sont applicables quand le local qui servait effectivement de logement familial était indivis entre les époux, notamment à la suite d'un achat en commun.

Si le logement familial est un bien commun ou appartient indivisément aux deux époux, une *indemnité d'occupation* peut être due par le conjoint qui l'occupe au cours de l'instance en divorce. En revanche, à partir du moment où le divorce est prononcé, et tant que le partage n'est pas définitif, l'indemnité d'occupation est nécessairement due par l'époux qui occupe le bien indivis, la communauté étant dissoute dès le jour de l'ordonnance de non conciliation dans les rapports entre époux. C'est l'application d'une disposition fondamentale du régime légal de l'indivision instituée par le code. L'occupation ne peut plus être concédée gratuitement par le juge. L'occupation du logement familial par des enfants avec l'un des parents procède d'une contribution de l'autre parent à leur entretien, de nature à réduire le montant de l'indemnité due par l'ex-époux occupant. Dans le même sens, la *contribution à l'entretien des enfants* mineurs peut être fixée en tenant compte de l'occupation gratuite de l'immeuble indivis par un ex-époux et ses enfants.

Enfin, si le local servant de logement à la famille *appartient en propre* (en régime de communauté) ou personnellement (en séparation de biens) à l'un des époux, le juge peut le donner à bail à l'autre conjoint lorsque l'autorité parentale est exercée par ce dernier ou, en cas d'exercice en commun de l'autorité parentale, du bail, le quel est alors renouvelable jusqu'à la majorité du plus jeune des enfants. Il faut préciser que le bail forcé ne perdure que dans l'intérêt des enfants. Enfin, la demande de concession de bail forcé ne peut être formée après le prononcé du divorce.

Section 13. L'aménagement des droits sociaux

Lorsqu'un époux décède au cours du mariage, son conjoint bénéficie du droit a réversion de la retraite, ou de la pension si l'époux était fonctionnaire, que percevait le défunt ou qu'il devait percevoir. Que devient ce droit après le divorce ? Qu'il s'agisse des retraites de sécurité sociale ou des pensions civiles et militaires, le droit à réversion est admis au conjoint divorcé sauf remariage avant le décès de l'ex- époux. Si ce dernier s'était lui-même remarié, la pension de réversion est répartie entre les bénéficiaires non remariés au prorata du nombre d'années de mariage avec le défunt.

En revanche, les régimes de retraite complémentaire peuvent prévoir des conditions particulières d'attribution d'une pension de réversion au conjoint divorcé : il peut être notamment exigé que le divorce ait été prononcé à son profit exclusif. L'époux divorcé qui n'est pas lui-même assuré social et qui bénéficiait de la sécurité sociale (assurance maladie et maternité) en tant qu'ayant droit de son conjoint, conserve cette qualité pendant un an à compter du jour où les formalités de publicité à l'état civil ont été effectuées, le conjoint divorcé qui n'exerce pas d'activité professionnelle doit souscrire une affiliation personnelle pour bénéficier de l'assurance maladie et maternité. Dans la perspective de *dissocier* les conséquences pécuniaires du divorce de l'attribution des *torts*, la loi prévoit de façon générale, que le divorce est sans incidence sur les droits que l'un ou l'autre des époux tient de la loi ou des conventions passées avec des tiers.

Section 14. Les réparations pécuniaires

Le prononcé du divorce va naturellement bouleverser les conditions matérielles de vie des époux. Pendant le mariage, en effet, la contribution des époux aux charges du mariage permettait d'unir les ressources pour faire face aux besoins du ménage. Par suite du divorce, chaque époux ne dispose plus que de ses moyens personnels : il peut en résulter pour l'un d'eux une altération sensible de ses conditions d'exercice. Or, il est possible que cet époux ait, pendant le mariage, renoncé à sa carrière pour s'occuper de l'entretien du ménage et de l'éducation des enfants, comme c'est encore aujourd'hui le cas de nombreuses femmes. N'est –il pas normal d'obliger alors le conjoint à rétablir l'équilibre dans la mesure du possible ? C'est effectivement ce qu'a pensé le législateur en instituant la prestation compensatoire (Paragraphe 1).

En cas de rupture de la vie commune, cependant, l'idée dominante était de maintenir au profit du défendeur sa condition d'époux. Mais la loi du17 octobre 1984 ayant aligné les effets d'un divorce pour altération définitive du lien conjugal sur les autres cas de divorce contentieux, le maintien du devoir de secours est désormais supprimé. Enfin, le divorce intervient aussi à titre de sanction lorsqu'il est prononcé pour faute. L'époux coupable peut être, dans ce cas, condamné aussi à des dommages et intérêts ((Paragraphe 2).

L'importance de ce dispositif est mise en lumière dans les situations de divorce international : si la loi étrangère applicable ne prévoit ni prestation compensatoire, ni pension alimentaire pour l'épouse, ni dommages et intérêts pour celle-ci en cas d divorce, elle doit être écartée au nom de l'ordre public au profit de la loi congolaise.

Paragraphe 1. La prestation compensatoire

Le divorce met fin au devoir de secours : c'est un effet du mariage qui doit logiquement disparaître avec lui. Mais l'un des époux peut être tenu de verser à l'autre une prestation destinée à compenser, autant qu'il est possible, la disparité que la rupture du mariage crée dans les conditions de vie respectives.[358]

Le domaine de la prestation compensatoire. Cette prestation est une création du code de la famille. Pour éviter un important contentieux après divorce, le législateur s'était attaché à concentrer le règlement des réparations pécuniaires au moment du prononcé du divorce, en donnant un caractère forfaitaire, non susceptible de révision, à la prestation compensatoire. Les juges ayant accordé massivement des rentes à vie, il s'ensuivit des situations humainement intolérables. Le code a, finalement, autorisé la révision de la prestation compensatoire. Cette réforme n'a toutefois pas donné entièrement satisfaction, et elle a suscité de nouvelles critiques : maintien de la transmissibilité passive de la prestation compensatoire, impossibilité de réviser son montant, conditions trop strictes de l'attribution de la rente viagère, substitution possible du capital à la rente à tout moment, suppression des prestations compensatoires mixtes ou temporaires. Tout cela a donc apporté un certain nombre d'aménagements au régime de la prestation compensatoire. Celle-ci appelle des explications quant à son domaine (a), son montant (b) et son exécution (c).

Le principe. Depuis la loi du 17 octobre 1984, la prestation compensatoire peut être allouée dans tous les cas de divorce. L'alignement du divorce pour altération définitive du lien conjugal sur les autres divorces contentieux a pour objectif de favoriser le recours à cette procédure moins conflictuelle que le divorce pour faute[359].

Sur le plan procédural si un époux s'oppose au divorce et ne forme qu'une demande de pension alimentaire ou de contribution aux charges du mariage, le juge ne peut prononcer le divorce sans avoir préalablement provoqué les explications de cet époux sur le principe d'une prestation compensatoire. Avant l'entrée en vigueur du code de la famille, quand le divorce pour faute est prononcé aux torts exclusifs d'un époux, celui-ci n'avait droit à aucune

---

[358] Sur le devoir de secours et la prestation compensatoire, voir Patrick Courbe, *Droit civil. Les personnes, la famille, les incapacités,* 2e édition, Dalloz, 1998, p. 86

[359] T.G.I. de Pointe-Noire. Rôle civil n° 1393. Année 2008. Rép. n°300 du 11 mai 2009 – Divorce demandé par l'un et accepté par l'autre – Acquiescement – Abandon du domicile conjugal – Absence prolongée -Séparation de fait- Dommages et intérêts. Sur cette décision, voir aussi H.D. Amboulou, *Le divorce et la séparation de corps en droit congolais*, Op. cit.

prestation compensatoire, tandis que son conjoint pouvait en bénéficier. Le caractère indemnitaire, lié à l'idée de responsabilité, influençait encore le régime de la prestation compensatoire. Mais comme cette solution pouvait se révéler, en fait, insupportable pour l'époux fautif, il était en droit d'obtenir, à titre exceptionnel, une indemnité fondée sur l'équité.

L'impossibilité pour l'époux exclusivement fautif de percevoir une prestation compensatoire a été à l'origine de nombreux détournements de la procédure de divorce pour faute. Celle-ci était choisie en raison des conséquences financières supposées plus avantageuses, puisque l'époux demandeur espérait ainsi éviter d'avoir à verser une prestation compensatoire. Visant à déconnecter les conséquences financières du divorce, l'époux fautif peut bénéficier d'une prestation compensatoire. La loi du 17octobre 1984 n'est pas allée, cependant, jusqu'au bout de cette logique, et elle a réintroduit l'idée de faute et la notion de *sanction* dans le régime de la prestation compensatoire.

L'exception. Le refus de prestation compensatoire à l'époux exclusivement fautif devient une *exception.* Le législateur a considéré, en effet, que la dissociation des conséquences financières du divorce de l'attribution des torts pouvait entraîner de réelles injustices. C'est pourquoi le juge peut refuser d'accorder une telle prestation si l'équité le commande, soit en considération des critères prévus par la loi, soit lorsque le divorce est prononcé aux torts exclusifs de l'époux qui demande le bénéfice de cette prestation, au regard des circonstances particulières de la rupture.

Les critères d'attribution de la prestation compensatoire sont nombreux. Autoriser le juge à refuser à un époux dans le besoin le bénéfice d'une prestation compensatoire, par référence aux critères prévus par la loi, ne vise pas seulement l'époux aux torts exclusifs duquel le divorce pour faute est prononcé, puisque l'exception peut jouer aussi en cas de divorce accepté ou pour altération définitive du lien conjugal. La justification du refus de la prestation compensatoire invoquée est d'empêcher le divorce d'être une source d'enrichissement pour l'un des conjoints. Le cas de figure suivant a été évoqué : les époux avaient avant leur mariage des patrimoines très différents, le plus pauvre demande très rapidement le divorce pour altération définitive du lien conjugal et obtient une prestation compensatoire, alors même que le mariage n'aura duré que deux ans. Mais la généralité de la formule légale conduit à penser qu'un débat pourra s'instaurer sur chacun des critères prévus par la loi, ce qui tourne le dos à l'objectif de pacification des procédures de divorce.

Le juge peut aussi refuser d'accorder une prestation compensatoire quand le divorce pour faute est prononcé aux torts exclusifs de l'époux qui la sollicite, au regard des circonstances particulières de la rupture. Les termes employés, même s'ils ne sont guère précis, révèlent l'intention du législateur : si l'époux le plus fortuné a été, directement, victime de fautes d'une gravité incontestable (violences conjugales, brutalités sur les enfants...), il est moralement impossible de le condamner à verser une prestation compensatoire au conjoint qui a eu un comportement tout à fait répréhensible. Mais l'adultère devrait être, en principe, exclu de cette catégorie, vu les termes restrictifs de cette disposition.

Paragraphe 2. Le montant de la prestation compensatoire

Malgré la volonté du législateur, en 1984, la prestation compensatoire se détachait difficilement du double caractère alimentaire et indemnitaire de l'entrée en vigueur du Code de la famille. Les modifications apportées accentuent indéniablement le caractère alimentaire de cette prestation. C'est bien, du reste, la qualification donnée par les tribunaux, d'où ils déduisent l'insaisissabilité de la rente. Ils jugent aussi que la créance née de la prestation compensatoire, parce qu'elle présente pour partie un caractère alimentaire, n'a pas à être déclarée au passif du débiteur soumis à une procédure collective.

L'évaluation de la prestation compensatoire. *Les bases d'évaluation* de la prestation compensatoire sont empruntées pour partie aux obligations alimentaires. C'est ce qui résulte explicitement de la loi et reste fixée selon les besoins de l'époux à qui elle est versée et les ressources de l'autre en tenant compte de la situation au moment du divorce et de l'évolution de celle-ci dans un avenir prévisible.

Toutes les ressources doivent être prises en compte : revenus du travail et du capital, allocations chômage, rente d'invalidité pour accident du travail, indemnités de fonction. Pour apprécier la disparité entre la situation respective des époux, les sommes versée au titre de la contribution à l'entretien et à l'éducation des enfants constituent des charges qui doivent venir en déduction des ressources de l'époux débiteur. En revanche, l'aide versé à la famille sous forme d'allocations familiales est destinée à bénéficier aux enfants et non à procurer des revenus au parent qui la reçoit et le juge n'a donc pas à en tenir compte dans l'appréciation des ressources de l'époux qui a la garde des enfants. En ce sens, les parties doivent fournir au juge une déclaration certifiant sur l'honneur l'exactitude de leurs ressources, revenus, patrimoine et conditions de vie.

La comparaison des besoins et des ressources doit être effectuée lors du divorce car c'est à ce moment que le juge doit se placer pour apprécier l'existence d'une disparité. Il s'agit d'un emprunt au droit des obligations alimentaires. Il en résulte que l'appréciation des conditions d'octroi de la prestation compensatoire doit être effectuée au jour du prononcé du divorce, et le juge doit, par une même décision, se prononcer sur le divorce et sur la disparité que celui-ci peut créer dans les conditions de vie respectives des époux. Par contraste, la nécessité de tenir compte de l'évolution de la situation respective des époux, dans un avenir prévisible, diffère du régime des obligations alimentaires. C'est là une nécessité imposée par le caractère forfaitaire de la prestation compensatoire. Dès lors qu'ils ont constaté dans leur décision que la disparité des conditions de vie respectives des époux après le divorce est d'ores et déjà établie, les juges du fond peuvent accorder à un époux une prestation provisionnelle avant de fixer, au vu d'une expertise, le montant définitif de la prestation compensatoire.

Mais la loi éloigne encore un peu plus la prestation compensatoire des obligations alimentaires en énumérant les critères qui doivent permettre au juge de déterminer les besoins et les ressources. Ces critères attestent qu'il ne s'agit pas seulement d'un équilibre à trouver entre les deux plateaux d'une balance : il faut tenir compte aussi du passé vécu par les époux pour fixer une juste compensation à la disparité qui survient dans les conditions de vie postérieures au divorce. La prestation compensatoire ne résulte pas seulement de la comparaison arithmétique des ressources de chacun des époux, mais que son attribution devait tenir compte de la répartition des rôles de chacun pendant la vie commune, des choix opérés en commun et qui pouvaient se révéler préjudiciables pour l'un d'entre eux, soit au moment du divorce, soit ultérieurement. C'est pourquoi dans la détermination des besoins et des ressources, le juge peut prendre en considération, notamment : la durée du mariage ; l'âge et l'état de santé, l'éducation des enfants et du temps qu'il faudra encore y consacrer ou pour favoriser la carrière de son conjoint au détriment de la sienne ; leurs qualifications et la situation professionnelle ; leur patrimoine, estimé ou prévisible, tant en capital qu'en revenus, après la liquidation du régime matrimonial.

Il faut rappeler, à ce stade, que l'octroi d'une prestation compensatoire ne rend pas irrecevable l'action de *im rem verso* engagée par le bénéficiaire de cette prestation pour l'indemnisation de son appauvrissement résultant de sa participation bénévole à l'activité professionnelle de son ancien conjoint. Mais il en va différemment lorsqu'il ressort du jugement de divorce qu'il prend en compte cet appauvrissement en vue de l'évaluation de la prestation compensatoire.

La prestation compensatoire est une institution d'ordre public sur laquelle les époux ne peuvent, avant toute procédure, transiger. D'où la nullité de tous les arrangements conclus par les époux, avant toute instance en divorce, même dans le cas où ils seraient séparés de corps. Par ailleurs, le juge qui l'accorde doit préciser les éléments sur lesquels il s'est déterminé.

En outre, la prestation compensatoire étant destinée à rétablir une certaine égalité dans les situations pécuniaires des époux, n'est due qu'à compter de la date à laquelle la décision prononçant le divorce prend force de chose jugée. Or, le délai de pourvoi en cassation suspend l'exécution de l'arrêt qui prononce de divorce ; de telle sorte qu'un arrêt ne peut fixer le point de départ de la prestation compensatoire qu'il alloue sous forme de rente à la date de son prononcé, alors qu'à cette date le divorce n'a pas acquis force de chose jugée. De même, une cour d'appel ne peut fixer le point de départ de la prestation compensatoire, versée sous forme de rente, à la date du jugement confirmé. Mais si la procédure a duré sur la seule question de la prestation compensatoire, le juge ne doit pas tenir compte des faits survenus après le prononcé du divorce : la prestation compensatoire doit être fixée en tenant compte de la situation des époux au moment du divorce.

Paragraphe 3. Le caractère forfaitaire de la prestation compensatoire

a. Le principe

Le législateur a voulu, en 1984, que soient fixées au moment du divorce les séparations pécuniaires qui pourraient être dues, en donnant à la prestation compensatoire un caractère définitif. D'où le caractère *non révisable* de la prestation compensatoire. Mais cette interdiction de révision empêchait d'adapter la prestation compensatoire aux changements de situation des ex-conjoints, générant des situations douloureuses. Ainsi les tribunaux ont-ils autorisé plus largement la révision des prestations compensatoires, en laissant toutefois inchangé le principe.

A la différence de la pension alimentaire, la prestation compensatoire a un caractère forfaitaire. Ce principe a été retenu afin que soit évité le contentieux entre époux divorcés. Ainsi, dans le silence de la loi, mais conformément sans doute à la volonté du législateur, il est admis a décidé que la prestation ne peut être demandée qu'au moment du divorce, et non dans une instance ultérieure. Surtout, lorsque le montant de la prestation compensatoire avait été fixé dans la décision qui prononce le divorce, il ne pouvait être remis en cause une fois les voies de recours épuisées. La prestation compensatoire n'était pas susceptible de révision, même en cas de changement imprévu dans les ressources ou les besoins des parties.

Le montant de la prestation compensatoire peut, toutefois, être remis en question si l'absence de révision doit avoir pour l'un des conjoints des conséquences d'une exceptionnelle gravité. Cette clause de sauvegarde permet seulement, suivant la jurisprudence, à l'époux qui l'invoque d'obtenir la révision. Mais il n'a satisfaction que s'il démontre le caractère intolérable des difficultés qu'il rencontrait lui-même du fait de la diminution considérable de ses ressources, s'il est débiteur, ou en raison de l'aggravation exceptionnelle de ses charges, s'il est créancier. Cette interprétation stricte donnée par les tribunaux empêchant la révision de la prestation compensatoire, a est la source d'injustices dénoncées par la doctrine[1]. Les changements de situation provoqués par la crise économique, joints au caractère le plus souvent viager des prestations accordées, et alors que les recompositions familiales se multiplient, obligeront le législateur à assouplir les conditions de la révision.

b. La révision

Confirmant le principe du versement de la prestation compensatoire en capital, la loi prévoit que le débiteur peut demander, non pas la révision du montant du capital (fixé une fois pour toutes par le juge dans sa décision), mais seulement la révision des modalités de paiement du capital en cas de changement de sa situation. A titre exceptionnel, le juge peut alors, par décision spéciale et motivée, autoriser le versement du capital sur une durée totale supérieure à huit ans.

Lorsque la prestation compensatoire prend la forme d'une rente, qui ne peut être désormais que viagère, la révision est autorisée en cas de changement substantiel dans la situation de l'un ou l'autre de l'ex-époux : elle peut être révisée, suspendue ou supprimée en cas de changement important dans les ressources ou les besoins des parties. Mais cette révision ne peut avoir pour effet de porter la rente à un montant supérieur à celui fixé initialement par le juge : la révision ne peut jouer qu'à la baisse. Ainsi, chaque partie pourra demander la prise en compte des changements positifs ou négatifs de sa situation ou de celle de son ex-conjoint (licenciement, chute de revenus après la retraite, nouvelles charges de famille, héritage...)

En outre, l'héritier du débiteur de la prestation aura toujours la possibilité de demander cette révision judiciaire, qui relève de la compétence du juge du divorce. Naturellement, la révision ne pourra être demandée qu'autant que la date ne sera pas éteinte.[360]

Si la loi est susceptible de s'appliquer aux rentes décidées antérieurement comme aux nouvelles, la demande de révision ne vaudra que pour les arrérages à venir de la rente. Elle ne saurait remettre en cause les versements effectués antérieurement à l'entrée en vigueur de la loi du 17 octobre 1984. Les rentes viagères, ainsi que les rentes temporaires en cours de versement pourront désormais être révisées à la baisse, suspendues ou supprimées, à la demande du débiteur ou de ses héritiers, en cas de changement important dans les ressources ou les besoins des parties. La loi précise que la révision ne pourra conduire à protéger la durée initiale des rentes temporaires, sauf accord des parties. La prestation compensatoire, versée sous forme de rente viagère ou de rente temporaire, peut également faire l'objet d'une demande tendant à lui substituer un capital dans les conditions prévues par le Code. Ces procédures de révision sont applicables à toutes les prestations compensatoires qu'elles aient été fixées par le juge ou par convention entre les époux.

Un autre cas de révision est prévu pour les rentes viagères fixées par le juge ou par convention antérieurement au Code. Lorsque le maintien en état de la rente procure un avantage manifestement excessif au créancier, au regard des critères posés par la loi, le débiteur ou ses héritiers peuvent demander que la rente soit révisée, suspendue ou supprimée. Cette règle s'explique par

[134]. Voir en ce sens, C. Assemekang, *Le droit des personnes et de la famille,* précité.

l'ancienneté de ces rentes viagères, et la nécessité de pouvoir les réviser, même en l'absence de changement important dans la situation pécuniaire de l'une ou l'autre des parties.

c. La convention

Les mêmes solutions peuvent être mises en œuvre quand la prestation compensatoire est fixée par la *convention homologuée* dans le divorce sur demande conjointe. Mais la convention homologuée peut aussi être modifiée, conformément aux prévisions légales, par le consentement mutuel des époux divorcés, sous forme d'une nouvelle convention également soumise à homologation. Bien plus, les époux ont la faculté de prévoir dans la convention de divorce que chacun d'eux pourra, en cas de changement important dans les ressources et les besoins des parties, et malgré le refus de l'autre : il y a là un avantage considérable du divorce par consentement mutuel. Il semble toutefois que la *clause de révision* soit en pratique rarement insérée dans les conventions définitives. Elle a pourtant désormais un avantage sur les révisions judiciaires : celle-ci ne peut que conduire à diminuer le montant de la rente, alors que la convention de divorce peut prévoir une révision à la hausse ou à la baisse[361]. En outre, la révision du montant de la prestation est possible dans tous les cas, à la demande de l'un des ex-époux, y compris pour les prestations versées sous forme de capital ou de rente viagère.

Paragraphe 4. L'exécution de la prestation compensatoire

Par une autre facilitation, et afin d'éviter dans la mesure du possible les difficultés rencontrées par les femmes divorcées pour obtenir le paiement de la prestation compensatoire, il est admis l'exécutions conventionnelles des prestations.

---

[361] T.G.I. de Pointe-Noire. Rôle civil n° 845. Année 2009. Rép. n° 427 du 10-08-2009. Compétence internationale du juge congolais – Convention de divorce – Rapports extra conjugaux – Abandon de domicile – Infidélité – Séparation de résidence – Pension alimentaire – Droit de visite. Sur cette décision, voir aussi H.D. Amboulou, *Le divorce et la séparation de corps en droit congolais*, Op. cit.

Le capital. Le législateur a, dès 1984, imposé en principe le versement d'un capital. Cette modalité correspond à l'idée que les réparations pécuniaires auxquelles le divorce peut donner lieu doivent être concentrées au moment du divorce et sans modification ultérieure. Et les tribunaux ont veillé scrupuleusement au respect du principe, de sorte que les juges, conformément aux habitudes anciennes, ont généralement accordé une prestation compensatoire sous forme de rente. La prestation compensatoire prend la forme d'un capital dont le montant est fixé par le juge. Ils ont, en outre, facilité par diverses mesures, le versement de ce capital.

a) Les formes

Trois modalités de versement sont envisagées par la loi. L'une d'elles étant restée inutilisée. Il reste donc deux modalités entre lesquelles le juge décide, en cas de divorce contentieux.

- Soit le versement d'une somme d'argent, ce qui est la méthode la plus simple. Étant entendu que, si la prestation compensatoire est exécutée, en fait, au moment des opérations de liquidation et de partage de la communauté, elle pourra prendre la forme d'un abandon par le débiteur de tout ou partie de sa part dans la communauté.
- Soit l'abandon de l'usufruit de biens meubles ou immeubles, propres au débiteur ou constituant sa part dans la communauté.

Pour faciliter le versement d'un capital, la loi est allée plus loin. L'abandon de biens peut être désormais en propriété, ou sous la forme d'un droit temporaire ou viager, d'usufruit, d'usage ou d'habitation. Le jugement opère cette cession forcée en faveur du créancier. Naturellement, cet abandon n'est pas subordonné à l'acceptation de l'époux débiteur, sauf pour l'attribution en propriété de biens que le débiteur a reçus par succession ou donation.

La dernière forme que pouvait prendre le capital était, enfin, le dépôt de valeurs productives de revenus entre les mains d'un tiers, une banque par exemple, chargé de verser les revenus à l'époux créancier de la prestation compensatoire jusqu'au terme fixé. Cette solution n'étant pas utilisée en pratique.

En cas de *consentement mutuel*, les époux peuvent convenir d'autres modalités. Le juge refusera toutefois d'homologuer la convention si elle fixe inéquitablement les droits et obligations des époux. Chacun sait que le régime fiscal est susceptible d'influer considérablement sur le succès d'une institution civile. Or, la fiscalité du capital n'est guère favorable au constituant. Notamment, lorsque le capital est constitué de biens propres, la loi assimile ces transferts de biens propres aux avantages consentis à titre gratuit. Cette législation fiscale ayant joué un rôle dans la désaffectation pour la constitution d'un capital. De ces dispositions, assez complexes, on retiendra que le paiement immédiat ou sur douze mois du capital ouvre droit à une réduction d'impôt sur le revenu égale à 25% du montant des versements. Les prestations accordées en application de la loi n'étant comme des donations entre époux, seul est dû le droit fixe d'enregistrement.

Quand les paiements sont effectués sur une période supérieure à douze mois, les sommes versées sont déductibles des revenus du débiteur. Le créancier, en revanche, est imposable sur les sommes perçues au titre de l'impôt sur le revenu. Aucun droit d'enregistrement n'est dû, puisque la prestation est assimilée alors à une pension alimentaire. Les prestations compensatoires en nature accordées ouvrent droit à réduction d'impôt dans les mêmes conditions qu'une prestation en argent. Mais les prestations fournies au moyen de biens communs ou de biens indivis acquis pendant le mariage sont soumises au droit de partager de 1%.

***b)* Le paiement**

L'exécution de la prestation compensatoire par le paiement d'un capital est souhaitable. Mais cette modalité peut se révéler difficile à mettre en œuvre si l'époux débiteur ne dispose pas de liquidités immédiates. Il doit alors emprunter ou liquider une partie de son patrimoine. Lorsque le débiteur n'est pas en mesure de verser le capital immédiatement, il est prévu que le juge fixe alors les modalités de paiement du capital, dans la limite de huit années, sous forme de versements périodiques mensuels ou annuels, indexés selon les règles applicables aux pensions alimentaires.

De plus, ces modalités de paiement sont révisables, à la demande du débiteur, en cas de changement important de sa situation. Le juge peut alors, à titre exceptionnel, et par décision spéciale et motivée, autoriser le versement du capital sur une durée totale supérieure à huit ans. Mais un tel délai ne transforme-t-il pas le versement d'un capital en paiement d'une rente ? On notera toutefois que cette révision ne peut pas être demandée par le créancier. Ce dernier peut, cependant, après la liquidation du régime matrimonial, saisir le juge d'une demande en paiement du solde du capital indexé. Le débiteur lui-même peut aussi se libérer à tout moment du solde du capital indexé.

En pratique il est possible, désormais, de combiner l'attribution d'un capital sous forme de versements mensuels ou annuels, pendant une durée maximale de huit ans, avec l'attribution de biens en propriété ou d'un droit temporaire ou viager d'usage, ,d'habitation ou d'usufruit.

Paragraphe 5. Le décès du débiteur

Conformément au principe de *transmission active* et *passive* du patrimoine à l'époux débiteur, à la mort de celui-ci, la charge du solde du capital devrait passer à ses *héritiers*. Mais, pour mettre fin à certaines situations choquantes, la loi pose en principe que le paiement de la prestation compensatoire est prélevé sur la succession. Les héritiers ne sont plus tenu *ultra vires* successions, c'est-à-dire qu'ils ne sont plus tenu *intra vires*. De telle sorte que si le paiement de la prestation compensatoire est supporté par tous les héritiers, ils n'y sont pas tenus personnellement dans la limite de l'actif successoral, et, en cas d'insuffisance, par tous les légataires particuliers, proportionnellement à leur émolument. Désormais, le créancier de la prestation ne peut plus demander aux héritiers au-delà de ce qu'ils ont reçu, ni les poursuivre sur des biens autres que ceux qu'ils ont reçus. Dès lors, lorsque la prestation compensatoire est fixée sous la forme d'un capital payable de façon fractionnée, le solde de ce capital indexé devient immédiatement exigible. Il n'est donc plus possible de demander la révision des modalités de versement de ce capital.

Toutefois, par dérogation à ces nouveaux principes, les héritiers peuvent décider ensemble de maintenir les formes et modalités de règlement de la prestation compensatoire qui incombait à l'époux débiteur, en s'obligeant personnellement au paiement de cette prestation. A peine de nullité, l'accord est constaté par un acte notarié. Les héritiers peuvent ainsi décider de régler la dette du défunt au-delà de l'actif qu'ils auront reçu. Alors, dans ce cas, et seulement dans ce cas, l'action en révision des modalités, est ouverte aux héritiers. La situation devrait se présenter rarement, puisqu'elle suppose un *accord* de tous les héritiers. Dans ce cas, les héritiers peuvent se libérer à tout moment du solde du capital indexé, comme le débiteur lui-même aurait pu le faire, si le capital devait être payé de façon fractionnée.

a. Les garanties

Les *garanties* peuvent être constituées outre l'hypothèque légale ou judiciaire, il y a la constitution d'un gage ou l'établissement d'une caution. Sans doute le fait d'imposer une garantie au débiteur de la prestation compensatoire est-il une *faculté* laissée à l'appréciation des juges du fond. Mais il n'est souvent pas admis que le juge puisse imposer au débiteur l'obligation de contracter une *assurance* garantissant l'exécution de la prestation compensatoire. Cette rigueur est injustifiée.

b. Les rentes viagères

A défaut de capital, ou si celui-ci n'était pas suffisant, la prestation compensatoire prend la forme d'une rente. En fait, la force des habitudes, comme l'attraction de la prestation compensatoire par le régime des pensions alimentaires, ont conduit souvent les juges à négliger la constitution d'un capital. Forme subsidiaire de la prestation compensatoire, suivant la loi, la rente est ainsi devenue en pratique beaucoup plus fréquente que le capital. C'est pour lutter contre cette dérive que la loi du 17 octobre 1984 a posé ce principe.

Le Code de la famille a obligé désormais le juge à prévoir le principe du versement de la prestation compensatoire en capital (art.270). La rente restera néanmoins possible à titre exceptionnel, mais seulement en considération de la situation du créancier, et non plus de la consistance des biens du débiteur. C'est ce qui ressort des dispositions relatives au montant, à la durée et au régime de la rente.

c. Le montant

Le *montant* de la rente n'est pas déterminé par la loi. Il est évalué par le juge en cas de divorce contentieux, en fonctions du critère des besoins et des ressources respectifs des parties, appréciés au présent et dans un avenir prévisible. En cas de consentement mutuel, la rente est fixée par les époux.

Le montant de la rente a ceci de particulier qu'il peut être défini de façon uniforme pour toute sa durée, ou varier par périodes pour tenir compte de l'évolution probable des ressources et des besoins. Mais, pour cela, le juge doit fixer pour chaque période le montant de la rente et non décider que la rente pourrait être réduite quand surviendra tel fait. C'est un procédé qui a perdu beaucoup de son intérêt maintenant que les rentes sont révisables.

En outre, pour pallier les conséquences de la dépréciation monétaire, la rente est indexée. Comme en matière de pension alimentaire, tout indice est permis. En général, c'est l'indice de l'évolution du coût de la vie qui est choisi. Il faut noter que la rente est obligatoirement indexée par le juge. Il en résulte que l'omission par le juge de déterminer l'indice d'indexation est réparée sur simple requête en omission matérielle, présentée au même juge. Par l'effet de l'indexation, la rente est régulièrement revalorisée, dès la première variation (sauf disposition contraire) de l'indice qui survient postérieurement au prononcé du divorce. Le juge a aussi la faculté de choisir comme indice de référence l'indice antérieure au dernier cas publié et l'indice peut être remplacé par un autre en cas de fait nouveau.

d. La durée

Depuis la loi du 17 octobre 1984, la durée de la rente est égale à la vie de l'époux créancier : la rente est obligatoirement viagère. Elle ne peut plus, être attribuée pour une durée inférieure : il n'y a plus de rente temporaire. La possibilité pour le juge de fixer la prestation compensatoire sous forme de rente viagère, par décision spéciale et motivée, déroge ainsi à l'obligation de versement de la prestation compensatoire sous la forme d'un capital éventuellement payable sur huit années. La décision d'attribuer une *rente viagère* doit être prise en considération du fait que l'âge ou l'état de santé du créancier ne lui permettent pas de subvenir à ses besoins.

Le code de la famille s'inscrit dans cette perspective de limitation de la rente viagère aux circonstances les plus critiques. La rente viagère, a-t-il été dit pendant les travaux préparatoire, doit être réservée à des cas spécifiques de conjoints âgés, ayant été mariés pendant une longue période, n'ayant aucune chance de retrouver un emploi, ayant cessé leur activité professionnelle pendant le mariage et n'ayant aucun ou très peu de droits à la retraite. Ou encore il s'agit d'époux âgés dont l'état de santé ne leur permet pas d'exercer une activité professionnelle et de subvenir à leurs besoins. La rente viagère renforce donc le caractère *alimentaire* de la prestation compensatoire.

e. Le régime

La rente étant viagère, le remariage du bénéficiaire doit être sans incidence, comme dans le droit antérieur à la loi du 17 octobre 1984. Mais, désormais la révision est impossible, à la demande du débiteur, en cas de changement important dans les ressources ou les besoins des parties. Dès lors, le débiteur pourra toujours agir en révision en invoquant l'accroissement important des ressources du créancier, du fait du devoir de secours assumé par le nouveau conjoint du créancier, et de l'amélioration vraisemblable de la situation de celui-ci.

Ces solutions sont cependant écartées en cas de *consentement mutuel.* Pour favoriser le recours à cette forme de divorce, le juge décide, en effet, que la prestation compensatoire peut prendre la forme d'une rente attribuée pour une *durée limitée*. La rente conventionnelle n'est donc pas obligatoirement viagère. De plus, les époux peuvent prévoir dans leur convention un terme extinctif, notamment prévoir que le versement de la prestation cessera à compter de la réalisation d'un événement déterminé : le remariage du créancier, le décès ou le départ à la retraite du débiteur. Enfin, le capital et la rente doivent pouvoir être conjugués librement, notamment par les règlements inclus dans la liquidation du régime matrimonial, dès lors que la convention fixe équitablement des droits et obligations des époux. Enfin, le code de la famille renforce la primauté du versement d'un capital en favorisant la technique de la substitution. C'est pourquoi le débiteur d'une prestation compensatoire sous forme de rente viagère peut à tout moment saisir le juge aux fins de statuer sur la substitution à la rente d'un capital si bien précise que la substitution peut ne concerner qu'une partie de la rente. Cette disposition a pour but de favoriser cette pratique.

Concrètement, la substitution s'effectue selon les modalités ordinaires. La substitution du capital à la rente viagère n'est pas subordonnée à l'accord du créancier, afin de ne pas paralyser cette procédure. Le créancier de la prestation compensatoire peut cependant former la même demande s'il établit qu'une modification de la situation du débiteur permet cette substitution, notamment lors de la liquidation du régime matrimonial. En cas de substitution, les modalités d'exécution de la prestation compensatoire sous forme de capital exposées antérieurement sont applicables. Enfin, le refus du juge de substituer un capital à tout ou partie de la rente doit être spécialement motivé, car le législateur entend favoriser cette pratique.

Laquelle n'est pas, malgré tout, à l'abri des critiques, comme cela peut présenter certains risques pour des femmes âgées, dont les droits à la retraite sont très faibles et qui ne disposent pas d'autres ressources. Or, il n'est pas sûr que les revenus tirés du capital placé suffisent alors à permettre au créancier de subvenir à ses besoins.

La loi du 17 octobre 1984 prévoit a maintenu le principe de transmission passive de la dette. Aussi, à la mort de l'époux débiteur, la charge de la rente viagère passe à ses héritiers. Mais les conséquences les plus inéquitables constatées devraient être sensiblement atténuées par plusieurs mesures. D'abord, comme pour le capital, la charge de la prestation compensatoire est limitée à l'actif successoral. C'est dire qu'-à la mort de l'époux débiteur, le paiement de le rente viagère sera prélevé sur la succession et dans la limite de l'actif successoral. Donc, en cas d'insuffisance de cet actif, les héritiers ne seront plus tenus sur leurs biens personnels, contrairement au droit commun des successions.

Ensuite, les prestations compensatoires versées sous forme de rente viagère seront automatiquement transformées en un capital immédiatement exigible, la substitution s'effectuant selon les modalités fixées par le juge. Les héritiers pourront cependant, comme on l'a vu précédemment lorsque la prestation prend la forme d'un capital décider de maintenir ensemble les modalités de versement qui incombaient à l'époux débiteur, en s'obligeant personnellement au paiement de la rente viagère. Dans ce cas, les modalités de révision de la prestation compensatoire, vues antérieurement, sont applicables.

Lorsque l'action en révision de la rente viagère est ouverte aux héritiers du débiteur, parmi ceux-ci peut notamment figurer le nouveau conjoint que le débiteur de la prestation aura épousé après le prononcé du divorce. Si cet époux survivant est marié sous le régime de la communauté universelle et bénéficie de la clause d'attribution intégrale, il est tenu du service de la prestation compensatoire entrée en communauté du chef de son conjoint. Il est légitime que ce conjoint survivant puisse demander la révision de la prestation compensatoire s'il subit un changement important dans ses ressources.

Si les héritiers ont décidé ensemble de maintenir les modalités de versement de la rente viagère qui incombaient à l'époux débiteur, sont applicables aussi les modalités de substitution d'un capital à tout ou partie de la rente, exposées antérieurement. Les pensions de réversion éventuellement versées du chef du conjoint décédé sont déduites de plein droit de la rente versée au créancier. Cette déduction est logique dans la mesure où la rente viagère a un caractère alimentaire et qu'il paraître anormal que le décès du débiteur de la pension soit une source d'enrichissement pour le créancier de la prestation compensatoire. De même, si le créancier vient à perdre sa pension de réversion en cas de remariage ou de concubinage notoire, les héritiers du débiteur qui auraient décidé de maintenir le paiement de la rente ne doivent pas voir pour cette raison leurs charges augmenter : sauf décision contraire du juge saisi par le créancier, une déduction du même montant continue à être opérée si le créancier perd son droit à pension de réversion.

Au fond, le régime de la rente est proche de celui des obligations alimentaires. *Fiscalement*, d'abord, puisqu'elle est déductible du revenu imposable de l'époux qui la verse. Si la prestation compensatoire prend une forme mixte rente et capital, la rente est déductible mais le versement du capital n'ouvre pas droit à réduction d'impôt. Parallèlement, la rente est soumise à l'impôt sur le revenu de celui qui la reçoit (CGI, art. 80 quater et 156-II-2). Des abattements sont prévus, de 10 et 20%

Par ses sanctions, ensuite, la rente est assimilée à une pension alimentaire. Les sanctions civiles sont les mêmes que celles des obligations alimentaires. Les sanction pénales sont identiques : se rend coupable du délit correctionnel d'abandon de famille, punie d'un emprisonnement de deux ans et d'une amende, toute personne qui, au mépris d'une décision de justice l'ayant condamnée à verser une prestation compensatoire sera volontairement restée plus de deux mois sans acquitter le montant intégral de ce qu'elle doit verser . De même, la rente est insaisissable par les créanciers du bénéficiaire. Elle peut faire l'objet d'une procédure de paiement direct et elle n'a pas à être déclarée au passif du débiteur soumis à une procédure collective, échappant ainsi à l'extinction faute de déclaration. Le tribunal peut aussi imposer à l'époux débiteur de constituer une hypothèque, un gage, de souscrire un contrat ou de donner une caution pour garantir le paiement de la rente.

Paragraphe 6. L'incitation aux prestations conventionnelles

En cas de divorce contentieux, les époux sont incités à recourir à des conventions pour fixer la prestation compensatoire. La loi offre ainsi aux époux la liberté de déterminer et de réviser la prestation compensatoire, en suivant les règles applicables à la prestation conventionnelle prévue dans le cadre d'un divorce par consentement mutuel que le code même n'a pas prévu. A cette fin, les époux sont invités à soumettre à l'*homologation* du juge des conventions réglant tout ou partie des conséquences du divorce, autres que celles relatives à la liquidation du régime matrimonial. Après avoir vérifié que les intérêts de chacun des époux et des enfants sont préservés, le juge homologue les conventions en prononçant le divorce.

La constitution d'un capital obéit aux modalités fixées par les époux. La révision, notamment, est admise, de telle sorte que si le capital devient insuffisant pour couvrir les besoins du conjoint créancier, celui-ci peut demander un complément sous forme de rente. La situation de ce dernier est donc prise en considération, sans préjudice pour les intérêts du débiteur.

Il sera aussi possible d'attribuer des rentes temporaires et de prévoir que le versement de la prestation cessera à compter de la réalisation d'un événement déterminé. Enfin, les possibilités de révision, d'un commun accord, ou à la demande unilatérale d'un époux, sont identiques à celle prévues pour la révision des prestations dans le cadre d'un divorce par consentement mutuel. L'ouverture des possibilités de révision ainsi offerte risque, cependant, d'alimenter un nouveau contentieux de l'après-divorce.

Paragraphe 7. Les dommages et intérêts

Lorsque le divorce pour faute est prononcé aux torts exclusifs de l'un des époux, celui-ci pouvait être, traditionnellement, condamné à des dommages et intérêts en réparation du préjudice matériel ou moral que la dissolution du mariage fait subir à son conjoint. Cette possibilité n'était qu'une application, en matière de divorce, du principe général de responsabilité personnelle : Aujourd'hui, l'on admet la possibilité pour le conjoint non fautif de demander des dommages et intérêts, surtout, on a tenté de restreindre les cas d'allocation de dommages et intérêts, tout en permettant leur attribution en dehors du divorce pour faute.

Quelques observations succinctes suffiront à préciser le domaine et le régime de cette indemnisation.

a. Le domaine

En raison du divorce, un époux peut subir un *préjudice* résultant du prononcé même de la dissolution du mariage. C'est le sens du principe même : l'époux qui n'a pas commis de faute peut solliciter une réparation du préjudice subi du fait de la dissolution du mariage. Plus précisément, la loi prévoit que des dommages et intérêts peuvent être accordés à un époux en réparation des conséquences d'une particulière gravité qu'il subit du fait de la dissolution du mariage, soit lorsqu'il est défendeur à un divorce prononcé pour altération définitive du lien conjugal, soit lorsque le divorce est prononcé aux torts exclusifs de son conjoint.

Ainsi, la volonté de responsabiliser l'époux défaillant conduit à maintenir un lien entre les conséquences financière du divorce et l'attribution des torts. Il en résulte aussi que l'allocation de dommages et intérêts n'est pas envisageable dans un divorce par consentement mutuel, ni dans un divorce accepté, et qu'elle se trouve neutralisée en cas de divorce aux torts partagés.

Lorsqu'il y avait rupture de la vie commune, des dommages et intérêts ne pouvaient pas être accordés, puisque la cause de divorce était objective. Mais la solution est contestable puisqu'elle oblige, en pratique, l'époux défendeur à former une demande reconventionnelle pour obtenir des dommages et intérêts. Ceux-ci peuvent, désormais, être alloués au défendeur à un divorce prononcé pour *altération définitive du lien conjugal.* La loi précise, cependant, que le défendeur ne doit pas avoir lui-même formé une demande en divorce : sans doute moins dans le but de pacifier la procédure, que de prendre en compte l'existence d'une disposition spéciale relative à la possibilité, pour le défendeur, de former une demande reconventionnelle et d'obtenir, éventuellement, un divorce pour faute prononcé aux torts exclusifs du demandeur. Le régime particulier de cette responsabilité n'exclut pas l'application de l'article 1382 du Code civil. Dès lors, en vertu du *principe général* de responsabilité civile, il est toujours permis à un époux de demander la condamnation de son conjoint à lui verser des dommages et intérêts en réparation d'un *préjudice* autre que celui résultant du prononcé du divorce.

b. Le régime

Les dommages et intérêts dus par l'époux aux torts exclusifs de qui le divorce pour faute est prononcé, ou par l'époux demandeur à un divorce prononcé pour altération définitive du lien conjugal sont destinés à réparer le préjudice résultant de la dissolution du mariage. Mais il devra établir l'existence d'un préjudice. Cependant, pour apaiser les procédures de divorce, sans permettre à l'époux vraiment défaillant d'échapper à ses responsabilités, la loi prévoit que le bénéfice des dommages et intérêts ne peut être accordés à un époux que si la preuve est faite des conséquences d'une particulière gravité qu'il subit du fait de la dissolution du mariage. Quelle peut en être la consistance ? Il peut s'agir d'un *préjudice matériel* important, qui ne serait pas toutefois être réparé par l'attribution d'une prestation compensatoire. On peut citer à titre d'exemple des frais conséquents de déménagement et d'installation déboursés par l'époux innocent du fait que, par suite du divorce, le logement familial a dû être vendu . Le plus souvent, le préjudice est moral : le conjoint souffre particulièrement de la déconsidération qui s'attache à la situation de divorce, ou est gravement affligé par l'épreuve de la rupture.

En application du principe générale de responsabilité civile, l'époux qui sollicite des dommages et intérêts devra d'abord prouver les *fautes* commises par son conjoint. Il devra ensuite établir le dommage qui en est résulté, mais qui doit être indépendant de celui qui est imputable à la dissolution du mariage. Par conséquent, l'indemnisation pourra être demandée par une action distincte de la procédure du divorce, ce qui est très rare. Elle revêtira les mêmes formes que précédemment, donc par l'allocation d'une somme d'argent. Mais le divorce n'a pas seulement des conséquences pour les époux, il a aussi des répercussions sur la situation des enfants.

Section 3. Les conséquences du divorce pour les enfants

Le prononcé du divorce ne manque jamais de rejaillir sur les enfants du couple. Répercussion affectives et psychologiques, d'abord, contre lesquelles le droit ne peut rien, ou presque. Conséquences d'ordre juridique, ensuite, parce qu'il faut aménager les relations qui vont s'instaurer entre l'enfant et ses parents divorcés. Sans doute les droits et devoirs des père et mère à leur égard subsistent-ils. Les enfants issus du mariage restent légitimes, ils conservent leurs droits dans la succession de leurs parents, droits qui sont au demeurant réciproques, et les parents sont toujours tenus d'une obligation alimentaire, laquelle est également réciproque[362].

[362] Sur les conséquences du divorce pour les enfants, voir Patrick Courbe, *Droit civil. Les personnes, la famille, les incapacités,* 2e édition, Dalloz, 1998, p. 89 et s.

SOUS-TITRE 3. LA SEPARATION

Les difficultés que connaissent certains époux peuvent se résoudre, en marge du divorce, par une séparation. Celle-ci apparaît sous deux formes. Ou bien, les époux décident d'un commun accord, ou l'un d'eux prend l'initiative, d'une cessation de la communauté de vie. Cette situation est caractérisée par l'absence de toute organisation juridique, conformément à l'article du Code de la famille (chapitre 1), comme on l'a vu antérieurement. Ou bien, cette dispense de vie commune est l'objet propre de la procédure engagée : on parle alors de *séparation de corps* (Chapitre 2).

CHAPITRE 1. LA SEPARATION DE FAIT

Par définition, ce mode de vie séparée des époux n'est pas organisé par une décision de justice, à la différence de la séparation de corps[363]. Mais le juge peut être amené, lorsqu'il est saisi par un époux, à constater cette séparation comme un fait qui existe, et la loi prévoit alors que certaines conséquences s'attachent à cette nouvelle donnée factuelle. Il en est ainsi dans les rapports entre époux, comme dans leurs relations avec les tiers.

Paragraphe 1. Les rapports entre époux séparés de fait

Les devoirs essentiels du mariage subsistent. Donc, l'époux qui se trouve sans ressources suffisantes pour vivre est en droit d'obtenir la condamnation de son conjoint à lui verser une contribution aux charges du mariage. Celle-ci en effet n'implique pas l'existence d'une communauté de vie entre les conjoints. Encore qu'à cette occasion, ayant à statuer sur la demande de contribution, il est permis au juge de tenir compte des circonstances de la cause et de la responsabilité dans la séparation. Il y a là une application de l'idée d'interdépendance des obligations issues du mariage. De même, le juge pourra prendre des mesures afin d'assurer la sauvegarde des intérêts de la famille.

Mais si, les époux organisent par un pacte de séparation amiable les conséquences de leur séparation, de telle conventions seront dépourvues de valeur juridique. Un époux peut, à tout moment, réclamer la reprise de la vie commune. Cependant, pour des raisons évidentes, il ne saurait obtenir la condamnation de son conjoint à l'exécution forcée[364]. Le juge n'est pas autorisé à tenir compte des arrangements conclus entre époux : mais il ne peut s'agir des aménagements conventionnels des devoirs et obligations nés

---

363 T.G.I. de Dolisie. Rôle civil. n° 09/2000. Rép. n° 05/03 du 05 Février 2003. Conversion de la séparation de fait en divorce. Acquiescement. Abandon du foyer conjugal. Infidélité. Survenance d'enfant hors du foyer conjugal. Sur cette décision, voir aussi H.D. Amboulou, *Le divorce et la séparation de corps en droit congolais*, Op. cit.

364 T.G.I. de Pointe-Noire. Rôle civil. n° 870. Année 2005. Rép. n° 415 du 22 mai 2006. Compétence internationale du juge congolais – Séparation de fait – Détérioration du climat conjugal – Perte du port du nom. Sur cette décision, voir aussi H.D. Amboulou, *Le divorce et la séparation de corps en droit congolais*, Op. cit.

du mariage. L'on n'autorise cette prise en considération que dans les hypothèses où le juge statue sur les modalités d'exercice de l'autorité parentale. Les textes relatifs à l'autorité parentale, il est vrai, accru l'influence que les conventions conclues entre les père et mère de l'enfant peuvent exercer, mais c'est sous réserve d'homologation par le juge.

Paragraphe 2. Les rapports des époux séparés de fait avec les tiers

En principe, la séparation de fait est sans effet à l'égard des tiers : ainsi pour le paiement des loyers du logement familial. Par exception, les législations sociale et fiscale en tiennent compte, comme pour priver le conjoint séparé de fait du capital décès prévu par l'article l. 361-4, alinéa 2 du Code de la sécurité sociale.

CHAPITRE 2. LA SEPARATION DE CORPS

La séparation de corps, par contraste avec la séparation de fait, est une dispense judiciaire de l'obligation de vie commune. Ainsi que l'exprime l'article 2 du Code de la famille, « la séparation de corps ne dissout pas le mariage mais elle met fin au devoir de cohabitation ». Pour cette raison, la séparation de corps a été pendant longtemps présentée comme le divorce des catholiques, car elle est compatible avec le dogme de l'indissolubilité du mariage prônée par le droit canonique. Mais la séparation de corps peut être convertie en divorce, éventuellement contre le gré d'un époux. Elle est donc conçue aujourd'hui par la plupart des époux qui la demandent comme une étape intermédiaire, une sorte de prélude au divorce.

D'où l'analogie avec celui-ci : la séparation de corps peut être prononcée pour les mêmes causes et suivant une procédure identique à celle du divorce (Section 1). Elle s'oppose, en revanche, au divorce par ses effets, puisqu'elle ne fait pas disparaître le mariage (Section 2). Cette subsistance du lien conjugal empêche naturellement les époux de contracter un nouveau mariage. Mais comme dans le même temps ils ne vivent plus ensemble – c'est la finalité de l'institution - les époux se trouvent dans une situation qui peut à la longue se révéler difficilement supportable. Il est donc prévu une issue, par la cessation de la séparation de corps (Section 3)

Section 1. Le cas et procédure de la séparation de corps

La séparation de corps nécessite, comme le divorce, le prononcé d'une décision judiciaire. Au demeurant, la *similitude avec le divorce* est presque totale pour les cas et pour la procédure[365].

Paragraphe 1. Les cas de séparation de corps

A l'instar du divorce, la séparation de corps peut être demandée par un époux : demande acceptée, altération définitive du lien conjugal ou faute. Elle peut aussi intervenir du consentement mutuel des deux époux. Le demandeur a donc le *choix* entre le divorce et la séparation de corps pour trouver remède aux mésententes conjugales. La solution radicale est de très loin préférée : il y a vingt fois plus de divorces que de séparations de corps

[365] Sur les cas et la procédure de la séparation de corps, voir Patrick Courbe, *Droit civil. Les personnes, la famille, les incapacités,* 2e édition, Dalloz, 1998, p. 93.

(indice non publié, dans la commune de Pointe-Noire, sur des transcriptions dans les registres de l'état civil).

La séparation de corps pour rupture de la vie commune était très rare. Un époux pouvait, néanmoins, y trouver avantage pour éviter de se voir opposer une clause de dureté, qui impliquait une dissolution du mariage et n'avait donc pas sa place dans la séparation de corps. L'altération définitive du lien conjugal résultant désormais de la cessation de la communauté de vie durant les deux années précédant la requête initiale pourrait donner un nouvel intérêt à une demande en séparation de corps fondée sur cette cause, renforçant ainsi la nature de période de réflexion que constitue souvent la séparation de corps

Paragraphe 2. La procédure de la séparation de corps

La procédure de la séparation de corps suit les règles de la procédure du divorce, que l'on connaît. Le choix entre la séparation de corps et le divorce a toutefois des incidences sur les demandes que les époux peuvent formuler. D'abord, à tout stade de la procédure, et même en appel, une demande en divorce peut être transformée en demande en séparation de corps : mais l'inverse n'est pas possible. Substitution d'autant plus remarquable qu'au cours de l'instance, le demandeur ne peut passer d'un cas de divorce à l'autre, sauf à utiliser les passerelles instituées entre les différentes procédures des divorces. Ensuite, le défendeur à une demande principale en divorce peut répliquer par une demande reconventionnelle en séparation de corps, sauf si le divorce est demandé pour altération définitive du lien conjugal[366]. Alors, la demande reconventionnelle ne peut tendre qu'au divorce : cette disposition nouvelle est la conséquence de la reconnaissance par la loi du 17 octobre 1984 du *droit unilatéral au divorce.*

---

[366] T.G.I. de Pointe-Noire. Rôle civil n° 845. Année 2009. Rép. n° 427 du 10-08-2009. Compétence internationale du juge congolais – Convention de divorce – Rapports extra conjugaux – Abandon de domicile – Infidélité – Séparation de résidence – Pension alimentaire – Droit de visite. Sur cette décision, voir aussi H.D. Amboulou, *Le divorce et la séparation de corps en droit congolais*, Op. cit.

Il en va de même lorsqu'est formée une demande principale en séparation de corps : une demande reconventionnelle en divorce peut être formée. Il en résulte que la demande en divorce formée par un époux et la demande en séparation de corps formée par son conjoint peuvent être concurremment présentée. Alors, le juge examine si les causes en sont réunies. A défaut il statue sur la demande en séparation de corps. C'est la traduction de l'idée, de primauté du divorce sur la séparation de corps. Dans le même sens, si une demande en divorce et une demande en séparation de corps sont fondées sur la faute, le juge les examine simultanément ; s'il les accueille, le juge prononce à l'égard des deux époux le divorce aux torts partagés.

Section 3. Les effets de la séparation de corps

Certains effets de la séparation de corps sont également des effets du divorce : notamment, le sort des donations et avantages matrimoniaux est identique, tandis que l'époux innocent peut se voir accorder des dommages et intérêts en réparation du préjudice d'une particulière gravité subi du fait de la suppression de la vie commune. Il suffit de renvoyer, à ce sujet, aux développements qui précèdent. Pour le reste, les effets de la séparation de corps sont spécifiques, du fait du maintien du mariage. Celui-ci, toutefois, est aménagé aussi bien dans les relations personnelles des époux que dans leurs rapports pécuniaires.

Paragraphe 1. Les effets personnels

La particularité de l'institution est de laisser subsister le lien conjugal. Les époux vont ainsi se trouver dans une situation intermédiaire entre l'état matrimonial et la condition de divorcés, puisque la vie commune disparaît alors que le mariage subsiste.

a. La disparition de la vie commune

Le devoir de vie commune, qu'impose le mariage, disparaît ; c'est l'effet essentiel de la séparation de corps. Chaque époux recouvre le droit de fixer librement sa résidence, puisqu'il n'y a plus de résidence commune. Solution qui emporte de plein droit domiciles distincts. Cette séparation des résidences fait disparaître aussi le devoir d'assistance, qui est lié à la communauté de vie. Il est mis fin également, par voie de conséquence, au devoir conjugal (au sens charnel). La disparition du devoir de cohabitation (au sens matériel et au sens charnel) conduit à s'interroger sur le sort de l'*obligation de fidélité.*

Certains auteurs considèrent que cette obligation est maintenue et, dans le silence de la loi, les tribunaux ont parfois adopté la même solution. L'adultère d'un époux séparé de corps pourrait donc être invoqué par son conjoint comme étant une faute, cause de divorce, justifiant une action immédiate en divorce. A dire vrai, cette position est contestable. D'une part, en effet, l'obligation de fidélité est liée par nature (humaine…) à la cohabitation. D'autre part, pour pouvoir être admis comme faute, cause de divorce, l'adultère devrait, suivant les exigences de l'article du Code de famille, rendre intolérable la vie commune. Le devoir de fidélité doit donc disparaître avec elle. C'est bien, du reste, ce que prévoit le droit de la filiation, qui pose une véritable présomption d'infidélité : un enfant conçu par une femme mariée séparée de corps n'est pas légitime, c'est-à-dire qu'il n'est pas juridiquement l'enfant du mari.

b. La survie du mariage

Les époux séparés de corps ne peuvent se remarier : c'est une conséquence de la subsistance du mariage et qui constitue la différence essentielle avec le divorce. Puisque le mariage subsiste, chaque époux séparé de corps conserve l'usage du nom du conjoint. Toutefois, le jugement de séparation de corps ou un jugement postérieur peut le lui interdire, compte tenu des intérêts respectifs des époux.

Paragraphe 2. Les effets pécuniaires

L'ambigüité de la situation des époux séparés de corps, qui apparaît sur le plan personnel, se traduit dans les rapports pécuniaires par divers aménagements. Dans la mesure où le mariage subsiste, il existe nécessairement un régime matrimonial après séparation de corps : mais il subit des transformations. De même, le devoir de secours est maintenu, mais son exécution tient compte de la situation nouvelle.

a. Le régime matrimonial

La séparation de corps entraîne toujours la séparation de biens : les époux sont séparés de corps et de biens. De telle sorte que si les époux étaient mariés sous un régime de communauté, il y a substitution automatique d'un régime séparatiste. Le fondement de la solution est évident : les époux séparés de corps ne vivant plus ensemble, il est logique d'assurer l'indépendance de leurs intérêts pécuniaires. La communauté est donc dissoute, à la même date que s'il y avait eu divorce. Les biens communs doivent être partagés. Les modalités peuvent en être arrêtées par les époux, pendant l'instance, par le biais d'une convention dont les effets sont suspendus jusqu'au prononcé de leur séparation de corps. Ces modalités de partage doivent, du reste, être fixées par les époux qui demandent la séparation de corps par consentement mutuel dans la convention qui sera homologuée par le juge.

Bien que la loi ne les évoque pas, il semble que la séparation de corps ait d'autres répercussions sur le statut patrimonial des époux. Notamment, les dispositions relatives au sort du logement familial après le prononcé du divorce doivent logiquement prendre place dans le statut des époux séparés de corps.

Surtout, la question se pose de la survie du régime primaire : suivant qu'il est considéré comme étroitement lié à la subsistance du lien conjugal ou au contraire comme supposant l'existence d'un ménage, le régime primaire est maintenu ou disparaît des époux pour les dettes contractées pour l'entretien du ménage ou l'éducation des enfants ne devrait pas subsister, dès lors que les formalités de publicité prescrite par suite de la séparation de corps, le ménage a disparu. Pour la même raison, il est logique d'exclure la protection du logement familial édictée par l'article du Code de la famille. Les époux séparés de corps acquièrent, en effet, le droit de mener une vie indépendante, si bien qu'il n'y a plus de foyer familial. La cogestion paraît, de surcroît, difficile à mettre en œuvre quand les époux ne vivent plus ensemble. L'extension du régime consécutif au divorce est, en fin de compte, plus adaptée. Dans le même sens, la contribution aux charges du mariage disparaît : elle laisse place au devoir de secours.

b. Le devoir de secours

L'article du Code de la famille dispose explicitement que la séparation de corps laisse subsister le devoir de secours. Le jugement qui la prononce, ou un jugement postérieur, fixe la pension alimentaire qui est due à l'époux dans le besoin. Elle est intransmissible passivement. Cette pension est attribuée sans considération des torts. Elle ne dépend que du double critère des besoins de celui qui la demande et des ressources du conjoint. Elle est soumise aux règles des obligations alimentaires. Notamment, si l'époux créancier a manqué gravement à ses obligations envers l'époux débiteur, le juge pourra, quel que soit le cas de séparation de corps, décharger celui-ci de tout ou partie de la dette alimentaire.

Toutefois, la pension est remplacée en tout ou en partie par la constitution d'un capital, lorsque la consistance du patrimoine de l'époux débiteur s'y prête. Pareillement, si ce capital devient insuffisant pour couvrir les besoins du conjoint créancier, celui-ci peut demander au juge aux affaires familiales un complément sous forme de pension alimentaire : c'est une application du principe de prévisibilité des obligations alimentaires.

Section 3. La cessation de la séparation de corps

La séparation de corps disparaît du fait de la mort d'un époux. Mais elle peut prendre fin, aussi, du vivant des époux. La séparation de corps place, en effet, ces derniers dans une situation particulière, puisqu'elle est intermédiaire entre le mariage et le divorce, sans offrir pleinement les avantages de chacune de ces institutions ; Le retour à l'état matrimonial antérieur est le fruit de la réconciliation, que manifeste la reprise de la vie commune. A l'inverse, la séparation de corps peut être convertie en divorce.

Paragraphe 1. Le décès d'un époux

La séparation de corps laisse subsister le mariage, on l'a vu. Le décès d'un époux séparé de corps dissout le mariage. L'autre époux peut alors faire valoir les *droits* que la loi accorde au *conjoint survivant* dans la *succession* de l'époux défunt. Solution qui doit, toutefois, être écartée si le défunt avait exclu le conjoint survivant de sa succession par un *testament,* ce qui est possible lorsqu'il n'existe pas de réserve héréditaire au profit du conjoint survivant. De fait, si les textes relatifs aux droits du conjoint survivant et des enfants adultérins, ont, pour la première fois en droit congolais, institué une réserve héréditaire au bénéfice du conjoint survivant, c'est la condition que le défunt ne laisse ni descendant ni ascendant.

D'un autre côté, interfère traditionnellement la responsabilité dans la séparation. Ainsi, le conjoint survivant était privé de droits successoraux si la séparation de corps avait été prononcée, pour faute, à ses torts exclusifs, ou bien s'il avait pris l'initiative de la demande en cas de séparation prononcée pour rupture de la vie commune. La volonté de dissocier les conséquences financières de l'attribution des torts a conduit le législateur à supprimer ces restrictions.

Lorsque la séparation de corps est prononcée par consentement mutuel, les époux peuvent inclure dans leur convention une *renonciation* aux droits que la loi confère au conjoint survivant dans la succession du prédécédé : c'est là un véritable pacte sur succession future, normalement prohibé. Concernant les *prestations sociales*, le conjoint séparé de corps est privé du droit au capital décès[367] et il ne peut prétendre à la rente d'accident du travail que s'il avait obtenu une pension alimentaire[368]. En revanche, il peut bénéficier d'une pension de retraite de réversion du chef de son conjoint prédécédé, que ce dernier fût fonctionnaire.

Paragraphe 2. La reprise de la vie commune

Selon l'article du Code de la famille, la reprise volontaire de la vie commune met fin à la séparation de corps. De fait, si les deux époux ont manifesté l'intention de se réconcilier (élément intentionnel) et ont reconstitué le foyer conjugal (élément matériel), il y a volonté commune de réconciliation et la séparation de corps n'a plus de raison d'être. Elle va donc disparaître, sans formalités particulières, lesquelles pourraient paraître dissuasives. Les effets de la séparation de corps vont s'éteindre, par une sorte de caducité du jugement. Tous les effets du mariage renaissent, à l'exception de la séparation de biens qui subsiste.

Paragraphe 3. La conversion en divorce

Les époux séparés de corps se trouvent placés dans une situation singulière : la séparation de corps impose certaines obligations du mariage sans leur offrir les compensations de la vie commune. Et plus elle se prolonge, moins la situation paraît supportable. Il faut donc permettre aux époux d'en sortir. Faute de réconciliation, la voie du divorce est ouverte, par deux accès.[369] D'un côté, l'un des époux unilatéralement, ou les deux époux conjointement,

---

[367] Voir en ce sens, Art. L. 361-4, al.2 du Code de Sécurité sociale

[368] Voir en ce sens, Art. L. 434-8, al. 2 du Code de Sécurité sociale.

[369] Sur la conversion de la séparation de corps en divorce, voir Patrick Courbe, *Droit civil. Les personnes, la famille, les incapacités*, 2e édition, Dalloz, 1998, p. 95

peuvent demander le divorce[370]. Une nouvelle action devra être exercée, distincte de la procédure qui a mené à la séparation de corps.

Elle le sera sur d'autres causes que celle qui a justifié le prononcé de la séparation de corps : ainsi, elle peut prendre appui sur des fautes commises depuis le jugement de séparation, de même que le demandeur peut invoquer l'altération définitive du lien conjugal si la séparation des époux a duré plus de deux ans, y inclus le délai de séparation de corps. La condition de délai sera, en fait, toujours remplie depuis que la loi a réduit la durée exigée de séparation de fait de six ans à deux ans. Ce mode de dissolution du mariage est indépendant de la séparation de corps.

D'un autre côté, il peut être tenu compte du fait que le juge a déjà statué sur la mésentente conjugale pour prononcer la séparation de corps. La loi prévoit, en conséquence, qu'il est possible d'accéder au divorce sans intenter une procédure distincte, mais en s'appuyant au contraire sur la décision de séparation du corps, dont la conversion en divorce est alors demandée. Cette transformation est soumise à certaines conditions, elle suit une procédure simplifiée et produira les effets du divorce.

a. Les conditions

Les conditions de la conversion varient suivant qu'elle est demandée par un époux ou par les deux conjointement.

1). La demande unilatérale

Si un époux souhaite obtenir la conversion de la séparation de corps en divorce, la principale condition qu'il doit respecter est l'écoulement d'un délai de deux ans depuis le jour où la séparation de corps est devenue définitive. Le délai,, traditionnellement de trois ans, a été réduit à deux ans, par cohérence avec la durée exigée pour le prononcé du divorce en cas d'altération définitive du lien conjugal. L'exigence d'un tel délai s'appuie

---

[370] T.G.I. de Pointe-Noire. Rôle civil n° 845. Année 2009. Rép. n° 427 du 10-08-2009. Compétence internationale du juge congolais – Convention de divorce – Rapports extra conjugaux – Abandon de domicile – Infidélité – Séparation de résidence – Pension alimentaire – Droit de visite. Sur cette décision, voir aussi H.D. Amboulou, *Le divorce et la séparation de corps en droit congolais*, Op. cit.

sur le fait qu'après quelques années, tout espoir de réconciliation a disparu et la dissolution du mariage peut donc intervenir. Il s'agit naturellement d'un minimum, la loi ne fixant aucun délai maximum au-delà duquel la demande serait irrecevable.

Le droit de demander la conversion appartient à chaque époux. Cette demande peut donc être formée en réplique à une demande en divorce pour faute, présentée par un époux au cours du délai triennal suivant la décision de séparation de corps. Dans ce cas, le juge doit prononcer la conversion. De telle sorte que la preuve par l'époux demandeur que son conjoint a commis de nouvelles fautes depuis la séparation de corps n'est pas de nature à modifier, lors du divorce, l'attribution des torts tels que déterminé par le jugement prononçant la séparation de corps

2) La demande conjointe

On sait que la loi n'a pas favorisé les demandes en divorce fondées sur le consentement mutuel des époux. Cette faveur crée par le juge se manifeste également lorsqu'il s'agit d'obtenir le divorce sur conversion. En ce sens, l'article du Code de la famille prévoit que, dans tous les cas de séparation de corps, celle-ci peut être convertie en divorce sur demande conjointe.[371] Les époux ont de cette manière la possibilité de régler d'un commun accord les conséquences du divorce. En outre, et parce qu'ils sont d'accord, les époux peuvent accéder au divorce sans qu'aucun délai ne soit imposé : solution logique puisqu'ils seraient en mesure, à tout moment, de demander conjointement un divorce autonome.

Le juge envisage un autre cas de conversion par consentement mutuel, qui est cette fois érigé en mode obligatoire. En effet, lorsque la séparation de corps a été elle-même prononcée par consentement mutuel, elle ne peut alors être convertie en divorce que par une nouvelle demande conjointe. L'accord des deux époux est donc indispensable, ce qui rend finalement la séparation

---

[371] T.G.I de Pointe-Noire. Rôle civil n° 1033. Année 2004. Rép. n° 028 du 24-01-2005. Requête conjointe- Divorce par consentement mutuel-Convention de divorce – Torts partagés. Sur cette décision, voir aussi H.D. Amboulou, *Le divorce et la séparation de corps en droit congolais*, Op. cit.

de corps par consentement mutuel hasardeuse. En effet, le refus d'un époux empêchera sa conversion[372].

b. Procédure

La conversion de la séparation de corps en divorce est toujours judiciaire. Mais qu'elle soit demandée par un époux ou par les deux conjointement elle obéit à une procédure simplifiée.

1) Demande unilatérale

Le juge territorialement compétent est celui de la résidence de la famille ou, en cas de résidences distinctes, le juge du lieu où réside l'époux avec lequel habitent les enfants mineurs. Dans les autres cas, le juge qui doit être saisi est celui de la résidence de l'époux défendeur. La phase préparatoire de la procédure de divorce, qui se déroule devant le juge, est supprimée. Il n'y a pas, notamment, de tentative de conciliation. Par conséquent, l'instance débute par une assignation devant le juge. Aucune demande reconventionnelle n'est recevable, en particulier concernant la répartition des torts. Toutefois, les demandes nouvelles peuvent être examinées lorsqu'elles concernent les conséquences du divorce, et spécialement celles qui sont relatives à la prestation compensatoire. Si les conditions sont remplies, le juge est obligé de prononcer la conversion de la séparation de corps en divorce. On dit parfois que la conversion est automatique. La formule est excessive.

Au vrai, le sens de la solution est le suivant : dès lors qu'elle est demandée, décision qui incombe aux époux, le juge doit la prononcer, sans disposer du pouvoir d'apprécier l'opportunité de la conversion. Mais celle-ci ne s'opère pas de plein droit, sans jugement. Ce caractère obligatoire a une conséquence importante lorsque la séparation de corps a été prononcée pour faute : le juge saisi de la demande de conversion doit prononcer le divorce sans pouvoir examiner les fautes du demandeur qui seraient invoquées par le défendeur.

---

[372] T.I. de Tié-Tié. Pointe-Noire. Rôle civil n° 241. Année 2009. Rép. n° 374 du 09 -06-2009- Requête conjointe des époux – Divorce par consentement mutuel- Incompatibilité d'humeur- Sans pension alimentaire ni prestation compensatoire- Garde alternative des enfants. Sur cette décision, voir aussi H.D. Amboulou, *Le divorce et la séparation de corps en droit congolais*, Op. cit.

2) Demande conjointe

Si les deux époux décident de former conjointement la demande de conversion, la requête, datée et signée par chaque époux et leur avocat, est adressée au juge, accompagnée d'une convention définitive réglant toutes les conséquences du divorce. La phase décisoire est simplifiée. Ainsi, le juge ne peut pas entendre les époux et se borner à examiner avec leur avocat la convention. En l'absence de difficulté, il homologue la convention et prononce le divorce.

a. Les effets

La conversion de la séparation de corps en divorce a pour conséquence essentielle la *dissolution du lien conjugal*, par suite du *prononcé du divorce*. Les ex-époux peuvent donc contracter aussitôt un nouveau mariage. Quant aux effets de la conversion, ils se déduisent de l'idée que le divorce ainsi prononcé se substitue à la séparation de corps. La cause de la séparation de corps devient la cause du divorce et l'attribution des torts n'est pas modifiée. De sorte que le devoir de secours, qui subsistait à la charge d'un époux, quand la séparation de corps pour rupture de la vie commune avait été prononcée à sa demande, est supprimé dans tous les cas.

Puisque le devoir de secours entre époux séparés de corps disparaît, il faut déterminer les *conséquences du divorce* et notamment prévoir l'attribution éventuelle d'une *prestation compensatoire*, selon les règles propres au cas de divorce. Or, cette prestation pourra, si l'équité le commande ne pas être accordée à l'époux aux torts exclusifs de qui la séparation de corps, donc le divorce sur conversion, a été prononcée. Il peut en aller de même en considération des critères prévus par le code. Pourtant, on l'a vu, une pension alimentaire avait pu lui être allouée. Mais cet époux n'a pu former de demande reconventionnelle sur la répartition des torts, lors de l'instance en conversion. Il lui restera toutefois la ressource de discuter des motifs de refus de la prestation compensatoire prévus par l'article du Code de la famille. Enfin, si le préjudice causé par la dissolution du mariage est distinct de celui résultant de la séparation de corps, qui ne faisait que relâcher le lien matrimonial, l'époux innocent pourra solliciter des *dommages et intérêts*, comme en matière de divorce.

SIXIEME PARTIE. LES REGIMES MATRIMONIAUX

CHAPITRE 1. LA POLYGAMIE

Dans le cadre du régime matrimonial optionnel, le législateur congolais accorde une bonne place à la polygamie, bien qu'il ne précise pas le nombre de femmes qui seraient légalement autorisées, afin de prévoir les excès. L'article 209 du Code de la famille dispose, en effet : « les époux mariés sous le régime de la monogamie peuvent choisir l'un des trois régimes matrimoniaux prévus à l'article 207. En l'absence de tout choix, ils sont placés sous le régime de droit commun de la communauté réduite aux acquêts ainsi qu'il est dit à l'article 140. Les époux mariés sous le régime de la polygamie sont placés le régime de la séparation des biens[373]. »

Le Code de la famille organise trois régimes matrimoniaux :

1). La communauté réduite aux acquêts
2). La séparation des biens
3). La communauté conventionnelle
Le régime de droit commun est le régime de la communauté réduite aux acquêts[374].

[373] Art. 209 du Code de la famille
[374] Art. 207 du Code de la famille

CHAPITRE 2. LE REGIME DE LA COMMUNAUTE CONVENTIONNELLE

Selon le législateur congolais, les époux peuvent par un contrat de mariage, modifier la communauté légale par toute espèce de convention qui ne déroge ni aux bonnes mœurs, ni aux devoirs et droits qui qui résultent pour eux du mariage, ni aux règles de l'autorité parentale, de l'administration légale et de la tutelle, ni aux règles concernant l'ordre légal des successions. Ils peuvent notamment convenir :

1). Que la communauté comprendra les meubles et les acquêts ;
2). Qu'il sera dérogé aux règles concernant l'administration ;
3). Que l'un des époux aura la faculté de prélever certains biens moyennant indemnité ;
4). Que l'un des époux sera autorisé à prélever avant tout partage une certaine somme ou une certaine quantité d'effets mobiliers en nature ;
5). Que les époux auront des parts inégales ;
6). Qu'il y aura entre eux communauté universelle. Les règles de la communauté légale seront applicables en tous les points qui n'auront pas fait l'objet de convention des parties[375].

Le régime de la communauté conventionnelle est un régime matrimonial organisé par la loi[376], s'appliquant aux personnes qui n'ont pas fait de contrat de mariage, ou aux personnes qui ont expressément choisi ce régime. La loi l'a organisé en pensant qu'il correspondait aux besoins et aux désirs de la majorité des Congolais. Aussi beaucoup de personnes l'adopteront. En effet, le régime légal ancien a été profondément modifié par la loi française de 1965. Et le Code de la famille, en 1984, a voulu l'adapter aux besoins modernes en accordant à la femme plus de droits qu'auparavant. Le régime conventionnel reste un régime communautaire (les biens acquis avant le mariage seront communs aux époux) car cela correspond mieux à l'esprit de mariage, même à notre époque[377].

---

[375] Art. 208 du Code de la famille
[376] Art. 207 à 211 du Code de la famille
[377] Voir en ce sens, H. D. Amboulou, *Le mariage et les régimes matrimoniaux en droit congolais*, Op. cit.

CHAPITRE 3. LE REGIME DE LA COMMUNAUTE REDUITE AUX ACQUETS

Selon l'article 212 du Code de la famille, la communauté se compose activement :

1). Des salaires, pensions, revenus perçus par l'un ou l'autre des conjoints pendant la durée du mariage et d'une manière générale du produit de leur travail ;
2). Des biens et droits acquis à titre onéreux pendant la durée du mariage lorsque ces acquisitions ont été faites en échange d'u bien commun ;
3). Des revenus, rentes et intérêts perçus pendant la durée du mariage, provenant des biens communs[378].

Les biens des époux. Les biens sont répartis en plusieurs catégories. Les dettes n'engagent pas forcément toute la fortune du ménage.

Les biens communs. Ces sont tous les biens achetés par les époux durant le mariage, qu'ils proviennent du travail personnel d'un des conjoints ou des économies faites sur les fruits et revenus de ses propres. Ils sont appelés « biens communs ».

Les biens propres. Chaque époux conserve, comme biens propres, tous les biens qu'il a acquis avant le mariage. Seront également des « propres » tous les biens reçus gratuitement pendant le mariage, c'est-à-dire, provenant des donations, legs ou successions. Enfin, pourront être des « propres », les biens acquis en remplacement d'un autre « propre » (exemple : vente d'un bien propres et rachat pour remplacer le bien vendu), à condition que certaines formalités notariées soient respectées.

Les dettes des époux. La règle a changé avec le Code de la famille. Font désormais partie du passif communautaire, toutes les dettes contractées pour l'entretien du ménage et l'éducation des enfants, sous les réserves vues au paragraphe « Vie normale du foyer »), et celles qui ont été contractées avec l'accord des deux époux[379].

---

[378] Art. 212 du Code de la famille

[379] Voir en ce sens, H. D. Amboulou, *Le mariage et les régimes matrimoniaux en droit congolais*, Op. cit.

Exemple n°94

« ….Des époux sont mariés sous le régime de la communauté. Le mari ; agissant seul, porte envers une banque caution d'une société. La société débitrice principale étant défaillante, la banque réclame en justice à la caution le paiement de la dette. En exécution de la condamnation de la caution à payer, la banque créancière fait saisir le compte chèque postal, le, plan épargne logement et le compte-titres ouverts au nom du mari-caution. Les époux demandent la mainlevée de ces saisies. Les juges du fond rejettent ces demandes, en constatant que les époux ne contestent pas que les trois comptes sont alimentés par les seuls revenus du mari. Le pourvoi formé par les époux est rejeté en ce qui concerne le refus de donner mainlevée de la saisie du compte postal ; il est en revanche accueilli en ce qui concerne le refus de donner mainlevée de la saisie des deux autres comptes[380]… »

Tout créancier « communautaire » pourra se payer à la fois sur les biens communs et les biens propres des deux époux (mais il ne pourra saisir les gains et salaires de celui avec lequel il n'a pas contracté). Restent des dettes propres à chaque époux, les dettes nées avant le mariage et celles contractées ultérieurement par un seul mais dans un but autre que l'entretien du ménage ou l'éducation des enfants.

Exemple n°95

Madame Solo née Mboumba avait contracté diverses dettes concourant aux soins médicaux de sa défunte mère. Une année après, elle se marie sous le régime de la communauté des biens réduite aux acquêts avec Monsieur Solo. Courant mois d'octobre 2008, la Clinique médicale « Le Manguier » fit, par exploit d'huissier de justice, en exécution notamment d'une ordonnance du président du tribunal de grande instance, pratiquer des saisies sur les gains et salaires de son épouse, lesquels gains et salaires étaient insignifiants. Le 13 novembre 2008, depuis la ville de Paris (France) où il se trouvait en voyage d'études, l'époux transigea, par lettre recommandée avec accusé de réception, en lieu et place de sa femme, en proposant que ces saisies soient

[380] Cass. civ. 1re, 14 janvier 2003 (N° 000-16.078). Bull. civ. I. n° 2. JCP 2003.II.100.19.concl. J. Sainte-Rose. Communauté. Passif. Cautionnement ; Gilles Goubeaux, Philippe Bihr, *100 Commentaires d'arrêts en droit civil, Méthodologie*, 2e édition, LGDJ, p.401.

pratiquées sur son compte personnel dont il communiqua en même temps le numéro.

Paragraphe 1. L'administration des biens communs

Elle était dévolue au mari jusqu'en 1984, la femme n'ayant droit à administrer que les biens dits »réservés » (c'est-à-dire provenant de son travail). Le principe est désormais celui d'une co-administration :

- Les actes les plus graves requièrent l'accord des deux époux. Il en est ainsi lorsqu'il s'agit d'aliéner (vendre) ou grever de droits réels (hypothéquer) un immeuble, un fonds de commerce ou une exploitation dépendant de la communauté. Il en est également ainsi lorsqu'il s'agit de consentir un bail commercial ou rural sur un fonds de commun. Il en est enfin de même s'agissant d'aliéner des meubles corporels dont l'aliénation est soumise à publicité, ou s'agissant de droits sociaux non négociables (parts sociales de SARL).
- Tous les autres actes peuvent être passés par un seul époux, celui-ci répondant toutefois des fautes qu'il pourrait commettre dans sa gestion. Une exception toutefois : l'époux qui exerce une profession séparée a seul le pouvoir d'accomplir les actes d'administration (gestion) et de disposition (aliénation) nécessaires à celle-ci[381].

Paragraphe 2. L'administration des biens propres

Chaque époux a l'administration et la jouissance de ses biens propres et peut en disposer. Mais cette liberté n'est pas totale, et nous retrouvons là l'idée que tous les biens du ménage, mêmes les biens propres, ont une affectation familiale.

Exemple n°96

« …Des époux sont mariés sous le régime de la communauté légale. La femme vend une maison qui lui est propre. Le prix est versé sur un compte joint des époux. Une partie de cette somme est prélevée pur financer l'achat d'un appartement commun. Ultérieurement survient le divorce. Le partage de la communauté dissoute suscite des difficultés. C'est notamment le cas de la détermination de la récompense due à la femme à raison de suites de la

---

[381] Voir en ce sens, H. D. Amboulou, *Le mariage et les régimes matrimoniaux en droit congolais*, Op. cit.

vente de sa maison. Les critiques formulées par l'ex-mari à l'encontre de la solution retenue par les juges du fond ne sont pas accueillies par la Cour de cassation qui rejette le pourvoi[382]... »

En effet, si un époux se trouve, d'une manière durable, hors d'état de manifester sa volonté ou s'il met en péril les intérêts de la famille, soit en laissant dépérir ses biens propres, soit en disposant ou en détournant les revenus qu'il en retire, son conjoint peut demander au juge de le dessaisir des droits d'administration et de jouissance qu'il avait sur ses biens propres.[383] Le juge peut alors conférer au conjoint demandeur le pouvoir d'administrer les biens propres de l'époux dessaisi, ainsi que de percevoir les revenus de ces biens propres. Ces revenus devront servir à couvrir les charges du ménage ; l'excédent serait employé au profit de la communauté.

Paragraphe 3. Les autres régimes communautaires

Les époux, s'ils font un contrat de mariage, peuvent choisir un régime communautaire différent du régime légal, ou modifier certaines mesures du régime légal qui ne leur convient pas. Ils peuvent par exemple décider que seront communs les biens qui resteraient propres dans le régime légal. Ils peuvent décider d'étendre la communauté à tous les biens, quelles que soient leur date d'acquisition ou leur provenance (régime de la communauté universelle). Ils peuvent décider de confier à l'un l'administration des « propres » de l'autre (clause, d'unité d'administration), etc.

---

[382] Cass. civ. 1re, 16 mars 2004 (N° O1-11-461). Communauté. Récompense ; Gilles Goubeaux, Philippe Bihr, *100 Commentaires d'arrêts en droit civil, Méthodologie*, 2e édition, LGDJ, p. 405.

[383] Voir en ce sens, H. D. Amboulou, *Le mariage et les régimes matrimoniaux en droit congolais*, Op. cit.

CHAPITERE 4. LE REGIME DE LA SEPARATION DES BIENS

Le Code de la famille traite de ce régime et notamment de la séparation des intérêts, de la preuve de la propriété des biens et de l'ingérence dans l'administration des biens du conjoint[384]. Le régime de la séparation des biens peut résulter d'un jugement rendu à la demande de l'un des époux, ou d'un jugement de séparation de corps (celle-ci entraînant la séparation de biens). Mais il peut aussi avoir été, stipulé par le contrat de mariage. C'est le régime le plus égalitaire en ce sens que les époux sont indépendants sur le plan financier, et recueillent personnellement les fruits de leur activité et de leur réussite.

Exemple n°97

« ...Des époux mariés sous le régime de la communauté légale usent de la procédure de changement volontaire de régime matrimonial prévue à l'article 1397 du Code de procédure civile. Leur convention, par laquelle ils adoptent désormais le régime de séparation de biens, est homologuée par le tribunal. En conséquence du changement intervenu, le régime de communauté doit être liquidé et la masse commune partagée. Les époux étant en désaccord, l'un d'eux saisit le tribunal qui ordonne de procéder aux opérations de liquidation et de partage de l'indivision existant entre les époux. Ce dernier point est contesté en ce que sont compris dans cette in division non seulement les anciens biens communs, mais aussi les biens acquis indivisément par les époux depuis qu'ils sont séparés de biens. Selon la Cour d'appel, réformant le jugement, le partage ne peut porter que sur l'ancienne masse commune ; les biens indivis acquis postérieurement à la dissolution du régime de communauté, alors que les époux sont soumis au régime de la séparation de biens, ne pourront être partagés qu'à la dissolution de cde nouveau régime matrimonial sous l'empire duquel ils ont été acquis. Cette décision est cassée par la première Chambre civile de la Cour de cassation, ce qui signifie un retour à la solution des premiers juges, qui peut être opérée par une cassation sans renvoi[385]... ».

---

[384] Art. 225 à 228 du Code de la famille

[385] Cass.civ.1re 14 novembre 2000 (N° 98.22.936). Bull. civ. I, n°290, D. 2001. 1755, note P. Lipinski. Séparation de biens. Partage de biens indivis possible à tout moment ; Gilles

Ils ont un minimum d'intérêts communs. Mais ce régime semble assez égoïste et ne pas correspondre à l'esprit de mariage. Le régime de séparation de biens est presque toujours défavorable aux femmes qui se consacrent à leur foyer. Ces femmes ont pu aider leur mari dans la vie ayant une activité intelligent au foyer (en économisant, en accomplissant de multiples tâches ménagères) ; or elles n'auront absolument aucun droit sur la fortune que leur mari aura pu réaliser. Elles seront ainsi à la merci de sa reconnaissance, qui risque fort de disparaître, surtout en cas de mésentente et de séparation.

Lorsque la femme arrive au mariage avec une fortune importante, ou recueille cette fortune par héritage, donation ou legs, elle n'a pas à redouter que son mari la gaspille si elle choisit le régime légal. Car cette fortune lui restera propre et elle l'administrera elle-même (sauf si elle en était tout à fait incapable). Donc une femme disposant d'une fortune personnelle, si elle n'a pas de profession, n'a pas avantage à choisir le régime de séparation des biens[386]. Le régime de séparation des biens peut au contraire correspondre au désir des femmes qui ont une profession lucrative, et désirent garder une totale indépendance financière vis-à-vis de leur époux.

Le régime de séparation des biens es surtout intéressant dans les milieux commerciaux, où les époux préfèrent séparer leur fortune, afin qu'une partie des biens du ménage se trouve des conséquences des placements audacieux que voudrait essayer l'un des conjoints. Mais les époux n'ont pas le droit de faire échec à leurs créanciers en essayant de frauder en se plaçant *a posteriori,* par exemple sous le régime de la séparation des biens.

Paragraphe 1. Les biens des époux

La fortune de chaque époux est totalement distincte. Il n'y a pas de masse commune. Il n'y a que des biens propres. Chaque époux a la libre administration, jouissance et disposition de ses biens. Si les époux achètent quelque chose en commun, ils se trouvent en situation d'indivision, comme de simples copropriétaires.

Goubeaux, Philippe Bihr, *100 Commentaires d'arrêts en droit civil, Méthodologie,* 2e édition, LGDJ, p. 409.

[386] Voir en ce sens, H. D. Amboulou, *Le mariage et les régimes matrimoniaux en droit congolais*, Op. cit.

Paragraphe 2. Le minimum de charges communes

Ces charges, c'est une obligation fixée par le régime primaire, qui s'impose à toute personne mariée. Chaque époux contribue selon ses facultés.

Paragraphe 3. Le cas de fraude des époux

Les époux ayant choisi le régime de séparation des biens n'ont pas le droit de frauder pour faire échec à leurs créanciers.

Exemple n°98

Monsieur Diawara, désire faire des placements aventureux mais auparavant, pour mettre ses biens à l'abri du risque, il fait semblant de mettre les biens qu'il possède au nom d'Aminata sa femme. Les placements s'avèrent désastreux ; il se trouve avec des lourdes dettes. Les biens qui, restent à son nom sont insuffisant pour payer les créanciers. Ces derniers voudraient se faire payer sur ces biens s'ils peuvent prouver que l'opération était purement fictive, et que les époux avaient fait un arrangement frauduleux. Les créanciers devront donc démonter la fraude. Pour faciliter cette démonstration, on leur permet d'apporter la preuve par tout moyen.

SEPTIEME PARTIE. LES SUCCESSIONS ET LES LIBERALITES

CHAPITRE 1. LES GENERALITES

La succession est la transmission à une plusieurs personnes vivantes ou à une personne présumée absente judiciairement de biens laissés par une personne décédée. Le droit à la succession dépend de l'importance reconnu à deux aspects juridiques fondamentaux d'une société : le droit de la famille et le droit de propriété. Le contenu de ces deux droits a varié selon les époques ; il diffère encore actuellement selon les pays. Ainsi, dans la tradition lointaine et selon les coutumes au Congo, l'aîné mâle était privilégié dans la succession. La Loi du 17 octobre 1984 a instauré l'égalité obligatoire entre tous les enfants pour les biens des parents. Et le droit à la succession dépend désormais de la façon dont on envisage les liens familiaux[387].

Le deuxième élément influençant le droit à la succession est le droit de propriété. Le droit congolais actuel accorde une place importante aux problèmes de succession, car il reconnaît le droit de propriété individuelle. L'Etat intervient au moment du décès d'une personne pour percevoir un impôt. Cette part revenant à l'Etat est couramment appelée « droits de succession ». Son importance varie en fonction de la fortune recueillie et du degré de parenté. Après un décès, la succession peut prendre deux formes différentes, selon que le défunt a exprimé ou non sa volonté.

Section 1. Le testament

Le testament peut revêtir deux formes. Il peut être authentique (c'est-à-dire reçu par notaire, en présence de deux témoins majeurs qui ne seront ni membres de la famille du testateur, ni légataires), ou olographe (rédigé sur papier libre mais impérativement écrit de la main du testateur qui doit le dater et le signer)[388]. Le testament authentique[389] présente bien entendu un avantage de sûreté puisqu'il ne pourra être égaré, volé ni falsifié. Le testament secret est celui qui est présenté clos et scellé à un officier public ou juge assisté de deux témoins par le testateur[390]. Si le défunt n'a pas exprimé sa volonté, la succession est une succession « ab intestat » (sans

387 Voir en ce sens, H. D. Amboulou, *Les libéralités et les successions en droit congolais*, Op. cit.
388 Art. 690 à 695 du Code de la famille
389 Art. 696 à 698 du Code de la famille
390 Art. 699 à 703 du Code de la famille

testament). Les héritiers sont appelés par conséquent « héritiers ab intestat ». La transmission des biens s'effectue alors conformément aux principes fixés par le Code de la famille, et communs à toutes les successions de ce genre. Si le défunt a exprimé sa volonté dans un testament valable, la succession est alors une « succession testamentaire ». Les personnes désignées comme héritiers dans le testament, sont appelées « légataires ». Celui qui veut rédiger un testament n'a pas le droit de distribuer sa fortune n'importe comment. Il doit respecter certains principes du Code de la famille. Ainsi, il ne pourra pas déshériter complètement ses enfants.

Il pourrait exister une troisième forme de succession. Une personne peut désirer régler sa succession de son vivant (souvent pour éviter des chicanes postérieures). Mais la loi interdit formellement à chacun d'attribuer de son vivant, par un pacte quelconque, la totalité ou une partie d'une succession non encore ouverte. Toutefois des exceptions importantes à ce principe ont été admises, notamment la possibilité de faire de son vivant une « donation-partage ». La loi est méfiante vis-à-vis des dons. Si un parent a fait, pendant sa vie, un ou plusieurs dons importants à certains de ses enfants, ces dons risquent d'être remis en question au moment de son décès. On cherchera s'ils n'ont pas rompu l'égalité entre les enfants.

Section 2. L'ouverture de la succession

Paragraphe 1. Le moment et le lieu d'ouverture de la succession

Selon l'article 452 du Code de la famille, la succession s'ouvre par la mort et par la déclaration judiciaire du décès en cas d'absence ou de disparition. La succession de la personne appelée le de cujus est ouverte où elle avait, lors de son décès, sa résidence principale telle que défini à l'article 102 et, si ce lieu est inconnu, au lieu où se trouvent ses biens ou la majeur partie de ses biens. La succession s'ouvre donc au lieu du dernier domicile du défunt. Ce lieu n'est pas toujours celui du décès (en cas d'accident notamment). Et le droit de propriété des biens du défunt est transmis à ses héritiers au moment même du décès. Lorsqu'il y a plusieurs héritiers, cet instant est souvent le départ d'une période d' « indivision », c'est-à-dire une forme de copropriété sur les mêmes biens, en attendant le partage.

Paragraphe 2. Les qualités requises pour succéder

Le successeur doit :

- exister à l'instant de l'ouverture de la succession (un enfant simplement conçu existe et a qualité pour succéder)[391] ;
- ne pas être indigne de succéder.

Est indigne de succéder : celui qui est condamné pour avoir donné ou tenté de donne la mort au défunt ; celui qui a porté contre le défunt une accusation capitale jugée calomnieuse ; l'héritier majeur qui, instruit du meurtre du défunt, ne l'a pas dénoncé à la justice[392].Une personne présumée absente peut succéder. Depuis la loi du 28 décembre 1977, une personne qui, absente, a cessé de paraître au lieu de son domicile ou de la résidence sans que l'on en ait eu de nouvelles, peut succéder à la condition que le juge des tutelles saisi par l'une des parties intéressées ou par le ministère public, ait constaté qu'il y a présomption d'absence. Précisions que la notion d'absence est celle qu'évoque le Code de la famille : l'absent est celui qui a disparu de son domicile ou de sa résidence sans donner de nouvelles.

Section 3. La succession « ab intestat » - Les héritiers

La loi règlemente les successions, principalement lorsque le défunt n'a pas fait de testament, n'a pas exprimé sa volonté à propos de la transmission de ses biens. Les textes législatifs décident que dans ce cas les biens du défunt iront à ses parents les plus proches, et ils déterminent l'ordre de parenté qui doit être suivi. En cas d'absence totale de parents, ou d'existence de parents très éloignés, l'Etat peut recueillir la succession du défunt[393]. Après avoir énuméré les héritiers, la loi se préoccupe aussi de réglementer le déroulement de la succession, car la répartition des biens du défunt peut demander un certain temps et susciter des conflits d'intérêts entre les divers héritiers[394].

---

[391] Art. 358 du Code de la famille

[392] Art. 359 du Code de la famille

[393] Art. 454 du Code de la famille

[394] Voir en ce sens, H. D. Amboulou, *Les libéralités et les successions en droit congolais*, Op. cit.

Paragraphe 1. Les différents héritiers

Le Code de la famille les distingue entre les descendants[395], les ascendants[396], les collatéraux privilégiés[397], les collatéraux ordinaires[398], le conjoint survivant[399] et l'Etat[400]. Les parents les plus proches, éliminant les parents à un degré plus éloigné, recueillent la succession. A un même degré de parenté, sauf exceptions, les parents ont une part égale dans la succession. La loi fixe l'ordre selon lequel il faut rechercher les héritiers dans une famille. Les héritiers légitimes sont les favorisées. Les héritiers illégitimes ont certains droits dans la succession, ainsi que le conjoint survivant[401].

Les héritiers légitimes. Parmi les héritiers légitimes, la loi détermine un ordre dans le droit à succéder. Les parents légitimes sont divisés en quatre catégories. S'il n'y a personne dans la première catégorie, ce sont les parents de la deuxième catégorie qui héritent. S'il n'y a personne dans la première ni dans la deuxième catégorie, ce sont les parents de la troisième catégorie qui héritent, etc. Dans chaque catégorie, le parent qui a le plus proche degré de parenté avec le défunt prime les autres parents qui sont dans la même catégorie. (Exemples : la catégorie des descendants ; les enfants priment les petits- enfants. La catégorie des ascendants ; les parents priment les grands – parents, les grands parents priment les arrière grands-parents, etc.). En dehors de cet ordre déterminé par la loi pour succéder, deux techniques jouent un rôle important pour déclarer qui a droit à succéder : la technique de la représentation et la technique de la fente successorale.

---

395 Art. 472 à 474 du Code civil
396 Art. 475 à 477 du Code de la famille
397 Art. 478 à 481 du Code de la famille
398 Art. 482 et 483 du Code de la famille
399 Art. 484 à 490 du Code de la famille
400 Art. 491 à 494 du Code de la famille
401 Voir en ce sens, H. D. Amboulou, *Les libéralités et les successions en droit congolais*, Op..cit.

Paragraphe 2. L'ordre de la succession

Les parents légitimes sont répartis en quatre catégories.

1. **Les descendants**

Les descendants sont les premières personnes appelées à recevoir la succession. Il peut s'agir d'enfant légitime, légitimés ou adoptifs. On appelle descendants en ligne directe les enfants, petits –enfants, arrière-petits-enfants, etc. S'il y a plusieurs enfants, la succession est partagée également entre eux. Lorsque l'un des enfants est mort mais a laissé des enfants, ses propres enfants pourront le remplacer dans la succession, mais devront se partager la part qu'il aurait obtenue s'il avait été vivant.

2. **Les ascendants privilégiés et les collatéraux privilégiés**

Il s'agit du père et de la mère du défunt, et des frères et sœurs du défunt. Ils héritent lorsque le défunt est mort sans avoir eu de descendance. Trois cas peuvent se produire.

Premier cas. Il n'y a que des frères et sœurs. La succession sera partagée également entre eux. Un frère ou une sœur décédé peut être représenté par ses descendants, qui recueillent alors la part à laquelle ce frère ou cette sœur avait droit.

Deuxième cas. Il y a des frères et sœurs, et aussi les parents. Chacun des parents reçoit alors un quart de la succession, les frères et sœurs se partagent le reste (ils se partagent la moitié de la succession si les deux parents sont vivants, ils se partagent les trois quarts de la succession s'il ne reste qu'un parent).

Troisième cas. Il n'y a que les parents (enfant unique ou frère et sœur décédés sans postérité). Chacun reçoit la moitié de la succession. Sin un seul des parents est vivant il ne recevra pas forcément la totalité de la succession, car intervient alors la technique de la *fente successorale*. Cette technique permet de répartir les biens entre les deux lignes, paternelle et maternelle. Lorsque l'un des parents du défunt est mort, on regarde s'il n'a pas de parents encore vivants. Si le défunt a de ce côté des grands- parents, ces derniers auront droit à la moitié de la succession. Donc le parent survivant ne peut recueillir toute la succession de son enfant que s'il n'existe pas de grands- parents dans l'autre ligne (les parents de son conjoint décédé)[402].

3. Les ascendants ordinaires

Ce sont les ascendants autres que les parents du défunt. Il s'agit donc des grands –parents, arrière –grands –parents, etc. Ils héritent lorsque de défunt n'avait ni descendants, ni parents, ni frère et sœur (Ils peuvent héritier lorsque survit un seul des parents, grâce au principe de la fente, comme nous l'avons vu). Pour le partage de la succession entre les divers ascendants ordinaires, on applique encore le système de la fente : la succession se divise en deux, une part allant à la ligne paternelle, une part allant à la ligne maternelle. Si une ligne ne comporte pas d'ascendants, l'autre ligne recueille toute la succession.

4. Les collatéraux ordinaires

Il s'agit des cousins du défunt. Ils ne recueillent la succession qu'en l'absence de personnes dans les trois premières catégories. Sont alors susceptibles d'hériter les cousins jusqu'au sixième degré, c'est-à-dire les cousins issus de germains, mais les plus proches cousins primeront les autres. Les systèmes de la fente est encore applicable, car il existe souvent des cousins dans les deux lignes paternelle et maternelle.

[402] Voir en ce sens, H. D. Amboulou, *Les libéralités et les successions en droit congolais*, Op. cit.

CHAPITRE 2. LES PRINCIPES DE LA REPRESENTATION ET DE LA FENTE SUCCESSORALES

Section 1. Le principe de la représentation

La représentation joue au profit des descendants de la personne représentée. Pour pourvoir être représentée, une personne doit avoir eu droit à succéder, mais ne pas pourvoir succéder parce qu'elle est morte, absente, ou disparue. Elle n'aurait pas eu le droit de succéder si, par exemple, elle en avait été indigne (cas d'indignité vus dans l'introduction). Les descendants n'ont pas le droit de représenter une personne indigne[403]. De plus, seules deux catégories de personnes peuvent être représentées par leurs descendants (et par eux seuls, la représentation ne pouvant pas jouer en ligne ascendante) : les enfants du défunt et les frères et sœurs du défunt. Ont qualité pour être représentants dans une succession tous les descendants de la personne représentée (en cas de décès des enfants, cette personne peut être représentée par ses petits-enfants).

Les conséquences de la représentation : le ou les représentants prennent la place de la personne représentée, et obtiennent les mêmes droits. Mais s'ils sont plusieurs à un même degré de parenté, ils devront se partager la part qu'aurait obtenue la personne représentée[404].

Section 2. Le principe de la fente successorale

La loi tient à ce que les deux lignes, paternelle et maternelle, aient des droits égaux dans la succession. Aussi lorsqu'il existe des héritiers dans chacune des deux lignes, la succession est partagée en deux, la moitié est répartie dans chaque ligne, entre les personnes ayant un même degré de parenté (exemple : les seuls héritiers d'un défunt sont ses cousins ; il a des cousins germains du côté de sa mère, et des cousins germains du côté de son père ; la moitié de la succession va dans chacune des deux lignes, les cousins de chaque ligne partagent ensuite cette moitié entre eux ; s'ils sont plus nombreux dans la ligne maternelle par exemple, chacun dans cette ligne aura

---

[403] Art. 459 du Code de la famille

[404] Art. 476 et 477 du Code de la famille

moins que chaque cousins de la ligne paternelle –où les parents sont moins nombreux et où les biens seront donc moins fractionnés). La fente est applicable lorsque la succession est recueillie par des ascendants ou par des collatéraux, c'est à dire lorsqu'il y a des héritiers dans deux lignes familiales différentes, unies par l'alliance[405].

Elle commence à être applicable lorsque, en l'absence de descendants et de frères et sœurs, le défunt n'a plus qu'un de ses parents survivant. Ce parent n'aura que la moitié de la succession s'il existe des grands- parents dans l'autre lignée. Ensuite le système de la fente est évidemment appliqué lorsque les seuls héritiers sont les ascendants ordinaires (grands- parents, arrière –grands –parents), et lorsque les seuls héritiers sont des cousins : c'est l'exemple que nous avons choisi plus haut.

Section 3. Les héritiers non légitimes.

La loi du 17 octobre 1984 a considérablement augmenté les droits successoraux des héritiers non légitimes. L'enfant naturel dont la filiation est établie juridiquement a des droits successoraux très importants. Une distinction doit être faite entre l'enfant naturel simple, et l'enfant dont un des parents était engagé dans les liens du mariage avec une autre personne au moment de sa conception.

Paragraphe 1. L'enfant naturel simple

Il a maintenant dans la famille les mêmes droits qu'un enfant légitime.

1. L'enfant naturel dont l'un des parents était engagé dans les liens du mariage au moment de sa conception (enfant adultérin)

Les droits successoraux de l'enfant naturel peuvent alors se trouver réduits, par souci de protéger la famille légitime : les enfants légitimes et le conjoint survivant. Lorsque l'enfant naturel se trouve en concours avec des enfants légitimes issus du mariage en vigueur au moment de sa conception, il ne recevra que la moitié de la part qu'il aurait eue s'il avait été légitime. Lorsque l'enfant naturel se trouve en concours avec le conjoint survivant héritier en pleine propriété, il ne recevra (ou ils ne recevront, s'ils sont

[405] Voir en ce sens, H. D. Amboulou, *Les libéralités et les successions en droit congolais*, Op. cit.

plusieurs) que la moitié de ce qui, en leur absence, aurait été dévolu au conjoint survivant. Le conjoint survivant et les enfants légitimes peuvent aussi demander l'attribution préférentielle de certains biens, à charge de verser une compensation en valeur à l'enfant naturel[406].

Le parent qui veut éviter des conflits de succession entre ses enfants légitimes et ses enfants naturels, peut, de son vivant faire une attribution suffisante de biens à ses enfants naturels sous forme de donation, en stipulant qu'elle a lieu en règlement anticipé de leurs droits successoraux. Mais cette opération ne sera valable que si un tiers agrée est désigné comme représentant de l'enfant dans toute les opérations à venir pour le règlement de la succession (afin que les intérêts de l'enfant naturel soient correctement défendus) ; car au moment de la succession il pourra y avoir lieu à complément ou à réduction de cette donation selon qu'elle s'avère inférieure ou supérieure à la part normale de l'enfant, étant donné l'état de fortune du défunt au moment de sa mort. Si l'enfant naturel est dans le besoin, il peut préférer demander à la succession le versement d'une pension alimentaire. Il a le droit de faire une telle réclamation, mais il doit alors renoncer à ses droits d'héritier. Les autres héritiers peuvent refuser de lui octroyer une pension alimentaire, mais ils doivent alors lui attribuer la part d'héritage qu'il aurait eue normalement.

2. L'enfant naturel dont la filiation n'est pas juridiquement établi.

Cet enfant n'a pas la qualité d'héritier. Toutefois s'il avait obtenu en justice le versement d'une pension, la succession de celui qui devait la pension peut être tenue de continuer le versement.

Paragraphe 2. Le conjoint survivant

Le conjoint survivant a la qualité d'héritier. Mais il ne peut succéder à son époux que s'il n'est pas divorcé ni séparé de corps. Selon le cas, le conjoint survivant hérite en pleine propriété ou en usufruit.

1). **L'héritier en pleine propriété**

Le conjoint survivant hérite de la propriété des biens de son époux si ce dernier n'a plus de cousins parmi ses parents. Le conjoint survivant hérite

[406] Voir en ce sens, H. D. Amboulou, *Les libéralités et les successions en droit congolais*, Op. cit.

de la moitié de la succession, en pleine propriété, lorsque dans l'une des lignes du défunt, paternelle ou maternelle, il n'ya que des cousins (principe de la fente). Dans les autres cas, le conjoint survivant hérite en usufruit.

2). **L'héritier en usufruit**

Le Code de la famille organise les droits successoraux du conjoint survivant et précis la consistance de l'usufruit[407]. L'époux survivant n'a pas alors la propriété des biens, mais il en l'usage et peut en recueillir les revenus. Il hérite en usufruit lorsque le défunt laisse des descendants, des frères et sœurs, ou des ascendants. L'usufruit est calculé sur une masse successorale qui est déterminée par la loi. Ce droit d'usufruit est plus ou moins étendu selon que les autres héritiers ont une parenté plus ou moins proche avec le défunt[408].

En présence de descendants légitimes ou naturels simples, le conjoint a un droit d'usufruit qui est d'un quart. En présence d'ascendants, de frères et sœurs (ou de leurs descendants) ou d'enfants naturels conçus pendant le mariage, il a un droit d'usufruit qui est de la moitié. Les héritiers peuvent demander que le droit en usufruit du conjoint survivant soit transformé en *rente viagère*, afin que la fortune ne se trouve pas immobilisée par le droit d'usufruit[409]. Si les héritiers ne sont pas d'accord entre eux pour demander cette transformation en rente viagère, le tribunal appréciera quelle est la solution à adopter.

3). Le droit alimentaire du conjoint survivant

L'époux décédé peut avoir déshérité son conjoint. Il en a le droit, car la loi n'oblige pas une personne à laisser une part de succession à son époux (l'époux n'a pas de « réserve héréditaire »). Mais le conjoint survivant qui, au moment du décès, se trouve dans le besoin a toujours le droit de réclamer une pension alimentaire à la succession. Le délai pour la réclamer est de 1 an à partir du décès et se prolonge, en cas de partage, jusqu'à son achèvement.

---

[407] Art. 484 et s. du Code de la famille

[403] Voir en ce sens, H. D. Amboulou, *Les libéralités et les successions en droit congolais*, Op. cit.

CHAPITRE 3. LES SUCCESSEURS ANOMAUX

La succession dite « anomale » est une exception au principe général fixé par la loi en matière de succession. Ce principe est le suivant : « La loi considère ni la nature ni l'origine des biens pour en régler la succession. »Or dans la succession anomale, on prendra en considération l'origine des biens. La succession aura lieu en général parallèlement à la succession normale, et réglera la destination de certains des biens qui ont été donnés au défunt, avant sa mort, par ses ascendants. L'ascendant donateur a alors le droit de reprendre les biens qu'il avait donnés même si, dans la succession normale, il y a des héritiers qui ont un rang plus favorable que le sien[410]. Pour que cet ascendant puisse exercer son droit sur le bien qu'il avait donné, ce bien doit se retrouver en nature dans la succession (si le bien donné avait été vendu ou donné par le défunt avant sa mort, le donateur ne pourrait plus le réclamer). La succession anomale est tout à fait indépendante de la succession normale. Une même personne peut se trouver héritière dans les deux successions. Elle peut parfaitement refuser la succession normale et accepter la succession anomale, ou vice versa.

Section 1. Qui peut être successeur anomal :

-les ascendants légitimes, lorsque le défunt bénéficiaire du don est mort sans postérité légitime ;
-les adoptants simples d'un enfant naturel, lorsque l'enfant naturel est mort en ne laissant ni parents, ni descendants.

L'Etat. Le Code de la famille en a posé le principe en ces termes : « Les biens de la succession sont acquis à l'Etat par droit de succession :

- S'ils, ont été légués à l'Etat,
- Si le défunt ne laisse pas d'héritier,
- Si aucun des héritiers n'accepté la succession ;
- Quand, à défaut d'héritiers légaux, le défunt n'a légué qu'une partie de ses biens, le reste des biens est acquis à l'Etat[411].

[410] Voir en ce sens, H. D. Amboulou, *Les libéralités et les successions en droit congolais,* Op. cit.
[411] Art. 491 du Code de la famille

Donc, en l'absence de parents susceptibles d'hériter (cousins au 6e degré), l'Etat recueille la succession du défunt. Mais il n'acquiert pas immédiatement la possession des biens : il doit se faire « envoyer en possession » par le tribunal de grande instance. L'Etat peut d'autre part recevoir des dons, les héritiers disposant alors de 3 mois pour s'opposer à l'exécution du don. Le droit successoral de l'Etat joue assez rarement. Mais, pour chaque succession, l'Etat prélève des impôts qui peuvent être élevés lorsque la parenté n'est pas la plus proche. Pour les successions entre ascendants et descendants, l'Etat prélève en moyenne, sur la masse successorale taxable, de 5% à 20 % selon l'importance de la succession ; entre frères et sœurs, ce pourcentage va de 35% à 45% ; entre cousins, il est de 55%.

Section 2. La succession « ab intestat »

En ce qui concerne le déroulement de la succession, la loi a prévu aussi une réglementation au stade de la transmission de la succession, car une fois la succession ouverte, de nombreux problèmes risquent de se poser, et les conflits entre héritiers, sont fréquents. Nous venons de voir comment la loi désigne qui a vocation à héritier, mais elle laisse une place à la volonté individuelle en permettant aux personne ayant vocation à recueillir la succession, d'accepter ou de refuser cette succession.

Section 3. Le droit d'option accordé aux personnes ayant vocation à succéder

« Nul n'est tenu d'accepter une succession » déclare la loi. En effet une succession qui comporte plus de dettes que des biens, non seulement n'a aucun intérêt pour les héritiers mais constitue pour eux une charge, car ils devront rembourser les dettes du défunt. Aussi la loi permet –elle au successible (on appelle successible la personne qui a vocation à héritier) de choisir entre trois solutions :

- le successible peut accepter purement et simplement la succession. Il a intérêt à le faire s'il sait que la succession présente un intérêt financier (lorsque les biens ont une valeur supérieure aux dettes) ;
- il peut renoncer à la succession. Il a intérêt à le faire lorsque la succession est déficitaire (lorsque les dettes sont supérieures à la valeur des biens) ;
- la troisième solution est l'acceptation sous bénéfice d'inventaire. Le successible la choisira s'il est mal renseigné sur la qualité de la succession. Cela lui permettra de ne pas engager son patrimoine personnel en recueillant cette succession.

Le successible a en principe une entière liberté de choix entre ces trois solutions. La loi lui accorde un délai de 30 ans pour se décider, mais en pratique les circonstances l'obligeront souvent à agir dans un délai plus bref. Il existe quelques exceptions à la liberté de choix entre les trois solutions. Ainsi l'hériter qui a diverti ou recelé certains effets d'une succession et a tenté par-là de rompre à son avantage l'égalité qui doit exister entre les héritiers, et dans l'obligation d'accepter purement et simplement la succession, et ne peut plus prendre aucune part sur les objets divertis ou recelés[412]. Lorsque le successible a choisi l'une des trois solutions, sa décision portera sur la totalité de la succession. Il ne pourrait pas décider de renoncer à certains biens et d'accepter les autres. L'option du successible ne doit pas porter atteinte aux droits des créanciers.

Exemple n°99

Monsieur Gnongo est un héritier criblé de dettes. Il refuse la bonne succession de son défunt père, parce qu'il ne désire pas le voir tomber entre les mains de Messieurs Monanga et Okoulou, ses créanciers. Les créanciers pourront alors agir en justice afin de faire jouer à leur égard une option différente de celle choisie par l'héritier).

Paragraphen1. L'acceptation pure et simple

Le successible qui accepte purement et simplement une succession reçoit la totalité de la succession, les biens et les dettes. Il remplace alors le défunt, devenant propriétaire des biens et débiteur des dettes. Le patrimoine du défunt vient se confondre avec le patrimoine de l'héritier. Les formalités d'acceptation d'une succession, acceptation pure et simple, sont très réduites. Il suffit d'avoir manifesté par écrit simple, ou même de s'être comporté d'une façon qui fait supposer l'intention d'accepter la succession. Il y a acceptation tacite en effet lorsque le successible a fait un acte qu'il n'avait le droit de faire qu'en qualité d'héritier (exemple : lorsqu'il agit en propriétaire des biens de la succession en faisant une opération de vente ; ou même s'il fait sur la succession des actes de jouissance et d'administration). Donc un successible qui hésite à accepter une succession doit faire très attention à son comportement, afin de ne pas être présumé avoir accepté. Il

---

412 Voir en ce sens, H. D. Amboulou, *Les libéralités et les successions en droit congolais*, Op. cit.

ne peut agir qu'en cas d'extrême urgence (exemple : une réparation qui ne peut pas attendre). Un successible peut se voir obligé d'accepter une succession, s'il a recelé des effets de cette succession. L'acceptation forcée est alors une sanction.

Paragraphe 2. La renonciation à la succession

Le successible qui renonce à la succession reste à l'écart de celle-ci, il ne reçoit aucun bien, il n'est tenu d'aucun dette. La renonciation doit être exprimée dans une déclaration au greffe du tribunal de grande instance du lieu d'ouverture de la succession. Si un successible ne prenait aucune option, au bout de 30 ans, il serait présumé avoir renoncé à la succession. Une renonciation n'est jamais irrévocable. La personne qui a renoncé peut revenir sur sa décision. Pour cela il suffit de manifester son acceptation à la succession, même de façon tacite. Toutefois, cette acceptation après renonciation n'aura d'effet que si entretemps aucun autre successible n'a accepté la succession.

Paragraphe 3. L'acceptation sous bénéfice d'inventaire[413]

S'il accepte sous bénéfice d'inventaire, l'héritier ne sera tenu des dettes du défunt que dans la limite des biens existant dans la succession. Les dettes du défunt ne risqueront pas de devenir une charge personnelle pour lui. Le patrimoine de l'héritier n'est pas confondu avec celui du défunt comme en cas d'acceptation pure et simple[414]. Le créancier du défunt ne pourront pas réclamer à l'héritier le paiement des dettes de la succession au - delà des biens laissés par cette même succession.

Exemple n°100

« ....Un enfant est victime d'un accident de circulation. La compagnie d'assurances du responsable verse une somme de 700 000 F à titre de provision, en attendant la fixation du montant définitif de l'indemnité, que l'in peut prévoir au moins égal à cette provision, si la victime doit subir des séquelles pendant toute savie. Mais la jeune victime décède. Son préjudice se limite donc aux dommages subi jusqu'à cette date ; il est fixé à 340 000 F, ce qui fait ressortir, un trop perçu de 360 000F. De son côté, la mère de l'enfant

---

413 Art. 520 et s. du Code de la famille

414 Voir en ce sens, H. D. Amboulou, *Les libéralités et les successions en droit congolais*, Op. cit.

se voit allouer une indemnité de 169 095 F en réparation de son préjudice personnel, causé par les blessures puis le décès de son enfant. La succession de l'enfant ayant été dévolue à la mère, la Cour d'appel statuant à propos des comptes à régler à la suite de l'accident, ordonne la compensation entre la restitution à laquelle a droit la compagnie et l'indemnité due par celle-ci, sans s'arrêter au fait que la succession l'enfant avait été acceptée par sa mère sous bénéfice d'inventaire. C'est sur ce point que le pourvoi formé contre l'arrêt de la Cour d'appel est accueilli[415]... »

L'acceptation sous bénéfice d'inventaire doit être exprimée officiellement par une déclaration au greffe du tribunal de grande instance du lieu d'ouverture de la succession. Cette déclaration doit être accompagnée d'un inventaire des biens de la succession, dressé par notaire. L'héritier doit faire élaborer cet inventaire dans les 3 mois qui suivent le jour d'ouverture de la succession. L'acceptation sous bénéfice d'inventaire n'est pas une décision irrévocable. L'héritier peut par la suite changer d'avis et décider d'accepter purement et simplement. Cette acceptation pure et simple peut être présumée de son comportement, s'il fait un acte qui implique une confusion entre le patrimoine du défunt et le sien propre (exemple : prendre de l'argent dans la succession pour faire réparer une maison qui fait partie de son patrimoine personnel). Mais après avoir accepté sous bénéfice d'inventaire, un héritier n'aura plus le droit de renoncer à la succession.

[415] Cass. civ. 1re, 2 mai 2001 (N° 98.22.637). Bull. civ. I, n°116 ; JCP 2002. I. 178 ; n° I, obs. R. Le Guidec. Successions. Acceptation sous bénéfice d'inventaire. Compensation ; Gilles Goubeaux, Philippe Bihr, *100 Commentaires d'arrêts en droit civil, Méthodologie*, 2e édition, LGDJ, p. 417

CHAPITRE 4. L'INDIVISION

Le législateur congolais à prévu plusieurs dispositions qui sont relatives à la situation d'indivision dans laquelle beaucoup d'héritiers se trouvent au décès du titulaire des biens. Il traite ainsi de du caractère de l'indivision[416], de la convention d'indivision[417], de l'administration de l'indivision[418], des pouvoirs du gérant[419], de l'exercice des droits indivis[420], de la poursuite par les créanciers des indivisaires[421], de l'opposabilité des cessions[422], et du maintien dans l'indivision[423].

Au moment de l'ouverture de la succession, lorsqu'il y a plusieurs héritiers, ces héritiers vont se trouve copropriétaires des biens de la succession (et codébiteurs des dettes). Chacun a vocation à recucillir une part de l'héritage, mais en attendant le partage, les héritiers ont les mêmes droits sur l'ensemble de la succession, on dit qu'ils sont en indivision[424]. Le Code de la famille avait prévu que cet état d'indivision était un état temporaire, destiné à durer le moins longtemps possible. « Nul est tenu de rester dans l'indivision », c'est-à-dire que tout héritier peut réclamer le partage.

Exemple n°101

« ... Des parcelles font l'objet d'une propriété indivise entre plusieurs personnes. Un des indivisaires, agissant seul et sans mandat exprès de ses Co indivisaires consent à un tiers un bail rural sur les parcelles indivises. L'indivisaire qui a conclu le bail décède, laissant pour héritiers les autres indivisaires. Ceux-ci acceptent la succession.

Ultérieurement, un litige, dont la nature exacte n'est pas précisée, les oppose à l'occupant des parcelles. Le tribunal d'instance saisi de ce litige (action possessoire ?) se déclare incompétent en raison de l'existence du bail rural dont se prévaut l'occupant. Les indivisaires contestent cette décision en

[416] Art. 545 du Code de la famille
[417] Art. 543 du Code de la famille
[418] Art. 545 du Code de la famille
[419] Art. 546 du Code de la famille
[420] Art. 547 du Code de la famille
[421] Art. 549 du Code de la famille
[422] Art. 550 du Code de la famille
[423] Art. 553 du Code de la famille
[424] Voir en ce sens, H. D. Amboulou, *Les libéralités et les successions en droit congolais*, Op. cit.

faisant valoir que le bail rural conclu par un seul indivisaire (depuis lors décédé) est inopposable aux autres indivisaires. La Cour d'appel repousse l'argumentation et déclare au contraire que le bail leur est opposable. Le pourvoi formé contre cet arrêt est, rejeté[425]… »

Pensant que cette situation serait temporaire, le Code de la famille l'a peu réglementée, ce qui rend malcommode la période d'indivision. D'autant plus qu'en pratique l'indivision peut durer longtemps, tant que n'intervient pas le partage. L'indivision peut même devenir une situation durable et organisée lorsque les co-indivisaires la transforment en société. L'indivision comporte toute la fortune du défunt, ses biens et ses dettes. Les biens indivis sont : les biens recueillis au décès, plus les fruits et revenus produits pendant l'indivision, plus les biens nouveaux remplaçant les biens indivis qui auraient été vendus ou échangés ; les dettes de l'indivision comprennent les dettes du défunt, plus les dettes nées du fonctionnement de l'indivision.

Section 1. Le fonctionnement de l'indivision

Aucun des héritiers ne peut faire un acte de disposition (exemple : une vente), ou un acte d'administration (exemple : placement des revenus) concernant la succession, sans l'accord de tous les autres. Il faut donc un consentement unanime des héritiers pour toute décision relative à la succession. Cette exigence est une règle peu pratique pour la gestion d'une fortune, surtout lorsque les héritiers s'entendent mal. En cas de vente, l'accord unanime des héritiers est remplacé par l'accord de la majorité pour la vente des meubles, à condition que cette vente soit destinée à payer les créanciers. Si un héritier décidait seul de vendre un bien de la succession, cette vente ne pourrait avoir aucun effet, les autres héritiers pouvant exiger le retour du bien dans la succession. Elle n'aurait d'effet que si, une fois le partage terminé, le bien vendu se trouvait distribué dans le lot de celui qui avait conclu la vente.

---

[425] Cass. civ. 3e, 29 novembre 2000 (N° 98.22.737). Bull. civ. III, n°175; Indivision. Bail rural consenti par un seul indivisaire. Opposabilité aux indivisaires ayant recueili la succession du signataire du bail ; Gilles Goubeaux, Philippe Bihr, *100 Commentaires d'arrêts en droit civil, Méthodologie*, 2e édition, LGDJ, p. 423

Section 2. Le cas des actes d'administration

Pendant l'indivision, il est nécessaire d'administrer la fortune du défunt. La règle d'unanimité risque de bloquer sans cesse le fonctionnement du régime d'indivision. La gestion de la succession peur alors devenir extrêmement difficile[426]. Les héritiers ont alors intérêt à s'entendre pour laisser la gestion de l'indivision à l'un d'entre eux (le plus capable, ou bien encore le plus digne de confiance). Le gestionnaire ainsi désigné par l'ensemble des héritiers sera un mandataire, et il devra rendre compte de sa gestion en fin d'indivision. Si les héritiers ne peuvent pas s'entendre, la meilleure solution est de procéder au partage le plus rapidement possible.

Section 3. La durée de l'indivision

« Nul n'est tenu de rester dans l'indivision » déclare la loi. Il est pourtant des cas où l'indivision peut être obligatoire. Ce sont les cas où la loi l'exige ou bien en laisse l'appréciation au tribunal, parce qu'elle estime que l'indivision est la meilleure solution à adopter dans certaines hypothèses. Ainsi lorsqu'il y a des enfants mineurs, lorsqu'il s'agit d'une exploitation agricole familiale, lorsqu'il s'agit d'un local d'habitation ou à usage professionnel qui était occupé par le défunt ou son conjoint. Le maintien dans l'indivision ne peut pas être prescrit pour une durée supérieure à 5 ans. L'indivision peut ensuite être renouvelée dans certains cas. L'indivision se maintient dans une autre hypothèse : lorsque les héritiers se sont engagés à rester dans l'indivision. Ils peuvent créer une société d'indivision, soit parce qu'ils trouvent l'indivision préférable au partage et désirent la prolonger, soit parce qu'ils trouvent une réglementation satisfaisante de l'indivision dans les statuts (c'est-à-dire les règlements) d'une société.

---

[426] Voir en ce sens, H. D. Amboulou, *Les libéralités et les successions en droit congolais*, Op. cit.

CHAPITRE 4. LES RAPPORTS A SUCCESSION

Le défunt a pu faire de son vivant des dons à une personne qui devient par la suite son héritier. La loi présume que ces dons, sauf volonté contraire et expresse du donateur, constituaient une avance sur l'héritage à recevoir. Donc au moment de la succession, ils doivent être rapportés à la masse partageable, afin que l'égalité entre héritiers soit rétablie.

Section 1. Les dons rapportables à la succession

Toute donation entre vifs faite par le défunt de son vivant est en principe rapportable à la succession, que la donation ait été faite d'une façon directe ou indirecte. Les donations faites par contrat de mariage sont aussi soumises à rapport. Toutefois, une donation peut être gardée par son bénéficiaire si le défunt l'avait faite en spécifiant expressément qu'elle était faite « avec dispense de rapport ». Donc la personne qui fait une donation et ne veut pas que le donataire ait à remettre le bien donné à la succession doit faire très attention et spécifier que la donation est faite « avec dispense de rapport »[427].

Exemple n°102

« ...Une mère fait donation d'une automobile à un de ses fils. Après un certain temps, le donataire vend le véhicule. Plus tard, la donatrice décède. Le règlement de la succession suscite un litige entre les cohéritiers. Pour les juges du fond, le donataire devait rapporter à la succession la valeur du véhicule au jour de l'aliénation. Leur décision est cassée pour avoir méconnu la règle imposant de prendre en considération l'état du bien au jour de la donation[428]... »

La loi prévoit aussi que certains dons, étant donné leur nature, ne sont pas rapportable à la succession : les frais de nourriture, d'entretien, d'éducation, d'apprentissage, les frais ordinaires d'équipement, ceux de noces et les présents d'usage[429]. Les fruits et intérêts des donations rapportables ne sont sujet à rapport qu'à partir du jour d'ouverture de la succession ; les donations

[427] Art. 570 du Code de la famille

[428] Cass. civ. 1re, 27 juin 2000 (N° 98.14.886). Bull. civ. I, n°202, D. 2001. Somm. 2941, obs. B. Vareille ; JCP 2001. I. 366 ; n° I, obs. R. Le Guidec. Successions. Rapport. Evaluation. Etat du bien au jour de la donation; Gilles Goubeaux, Philippe Bihr, *100 Commentaires d'arrêts en droit civil, Méthodologie*, 2e édition, LGDJ, p. 420

[429] Voir en ce sens, H. D. Amboulou, *Les libéralités et les successions en droit congolais*, Op. cit.

–partage (partage successoral effectué par une personne de son vivant, afin d'éviter à ses héritiers les problèmes de succession) ne sont évidemment pas rapportables. La loi décide que si un immeuble, objet d'une donation rapportable, a péri fortuitement (exemple : inondation) sans faute du bénéficiaire de la donation, ce dernier n'est pas tenu à en rapporter la valeur[430].

Section 2. La forme du rapport

Le rapport peut être effectué en nature,[431] c'est-à-dire que le bénéficiaire de la donation remet le bien reçu dans la masse partageable de la succession. Mais le plus souvent, le rapport sera fait en valeur : le bénéficiaire de la donation remettra la valeur du bien reçu à la succession[432]. Il fait en général cette remise en acceptant que sa part successorale soit diminuée de la valeur du bien antérieurement reçu. La valeur de ce bien droit être calculée à la date du jour de la donation.

[430] Art. 584 du Code de la famille
[431] Art. 585 du Code de la famille
[432] Art. 582 du Code de la famille

CHAPITRE 5. LE PARTAGE SUCCESSORAL

Le partage est normalement la règle en matière de succession, lorsqu'il y a plusieurs héritiers « Nul ne peut être contrait à demeurer dans l'indivision, et le partage peut toujours être provoqué, nonobstant prohibitions et conventions contraires ». Le partage peut être un partage amiable ou un partage judiciaire. Les héritiers ont, en général intérêts à réaliser un partage amiable.

Section 1. Le partage amiable

Il peut intervenir lorsque les héritiers s'entendent, et sont majeurs, capables et présents (ou représentés)[433]. Ceci suppose que les héritiers se sont entendus pour la composition des lots et leur répartition. Ils sont libres de faire ces opérations à leur gré, en respectant seulement une égalité en valeur. Ils peuvent décider que l'un d'eux prendra tel ou tel bien dans la succession, et qu'il versera en argent la différence aux autres héritiers, si ce bien a une valeur qui dépasse la part à laquelle il a droit ; ceci permet aux héritiers de garder les biens qui les intéressent le plus, à condition évidemment d'être tombés d'accord.

Section 2. Le partage judiciaire

Le partage est effectué sous le contrôle du tribunal, selon des formes minutieusement prévues, lorsqu'il y a parmi les héritiers des mineurs, des interdits ou des absents, ou bien lorsque les héritiers ne sont pas d'accord[434]. Cette forme de partage est rarement souhaitable, car elle est très onéreuse et ne satisfait généralement pas les héritiers qui se voient attribuer les lots au hasard, par tirage au sort[435]. La règle est ici l'égalité en nature, c'est-à-dire que chaque lot devrait comprendre une égale quantité de biens de même nature (autant de meubles, d'immeubles, de valeurs mobiliers, etc.). Depuis 1938 cette exigence d'égalité en nature a été un peu atténuée, ce qui permet de faire des lots divisant moins les différents biens. Quoi qu'il en soit on aboutit toujours au tirage au sort[436]. Le partage judiciaire, étant donné son esprit de grande égalité, aboutit souvent au morcellement des propriétés, ce

---

[433] Art. 555 et 556 du Code de la famille
[434] Art.562 du Code de la famille
[435] Voir en ce sens, H. D. Amboulou, *Les libéralités et les successions en droit congolais*, Op. cit.
[436] Art. 565 et 566 du Code de la famille

qui est néfaste au point de vue économique. Aussi la loi a-t-elle prévu un régime exceptionnel d'attribution de certains biens.

Section 3. Le régime d'attribution intégrale de certains biens

Certains héritiers pourront demander que certains biens leur soient attribués en totalité, quitte à verser une *soulte* aux autres héritiers. La *soulte* est une somme d'argent qui correspond à la différence de valeur entre le bien obtenu et la part à laquelle ils avaient normalement droit. Cette soulte permet de rétablir l'égalité en valeur entre les héritiers. Quels sont les biens étant susceptibles d'être l'objet d'une attribution préférentielle ? Cette attribution peut être demandée pour les exploitations agricoles, commerciales, industrielles ou artisanales, non exploitées en société, et ayant un caractère familiale. Elle peut être demandée aussi pour les locaux d'habitation ou professionnels.

Paragraphe1. Qui peut demander une attribution préférentielle ?

Le conjoint survivant ou tout héritier, s'il remplit deux conditions : avoir été (ou être devenu par l'ouverture de la succession) copropriétaire de l'exploitation ; avoir participé ou participer à cette exploitation[437] ; la loi du 4 juillet 1980 fixe que « dans le cas de l'héritier, la condition de participation peut avoir été remplie ou être remplie par son conjoint. »

Exemple n°103

« ....Deux frères ont épousé deux sœurs. Les couples achètent ensemble un domaine agricole. Lorsqu'ont lieu, plus tard, les opérations de liquidation et de partage de cette indivision, un des eux frères et sa femme réclament l'attribution préférentielle du domaine. Alors que cette demande est pendante, l'époux demandeur décède. Sa veuve et ses enfants, en qualité d'héritiers interviennent pour poursuivre la demande d'attribution préférentielle. Ils sont débutés de cette demande par les juges du fond et la Cour de cassation rejette le pourvoi[438]... »

---

[437] Art. 568 du Code de la famille

[438] Cass. civ. 1re, 3 avril 2002 (N° 00.10.211). Bull. civ. I, n°107 ; D. 2002. 1592, note C. Barberot ; JCP 2002. I. 178 ; n° 6, obs. R. Le Guidec. Partage. Attribution préférentielle. Bénéficiaires. Conjoint ou héritiers. ; Gilles Goubeaux, Philippe Bihr, *100 Commentaires d'arrêts en droit civil, Méthodologie*, 2e édition, LGDJ, p. 428

Section 4. L'effet du partage

Les effets du partage rétroagissent au jour du décès : chaque héritier est reconnu comme ayant été, depuis le jour du décès, le seul propriétaire des biens qui lui ont été attribués par le partage. Donc si un héritier avait, pendant l'indivision, cédé des droits sur certains indivis (exemple : location, vente), ces droits seraient annulés si ces biens ne sont pas tombés dans son lot.

Paragraphe 1. Le paiement des dettes

Les dettes du défunt sont divisées dès le décès entre les cohéritiers, proportionnellement à la part d'héritage qu'ils sont destinés à recevoir. Le recouvrement de ces dettes n'est pas différé jusqu'à la clôture des opérations de partage. Les créanciers du défunt, en cas d'insolvabilité personnelle de l'héritier, ont le privilège de pourvoir saisir, jusqu'au partage, tout bien de la succession pour se faire payer leurs créances.

Les créanciers personnels d'un héritier ne bénéficient pas de cet avantage[439]. En cas d'insolvabilité de leur débiteur, ils peuvent compter sur la part d'héritage qu'il est destiné à recueillir pour se faire payer[440]. Mais ils ne peuvent pas saisir les biens indivis et doivent attendre le partage. Ils ont alors deux moyens d'agir. Ils peuvent provoquer le partage, si l'indivision dure trop longtemps (souvent le débiteur ne fait rien pour hâter la partage sachant que les biens qui sont recueillis ne profiteront qu'à ses créanciers). Ils peuvent aussi « faire opposition à partage », ce qui ne signifie pas empêcher le partage (qu'ils ont intérêt à voir réaliser le plus rapidement possible) mais empêcher que le partage ne se déroule sans qu'ils soient présents aux opérations[441]. Ainsi ils pourront vérifier eux-mêmes la régularité des opérations, s'ils craignent que les héritiers ne s'entendent entre eux pour réaliser un partage qui leur serait très défavorable.

---

439 Art. 554 du Code de la famille

440 Voir en ce sens, H. D. Amboulou, *Les libéralités et les successions en droit congolais*, Op. cit.

441 Art. 569 du Code de la famille

Paragraphe 2. L'action en garantie

Les copartageants sont respectivement garants, les uns envers les autres, des seuls troubles et évictions qui procèdent d'une cause antérieure au partage[442]. Cette action permet à un héritier évincé de se faire indemniser par les autres copartageants de la perte qu'il a subie. Il doit être victime de l'éviction et non pas en être personnellement responsable pour avoir droit à indemnité d'éviction : ne pas pouvoir jouir de tous les droits qui étaient normalement contenus dans son lot (exemple : il avait obtenu la propriété d'un bien successoral, or on s'aperçoit que la succession n'avait jamais eu le droit de prétendre à l'entière propriété de ce bien). L'héritier se trouve alors avec une propriété imparfaite sur le bien qu'il avait obtenu. Les autres copartageants doivent l'indemniser pour réparer l'inégalité ainsi apparue.

Paragraphe 3. La nullité du partage

Le Code de la famille a prévu des cas de nullité du partage, notamment en cas de vice du consentement[443] et de rescision pour cause de lésion[444]. La nullité du partage peut être prononcée pour vice du consentement, erreur sur la cause, incapacité d'un copartageant, ou lésion. Les seuls vices du consentement susceptibles de faire annuler un partage sont le dol et la violence. La nullité est alors relative, ce qui veut dire que seules les victimes peuvent la demander[445]. En cas d'incapacité d'un copartageant, la nullité est encore relative, seul l'incapable ou son représentant pouvant la demander. L'erreur sur la cause entraîne, elle une nullité absolue du partage (pouvant être demandée par tout intéressé).

Exemples n°104 (erreurs sur la cause)

- Le partage de la succession de feu Gustave Walembo-Mbongo s'est effectué dans l'ignorance de l'existence d'un testament retrouvé par la suite ;
- Lors du partage de la succession de la veuve Dzouaboura née Denise Momengo, on a oublié de comptabiliser sa fille Aninga, une cohéritière, parce qu'elle est née de sa première union et qu'elle réside à Accra

---

442 Art. 597 à 600 du Code de la famille

443 Art. 601 du Code de la famille

444 Art. 603 du Code de la famille

445 Voir en ce sens, H. D. Amboulou, *Les libéralités et les successions en droit congolais*, Op. cit.

depuis plus de vingt ans, avec ses son mari et enfants et qu'elle n'était pas venue aux obsèques de sa mère. etc.

La lésion est sévèrement réprimée en matière de partage. Elle n'entraîne cependant qu'une nullité relative ; donc seul l'héritier victime de lésion peut la demander. Pour pouvoir intenter une action en rescision du partage pour lésion, l'héritier a dû avoir été lésé de plus d'un quart. La rescision du partage signifie l'anéantissement du partage. La lésion est sévèrement réprimée en matière de partage, car elle porte atteinte au principe essentiel d'égalité entre les héritiers.

CHAPITRE 6. LA SUCCESSION TESTAMENTAIRE

La succession testamentaire a lieu lorsque le défunt a exprimé sa volonté dans un testament valable. Il désigne dans un testament ses légataires, c'est-à-dire les personnes à qui il désire transmettre ses biens. Mais certains de ses parents ont un droit inattaquable à recevoir une partie de sa fortune. Il ne pourra pas les déshériter totalement. Donc le plus souvent, le testateur (celui qui rédige le testament) ne peut pas disposer librement de la totalité de sa fortune. Pour faire un testament (ou une donation entre vifs), il faut être sain d'esprit, et capable juridiquement.

Un mineur de moins de 16 ans ne peut pas en principe disposer de ses biens. Un mineur de 16 ans non émancipé peut disposer, par testament, de la moitié des biens dont un majeur pourrait disposer. Pour être capable de recevoir par testament, il suffit d'être conçu à l'époque du décès du testateur (mais le testament n'aura son effet à l'égard de l'enfant que s'il naît viable). Les médecins, officiers de santé et les pharmacies qui se seront occupés d'une personne pendant la maladie dont elle meurt, ne pourront pas profiter des dispositions entre vifs ou testamentaires qu'elle aurait faites en leur faveur pendant le cours de cette maladie (sauf quelques exceptions tenant à la parenté). On veut éviter que des étrangers, en s'occupant du malade dans un but de lucre, ne profitent de son état maladif pour se faire attribuer sa fortune[446].

Section 1. Le testament

Le testament doit être fait par écrit. Les dernières volontés énoncées verbalement ne pourraient constituer qu'une obligation naturelle. Le Code de la famille a prévu trois formes de testaments[447] à peine de nullité :

- olographe ;
- mystique ;
- authentique.

Le *testament olographe* doit être écrit entier, daté et signé de la main du testateur[448]. Le testament mystique, rarement usité, peut être écrit par le

---

[446] Voir en ce sens, H. D. Amboulou, *Les libéralités et les successions en droit congolais*, Op. cit.

[447] Art. 689 du Code de la famille

[448] Art. 689 du Code de la famille

testateur ou par un tiers qu'il a choisi, mais doit être présenté clos et scellé par le testateur, à un notaire, devant témoins. Le *testament authentique* est un acte notarié, écrit par la notaire sous la dictée du testateur, devant témoins. Il est signé par le testateur, le notaire et les témoins. Il existe encore une autre forme, plus rare, de testaments : les testaments dits privilégiés. Ils sont autorisés, en cas de circonstances exceptionnelles (armée, voyage maritime...). Dans un testament, le testateur désigne ses légataires. Il peut y insérer des dispositions extrapatrimoniales (exemple : sa volonté en ce qui concerne ses funérailles).

Exemple n°105

« ...Une personne entend exprimer ses dernière volontés en rédigeant de sa main un acte par lequel elle institue un légataire universel ; le document , qui est daté, a été établi conformément à un model proposé par un notaire mais, s'il comporte la mention « Je, soussigné.... », suivi de l'indication des prénom et nom de son auteur, il n'est pas signé. Quelques jours après avoir rédigé cet acte, la personne décède ; sa sœur, soutenant qu'il ne pouvait s'agir d'un testament valable, en demande l'annulation. Pour la débouter, la Cour d'appel retient que la mention manuscrite des nom et prénom de la testatrice, apposée antérieurement aux dispositions testamentaires, confère à cette identification de l'auteur du testament la valeur d'une signature et suffit à la validité du document. Le pourvoi formé contre cette décision est accueilli par la Cour de cassation qui casse l'arrêt de la Cour d'appel[449]... »

Section 2. La quotité disponible

La quotité disponible est la fraction de ses biens dont une personne a le droit de disposer librement, soit par donation entre vifs, soit par testament. Une partie de sa fortune est en effet réservée à certains de ses parents proches ; cette part à laquelle il ne faut pas toucher est appelée « réservé héréditaire ». Donc une personne ne peut pas, de son vivant, faire librement des dons, s'il existe dans sa famille des personnes qui auront la qualité d'héritiers réservataires. Toutefois le propriétaire des biens pourra décider de vendre toute sa fortune avant sa mort, cela n'est pas interdit. L'argent procuré par

---

[449] Cass. civ. 1re, 14 janvier 2003 (N° 00.18.526). Bull. civ. I, n°14 D.2003.Somm. 1874, obs. M. Nicod ; JCP 2004. II. 10032 (1re esp.), note F. Boulanger ; Succession testamentaire. Testament olographe. Forme ; Gilles Goubeaux, Philippe Bihr, *100 Commentaires d'arrêts en droit civil, Méthodologie*, 2e édition, LGDJ, p. 423

ces ventes reviendrait à la succession. C'est seulement en l'absence d'héritiers réservataires qu'une personne peut librement donner ou léguer sa fortune (legs : transmission des biens exprimée dans un testament) à toute personne de son choix. Quels sont les héritiers réservataires ? Sont héritiers réservataires :

- les descendants légitimes ou naturels ;
- les ascendants.

Paragraphe 1. Les descendants légitimes ou naturels simples

Il s'agit des descendants légitimes, adoptifs ou naturels. La quotité disponible pour les parents variera selon le nombre de leurs enfants. Lorsqu'il y a un seul enfant, le père ou la mère pourra disposer librement (par donation ou legs) de la moitié de ses biens. La réserve héréditaire d'un enfant unique est la moitié des biens de son père ou de sa mère. S'il y a deux enfants, la quotité disponible pour leur parent est d'un tiers des biens. S'il y a trois enfants, la quotité disponible pour leur parent est d'un quart des biens. Au-delà de trois enfants, la quotité disponible pour leur père ou pour leur mère reste toujours d'un quart des biens possédés. Donc à partir de trois enfants, plus les enfants sont nombreux moins leurs réserves héréditaires individuelles sont importantes. Lorsque l'un des enfants est mort, la quotité disponible n'est pas modifiée si cet enfant a lui-même des descendants, car ses descendants recueillent la part à laquelle il avait droit. Mais si un enfant est mort sans descendance, on ne le compte plus, la quotité disponible peut alors se trouver élargie.

Paragraphe 2. Les ascendants légitimes

Lorsqu'il n'y a pas de descendants, mais qu'il existe des ascendants, ces ascendants ont droit à une réserve héréditaire, qui vient réduire la faculté pour une personne de disposer librement de ses biens. En l'absence de descendants, chaque ligne (maternelle et paternelle) a une réserve héréditaire d'un quart des biens que possédait le défunt. Une personne ne peut donc disposer librement que de la moitié de ses biens si, à défaut de descendants, elle possède des ascendants dans les deux lignes (paternelle et maternelle). Elle peut disposer librement des trois quarts de ses biens si elle n'a d'ascendants que dans une seule ligne (paternelle ou maternelle).

Paragraphe 3. Les descendants naturels

Les ascendants dont l'un des parents était engagé dans les liens du mariage avec une autre personne au moment de leur conception. Ces descendants naturels sont héritiers réservataires mais, s'ils entrent en concours avec les enfants légitimes issus du mariage, ils auront une réserve héréditaire moins importante que celle d'un enfant naturel simple : elle correspondra à la moitié de celle à laquelle ils auraient eu droit s'ils avaient été considérés comme des enfants légitimes[450]. Ces enfants naturels ne peuvent pas recevoir, par donation ou par testament de leur père ou mère, une part plus importante que celle qui leur a été dévolue par la loi, dans le cas où ils entrent en concours avec le conjoint survivant ou avec les enfants légitime.

On veut éviter que le père ou la mère ne favorise cet enfant au détriment de la famille légitime. Cependant une réclamation à ce sujet ne peut être faite que par les personnes que la loi a voulu protéger, c'est-à-dire les enfants légitimes ou bien le conjoint survivant. La *réserve héréditaire* est protégée par une action en justice, l'*action en réduction*[451]. Les héritiers réservataires qui n'ont pas obtenu leur réserve parce que le défunt avait fait des dons ou des legs dépassant la quotité disponible, peuvent intenter cette action en justice. Elle leur permettra de faire réduire ou même supprimer les donations ou legs qui ont porté atteinte à leur réserve. Nous avons vu quels sont les héritiers réservataires.

Les frères et sœurs, ainsi que le conjoint survivant, ne bénéficient pas d'une réserve. Le défunt peut donc les déshériter totalement. Cependant la loi a pris quelques dispositions en faveur du conjoint survivant, mais ces disposition ne peuvent guère s'appliquer que quand les époux s'entendent bien et désirent de léguer mutuellement le plus de biens possible. La loi a prévu alors que la quotité disponible ordinaire serait élargie au profit du conjoint survivant, c'est-à-dire qu'une personne peut disposer plus largement de ses biens en faveur de son conjoint qu'elle n'a le droit de la faire en faveur d'une autre personne. La quotité disponible entre époux est plus ou moins étendue, selon la qualité des autres héritiers.

---

[450] Voir en ce sens, H. D. Amboulou, *Les libéralités et les successions en droit congolais*, Op. cit.

[451] Voir en ce sens, H. D. Amboulou, *Les libéralités et les successions en droit congolais*, Op. cit.

En présence de descendants légitimes naturels ou simples. Un époux peut disposer au profit de son conjoint d'une quotité disponible élargie qui est : de la totalité des biens, en usufruit ; ou biens des trois quarts des biens en usufruit et d'un quart en pleine propriété. Les enfants peuvent toutefois exiger que l'usufruit soit transformé en rente viagère (sauf pour le logement et les meubles utilisés par le conjoint survivant). En plus de la quotité disponible ordinaire, l'époux a le droit de disposer en faveur d son conjoint de la nue- propriété des biens réservés aux ascendants. Les ascendants n'auront plus alors qu'une réserve en usufruit.

En présence d'enfants naturels conçus pendant le mariage. La quotité disponible entre époux est alors élargie : elle peut être de la totalité en usufruit ; ou bien de la moitié en propriété et de la moitié en usufruit ; ou bien encore des trois quarts en propriété.

En présence d'enfants d'un premier lit. Le conjoint survivant est moins favorisé dans ce cas, car on veut protéger les enfants du premier lit, que leur parent pourrait être tenté d'oublier en pensant à son deuxième conjoint. La quotité disponible entre époux est alors la quotité disponible ordinaire, celle dont une personne peut disposer en faveur de n'importe qui.

CHAPITRE 7. LES LIBERALITES A CARACTERE FAMILIAL

Section 1. Les substitutions au profit des petits-enfants du donateur ou du testateur

Les biens dont les père et mère ont la faculté de disposer peuvent être par eux donnés, en tout ou partie, à un ou plusieurs de leurs enfants, par actes entre vifs ou testamentaires, avec la charge de rendre ces biens aux enfants nés et à naître au premier degré seulement des dits donataires[452]. Et ces substitutions permises ne seront valables qu'autant que la charge de restitution sera au profit de tous les enfants nés et à naître du grevé, sans exception ni préférence d'âge ou de sexe[453]. Celui qui fait les substitutions permises par l'article 782 du Code de la famille peut, par le même acte, ou par acte postérieur passé en la même forme que l'acte de disposition à titre gratuit, nommer un curateur chargé de l'exécution des substitutions ; ce curateur ne peut être dispensé que pour des causes prévues aux articles 393 et 394 du Code de la famille[454]. A défaut de ce curateur, il en est nommé un à la diligence du grevé, ou de son tuteur s'il est mineur, dans le délai d'un mois à compter du jour du décès du donateur ou du testateur, ou du jour que, depuis cette mort, l'acte contenant la substitution aura été connu[455].Le grevé qui n'a pas satisfait à l'article 775 du Code de la famille est déchu du bénéfice de la donation ou du legs[456]. Dans ce cas, le droit peut être déclaré ouvert au profit des appelés, à la diligence, soit des appelés eux-mêmes s'ils sont majeurs, soit de leur tuteur s'ils sont mineurs ou majeurs en tutelle, soit de tout parent des appelés, majeurs, mineurs ou majeurs en tutelle, ou même d'office à la diligence du procureur de la République[457].

[452] Art. 769 du Code de la famille
[453] Art. 770 du Code de la famille
[454] Art. 774 du Code de la famille
[455] Art. 775 du Code de la famille
[456] Voir en ce sens, H. D. Amboulou, *Les libéralités et les successions en droit congolais*, Op. cit.
[457] Art. 776 du Code de la famille

Exemple n°106

« ...Une femme consent une vente et une donation à un de ses cinq enfants. Après le décès de la donatrice les quatre frères et sœur du donataire demandent l'annulation de la donation, en invoquant l'insanité d'esprit de la donatrice. Les juges du fond ordonnent une expertise, en prévoyant que l'expert pourra se faire communiquer le dossier médical de la donatrice. Le médecin traitant, détenteur de ce dossier, oppose le secret professionnel auquel il est tenu. La Cour d'appel ayant repoussé l'objection, son arrêt est frappé de pourvoi par le médecin traitant et par le Conseil régional de l'Ordre des médecins. Le pourvoi est rejeté par la première Chambre civile de la Cour de cassation[458]... »

Section 2. Les formalités après le décès du donateur ou du testateur

Après le décès de celui qui aura disposé à charge de restitution, il est procédé, dans les formes ordinaires, à l'inventaire de tous les biens et effets qui composent sa succession, excepté néanmoins le cas où il s'agirait d'un legs particulier[459]. L'inventaire contient la prisée à juste prix des meubles et effets mobiliers[460]. Le grevé de restitution est tenu de faire procéder à la vente, par affiches et enchères, de tous les biens meubles et effets compris dans la disposition, à l'exception de ceux dont il est fait mention à l'article 782 du Code de la famille[461]. Les meubles meublants et autres choses mobilières qui auraient été compris dans la disposition à la condition expresse de les rendre en nature[462], sont rendus dans l'état où ils se trouvent lors des restitutions[463]. Dans le délai de 6 mois à compter du jour de la clôture de l'inventaire, il est fait, par le grevé, un emploi des deniers comptants, de ceux provenant du prix des meubles et effets vendus, et de ce qui a été reçu des effets actifs[464].

---

458 Cass. civ. 1re, 22 mai 2002 (N°00.16.305).Bull. civ. I, n°144 ; Donation. Insanité d'esprit. Preuves. Secret médical ; Gilles Goubeaux, Philippe Bihr, *100 Commentaires d'arrêts en droit civil, Méthodologie*, 2e édition, LGDJ, p. 441

459 Voir en ce sens, H. D. Amboulou, *Les libéralités et les successions en droit congolais*, Op. cit.

460 Art. 777 du Code de la famille

461 Art. 781 du Code de la famille

462 Voir en ce sens, H. D. Amboulou, *Les libéralités et les successions en droit congolais*, Op. cit.

463 Art. 782 du Code de la famille

464 Art. 783 du Code de la famille

Exemple n°107

« …Deux époux avaient trois enfants. Ils vendent à deux d'entre eux des biens immobiliers. Les deux parents décèdent, les enfants procèdent à la liquidation et au partage des eux successions confondues. Celui des enfants qui n'avait pas participé à la vente des immeubles demandent que la valeur de ceux-ci soit réintégrée à la masse successorale, les ventes déguisant, selon lui, des donations qu'il y aurait lieu de déduire si la quotité disponible était dépassée. Il obtient satisfaction en justice, le pourvoi formé par ses adversaires contre l'arrêt de la Cour d'appel qui avait accueilli sa demande étant rejeté[465]… »

BIBLIOGRAPHIE INDICATIVE

- AMBOULOU, *La légalisation et l'authentification des actes*, Les Editions Hemar, Brazzaville, Bruxelles 2008
- AMBOULOU H.D., *Les personnes, les incapacités et la filiation en droit congolais,* L'Harmattan , Paris
- AMBOULOU H.D. *Le mariage et les régimes matrimoniaux en droit congolais,* L'Harmattan, Paris,
- AMBOULOU H.D., *Le divorce et la séparation de corps en droit congolais,* L'Harmattan, Paris,
- AMBOULOU H.D., *Pratique et déontologie notariale en droit positif,* L'Harmattan, Paris,
- AMBOULOU H.D., *Traité congolais de droit pénal et procédure pénale*, L'Harmattan, Paris,
- AMBOLOU H.D., *Traité congolais de procédure civile, commerciale, administrative, financière et des voies d'exécution*, L'Harmattan, Paris,
- AMBOULOU H.D., *Théorie et pratique des atteintes licites à la personnalité humaine*, Les Editions Hemar, Brazzaville, Bruxelles,
- AMBOULOU H.D., *Le notariat congolais de 1960 à nos jours*, Les Editions Hemar, Brazzaville, Bruxelles
- ASSEMEKANG Ch. Droit *des personnes et de la famille*
- COURBE P., *Droit civil. Les personnes, la famille, les incapacités,* 2e édition, Dalloz, 1998,
- GOUBEAUX G., BIHR Ph., *100 Commentaires d'arrêts en droit civil, Méthodologie*, 2e édition, LGDJ
- ILOKI A. *Le droit des successions au Congo*, L'Harmattan
- KEBI-MOUNKALA A., *Droit de la famille*, L'Harmattan
- TERRET F. et FENOUILLET D., *Droit civil, les personnes, la famille, les incapacités*, 6e édition

TABLE DES MATIERES

Structures éditoriales du groupe L'Harmattan

L'Harmattan Italie
Via degli Artisti, 15
10124 Torino
harmattan.italia@gmail.com

L'Harmattan Hongrie
Kossuth l. u. 14-16.
1053 Budapest
harmattan@harmattan.hu

L'Harmattan Sénégal
10 VDN en face Mermoz
BP 45034 Dakar-Fann
senharmattan@gmail.com

L'Harmattan Cameroun
TSINGA/FECAFOOT
BP 11486 Yaoundé
inkoukam@gmail.com

L'Harmattan Burkina Faso
Achille Somé – tengnule@hotmail.fr

L'Harmattan Guinée
Almamya, rue KA 028 OKB Agency
BP 3470 Conakry
harmattanguinee@yahoo.fr

L'Harmattan RDC
185, avenue Nyangwe
Commune de Lingwala – Kinshasa
matangilamusadila@yahoo.fr

L'Harmattan Congo
67, boulevard Denis-Sassou-N'Guesso
BP 2874 Brazzaville
harmattan.congo@yahoo.fr

L'Harmattan Mali
Sirakoro-Meguetana V31
Bamako
syllaka@yahoo.fr

L'Harmattan Togo
Djidjole – Lomé
Maison Amela
face EPP BATOME
ddamela@aol.com

L'Harmattan Côte d'Ivoire
Résidence Karl – Cité des Arts
Abidjan-Cocody
03 BP 1588 Abidjan
espace_harmattan.ci@hotmail.fr

L'Harmattan Algérie
22, rue Moulay-Mohamed
31000 Oran
info2@harmattan-algerie.com

L'Harmattan Maroc
5, rue Ferrane-Kouicha, Talaâ-Elkbira
Chrableyine, Fès-Médine
30000 Fès
harmattan.maroc@gmail.com

Nos librairies en France

Librairie internationale
16, rue des Écoles – 75005 Paris
librairie.internationale@harmattan.fr
01 40 46 79 11
www.librairieharmattan.com

Lib. sciences humaines & histoire
21, rue des Écoles – 75005 paris
librairie.sh@harmattan.fr
01 46 34 13 71
www.librairieharmattansh.com

Librairie l'Espace Harmattan
21 bis, rue des Écoles – 75005 paris
librairie.espace@harmattan.fr
01 43 29 49 42

Lib. Méditerranée & Moyen-Orient
7, rue des Carmes – 75005 Paris
librairie.mediterranee@harmattan.fr
01 43 29 71 15

Librairie Le Lucernaire
53, rue Notre-Dame-des-Champs – 75006 Paris
librairie@lucernaire.fr
01 42 22 67 13

www.ingramcontent.com/pod-product-compliance
Lightning Source LLC
LaVergne TN
LVHW021142061026
849535LV00002B/318
* 9 7 8 2 3 4 3 1 9 0 7 3 0 *